Auferstehung aus Krieg und KZ
in der
bildenden Kunst der Gegenwart

Kasseler Studien zur Sepulkralkultur

Herausgegeben von Dr. Hans-Kurt Boehlke
Zentralinstitut für Sepulkralkultur, Kassel,

unter Mitwirkung des wissenschaftlichen Beirats

Band 4

Wolfgang Krüger

Auferstehung aus Krieg und KZ in der bildenden Kunst der Gegenwart

mit einem Beitrag über
die historische Entwicklung des Gedenkens an die Kriegstoten
von Hans-Kurt Boehlke:
„Pro Patria“ – „Mahnung zum Frieden“

Arbeitsgemeinschaft Friedhof und Denkmal e. V., Kassel
– Stiftung Zentralinstitut und Museum für Sepulkralkultur –

CIP-Kurztitelaufnahme der Deutschen Bibliothek

Krüger, Wolfgang:
Auferstehung aus Krieg und KZ in der bildenden Kunst der Gegenwart / Wolfgang Krüger. Mit e. Beitr. über d. histor. Entwicklung d. Gedenkens an d. Kriegstoten: „Pro Patria" – „Mahnung zum Frieden" / von Hans-Kurt Boehlke. [Gesamtw.]: Arbeitsgemeinschaft Friedhof u. Denkmal e. V., Kassel. – Kassel: Arbeitsgemeinschaft Friedhof u. Denkmal, 1986. (Kasseler Studien zur Sepulkralkultur; Bd. 4)
ISBN 3-924447-06-3
NE: Boehlke, Hans-Kurt: „Pro Patria" – „Mahnung zum Frieden"; GT

REDAKTION
Wolfgang Neumann

LAYOUT
Eberhard Haase

Die Veröffentlichung wurde gefördert
vom
Verband der Diözesen Deutschlands, Bonn

von der
Evangelisch-Lutherischen Kirche in Bayern, München
Evangelischen Kirche in Berlin-Brandenburg (Berlin-West), Berlin
Evangelisch-lutherischen Landeskirche in Braunschweig, Wolfenbüttel
Bremischen Evangelischen Kirche, Bremen
Evangelisch-lutherischen Landeskirche Hannovers, Hannover
Evangelischen Kirche in Hessen und Nassau, Darmstadt
Evangelischen Kirche von Kurhessen-Waldeck, Kassel
Evangelischen Kirche der Pfalz, Speyer
Evangelischen Kirche der Union, Berlin
Evangelischen Kirche von Westfalen, Bielefeld

und von der
Evangelischen Kreditgenossenschaft eG, Kassel

Abbildungen auf dem Einband
Vorderseite: Fritz Koenig, Großes Kreuz VI, 1966/67.
Rückseite: Gernot Rumpf, Phönix, 1970.

Herstellung: Hof- und Waisenhaus Buchdruckerei, Kassel
Fotosatz: typo-service, Kassel
Printed in Germany
ISBN 3-924447-06-3

DEN CHRISTEN

IN

MEINEM LEBEN

Lehrer: Das Höchste ist für mich einer,
der menschlich handelt.

Schüler: Und wenn jemand christlich lebt?

Die Mitschüler: lachen schallend, –1944.

Lehrer: Was lacht ihr denn? Er hat doch recht.
Nur, das ist etwas so Großes...
Das gibt es kaum.

Martin Luther: Vorankommen im Glauben ist nichts anderes,
als immer wieder anzufangen; aber anfangen,
ohne voranzukommen, das ist verkommen.
(1. Psalmvorlesung 1513-15)

Dank

Dieses Buch ist Anlaß für mich zu danken:
Oberin Siegrid Gräfin zu Eulenburg (†) als erster Anregerin,
Prof. D. Dr. Walter Elliger (†), mit dem es als Dissertation vereinbart worden ist,
der Evangelischen Kirche von Kurhessen-Waldeck, die seine Entstehung entscheidend begünstigt und gefördert hat, Prälat i. R. Walther Roth, seinem Nachfolger Peter Hertzberg, Dekan i. R. Martin Wörner und Prof. Dr. Friedrich Wintzer im Besonderen,
den Kirchengemeinden des Kirchspiels Gertenbach, die die Arbeit daran geduldet haben,
der Familie, die manches Opfer dafür gebracht hat, vor allem meiner Frau Dorothee, die mich begleitet und unterstützt hat, meiner Mutter Ilse Krüger und meiner Schwägerin Frau Prof. Dr. Annemarie König; sie haben sich alle drei zu guter Letzt am Korrekturlesen beteiligt,
den Institutionen, die mir ihre Archive geöffnet haben, hervorgehoben seien die Arbeitsgemeinschaft Friedhof und Denkmal mit der Stiftung Zentralinstitut und Museum für Sepulkralkultur in Kassel, das Institut für Kirchenbau und kirchliche Kunst der Gegenwart in Marburg, die Kunstdienste der Evangelischen Kirche in Berlin-Brandenburg in Ostberlin und der Ev.-Luth. Landeskirche Sachsens in Radebeul und der Volksbund Deutsche Kriegsgräberfürsorge in Kassel,
den Kirchengemeinden und Pfarreien, die mir bereitwillig Bilder oder Broschüren geschickt und Auskünfte erteilt haben,
den Professoren Dr. Alfred Raddatz, dem 1. Referenten, und Dr. Kurt Lüthi, dem 2. Referenten beim Promotionsverfahren an der Evangelisch-Theologischen Fakultät der Universität Wien, und ihren wohlwollenden Kollegen,
dem Herausgeber Dr. Hans-Kurt Boehlke, der sich sogar mit eigenem Beitrag engagiert hat, und seinen Mitarbeitern,
dem Verband der Diözesen Deutschlands und den evangelischen Landeskirchen der EKD, die in oekumenischer Gemeinsamkeit den Druck erst finanziell ermöglicht haben,
Dietmar Hahn, dem theologischen, und Wolfgang Neumann, dem kunstgeschichtlichen Gesprächspartner, letzterer ist wissenschaftlicher Mitarbeiter am Zentralinstitut für Sepulkralkultur.
Die Genannten stehen stellvertretend für die vielen Freunde, die nicht genannt worden sind, für all die anregenden, fördernden, fruchtbaren Begegnungen, die sich nicht ereignet hätten ohne die Arbeit an diesem Buch.

Wolfgang Krüger

Inhalt

Geleitwort

Ein christliches Grabmal als Denk-Mal für den Toten kann es – nach Luther – nicht geben. Nicht nur, weil dem Christen alle eigene Ruhmredigkeit versagt ist – wer sich rühmen will, der rühme sich des Herrn –, auch nicht als Aufforderung zum Gebet für den Toten, denn der Tod ist uns ein Schlaf worden. Wenn also ein christliches Grabmal überhaupt, dann nicht als Hilfe für den Toten, sondern als Hilfe des Toten für die Lebenden, als das „Liebe deinen Nächsten wie dich selbst" über den Tod hinaus, als Mahnung aus der Erfahrung nun abgeschlossenen christlichen Lebens an die noch Lebenden. Das christliche Grabmal – ein Mahn-Mal des Toten für die Lebenden.
Gilt dies für den einzelnen Christen, so auch für die christliche Gemeinschaft, daß sie sich durch eine Gemeinschaft ihrer Voraufgegangen mahnen läßt, mit der Beichtfrage gesprochen, „euer sündhaftes Leben zu bessern".

Alfred Raddatz

Vorwort des Herausgebers

„*Ehrenmale* – Grundsätze ihrer Gestaltung" war der Titel der ersten, 1952 erschienenen, von Werner Lindner bearbeiteten Veröffentlichung der Arbeitsgemeinschaft Friedhof und Denkmal. 1956 erschien eine weitere von Werner Lindner bearbeitete Schrift zu diesem Thema: „*Mahnmale* – Voraussetzungen, Ratschläge, Lösungen". Als Nachfolger Werner Lindners legte der Herausgeber dieser wissenschaftlichen Publikationsreihe „Kasseler Studien zur Sepulkralkultur" und Autor dieses Vorwortes in der von ihm 1956 gegründeten Zeitschrift „Friedhof und Denkmal" 1961 ein Sonderheft vor: „Kriegsopfermale". Diesen Begriff hatte er erstmals 1960 für eine von der Evangelischen Akademie Arnoldshain durchgeführte Diskussionstagung „Das Kriegsopfermal – Problem und Gestalt" geprägt, um schon von der im Wort verdeutlichten Begriffsdefinition her den Wandel des Sinngehalts erkennbar werden zu lassen, da er meinte, daß nach dem Zweiten Weltkrieg ein Gedächtnismal für die Kriegsopfer im weitesten Sinne Gedenken und eindringliche Mahnung vereinen müsse. Der Begriff setzte sich in den Fachkreisen der AFD und in den zahlreichen Veröffentlichungen jener Jahre weithin durch.

Die intensive Beschäftigung mit „Problem und Gestalt" dieser jungen, mit dem „Hessenmal" in Frankfurt/Main 1793 erstmals in der Neuzeit als Gemeinschaftsdenkmal für Kriegstote auftretenden Denkmalskategorie zeigt, wie sehr man im Kreis der Arbeitsgemeinschaft Friedhof und Denkmal sich um eine gestalterische Bewältigung auch dieser Toten-Gedächtnismale bemühte, um Rat erteilen zu können. Man war der Ansicht, daß nach einem totalen Krieg, der Opfer nicht nur an der Front, sondern auch im Bombenhagel, auf den Flüchtlingstrecks und in den Lagern totalitärer Willkür forderte, Denkzeichen in alten Schemata nicht mehr gedacht werden könnten. In jenen fünfziger und sechziger Jahren entstanden allenthalben in den Städten und Dorfgemeinden solche Denkmale, nachdem das Gedenken an die Kriegstoten zunächst häufig im kirchlichen Raum seinen Platz gefunden hatte. Viele dieser Denkmale sind die eigentliche Aussage schuldig geblieben. Aber sie alle hatten in den beiden Nachkriegsjahrzehnten noch die unmittelbare Aufgabe, nicht nur Sammlungsort der Überlebenden für gemeinsame Gedenkfeiern – so am Volkstrauertag – zu sein, sondern weit mehr noch als „stellvertretendes Grabmal" den Hinterbliebenen der Kriegsopfer an persönlichen Gedenktagen die Möglichkeit zu einem Verweilen in Andacht und Besinnung zu geben.

Mit zunehmendem Abstand von den Kriegsjahren und der allmählichen Minderung der Zahl der noch unmittelbar Betroffenen verebbte diese letztgenannte Aufgabe der Kriegsopfermale und die auch bis dahin so empfundene Verpflichtung, solche Gedächtniszeichen zu errichten oder Gedenkstätten anzulegen. In den meisten Gemeinden standen nun überdies mehr oder weniger gelungene „Kriegerdenkmäler", wie die Nachgeborenen sie zumeist wieder unter Rückgriff auf die frühere Kategoriebezeichnung nannten.

Als der Autor dieser Zeilen für die 1977 vorgelegte Jubiläumsschrift „25 Jahre Arbeitsgemeinschaft Friedhof und Denkmal – Erreichtes und Erstrebtes" einen Beitrag „Das Kriegsopfermal nach dem Zweiten Weltkrieg – eine neue Gestaltungsaufgabe" schrieb, war das ein Rückblick auf einen, wie damals vermutet, abgeschlossenen Tätigkeitsbereich in Gestaltfindung und Beratung, zumal die späten sechziger und frühen siebziger Jahre sich ohnehin ausgesprochen denkmalfeindlich gaben. Das Thema fand nur noch in der historischen Forschung Interesse.

Mit dem Herannahen des Gedenkjahres 1985 – 40 Jahre danach – wurde jedoch die frühere Aufgabe wieder aktuell. Einige wenige Gemeinden wollten noch ein Denkmal bauen, andere ihr Kriegsopfermal renovieren oder „zeitgemäß" abändern lassen. Doch erst Überlegungen um eine Mahn- und Gedenkstätte in der Bundeshauptstadt Bonn, in der künftig nicht mehr mit einem „Provisorium" bei Staatsakten oder ähnlichen Anlässen nach internationalen Gepflogenheiten repräsentiert werden sollte, entfachten – ausgelöst durch ein in seinen Formulierungen und Vorstellungen nicht mehr zeitgemäßes „Aide-mémoire" – eine Diskussion von vehementer Leidenschaft, die nicht nur gegenseitiges Unverständnis der Generationen aufzeigte, sondern auch ein erschreckendes Maß an Intoleranz im Streit um ein Denkmal, das ja zum Frieden mahnen soll. Fast alle Diskussionsveranstaltungen zeigten unüberbrückbare Gegensätze. Genannt seien das Forum des Bundes Deutscher Architekten und des Deutschen Kulturrates am 18. Oktober 1984 in Bonn (nachzulesen in der Zeitschrift „Der Architekt", 12/1984) und die Anhörung der SPD-Bundestagsfraktion am 3. Juli 1985 in Bonn (publiziert in „Kulturheft 3", Materialien der Arbeitsgruppe „Kunst und Kultur" der SPD-Fraktion).

Die Arbeitsgemeinschaft Friedhof und Denkmal versuchte, Beiträge zur Versachlichung zu leisten. Auf ihre Initiative hin und unter ihrer Mitwirkung veranstaltete das Franken-Referat der Evangelischen Akademie Tutzing vom 4. bis 6. Oktober 1985 in Heilsbronn eine Tagung „Pro patria oder Mahnung zum Frieden?" – so genannt nach dem Titel eines Vortrags des Autors über die historische Entwicklung des Gedenkens an die Kriegstoten von der Antike bis heute. Vom 2. bis 4. Dezember 1985 fand eine gemeinsam mit der Evangelischen Akademie in Iserlohn durchgeführte Tagung statt: „Gedenken im Widerstreit".

In dieser Zeit der Auseinandersetzung legte Wolfgang Krüger, evangelischer Pfarrer in Gertenbach, Nordhessen, eine Dissertation vor, mit der er an der Universität Wien promovierte: „Auferstehung aus Krieg und KZ in der bildenden Kunst der Gegenwart".

Der Theologe, das heißt hier, ein im Gemeindeleben stehender Pfarrer, bringt mit seinen in dieser Untersuchung vorgelegten Einsichten zur Funktion und zum „Sitz im Leben" der Kriegsopfermale eine zusätzliche Dimension und Argumentation in die bisherige Diskussion der Architekten, Bildhauer, Kultur- und Kunsthistoriker, -wissenschaftler, -kritiker und -soziologen.

Das ist der Grund, warum wir diese Dissertation in die Reihe „Kasseler Studien zur Sepulkralkultur" aufgenommen haben und hiermit der Öffentlichkeit vorlegen.

Die von Krüger angewendete formgeschichtliche Methode ist in der Theologie bekannter als in anderen geisteswissenschaftlichen Disziplinen. Sie führte u. a. zur Erkenntnis, daß manche Bücher der Bibel aus einzelnen Einheiten zusammengesetzt sind. Die Formgeschichte ist eine von H. Gunkel wissenschaftlich begründete Methode zur Erforschung des vorliterarischen Stadiums, also der noch ausschließlich mündlichen Überlieferungen von Texten, die im Alten und Neuen Testament ihren Niederschlag gefunden haben, nach literarischen und soziologischen Gesichtspunkten. Zu den literarischen Quellen gehören u. a. Sagen (in die oft Mythen eingeflossen sind), Apokryphen, Legenden, Episoden, auch liturgische Formeln. Zu den soziologischen Gesichtspunkten gehört der von Krüger zitierte „Sitz im Leben".

Fraglos ergeben sich Berührungspunkte und Überschneidungen mit der kunstsoziologischen und der ikonologischen Methode der Kunstgeschichte. Inwieweit die formgeschichtliche Methode für die Kunstgeschichte sinnvoll ist bzw. für sie fruchtbar gemacht werden kann, muß die wissenschaftliche Diskussion erweisen.

Der Diskussionsbeitrag Krügers zur Auseinandersetzung um Wert und Aufgabe von Kriegsopfermalen setzt mit der Feststellung ein, daß nach dem Zusammenbruch des 3. Reiches naturgemäß auch seine Ideologie mit ihren Wurzeln im deutschen Nationalismus in Mißkredit geraten sei. *„Der einzig mögliche geistige Träger von Kriegerdenkmälern schien die Kirche zu sein."* In der religiösen, insbesondere der christlichen Kunst habe man allein die wahre Möglichkeit für die Gestaltung der Kriegsopfermale jenseits vom Nationalismus, aber doch noch in abendländischer Tradition stehend, gesehen.

Krüger fragt, nachdem die Trennung von Staat und Kirche seit 1919 verfassungsrelevant ist, aber sich anscheinend im Bewußtsein des Volkes (Einzug der Kirchensteuern!) nur allmählich vollzieht, ob die von den Kommunen errichteten, aber von christlichem Glaubensgut inspirierten Kriegerdenkmäler nicht doch nur *„christlich verbrämte Nationaldenkmäler"* seien, da doch so wenig die Ursache des Unheils aus ihren Inschriften herauszulesen sei.

Hier könne – meint Krüger – die formgeschichtliche Methode zur Klarheit verhelfen. Mit ihr will er aufzeigen, daß die Kirchen auf ihre meist schon vor 1800 entwickelten Formen des Totengedächtnisses zurückgreifen, wobei zu beobachten sei, *„daß die gefallenen Soldaten immer weniger als solche oder gar als Helden ins Spiel kommen, sondern zunehmend eindeutig nur noch Tote werden wie alle anderen Toten auch."* Der Umstand, daß die kirchlichen oder kirchlich inspirierten Denkmäler für die Kriegsopfer nach seiner Feststellung in die Tradition des christlichen Totengedächtnisses eingemündet seien, erkläre auch, warum so wenig Kritik auf ihnen zu Worte komme. *„Kritik hat einen anderen Sitz im Leben der menschlichen Gesellschaft als im Totengedächtnis."*

Krügers These ist, *„daß ein großer Teil der Auferstehungsdarstellungen im Kriegerdenkmal aus dem christlichen Totengedächtnismal stammt und mit wenigen Ausnahmen in den ihm aus der christlich-kirchlichen Tradition vorgegebenen Formen bleibt."*

Und er behauptet, daß der nach dem Krieg 1870/71 und der Gründung des 2. Deutschen Kaiserreichs dem Gedächtnis an die Kriegstoten hinzugefügte zukunftsbezogene Aspekt eines Nationaldenkmales, der die hoffnungsvollen Erwartungen einer Gemeinschaft ausdrückt, *„zu welchen diese durch ein vergangenes Ereignis sich ermächtigt glaubt"*, sich *„in einer ganzen Reihe von Auferstehungsdarstellungen des Gedächtnisses beider Weltkriege zeigt."*

„Der Begriff der Auferstehung selber bekommt unter diesem Aspekt im 20. Jahrhundert, dem Höhepunkt und Niedergang des Nationalbewußtseins europäischer Staaten, eine kaum vorstellbare Spannweite".

Die Frage nach der Auferstehung erhält eine dramatische Dimension im Blick auf die in den KZ-Lagern Umgebrachten und dann Verbrannten. Für die Juden bedeutet die Kremation nach der Tötung eine doppelte Vernichtung. Ihre Gepflogenheit der Körperbestattung hängt mit der Vorstellung der leiblichen Auferstehung des „alten Adams" zusammen. Wie weit können aber z. B. die Gedächtnismale für jüdische KZ-Opfer ihren Sitz im Leben der christlichen Kirchen haben?

Krüger stellt fest, daß christliche Auferstehungsdarstellungen im KZ-Gedächtnis *„von einer kirchlich-christlichen Bindung geprägt"* sind, ja *„eine tiefe Verwurzelung im liturgischen Leben der Kirche (haben), viel tiefer als es bei Kriegerdenkmälern hat sein können, die Totengedächtnismäler sind und ihren Weg teilweise sogar über das christliche Grabmal genommen haben."* Dem KZ-Gedächtnis gewidmete Denkmäler sind auch im Bereich der christlichen Kirchen seltener als Kriegsopfermale, sie sind weniger „volkstümlich", „populär". Hier findet weniger Totengedenken (trotz der Millionenzahl der Getöteten) seinen Ausdruck, als vielmehr Betroffenheit über das unvorstellbare Geschehen. Die KZ-Opfer-Male haben zumeist höheres künstlerisches Niveau, und da die Liturgie – nach Krüger – der Ort des KZ-Gedächtnisses ist und dieses somit fester mit der Basis der Gemeinde verbunden ist als Kriegerdenkmäler (man ergänze: heute) es sein können, bewirkt das *„zusammen mit dem Anlaß ihrer Entstehung, daß zentrale christliche Glaubens- und Hoffnungsäußerungen sich in ihnen mit kaum* *überbietbarer Brisanz, Konsequenz und Glaubwürdigkeit zugleich manifestieren"*. Insgesamt kommt Krüger zum Ergebnis, daß dem KZ-Gedächtnis kein dem Kriegsopfer-Gedächtnis vergleichbarer Ort oder Sitz im Leben zugekommen ist.

Die Frage, ob christliche Erlösungstheologie die Frage nach Schuld und Sühne „zudecken" dürfe, tauchte in der Diskussion der jüngsten Zeit um die Gedenkstätten an die Kriegstoten und die Opfer der Gewaltherrschaft immer wieder auf – ohne eine verbindliche Antwort –, ebenso wie die Frage nach Tätern und Opfern. Deutlich wird das in der Verwendung biblischer Zitate in der Diskussion um eine gemeinsame Mahn- und Gedenkstätte. Für viele ist ein gemeinsames „Denkmal für Kain und Abel" (siehe: Kulturheft 3, Materialien der Arbeitsgruppe „Kunst und Kultur" der SPD-Fraktion, 1985, S. 36) nicht denkbar, Versöhnung kann es für sie selbst über den Gräbern nicht geben. Andere weisen darauf hin, daß Christus Judas nicht vom Abendmahl ausgeschlossen habe, und wieder andere meinen, daß ein sichtbares Mahnzeichen zum Frieden heute notwendiger denn je sei – wobei „Frieden" für den einen rein irdische, für den anderen aber auch transzendente Bezüge hat. Mit christlichen Inhalten, Sinnzeichen und Sinnbildern versucht man vielleicht, über die irdische Endlichkeit hinauszuweisen. Es stellt sich die Frage, ob man sich damit u. U. unbewußt auch Entlastung erteilt, indem man letztlich wieder der göttlichen Allmacht die Schicksalsfrage über Krieg und Frieden überläßt. Die Bitte „Herr, schenke uns den Frieden" – auch wenn sie umfassender gemeint und nicht nur auf das Ruhen von Waffengewalt bezogen ist – entlastet jedoch nicht von der eigenen Verantwortung, vor allem nicht die Mächtigen, die im besonderen Maße Verantwortung tragen. Eine „Nationale Mahn- und Gedenkstätte" in der Bundeshauptstadt müßte sicher auf die besondere Situation unseres Volkes Rücksicht nehmen. „National" kann hier nur Bekenntnis zur eigenen Geschichte bedeuten. Das wiederum kann in der besonderen nationalen Verantwortung unseres Volkes nur heißen, daß Gedenken nicht ausschließlich auf die Kriegstoten des eigenen Volkes bezogen sein darf, sondern die Opfer aller Völker einbeziehen muß, einschließlich der Opfer jeglicher Gewalt, im Hinblick auf die prospektive Mahnung zum Frieden auch die Opfer in heutiger Zeit auf der ganzen Welt.

Die Arbeitsgemeinschaft Friedhof und Denkmal sieht die Arbeit Wolfgang Krügers als Beitrag zur gegenwärtigen Frage, ob ein künstlerisches „Denk-Mal" in unserer Zeit formal und inhaltlich möglich ist und ob Totengedenken in dieser Dimension heute noch einen „Sitz im Leben" hat.

Dem Wunsch Wolfgang Krügers, seiner Arbeit eine Gesamtübersicht der geschichtlichen Entwicklung des Gedenkens an Tote der Kriege und Gewalt anzufügen, wie sie der Herausgeber in einem Vortrag auf dem 24. Internationalen Seminar des Volksbundes Deutsche Kriegsgräberfürsorge am 17. November 1984 gegeben hatte, konnte mit dem Abdruck des Vortragsmanuskriptes entsprochen werden.

Zu danken ist den beiden großen christlichen Kirchen; Förderungsbeiträge von Gliedkirchen der Evangelischen Kirche in Deutschland und des Verbandes der Diözesen haben den Druck erst ermöglicht.

Hans-Kurt Boehlke

A. Einleitung

I. Problemstellung

1. Das Axiom vom Ende der christlichen Kunst

Die grundlegende ikonographische Arbeit von Hubert Schrade über die Auferstehung Jesu Christi in der christlichen Kunst endet mit der betrüblichen Feststellung, heutzutage sei es dem Künstler nicht mehr möglich, dieses Thema darzustellen. Das letzte von ihm in diesem Zusammenhang behandelte Kunstwerk ist ein Deckengemälde von Luca Antonio Colomba, im Jahre 1724 geschaffen[1].

In den Werken des italienischen Barock sieht Schrade ein letztes Aufbäumen der mythisierenden Einbildungskraft des Mittelalters. Die Deckengemälde stehen hier an vorderster Stelle, weil sie den Blick des Darunterstehenden ins Unendliche zu ziehen scheinen. Eine stärkere, ebenfalls im Mittelalter wirkende Tendenz der Entmythisierung habe sich aber schließlich durchgesetzt. Sie habe, die Welt als Erscheinung bewertend, in deren Endlichkeit das Unendliche ahnbar machen wollen.

Die ikonographische Entwicklung der Auferstehung Christi erscheint ihm dabei als Paradebeispiel: auch hier nämlich glaubt er diese beiden Tendenzen in ständigem Widerstreit miteinander liegen zu sehen. So gibt es Auferstehungsdarstellungen, welche Christus zeigen, wie er aus dem Grabe in den Himmel fährt, z. B. auf dem Lünettenrelief über der Tür zur Sagrestia Nuova des Florentiner Doms von Luca della Robbia aus dem Jahre 1443[2], und im Gegensatz dazu andere Auferstehungsdarstellungen, in denen Christus aus dem Grabe in den Vordergrund hervorkommt und gar in Kontakt zu seinen Anhängern tritt, wie z. B. auf einer Miniatur im Matutinale und Vesperale der Zittauer Bibel, gezeichnet von einem Schüler des Laurin von Klattau zu Anfang des 15. Jahrhunderts[3].

Angesichts dieser zweiten Gruppe von Bildern fragt Hubert Schrade, wo denn hier der transitus bleibe, d. h. der Übergang vom Grabe als dem Symbol der Endlichkeit in den Himmel als das Symbol des Unendlichen. Pascha heiße doch transitus. Auferstehung meine doch diesen Übergang.

Er unterscheidet einen nordischen Typos der Auferstehungsdarstellungen von einem italienischen. Der italienische Typos zeige Christus über dem Grabe gen Himmel schwebend, während der nordische stehend, steigend, gehend sei, erdgebunden, endlich. Demnach wäre die mythisierende Kraft mehr in Italien beheimatet gewesen, während die entmythisierende Kraft nördlich der Alpen ihren Ursprung gehabt hätte.

Im Entmythisieren habe Rembrandt im Jahre 1639 mit seiner „Auferwekkung" (Alte Pinakothek, München) das Letzte und Äußerste geleistet, weil er unter Verzicht auf die Darstellung der *„gottgleichen Mächtigkeit des Auferstehenden"* nur *„die Erwecktheit durch Gott"* malerisch angedeutet habe[4]. Danach habe der Mythos seine gestaltende Kraft völlig verloren, wie Ph. O. Runge bemerkt habe[5]. Einen Ausweg habe die Romantik darin gesehen, Religiosität in der Landschaftsmalerei auszudrücken.

[1] Hubert Schrade, Die Auferstehung Christi, (Ikonographie der christlichen Kunst. Die Sinngehalte und Gestaltungsformen, Bd. 1), Berlin/Leipzig 1932, S. 361f.; Gertrud Schiller, Die Auferstehung und Erhöhung Christi, (Ikonographie der christlichen Kunst, Bd. 3), Gütersloh 1971, versucht zwar, die Linien bis in die Gegenwart auszuziehen. Es kann sich aber nur um beiläufige Erwähnungen und Hinweise ohne hohen wissenschaftlichen Wert handeln, wie das Literaturverzeichnis S. 250–255 beweist.

[2] Schrade, Auferstehung, Tafel 30, Abb. 123, vgl. auch Abb. 125 und Tafel 31, Abb. 127–129.

[3] Ebd., Tafel 19, Abb. 76.

[4] Ebd., S. 364.

[5] Ebd., S. 376.

C. D. Friedrich habe darin das Größte vollbracht. Den nächsten Schritt auf diesem Wege habe van Gogh gefordert: nur durch Farben und Formen, nicht gebunden durch irgendwelche Gegenstände, Gefühle und Stimmungen auszudrücken[6].

Soweit Hubert Schrade in dem Schlußkapitel seines Buches. Natürlich ist er in seinem Urteil außer vom Schleiermacherschen Religionsbegriff auch davon beeinflußt, was der Restaurationsversuch der Nazarener bei der entsetzt zuschauenden Fachwelt angerichtet hat[7].

2. Die Notwendigkeit der Vermittlung von christlicher Kunst der Gegenwart durch die Kunstgeschichte für Kirche und Gesellschaft

Die Auffassung vom Ende der christlichen Kunst ist Allgemeingut geworden und hat selbst kirchliche Kreise erreicht[8].

Schattendasein der christlichen Kunst

Dadurch aber ist mittlerweile ein unermeßlicher Schade sowohl für die christliche Kunst als auch für die Kunstgeschichte entstanden. Der christlichen Kunst kann ja auf die Dauer nicht bekommen, isoliert von der übrigen Kunst ein Schattendasein, eine Ghettoexistenz zu führen. Andererseits kann es auch der Kunstgeschichte nicht guttun, Ignoranz zu üben. Muß das doch eines Tages dazu führen, daß man sie der Einseitigkeit bezichtigt. Außerdem ist abzusehen, daß sich dann Theologie, Religionswissenschaften wie Religionspsychologie und Religionssoziologie, aber auch die Anthropologie schlechthin auf einem Gebiet bewegen müßten, das ursprünglich der Kunstgeschichte vorbehalten war. Wenn man aber daran denkt, welche Vermittlerfunktion die Kunstgeschichte zwischen Kunst und Gesellschaft ausübt, kann man nur ahnen, welch ein Schade für beide, die christliche Kunst und die Gesellschaft erwachsen ist und weiter entstehen wird, wenn in unserem Jahrhundert die erstaunlichen Leistungen der christlichen Kunst totgeschwiegen werden.

Der Schaden für die christliche Kunst aber wird am ehesten sichtbar. Wenn sich ihr die Kunstgeschichte versagt, muß ihr Bewußtsein und die Kontrolle der Vernunft fehlen. Das jedoch muß sich zweifach auswirken: formal-ästhetisch und funktional.

Bei fehlender Kritik scheint dem Künstler am Ende alles gut genug, wenn er es für die Kirche schafft. In ihr findet er von vornherein ein gewisses Wohlwollen, zugleich aber auch Unsicherheit in der Beurteilung. Da sie, die Kirche, selber aber wiederum keinerlei fachmännische Kritik erfährt, meint sie es sich leisten zu können, jeden nur möglichen Anfänger zu beauftragen, wenn er nur billig ist. Das hat schon dazu geführt, daß nach dem zweiten Weltkrieg eine ungeheure Chance vielfach vertan worden ist.

Funktional betrachtet aber ist es auf Dauer unmöglich, einen Teilbereich der Kunst von der Reflexion über seine Stellung innerhalb der Gesellschaft zu entbinden. Religion und Kunst sind beide im Laufe der Geschichte der Menschheit allzu oft von den beherrschenden Mächten zur Stabilisierung herangezogen worden, als daß man ausgerechnet den Schnittpunkt beider, die religiöse Kunst, der Kritik entziehen dürfte.

3. Moderne Kunst als Chance für die Entstehung christlicher Kunst

Nazarener

Auf der Suche nach dem Urheber des Desasters der christlichen Kunst im 19. Jh. stößt man bald auf die Nazarener[9]: ursprünglich eine Gruppe junger Maler, die sich gegen die im Regelkanon des 18. Jh. erstarrte Wiener Kunstakademie wandte, ei-

6 Ebd., S. 380.
7 Ebd., S. 376.
8 Vgl. Anm. 12 (Kap. A).
9 Keith Andrews, Die Nazarener, München 1974.

ne Erneuerung der christlichen Kunst im Sinne des Mittelalters anstrebte und dabei stilistisch auf Dürer und Maler der italienischen Frührenaissance zurückgriff.

Aber schon bald zeigte sich, daß die völlige Orientierung an der Vergangenheit, die so weit ging, daß einige Mitglieder der Gruppe zum römisch-katholischen Glauben konvertierten, kaum Spielraum für schöpferische Produktivität ließ. Während die Klassizisten Anteil am Befreiungsversuch der Aufklärung hatten, während ein Mann wie Caspar David Friedrich sich vom Kunstbetrieb seiner Zeit radikal löste, und beide, Romantik und Klassizismus, sich ihren Raum schufen, in welchem Werke aus einem Guß entstehen konnten, blieb das den Nazarenern versagt. Ihr Stil wurde zunehmend weich und süßlich, oder aber trocken und akademisch. Das gilt auch von vielen anderen christlichen Künstlern, die ihnen folgten, bis hin zu Eduard von Gebhard. Die Extravertiertheit jener Zeit, ins Extrem gebracht durch die Erfindung der Fotografie, ließ anscheinend kaum etwas anderes zu.

„Moderne“

Das wurde für die christliche Kunst erst anders, als mit dem Beginn unseres Jahrhunderts neue Stilrichtungen aufkamen, welche die Kunst revolutionierten. Mit dem expressiven Impressionismus des späten van Gogh kündigte sich die Wende an. Dann kam sie mit dem Aufkommen des Fauvismus, des Cubismus, des Futurismus, dem Wirken des „Blauen Reiters" und der „Brücke", der Eruption des Expressionismus und der Entstehung einer abstrakten Kunst.

All dem, was man heute unter dem Begriff der „Moderne" zusammenfaßt, ist gemeinsam, daß es sich vom Gegenstand im Sinne des Akademismus löst und die im 19. Jahrhundert verschütteten Möglichkeiten des Intuitiven und des Visionären wieder freilegt. Je freier vom Gegenstand im Sinne des Akademismus, desto größer wird aber darum auch wieder der Raum für die christliche Kunst im 20. Jahrhundert.

4. Die Unsicherheit der Kirche gegenüber moderner christlicher Kunst

Christliche Kunst - Kirchliche Kunst

Das haben zuerst nur wenige erkannt, schon gar nicht die wenigen Kunstsachverständigen der Aera Staudhamer in der Zeitschrift „Die Christliche Kunst". Ein Zitat dürfte die Situation um 1911/12 und die damals verpaßte Chance beleuchten: *„M. Beckmann erschwert das Interesse für seine alt- und neutestamentlichen Darstellungen durch die Unerkenntlichkeit namentlich seiner Gesichter. Nur ist er nicht so komisch, wie manchmal L. Corinth, dessen ‚Hohes Lied', mit nur noch spurenweise lieblichen Gesichtern, Aufsehen zu machen scheint."*[10] „Die Christliche Kunst" brachte es fertig, in der ganzen Zeit ihres Erscheinens, von 1903 bis 1937 kein einziges Bild von Nolde, Corinth, Rohlfs oder Schmidt-Rottluff zu reproduzieren oder ernsthaft zu besprechen, obwohl es in dieser Zeitschrift an Abbildungen nur so wimmelt; woran man sehen kann, daß nicht nur die Gesellschaft im Ganzen, sondern auch die Kirche im Beson-

[10] Hans Schmidkunz, XXIII. Ausstellung der Berliner Secession. Zeichnende Künste: DCK 8 (1911/12), Beilage S. 41. – Vgl. David Koch, Der Expressionismus auf der Kunstausstellung 1914: CKb (1914), S. 273–275: „Am besten sehen wir das geistig Aussichtslose des Expressionismus bei den Versuchen, religiöse Stoffe darzustellen." (S. 274) – Vgl. Fritz Wittes immer vorsichtiger werdende Versuche, dem Expressionismus in der katholischen Kirche Raum zu schaffen: Zeitschrift für christliche Kunst (1912), S. 3-11; (1919), S. 1–5, 83 f. 163–175; oder Georg Humans Forderung, am bewährten Alten festzuhalten: Zeitschrift für christliche Kunst (1911), Sp. 21–28, 53–63, 89–94; oder Corbinian Wirz' kirchenjuristischen Kommentar zu einem Altarwerk von Ewald Vetter, worin dargelegt wird, daß es sich zur Aufstellung in einer Kirche nicht eigne. Um das Triptychon dürfte es zwar nicht schade gewesen sein. Doch muß der Vorgang auf alle diejenigen entmutigend gewirkt haben, die sich für eine Öffnung der Kirche zum Modernen hin eingesetzt haben: Zeitschrift für christliche Kunst (1921), S. 41. – In der, allerdings erst 1924 gegründeten, protestantischen Zeitschrift „Kunst und Kirche" hat man sich hingegen von Anfang an mit dem Expressionismus auseinandergesetzt, und versucht, die Möglichkeiten seiner Integration in der Kirche einzuschätzen: KK 2 (1925/26), S. 9 f. u. 17–23, 81–88; 5 (1928/29), S. 152–154.

deren darunter zu leiden hat, wenn der christlichen Kunst die Vermittlung durch die Kunstgeschichte versagt bleibt[11].

Zwiespalt Das auffällige Fehlen von Abbildungen von Werken auch nur eines der vorhin genannten Künstler in der führenden katholischen Kunstzeitschrift in Deutschland von 1903 – 1937 signalisiert nun auch einen Zwiespalt zwischen christlicher und kirchlicher Kunst.

Wenn es nun aber erst zu einem solchen Zwiespalt gekommen ist, – wo wird man dann wohl Qualität zu suchen haben? Und wo wird man sie schwerlicher finden?

Dies sind sorgenvolle Fragen, welche nach vielfältiger künstlerischer Betätigung während des kirchlichen Baubooms nach dem 2. Weltkrieg grundlos scheinen. Wenn man aber bedenkt, wieviel Stümperei und Schund neben allerdings auch erstklassigen künstlerischen Arbeiten in den neu- oder wieder aufgebauten Kirchen zu finden sind, bleiben die angesprochenen Probleme quälend.

Wie unsicher die Kirche auch heute noch der christlichen Kunst gegenüber ist, zeigt die immer wieder auch kirchlicherseits vorgetragene Behauptung, christliche Kunst könne es heutzutage nicht mehr geben [12].

II. Methode

1. Formgeschichte als kunstgeschichtliche Methode

Wie kann man denn nun aber in der soeben skizzierten Situation Werke christlicher Kunst des 20. Jahrhunderts reflektieren? Schrades inzwischen zum Modeaxiom gewordenes Verdikt im Ohr, wonach echte, glaubwürdige künstlerische Arbeiten mit biblisch-christlicher Thematik nach dem 18. Jahrhundert nicht mehr zu erwarten seien, fällt es schwer, dort einfach wieder anzusetzen, wo er aufgehört

[11] Aus dieser Einstellung heraus erklärt die Konstitution des 2. Vatikanischen Konzils über die Heilige Liturgie, Kapitel VII §§ 122–124:...„Die Kirche hat mit Recht immer auch eine Art Schiedsrichteramt ausgeübt..., ... die Sonderart eines jeden Zeitalters zugelassen ... Die Bischöfe mögen darauf hinwirken, daß von den Gotteshäusern und anderen heiligen Orten streng solche Werke von Künstlern ferngehalten werden, die dem Glauben, den Sitten und der christlichen Frömmigkeit widersprechen und das echt religiöse Empfinden verletzen, sei es, weil die Formen verunstaltet sind, oder weil die Werke künstlerisch ungenügend, allzu mittelmäßig oder kitschig sind." in: Das Münster 17 (1964), S. 59. Hört sich der Beginn des Zitats wie frommer Selbstbetrug an, klingt das Bekenntnis von Papst Paul VI. am Fest Christi Himmelfahrt 1964 während der sog. Union-Künstler-Messe in der Sixtinischen Kapelle schon ehrlicher: „Wir haben Euch gekränkt, indem wir Euch als obersten Kunstkanon die Imitation vorgeschrieben, Euch, die Ihr doch stets lebendige, von tausend neuen Ideen übersprudelnde, schöpferische Menschen seid. Man erklärte: Wir haben diesen Stil, Ihr müßt Euch ihm anpassen, diese Meister, ihnen müßt Ihr nachfolgen, diesen Kunstkanon, Ihr könnt ihm nicht ausweichen. Wir haben Euch mitunter bleierne Fesseln angelegt. Vergebt uns! Wir haben Euch nicht in die stille Klause geführt, wo die Geheimnisse Gottes das Menschenherz vor Freude aufjubeln und von heiterer Hoffnung schwellen lassen. Daher habt Ihr uns zuweilen nicht mehr zur Kenntnis genommen, denn Eure Ausdrucksweise war wie bedrückt und unfähig, eine eigene Sprache zu finden. Nun aber wollen wir ein volles Confiteor sprechen: wir hatten uns mit Surrogaten beholfen, mit Kunstwerken von geringem Wert und Preis. So waren auch wir in enge Gassen gegangen, wo Kunst und Schönheit und – was noch schlimmer für uns ist – die Liturgie schlecht bedient worden sind." in: Kath. Kirchengemeinde St. Andreas, Lohne (Hg.), St. Andreas. Lohne, Lohne bei Lingen 1972, S. 7.

[12] Vgl. Oskar Söhngen, Josef Hegenbarth: KK (1972), S. 144: „Mit viel Eifer und Scharfsinn ist in den letzten Jahrzehnten die These verfochten worden, daß die christliche Kunst an ihrem Ende angelangt sei... Alle Zünftigen waren sich darin einig, und die Resolutionen zahlloser Akademietagungen hatten es bestätigt." Söhngen fährt fort, die Künstler aber „erlauben es sich hin und wieder, sich über Palmströms ‚messerscharfen Schluß' hinwegzusetzen, daß ‚nicht sein kann, was nicht sein darf'."

hat, und z. B. das Thema der Auferstehung Christi nach ikonographischem Gesichtspunkt weiter zu verfolgen, naiv, so, als hätte Schrade den Platz dafür offengelassen.

Ich habe mich dazu entschieden, mich dem Schradeschen Urteil so zu stellen, daß ich die zu besprechenden Werke danach befrage, was sie sagen. Das hat natürlich Schrade auch getan, indem er den geistesgeschichtlichen Kontext zu den Bildwerken dargestellt hat[13]. Diese Methode allein dürfte aber nicht mehr ausreichen, wenn es darum geht, Kunstwerke des 20. Jahrhunderts zu untersuchen. Dafür ist die Epoche noch nicht abgeschlossen und vor allem nicht entfernt genug, als daß eine Darstellung des geistesgeschichtlichen Zusammenhangs ausreichen könnte.

Ich möchte deshalb noch ein wenig spezieller als Schrade werden und den „Sitz im Leben" der Kunstwerke zu ihrem Verständnis heranziehen.

„Sitz im Leben"

Die Frage nach dem „Sitz im Leben" ist von dem Alttestamentler Hermann Gunkel und seiner Schule erstmals zu einer theologischen Methode entwickelt worden. Ihm ging es darum, das *„ursprünglichste Wesen"* literarischer Gebilde im Alten Testament zu erkennen. *„Die literarischen Erzeugnisse urwüchsiger Zeiten und Kreise unterscheiden sich von denen entwickelterer Völker dadurch, daß sie nicht wie diese fast allein auf dem Papier denkbar sind, sondern dem wirklichen Leben der Menschen entstammen und in ihm ihren Sitz haben: da singen die Frauen, dem heimkehrenden, siegreichen Heere entgegenziehend, das triumphierende Siegeslied; da wird über der Bahre des Entschlafenen, etwa von der zünftigen Leichensängerin, das erschütternde Leichenlied angestimmt; oder der Prophet läßt seine Donnerstimme vor der versammelten Gemeinde, vielleicht im Vorhof des Heiligtums, erschallen. Man sieht an solchen Beispielen, die sich stark vermehren ließen, ... daß die Gattungen eines urtümlichen Schrifttums nach den verschiedenen Gelegenheiten des Lebens unterschieden werden müssen, aus denen sie hervorgegangen sind ..."*[14]

Die von Gunkel aufgrund dieser Erkenntnis entwickelte „Gattungsgeschichtliche Methode" wurde von K. L. Schmidt, Martin Dibelius, Rudolf Bultmann und vielen anderen unter dem Stichwort „Formgeschichte" zur neutestamentlichen Forschung herangezogen[15]. Ganz im Sinne von Gunkel formuliert K. L. Schmidt: *„Der ‚Stil' (Gattung, Form) ist aber nicht eine ästhetische Liebhaberei, sondern eine soziologische Tatsache."*[16]

Vorväter

Zu den Vorvätern der Form- und Gattungsgeschichte gehören Johann Gottfried Herder, Franz Overbeck, Georg Heinrici. Dankbar vermerkt M. Dibelius auch die Anregungen durch die allgemeine und die deutsche Literaturwissenschaft[17].

Die Unterscheidung von literarischen Produkten, welche „fast allein auf dem Papier denkbar sind", und solchen, die ihren Sitz im Leben haben, dürfte auch für die Kunstgeschichte relevant sein[18]. Hier nach dem Ort der Kunstwerke („Sitz im Le-

[13] Als besonders gelungen erscheinen mir bei Schrade, Auferstehung, die Abschnitte über die „Sinnbildlichkeit des Kreuzes" S. 11–27, „Leonardo, Raffael, Michelangelo" S. 258–278 und „Der Einfluß der Reformation" S. 294–304.

[14] Hermann Gunkel, Einleitung in die Psalmen. Die Gattungen der religiösen Lyrik Israels, zu Ende geführt von Joachim Begrich, (Göttinger Handkommentar zum Alten Testament. Ergänzungsband zur II. Abteilung), Göttingen [2]1933, S. 10.

[15] Vgl. Martin Dibelius, Die Formgeschichte des Evangeliums, mit einem Nachtrag von Gerhard Iber, hg. v. Günter Bornkamm, Tübingen[5]1966. – Rudolf Bultmann, Die Geschichte der synoptischen Tradition, Göttingen[2]1931 ([3]1958 mit Ergänzungsheft). – K. L. Schmidt, Art. „Formgeschichte": RGG, Bd. 2, Tübingen[2]1928, Sp. 638 ff.

[16] Schmidt, Formgeschichte, Sp. 639.

[17] Dibelius, Formgeschichte, S. 4 ff.

[18] Der Begriff der Formgeschichte ist von der Kunstgeschichte ganz anders verwandt worden, nämlich im Sinne der Ableitung und Veränderung von Bildelementen und -strukturen; vgl. Albert Boeckler, Formgeschichtliche Studien zur Adagruppe, (Bayerische Akademie der Wissenschaften, Phil.-Historische Klasse, Abhandlungen NF, Heft 42), München 1956. – Werner Haftmann, Malerei im 20. Jahrhundert, München [6]1979, S. 191.

ben") zu fragen, könnte ebenfalls von hohem Interesse sein und Arbeiten zur Sprache bringen, die man sonst vielleicht achselzuckend sich selbst überlassen müßte[19].

In einer Zeit, in welcher es nach verbreitetem Vorurteil keine christliche Kunst mehr geben kann, und zudem auch für die Theologie zur Frage geworden ist, was denn eigentlich Auferstehung sei, dürfte man hier noch am ehesten eine Basis für den Versuch finden, Auferstehungsdarstellungen unseres Jahrhunderts zum Reden zu bringen.

Zwar haben wir es jetzt kaum noch mit anonymer Volkskunst zu tun, sondern mit Arbeiten namentlich bekannter Künstler, – die Urtümlichkeit vorliterarischer Zeiten ohne künstlerisches Selbstbewußtsein der Produzenten ist dahin – aber immer noch kann christliche Kunst andere Orte haben als den Markt.

Gemeinde als Auftraggeber

Z. B. das Kriegsgedächtnis einer christlichen Gemeinde. Sie beauftragt den Künstler, ihr ein Kriegsgedenkzeichen zu schaffen. Und er – im Dialog mit ihr – entwirft, bietet an, nimmt Wünsche entgegen, lernt die Mentalität der Auftraggeber kennen, ihre Vorstellungen, ihr Leben und Denken. Sie wiederum wird mit seinen Vorstellungen konfrontiert, fragt, erfährt, kritisiert und fordert. Kurzum, im Dialog mit der Gemeinde und ihren Vertretern entsteht das Werk[20]. Wenn die Verständigung gelungen und Übereinstimmung erzielt worden ist, dann ist das Ergebnis eine gemeinsame Aussage, ein Zeichen, das etwas besagt, auf das sie alle, Gemeinde und Künstler, sich beziehen können, worauf man sie ansprechen kann. Das gilt natürlich nicht nur für Kriegsgedenkzeichen, sondern grundsätzlich für alle kirchlichen Kunstwerke. Sie besagen etwas – wie die Predigt der Pastoren. Ja, die christlichen Kunstwerke der Kirche sind allemal ein Stück Predigt und damit Glaubensaussage der Gemeinden[21]. Das Verhältnis von christlicher Gemeinde und „ihrem" Künstler ist analog zur Partnerschaft des Pastors mit seiner Gemeinde zu beschreiben. Wobei natürlich nun auch darauf hingewiesen werden kann, daß sowohl die Predigten als auch die künstlerischen Arbeiten in der christlichen Gemeinde auf Mißverständnis beruhen oder zu Protesten führen können.

Dennoch! – Dies widerlegt die These nicht, sondern belegt nur, daß christliche Kunstwerke in der Kirche Dialogmanifestationen sind.

Kirche als Basis

Die Basis der christlichen Kunst ist, theologisch gesehen, die Kirche, ihr Sitz ist im Leben der Kirche zu suchen und nirgends sonst. Hier hat sie ihre Funktion. Und was über die im kirchlichen Auftrag entstandenen Arbeiten gesagt worden ist, hat, wenn man es genau nimmt und konsequent denkt, auch für solche künstleri-

[19] Gebhard Streicher, Deutsche Gesellschaft für Christliche Kunst – seit wann, wieso, wozu, heute? Prolegomena zur Bestimmung ihres spezifischen Gewichts: Das Münster 30 (1978), S. 265-268: „...auch in der Kunstgeschichtsschreibung öffnet sich erst zögernd der anthropologische Aspekt, der auch die Rezipienten, d. h. die Menschen, die in der Geschichte stehen und an die die Geschichte gerichtet ist, einbezieht." (S. 265).

[20] Martin Elsäßer, Kriegerehrenzeichen: CKb (1919), S. 132: „Der Verein für christliche Kunst geht von der Erwartung aus, daß die Kriegerehrenzeichen in erhöhtem Maß volkstümlich sein und werden müßten, und daß der Gedanke dazu möglichst aus der Gemeinde selbst herauswachsen soll. Dem Gedanken Richtung, Form und Gestalt zu geben, ist Sache des Künstlers, der aber von dem Geistlichen darin wohl unterstützt werden kann. Ein möglichst verständnisvolles Eingehen auf die vorhandenen Wünsche wird verbunden werden müssen mit dem Geschick des Sachverständigen, seine Ideen und Vorstellungen auf die jeweiligen Verhältnisse einzustellen und sie der Gemeinde mundgerecht zu machen."

[21] „Auf den folgenden Seiten soll versucht werden, die neue Kirche ihren Besuchern vorzustellen. Es sind ja sehr viele Einzelheiten..., die von Architekt, Künstler und Bauherren bedacht und überlegt werden ...Sie wollen ihm (dem Kirchenbesucher, d. Vf.) einen würdigen Raum schaffen, in dem er aus dem Alltag hinaus zur Zwiesprache mit Gott kommen kann. Sie wollen ihn ansprechen. Sie wollen ihm zeigen, wie andere sich heute mit dem Glauben an Jesus Christus auseinandergesetzt haben ... Ich glaube ..., es ist hier gelungen, etwas zu schaffen, was den Besucher unmittelbar anspricht." in: Peter Ganzert, Evangelische Auferstehungskirche Pfronten. Ein Gang durch die neue Kirche, hg. v. Ev.-luth. Pfarramt Pfronten, Pfronten 1969, S. 10.

schen Produkte Gültigkeit, die keinen empirisch faßbaren Auftraggeber mehr haben. Denn was soll eine christliche Glaubensaussage dort, wo es allein auf ihre ästhetische Schönheit oder ihren Stil ankommen soll? Dort kann sie, wenn sie zum Zeichen geworden ist und reden will, nur protestieren. Hat man sie doch um ihre ursprüngliche Funktion gebracht.

Wenn man sich vergegenwärtigt, daß die Kirche die Basis der christlichen Kunst bildet, hat man ein Kriterium dafür gewonnen, was denn eigentlich davon zu halten sei, daß christliche Kunst nicht mehr möglich sei. Man kann nämlich den Spieß umdrehen und die Gretchenfrage stellen: was hältst du denn überhaupt von der Kirche, wenn du eine ihrer wesentlichen Lebensäußerungen für unmöglich ansiehst? Denn Glaubensaussagen zu machen, d. h. zu verkündigen, gehört zum Wesen der Kirche. Wenn ihr das im Bereich des Bildes nicht mehr glaubhaft gelingen soll, wie kann es dann noch besser akustisch vor sich gehen? Das heißt, das Urteil über das Vorhandensein oder die Aussichten der christlichen Kunst in Zukunft und Gegenwart gibt Aufschluß darüber, wie derjenige, der es abgibt, sich zur Kirche verhält, worin er eigentlich ihr Wesen und ihren Sinn erkennt. Selbst wer jedoch meint, Glaubensaussagen gehören nicht zum Wesen der Kirche, sondern die soziale Tat bzw. der revolutionäre Einsatz, und hierin einen exklusiven Gegensatz sieht, muß sich eigentlich vorstellen können, daß kirchliches Leben auch unter solchen Vorzeichen seine spezifische Lebensäußerung in Form von Bildwerken finden wird[22].

Fragen - Antworten

Die Frage nach dem Sitz im Leben des christlichen Kunstwerks hat deshalb einen so hohen Wert für die Erkenntnis dessen, was es eigentlich sage, weil er Fragen stellt und Antworten herausfordert. Das Kriegsgedächtnis eines Volkes z. B. ist ein komplexes Gebilde. Es manifestiert sich in Kriegervereinen, Heldengedenktagen und Siegesfeiern, Volkstrauertagen, festlichen Umzügen, Kriegsopferdenkmälern, Kranzniederlegungen, Fürbittgottesdiensten und Gefallenenmessen, der Tätigkeit von Vereinigungen zur Anlage und Pflege von Soldatenfriedhöfen im In- und Ausland, gemeinsamen Fahrten zu den Grabstätten und vielem anderen mehr, wovon man gar nichts weiß, weil es im privaten Bereich geschieht. Innerhalb dieses Komplexes kommen auch theologische Fragen vor. Längst nicht immer finden sie ihren Ausdruck. Es kann sogar geschehen, daß sie verdrängt werden, womöglich, weil man bestimmte Konsequenzen fürchtet, wenn man sich ihnen stellen würde. Ich nenne nur das Theodizeeproblem.

Wenn man sich aber nicht scheut und sich den theologischen Fragen stellt, wird das Kunstwerk beides versuchen, die Fragen und eine Antwort zugleich darzustellen oder besser: Gestalt werden zu lassen.

Die Aufgabe einer solchen Betrachtung christlicher Kunstwerke, welche ihren Sitz im Leben berücksichtigt, besteht dann darin, beides zu verbalisieren, die in ihm schlummernden Fragen und die Antworten, sofern sie in den Arbeiten Gestalt gefunden haben.

Wie das mit den Fragen und Antworten gemeint ist, welche im „Sitz im Leben" christlicher Kunstwerke schlummern bzw. Gestalt gefunden haben, möchte ich noch an einem anderen Beispiel zeigen.

„Die betenden Hände"

Im Eingangsrahmen der urologischen Klinik in Kassel befinden sich – man möchte aufseufzen: wieder einmal! – die betenden Hände von Dürer, diesmal in Marmor. Man möchte sich wirklich darüber ärgern, wie oft dieses Motiv schon kopiert und an welchen Stellen dieses Bild schon gefunden worden ist, auf Konfirmanden- oder Trauscheinen, in den Wohnstuben, über den Ehebetten, über dem Kinderbett, auf Grabsteinen, und nun auch noch im Krankenhauseingang. Und dennoch: überall ist es sinnvoll und sagt etwas anderes dem, der sich in einer bestimmten Situation befindet und spezifische Probleme hat.

Im Eingang der Klinik antwortet es dem Patienten auf seine Frage: Von wem hängt es ab, ob ich gesund werde? Dem Angehörigen antwortet es auf die gleiche Frage, wenn sie im Blick auf den von Krankheit und Tod bedrohten Verwandten gestellt wird, dasselbe: von Gott;

[22] Daß Marc Chagall im Fraumünster zu Zürich hat Fenster schaffen dürfen, zeigt, daß sich auch die Reformierte Kirche dem Bild zu öffnen beginnt. – Vgl. S. 204–206.

nicht also, wenn es aufs Letzte geht, von Ärzten und Schwestern und ihren Mitteln. Darüber hinaus antwortet es auf eine zweite Frage: an wen muß ich mich wenden, wenn ich gesund werden möchte? Auch hier verweist das Bild auf Gott. Es mahnt zum Gebet. Indem das Bildnis auf Gott verweist, entdramatisiert es zugleich den Gegensatz zwischen Tod und Leben, der für das Individuum in der Immanenz ein unversöhnlicher ist. – Auch die Ärzte und Schwestern haben ihre Fragen; es sind die gleichen, und doch fällt die Antwort für sie modifiziert aus, und das vom selben Bildnis! Ihnen sagt es: Das Leben eurer Patienten steht in Gottes Hand. Ihr seid seine Diener. Betet, daß es euch gelinge, gute Werkzeuge zu sein und das Leben der Kranken zu retten! –

Die betenden Hände von Dürer an dieser Stelle aber warnen sie auch, ihre Rolle zu überschätzen, was sich besonders bei den Medizinern, kaum bei den Schwestern und Pflegern, gewöhnlich darin äußert, daß man sie, je nach Erfolg oder Niederlage, wie Götter oder Dämonen behandelt. — Und damit sind wir bei der letzten Aussage dieses Bildwerks an dieser Stelle: es redet zu den Angehörigen, die ihren letzten Gang in die Klinik angetreten haben, weil der Patient verstorben ist: der Tote ist bei dem aufgehoben, der Herr über Leben und Tod und über Lebendige und Tote ist. Auch in diesem Tode liegt Sinn. Auch jetzt heißt es beten.

2. „Sitz im Leben" und „Basis" von Kriegerdenkmälern

Mit dieser Überlegung haben wir die Grundlage für die folgenden Untersuchungen gelegt. Denn jetzt wird es möglich sein, auch ikonographisch vorzugehen. Nicht, daß wir es wagen könnten, ganz allgemein Auferstehung in der bildenden Kunst der Gegenwart zu reflektieren, sondern wir müssen streng den Ort berücksichtigen, zu dem sie gehört.

Das Kriegsgedächtnis, sofern es sich in Werken der bildenden Kunst niederschlägt, ist im Abendland noch jung, erst mit dem Klassizismus aufgekommen. Die Ikonographie der Auferstehung im Kriegsgedächtnis wird zeigen müssen, über welchen Ort die Tradition auf das Kriegerdenkmal gekommen ist. Es dürfte nicht unerheblich für das Verständnis der Auferstehungsdarstellung im Kriegerdenkmal sein, ob sie direkt vom Altarbild, vom Kirchenfenster oder von der Buchillustration abstammt oder ihren Weg über irgendeine Form des christlichen Totengedächtnisses genommen hat.

Thesen

Die These dieser Arbeit ist, daß ein großer Teil der Auferstehungsdarstellungen im Kriegerdenkmal aus dem christlichen Totengedächtnismal stammt und mit wenigen Ausnahmen in den ihm aus der christlich-kirchlichen Tradition vorgegebenen Formen bleibt.

Sofern das Kriegerdenkmal mit einer Auferstehungsdarstellung zum Totengedächtnis gehört, hat es Trostfunktion, ist vergangenheitsbezogen und setzt sich mit den durch den Tod der Soldaten verursachten Leiden, Nöten und Fragen auseinander.

Das Kriegerdenkmal ist aber an sich ein komplexes Gebilde. Besonders nach dem gewonnenen Kriege 1870/71 und der Gründung des Deutschen Reiches unter preußischer Führung ist ein anderer Aspekt des Kriegsgedächtnisses an ihm zum Vorschein gekommen, der des Nationaldenkmals. Das Nationaldenkmal ist zukunftsbezogen[23]. Es drückt eine Hoffnung aus, die Erwartungen einer Gemeinschaft, zu welchen diese durch ein vergangenes Ereignis sich ermächtigt glaubt.

Ich behaupte, daß auch dieser Aspekt sich in einer ganzen Reihe von Auferstehungsdarstellungen des Gedächtnisses beider Weltkriege zeigt. Das vorgelegte Material möge den Leser befähigen, diese These zu überprüfen.

Der Begriff der Auferstehung selbst bekommt unter diesem Aspekt im 20. Jahrhundert, dem Höhepunkt und Niedergang des Nationalbewußtseins europäischer Staaten, eine kaum vorstellbare Spannweite.

[23] Die Auferstehung des Einzelnen nach dem Tode ist jedoch jenseits aller Zeit zu denken.

Besonders einschlägige Auferstehungsdarstellungen müssen darauf befragt werden, was für eine Gemeinschaft ihre Zukunftserwartungen in ihnen sieht, welcher Art die Hoffnungen eigentlich sind und welches das zu solchen Vorstellungen berechtigende Ereignis der Vergangenheit ist.

Welche Gemeinschaften kommen in Frage? –: die Nation, die Völkervereinigung, die Klasse, die Kirche?

Je nachdem, welche Gemeinschaft den Ort der Auferstehungsdarstellung bildet, ist diese selbst inhaltlich bestimmt und begründet.

Differenzierung

Damit sind wir zu einer Differenzierung des Begriffs „Sitz im Leben" oder „Ort" gezwungen. Hatten wir bisher dabei in unserem speziellen Falle das Kriegsgedächtnis gemeint und zunächst nur an das Kriegsgedächtnis der christlichen Gemeinde gedacht, so müssen wir uns jetzt der Tatsache stellen, daß sich außer christlichen auch andere Gemeinschaften dem Kriegsgedächtnis gewidmet haben.

Wir werden deutlich machen müssen, um das Leben welcher Gemeinschaft es sich eigentlich handelt, wenn wir von ihm als einem Sitz darin sprechen. Um der besseren Verständigung willen, spreche ich darum künftig von der „Basis" eines „Ortes" – „Ort" synonym für „Sitz im Leben" – oder von der Gemeinschaft, welche den Ort „bildet", oder gebe dem „Sitz im Leben" einen entsprechenden Genitiv.

Das Bedürfnis nach einer solchen Differenzierung erhebt sich bezeichnenderweise am wenigsten angesichts von Kriegsgedächtnismälern, welche vordringlich oder gar einzig dem Gedächtnis der Gefallenen gewidmet sind. Umso stärker wird aber das Verlangen danach werden, wenn der andere Aspekt in ihnen zum Tragen kommt.

Kriterium

Die Unterscheidung der verschiedenen Basen hat aber auch eine kritische Bedeutung für die Kriegerdenkmäler, weil sie nämlich den Blick dafür schärfen kann, ob die jeweilige Gemeinschaft innerhalb der ihr für ihre Aussagen gesetzten Grenzen geblieben ist oder nicht. Dies ist in unserem Falle besonders bedeutsam für christliche Kriegsgedächtnismäler nach dem 1. Weltkriege und deren Beurteilung. Vergleicht man den relativ kleinen Ausschnitt der Auferstehungsdarstellungen auf Kriegerdenkmälern nach dem 1. mit denen nach dem 2. Weltkrieg, so fällt auf, daß die letzteren sich sehr viel klarer und eindeutiger an die der Kirche gegebenen Grenzen gehalten haben als die ersteren. Diese hingegen zeigen mitunter recht unbefangen die ideologisch noch geltende Kongruenz von Kirche und Gesellschaft.

Ewiger Lohn?

Auch dies sei an einem Beispiel, diesmal an einem hypothetischen, erläutert. Einer Nation ist es nicht weiter zu verübeln, im Gegenteil, man wird sie darin loben müssen, wenn sie ihre Gefallenen in Denkmälern ehrt und darauf zum Ausdruck bringt, daß sie ihren Kriegstoten dankbar für ihr Opfer sei und künftig an sie denken wolle. Wenn in diesem Zusammenhang von einem ewigen Fortleben der Gefallenen sowohl im Bestand des Volkes[24] als auch im Gedächtnis der nachfolgenden Generationen die Rede ist, wer wird sich da wundern?

Anders sieht es aber aus, wenn eine christliche Gemeinde nicht nur nicht dem Anschein ausweicht, sondern ihn auch noch fördert, daß sie nämlich die Aussagen der Nation über sich und ihre Beziehungen zum Gefallenen auf Gott und seine Beziehung zu den Kriegstoten übertrage, so als ob er ihnen ihr Opfer lohnen werde mit ewigem Leben.

Wo so etwas vorgekommen ist, hat man die Tragfähigkeit der Basis nicht sorgsam genug geprüft und sich prompt überhoben.

Das Gedächtnis an die Kriegsteilnehmer, insbesondere die Kriegstoten, und die Selbstreflexion der sich an den Krieg erinnernden Gemeinschaft sind natürlich oft gar nicht in einem Denkmal zu trennen. Beide Aspekte können sich gegenseitig ergänzen und stimulieren. Um jedoch den jeweiligen Aspekt klarer hervortreten zu

[24] „Deutschland muß leben, und wenn wir sterben müssen", heißt es z. B. auf dem Kriegerdenkmal des 76. Infanterieregimentes in Hamburg.

lassen, habe ich sie im weiteren Verfolg dieser Arbeit voneinander getrennt behandelt. Dem Aspekt der Selbstreflexion der Gemeinschaft ist ein besonderes Kapitel gewidmet, ebenfalls dem Gedächtnis der Kriegstoten.

Letzteres wird drei Abschnitte umfassen. Wir werden unseren Ausgangspunkt beim christlichen Grabmal der zweiten Hälfte des 19. Jahrhunderts nehmen und feststellen können, daß es direkte Übernahmen der Motivgestaltung beim Grabmal durch das Kriegerdenkmal gibt. Im weiteren Verlauf der Untersuchung wird sich jedoch zeigen, daß es im 20. Jahrhundert zu Neuansätzen kommt, die zwar geistesgeschichtlich verständlich gemacht werden können, aber hinsichtlich ihres Sitzes im Leben in der Luft zu hängen scheinen, weil sie nicht mehr vom christlichen Grabmal her erklärbar sind. Dies wird sich bei der ikonographischen Erforschung sowohl des Osterengels als auch der Totenauferstehung zeigen. Die Fülle des Materials der Auferstehung Christi selbst im Kriegerdenkmal wird uns aus der Sackgasse befreien und den Blick dafür öffnen können, daß das christliche Totengedächtnis sich in vielfältiger Form im Kriegerdenkmal manifestiert hat.

3. Formgeschichtlicher Vergleich von Kriegerdenkmälern und KZ-Gedenkstätten

Als der zweite Weltkrieg beendet und damit auch das Dritte Reich zerschlagen worden war, sah man sich genötigt, Denkmäler zu schaffen, wie es sie hierzulande noch nie gegeben hatte, gewidmet den Opfern der Konzentrationslager.

Unter ihnen befinden sich ebenfalls solche mit einer Auferstehungsdarstellung.

Dem Kriegerdenkmal und dem KZ-Opfer-Denkmal ist die künstlerische Bewältigung einer zeitgeschichtlichen Epoche mit katastrophalen Aspekten gemeinsam. So liegt es nahe, sie miteinander zu vergleichen.

Auch für das KZ-Gedächtnis lassen sich verschiedene Gemeinschaften denken, welche zu Basen für den Sitz eines Denkmals in ihrem Leben werden können. Auch in solchen Denkmälern kann sich das Selbstverständnis dieser Gemeinschaft manifestieren. Es wird nun interessant sein festzustellen, welche Gemeinschaften das sind und wie ihre Selbstreflexion erfolgt.

Sofern es christliche Gedächtnismäler im KZ-Gedächtnis mit Auferstehungsdarstellungen gibt, ist zu klären, ob und in welchem Umfange sie Totengedächtnismäler sind oder wo sonst sie ihren Sitz im Leben der Kirchen haben. Unter anderem könnten sich hieraus Indizien für den Grad der Betroffenheit ergeben, welche das KZ-Geschehen in den Kirchen ausgelöst hat.

Um das Ergebnis vorwegzunehmen: in den christlichen Gedächtnismälern im KZ-Gedächtnis mit einer Auferstehungsdarstellung begegnet uns nicht das Totengedächtnismal, sondern manifestiert sich Liturgie.

Es sei zugegeben, daß sich beides doch eigentlich nicht voneinander trennen läßt. In praxi aber hat sich das Totengedächtnis stark verselbständigt und zudem privatisiert.

Das christliche KZ-Gedächtnismal mit einer Auferstehungsdarstellung trägt die Merkmale einer sehr viel innigeren Verbindung mit dem liturgischen Leben der Kirchen, als es die meisten Formen des christlichen Totengedächtnismales heute haben.

Ehe wir uns den einzelnen Untersuchungen zuwenden, wollen wir uns mit den Forderungen vertraut machen, welche in deutschen Zeitschriften für christliche Kunst seit Beginn des 1. Weltkrieges hinsichtlich des Kriegerdenkmals erhoben worden sind.

Sie sind erst laut geworden, nachdem man auf eine hundertjährige Geschichte des Kriegerdenkmals hat zurückblicken können. Vielleicht erklärt das, warum es ähnliche Auseinandersetzungen um das KZ-Gedächtnismal noch nicht gegeben hat. Ein Jahrhundert Kriegerdenkmalsgeschichte hingegen hatte bei manchen den Blick für die Problematik des Kriegerdenkmals geschärft, auf deren Bewältigung sie nun drangen. Die unterschiedlichen, ja z. T. gegensätzlichen Auffassungen mögen uns in die Problematik des christlichen Kriegerdenkmals einführen.

4. Formgeschichte und theologische Ästhetik

Volkskunstforschung

Formgeschichtliche Forschung kennt keine Vorbehalte hinsichtlich der Qualität eines Kunstwerkes. Sie steht damit der Volkskunstforschung nahe, geht in ihr nicht auf, macht jedoch die Grenzen zwischen Kunstgeschichte und Volkskunstforschung fließend.

Theologische Postulate

Theologische Bemühungen der letzten Jahrzehnte zum Verhältnis von Kunst und Kirche haben bisher weitgehend in dem Postulat nach der Öffnung der Kirche für die künstlerische Avantgarde gegipfelt. Sie haben sich umgekehrt dafür eingesetzt, künstlerischem Mittelmaß oder gar religiösem Kitsch die Kirchentür zu weisen. Im deutschen Sprachraum ist P. Pie Régameys „Kirche und Kunst im XX. Jahrhundert", 1954 aus dem Französischen ins Deutsche übersetzt, bahnbrechend gewesen. Sein Buch ist ein leidenschaftlicher Protest gegen die Besudelung der katholischen Kirche durch Kitsch und Mittelmaß. Ihm sind für den protestantischen Bereich Kurt Lüthi[25], Hans-Eckehard Bahr[26], Rainer Volp[27], Horst Schwebel[28], gefolgt.

Da man in der Ächtung des Kitsches soweit gegangen ist, ihn für Kunst und Theologie irrelevant zu erklären[29], was einer Tabuisierung gleichkommt, muß die Formgeschichte zu diesen theologischen Bemühungen in ein, wie zu hoffen ist, fruchtbares Spannungsverhältnis geraten.

Soziologischer Aspekt

Die Formgeschichte der Kunst bringt ihren soziologischen Aspekt ins Spiel. Dies wird im Bereich der Theologie das Kirche-Kunst-Gespräch auf die Wirklichkeit der Gemeinden aufmerksam machen und die Partner dazu zwingen, die nun einmal vorhandenen Lebensbedingungen einer christlichen Gemeinde stärker als bisher zu berücksichtigen. Die Begriffe Kirche und Kunst sind in dem bis heute geführten Dialog ungesund abstrakt verstanden worden. Außerdem hat man sie unbewußt höchst emotionell bewertet, gewöhnlich so, daß die „Kunst" auf der Wertskala an die höchst mögliche Stelle geriet, während die „Kirche" einerseits in der Vergangenheit versagt haben soll, andererseits aber die Fähigkeit haben müsse, sich zu bessern und die „Kunst" zu integrieren[30]. Ähnlich abstrakt scheint auch der Begriff „Mensch" zu sein, sofern er als Ort der Kunst angesehen wird, wie bei Kurt Marti und Kurt Lüthi geschehen. Auch diesem Abstraktum, so ist zu vermuten, könnte die Formgeschichte zu etwas mehr Konkretion und Farbe verhelfen.

Große Kunst

Schließlich sollten nach dem Studium des noch vorzulegenden Materials Angaben darüber möglich sein, wo uns im Sinne des Sitzes im Leben ein großes Kunstwerk begegnet und wo nicht.

Die hier nur erst angedeuteten Probleme sollen zum Schluß der Untersuchung noch einmal aufgegriffen und ausführlich behandelt werden.

[25] Kurt Lüthi, Moderne Malerei: Kurt Marti/ Kurt Lüthi/ Kurt von Fischer, Moderne Literatur, Malerei und Musik. Drei Entwürfe zu einer Begegnung zwischen Glaube und Kunst, Zürich/Stuttgart 1963, S. 167–328.

[26] Hans-Eckehard Bahr, Poiesis. Theologische Untersuchung der Kunst, Stuttgart 1961.

[27] Rainer Volp, Das Kunstwerk als Symbol. Ein theologischer Beitrag zur Interpretation der bildenden Kunst, Gütersloh 1966.

[28] Horst Schwebel, Autonome Kunst in Raum und Kirche, Hamburg 1968.

[29] Volp, Symbol, S. 205.

[30] So erst 1983 wieder zu lesen bei Eberhard Roters, IMAGO – Das künstlerische Credo: KK(1983), S. 130–132.

B. Kirchliche Forderungen an das Kriegerdenkmal

I. Zur Artikulation christlicher Forderungen an ein Kriegerdenkmal des 1. Weltkrieges

Gelegenheit

Schon zu Beginn des 1. Weltkrieges, auf dem Höhepunkt einer außerordentlich denkmalsfreudigen Epoche[1], sah man sich in den verschiedenen Kreisen des deutschen Volkes vor einer riesigen Aufgabe: nämlich Kriegerdenkmäler nach dem in Bälde erwarteten Ende des gerade erst ausgebrochenen Völkerringens zu schaffen[2]. Man begann schon 1914 mit den Vorbereitungen. Eile war, so meinte man, auch darum geboten, weil die Kriegerdenkmäler nach 1870/71 bei vielen sachverständigen Leuten Unbehagen hervorgerufen hatten. Damals hatten Fabrikanten mit leicht herstellbarer Massenware die Gemeinden überschwemmt. Dieser Übelstand sollte sich nicht wiederholen.

Wie schon in den vergangenen Jahrzehnten der Denkmalsboom auf der Spontaneität für ihr jeweiliges Projekt begeisterter Gruppen beruht hatte, so gab es auch während des 1. Weltkrieges verschiedene Gruppen und Vereinigungen, welche jede für sich oder auch gemeinsam, mitunter im Verein mit staatlichen Stellen, den Boden für ein in ihrem Sinne erwünschtes Kriegerdenkmal zu bereiten suchten[3].

Auch an speziell christlicher Kunst interessierte Kreise gehörten dazu. Auch sie sahen das Problem, litten an dem gleichen Unbehagen wie die anderen, wenn sie an die meisten vorhandenen Kriegerdenkmäler dachten, wünschten sich inskünftig etwas Besseres und setzten sich mit den ihnen zur Verfügung stehenden Mitteln dafür ein.

Mittel

Zu diesen Mitteln gehörten vor allem ihre Publikationsorgane, ihre Mitteilungsblätter und Kunstzeitschriften.

In ihnen konnten die christlichen Kunstvereine ihre Gedanken veröffentlichen, Anregungen bis ins fernste Dorf verbreiten und auf die Verwirklichung ihrer Ideen drängen.

Ein weiteres Mittel, Impulse zu geben, waren Ausschreibungen unter mit diesen Vereinen zusammenarbeitenden Künstlern zur Gewinnung von vorbildlichen Arbeiten, d. h. von Modellen künftiger Kriegerdenkmäler. Was lag näher, als die Ausschreibungen in den Mitteilungsblättern zu veröffentlichen und die Ergebnisse mitzuteilen?

Schließlich konnten einzelne kompetente Mitglieder der Vereine für christliche Kunst das gewonnene Material landauf, landab in Ausstellungen und Lichtbildervorträgen verbreiten.

Im folgenden sei die Einstellung dreier solcher Vereine zum Kriegerdenkmal, soweit sie sich in ihren Mitteilungsblättern niederschlägt, kurz skizziert. Es handelt sich um den katholischen Kunstverein „Die Deutsche Gesellschaft für christliche Kunst" in München mit seiner Monatsschrift „Die Christliche Kunst" und die beiden protestantischen Kunstvereine in Berlin und Stuttgart mit ihren Organen „Religiöse Kunst" und „Christliches Kunstblatt für Kirche, Schule und Haus".

[1] Eine Fundgrube ist die „Berliner Illustrierte". Von 1871 bis 1905 stellt jedes neue Heft wenigstens ein neues Denkmal vor.

[2] „Mit der Hoffnung, daß der Krieg in einigen Wochen zu Ende sein müsse, haben wir uns getäuscht, haben brechen müssen mit der Meinung, als ob Russen und z. T. Franzosen minderwertige Gegner seien. Auch die Hoffnungen auf auswärtige Revolutionen haben sich als trügerisch erwiesen." (Aus dem Kriegstagebuch des Kirchspiels Gertenbach. Eintragung vom 27. 12. 1914)

[3] Vgl. DCK 11 (1914/15), Beilage S. 23, 27.

Dabei wird sich uns eine erstaunliche Breite des Spielraums für damals mögliche christliche Auffassungen vom Sinn eines Kriegerdenkmals, zugleich aber auch der geistige Hintergrund erschließen, vor dem man sich die Entstehung von Kriegerdenkmälern mit einer Auferstehungsdarstellung vorstellen muß.

Die Schlüsselstellung kommt dabei den Chefredakteuren der christlichen Kunstzeitschriften zu. Alle drei sind Geistliche gewesen. Da sich jeder zum Problem nicht nur geäußert, sondern in ausschlaggebendem Maße das Engagement der Zeitschrift bestimmt hat, müssen wir uns mit ihrer Rolle bei der geistigen Auseinandersetzung um das Kriegerdenkmal nach dem 1. Weltkrieg beschäftigen.

Natürlich kann es nicht die Aufgabe dieser Arbeit sein, der Frage nachzugehen, inwieweit ihre Haltung mit ihren Vereinen übereinstimmt. Sie haben die Verantwortung gehabt und ihr nach bestem Ermessen entsprochen. Sie haben aber auch die Möglichkeit gehabt, ihre Ideen bekanntzumachen und durchzusetzen wie wenige sonst, die kirchliche Hierarchie ausgenommen.

Man mag sich fragen, welchen Sinn es habe, den Kunstauffassungen journalistisch tätiger Pastoren nachzugehen, und deren Meinung für unerheblich halten, wenn man einen Begriff von Kunst und Künstlertum hat, dessen Schwerpunkt bei einer vom gesellschaftlichen Kontext weitgehend unabhängig vorgestellten Kreativität liegt.

Wir haben uns schon im methodischen Teil klargemacht, daß der auftraggebenden Gemeinschaft ein starker Einfluß auf das Kunstwerk zukommt, ja, daß die Aussage des Künstlers ihre Basis in dieser Gemeinschaft hat. Innerhalb einer solchen Gemeinschaft könnte aber die Tätigkeit eines Kunstvereins und seines Publikationsorgans in seinen Äußerungen repräsentativ sein. In ihm könnten sonst vielleicht nur schlummernde Gedanken zu einer Bewußtheit gelangen, welche ihnen andernfalls fehlen müßte.

Inwiefern das auf unserem speziellen Interessengebiet der Fall gewesen ist, wird sich nur durch den Vergleich der zu skizzierenden Anschauungen und Forderungen der schon genannten Publikationsorgane mit den sodann entstandenen künstlerischen Arbeiten ergeben können.

1. Postulate der katholischen Monatsschrift „Die Christliche Kunst", München

Alle schon eingangs aufgezählten Mittel zur Verbreitung der Ideen hat auf katholischer Seite die „Deutsche Gesellschaft für christliche Kunst" in München ausgeschöpft. Ihr Mitteilungsorgan war eine 1904 gegründete „Monatsschrift für alle Gebiete der christlichen Kunst und der Kunstwissenschaft für das gesamte Kunstleben" (so der Untertitel) mit dem Titel „Die Christliche Kunst". Ihr Redakteur, Sebastian Staudhamer hat sich so energisch wie kein anderer in vergleichbarer Position für ein Kriegerdenkmal im Sinne seiner Vereinigung eingesetzt.

Staudhamer hatte sich schon in der ersten Nummer ihres ersten Jahrgangs für eine Vermittlerrolle seiner Zeitschrift eingesetzt, nicht nur insofern, als die nach seiner Beobachtung weithin totgeschwiegene christliche Kunst im Kulturleben der Gegenwart repräsentiert, sondern auch dem Klerus, den Gemeinden und den gebildeten und wohlhabenden Kreisen nahegebracht werden sollte[4].

Einen sehr wesentlichen Teil seiner Arbeit sah er einerseits in der Geschmackserziehung der Leser und der von diesen geleiteten Gemeinden, Gruppen und Kreise, andererseits in der Förderung und Anregung qualitativ hochstehender christlicher Kunst unter den interessierten Künstlern, wie aus seinem programmatischen Artikel zu entnehmen ist[5].

Schon im ersten Jahrgang konnte die Zeitschrift denn auch einen Künstlerwettbewerb der „Deutschen Gesellschaft für christliche Kunst" zur Erlangung von Entwürfen einfacher Grabmäler veröffentlichen[6].

Zur Begründung wies sie darauf hin, daß sowohl der religiöse Gedanke als auch die künstlerische Gestaltung auf Friedhöfen kaum noch zu finden wären. Statt dessen hätte sich teure, nichtssagende Dutzendware ohne handwerkliche, geschweige denn künstlerische Bearbeitung auf ihnen breit gemacht. Dieser Zustand müßte gründlich geändert werden.

[4] DCK 1 (1904/05), S. 2–7.

[5] Ebd.

[6] Ebd., Beilage 5. Heft; Ergebnisse 8.–10. Heft; Kommentar S. 256–260.

Die meisten der nach dem Kriege 1870/71 entstandenen Kriegerdenkmäler beurteilte die Zeitschrift so negativ wie die Situation auf den Friedhöfen, als es ihr darum ging, den Gemeinden zu Kriegsgedenkzeichen nach dem 1. Weltkrieg zu verhelfen, welche ihren Zielsetzungen entsprechen sollten[7].

Künstlerkonkurrenz 1914/15

So forderte die „Deutsche Gesellschaft für christliche Kunst" in einer in ihrer Zeitschrift schon im Dezember 1914 veröffentlichten Künstlerkonkurrenz zur Erlangung von Entwürfen für religiöse Kriegsgedenkzeichen

– das christliche Thema

und

– künstlerische Qualität[8].

Das schon im programmatischen Artikel der ersten Nummer der Zeitschrift geäußerte Gefühl der Isolierung christlicher Kunst und die Erkenntnis der Notwendigkeit, ihr wieder eine gesellschaftliche Position zu verschaffen, brachte die „Deutsche Gesellschaft für christliche Kunst" dazu, umso bestimmter auf ein Kriegerdenkmal mit „*christlichem Grundcharakter*"[9] zu dringen.

Die von Heinrich Missalla im Bereich der katholischen Kriegspredigt besonders zu Beginn des Krieges konstatierte Anpassungstendenz des deutschen Katholizismus an den Nationalismus und seine Forderungen[10] ist bei Sebastian Staudhamer und seinen Gesinnungsgenossen von Anfang an nicht zu beobachten.

Es würde den Rahmen dieser Arbeit sprengen, den Niederschlag der Aktivitäten dieser Gruppe zur Verbreitung ihrer Ideen in der Zeitschrift „Die Christliche Kunst" zu erheben. Es muß genügen festzustellen, daß die „Deutsche Gesellschaft für christliche Kunst" in München sämtliche eingangs erwähnten Mittel intensiv genutzt hat. Das Interesse Staudhamers ist z. B. so groß und der Artikelsegen so reich, daß der Redakteur sich genötigt sieht, zwischendurch eine Aufzählung sämtlicher in seiner Zeitschrift und ihrem Beiblatt „Der Pionier" veröffentlichten Kriegsgedenkzeichen zu geben[11].

Erfolg

Den Bemühungen der „Deutschen Gesellschaft für christliche Kunst" war großer Erfolg beschieden. Staudhamer stellt 4 Jahre nach Kriegsende fest: Während nach dem Kriege 1870/71 eine Fülle von Denkmälern entstanden sei, die ohne künstlerischen Wert und christlichen Gehalt nur möglichst kostbare Monumente sein sollten, seien nun in katholischen Gegenden „*durch demütige Einkehr und das Bedürfnis nach religiösem Gedenken an die teuren in der Fremde begrabenen Helden ... nicht wenige religiöse Kriegerdenkmäler, vielfach auch räumlich mit den Gotteshäusern verbunden und dadurch in ihrer heilsamen Wirkung auf die Mit- und Nachwelt wie auch in ihrem Fortbestande bestens gesichert*" entstanden[12].

Epitaph

Gedächtniskapelle

Was er damit favorisiert hat, ist seiner Form nach das Epitaph – Totengedächtnismal und Andachtsbild zugleich – wie wir unten noch sehen werden[13], in zweiter Linie die Gedächtniskapelle.

Gegensatz zum Nationaldenkmal

Was er und seine Gesinnungsfreunde bekämpft haben, ist nicht mehr und nicht weniger als das Nationaldenkmal und das Kriegerdenkmal, sofern es Nationaldenkmal[14] ist. Staudhamer beklagt sich über das Kriegerdenkmal nach dem deutsch-

[7] DCK 11 (1914/15), S. 193; DCK 19 (1922/23), S. 133–134.

[8] DCK 11 (1914/15), S. 124 f.

[9] Ebd.

[10] Heinrich Missalla, „Gott mit uns". Die deutsche katholische Kriegspredigt 1914–1918, München 1968, S. 33.

[11] DCK 17 (1920/21), S. 130 f.

[12] DCK 19 (1922/23), S. 133 f.

[13] S. u. S. 80–83.

[14] Ich gebrauche diesen Begriff nicht im eingeengten Sinne der Stiftung und Pflege durch die höchste staatliche Ebene, sondern des in den Denkmälern sich manifestierenden Geistes und Selbstverständnisses der Stifter. So ist der Begriff auch ursprünglich gemeint gewesen; vgl. Meinhold Lurz, Kriegerdenkmäler in Deutschland, Bd. 1: Befreiungskriege, Heidelberg 1985, S. 350.

französischen Kriege von 1870/71 folgendermaßen: *„Die Städte wetteiferten im Streben, kostbare Monumente zu stiften, die Dörfer legten sich Obelisken und allerlei Darstellungen ohne Kunstwert bei. Der Personenkult trat übermäßig in den Vordergrund, die christliche Kunst ging leer aus, mit den heiligen Stätten war wenig Fühlung, das Glück veräußerlichte die Gemüter"*[15]. O. Doering hatte schon 1915 gescholten: *„Jedermann kennt sie, diese Findlingsblöcke, die künstlichen Felsen, diese Säulen, Obelisken mit gußeisernen Adlern droben, die Germania- und sonstigen Figuren..."*[16]

Staudhamer und seine Freunde haben, schon zu Beginn des 1. Weltkrieges nachweisbar, einen Übelstand darin gesehen, daß die christlichen Gemeinden von künstlerisch und christlich gehaltlosen, aber umso protzigeren, Machtbewußtsein und Nationalstolz ausdrückenden, dem christlichen Glauben fremden Nationaldenkmälern überschwemmt worden seien.

Sie haben deshalb ein Denkmal bekämpft, in welchem sich ausschließlich das Selbstbewußtsein der Gemeinde darstellt, sofern sie Teil der Nation ist.

Statt dessen haben sie sich einseitig und entschieden für die Manifestation einer anderen Gruppenzugehörigkeit während des Krieges und nach diesem Ereignis engagiert, der Gliedschaft der Kirche. Und diese ist nun einmal eine aus allen Völkern herausgerufene Gruppe und darum auch prinzipiell nicht an eine Nation gegen irgend eine andere gebunden.

Während für das Nationaldenkmal der Krieg, ob verloren oder gewonnen, ein Höhepunkt im Leben des Volkes ist, wobei allerdings für die Gestalt des Denkmals der Ausgang von ausschlaggebender Bedeutung sein mag, muß für ein kirchliches Kriegsgedenkzeichen ein anderes Wertsystem zur Geltung kommen.

Nach dem Ende des 1. Weltkrieges ist die Situation für ein christliches Kriegsgedenkzeichen zunächst günstig gewesen. Staudhamer freut sich: *„Nach dem verlorenen Weltkriege steht die christliche Kunst weit beachteter und einflußreicher da als nach dem Kriege von 1870... Heute wollen profane Kriegerdenkmäler gedanklich und künstlerisch nicht gelingen, wohl zumeist, weil die Verherrlichung von Einzelpersonen ausscheidet."*[17]

Verantwortung

Wahrscheinlich haben viele Gemeinden das Angebot ganz dankbar angenommen, daß ihr kirchlicher Aspekt auf diese Weise zum Tragen kommen sollte. Allerdings war der Kirche auch die Verantwortung aufgebürdet, als es darum ging, die Frage nach Inhalt und Form des Kriegerdenkmales zu lösen.

Die „Deutsche Gesellschaft für christliche Kunst" hat sich mit erstaunlicher Bewußtheit um die Tragweite ihrer Aktion, noch 1914 damit beginnend, darum bemüht, die katholischen Kirchengemeinden auf diese Aufgabe vorzubereiten.

2. Anregungen durch die evangelische Zeitschrift „Christliches Kunstblatt für Kirche, Schule und Haus", Stuttgart

Die Zeitschrift „Christliches Kunstblatt für Kirche, Schule und Haus", Stuttgart, läßt ein sonderliches Interesse oder Problembewußtsein hinsichtlich des Kriegerdenkmales nicht erkennen. Wohl bringt man, was man für aktuell und interessant auf diesem Gebiet hält, aber man sieht keinen Sinn in einer wie auch immer gearteten Initiatorenrolle.

Soldatenfriedhof

Der Redakteur David Koch hat jedoch im Jahre 1915 einen Grundsatzartikel verfaßt, der einen wesentlichen Aspekt des Komplexes Kriegerdenkmal zur Sprache bringt[18]. Koch interessiert sich für den Soldatenfriedhof.

[15] DCK 19 (1922/23), S. 133 f.

[16] O. Doering, Der Wettbewerb für Kriegserinnerungen: DCK 11 (1914/15), S. 193–207, hier: S. 193.

[17] DCK 19 (1922/23), S. 134 f.

[18] David Koch, Totenmale für gefallene Krieger: CKb (1915), S. 258–267.

Er fordert, dieser solle auf einer Wiese, die Gräber in Reihen gruppiert, angelegt werden[19]. Die Grabzeichen sollen möglichst einfach, ohne kunstgewerblichen Aufwand gemacht und sprechend sein[20]. Am liebsten möchte er an den Gräbern der Gefallenen Holzkreuze sehen. In der Mitte der Anlage soll ein großes Kreuz mit dem Kruzifix daran *„oder ein Auferstandener"* stehen[21]. Dieselbe Idee soll auch der Gestaltung von Gräberfeldern für Soldaten auf den Heimatfriedhöfen zugrunde liegen[22].

Was Koch fordert, hat man von Beginn des 1. Weltkrieges an bis in die achtziger Jahre unseres Jahrhunderts sehr oft befolgt. Es ist wahrscheinlich die am häufigsten ausgeführte Idee von einem Soldatenfriedhof für deutsche Gefallene. Die von Koch nicht kreierte, doch verbreitete Idee wird uns noch eingehend beschäftigen. Sie ist ihrer Geschichte und ihrem Wesen nach ein christlicher Gedanke.

Was er in der Mitte des Soldatenfriedhofes erblicken möchte, ist das Gräberfeldmal, ein Symbol oder Bild des für die Sünder gestorbenen und auferstandenen, unter den Lebenden und den Toten gegenwärtigen Christus[23].

3. Aktivitäten der evangelischen Zeitschrift „Religiöse Kunst", Potsdam

Einen der Redaktion der Zeitschrift „Die Christliche Kunst" in München diametral entgegengesetzten Standpunkt nimmt der evangelische Pfarrer Karl Röhrig in Potsdam als Schriftleiter der Zeitschrift „Religiöse Kunst. Mitteilungen des Vereins für religiöse Kunst in der evangelischen Kirche" ein. Das Problem des Kriegerdenkmals hat ihn sehr interessiert; in den Jahrgängen 1915 – 1922 finden sich über 70 Beiträge und Notizen zum Thema Kriegsgedächtnis.

Trotz dieser Fülle hat man beim Lesen nie das Gefühl, mit ihm an irgendeiner geistigen Front zu stehen. Es sei denn, man halte seine oft und leidenschaftlich vorgetragene Forderung nach künstlerischer Qualität für einen nennenswerten Einsatz.

Röhrig ist nämlich so selbstverständlich Kind seiner Potsdamer Umgebung, daß er sich ein Kriegerdenkmal nur als Nationaldenkmal vorzustellen vermag.

Frommer Nationalismus

Für ihn sind Nation und Religion selbstverständlich zusammenhängende Größen; man hat fast den Eindruck, als seien sie bei ihm zwei Seiten ein und derselben Sache. So schreibt er in einer Notiz über eine Mappe „Der Krieg" mit Radierungen von Erich Erler: *„Es ist ganz selbstverständlich, daß bei einer derartigen Phantasiekunst die religiösen Kräfte den Untergrund bilden."*[24]

Die Kunst, nicht etwa das Kerygma, sei dazu berufen, Religion und Nation im Bewußtsein der Bevölkerung zu vermitteln, hat Karl Friedrich Schinkel schon erklärt. Und Röhrig hat das übernommen[25]. Darum setzt er sich so für Qualität auf Kriegerdenkmälern ein.

Trägt man zusammen, welche Vorstellungen für ein Kriegsgedenkzeichen er hat, so ergibt sich folgende Liste:

1. Gedenktafeln für gefallene Soldaten in der Heimatkirche:
   Röhrig setzt sich für deutsche Schrifttypen darauf ein[26].
2. Erinnerungstafeln und -bilder in den Kirchen zum Gedenken an besondere nationale Ereignisse:
   Röhrig zitiert zustimmend Emil Högg, der gemeint hat, in die Kirchen gehören

[19] Ebd., S. 264.
[20] Ebd., S. 261.
[21] Ebd., S. 264.
[22] Ebd.
[23] S. u. S. 102–107.
[24] RK (1916), S. 94.
[25] RK (1917), S. 22 f.
[26] RK (1918), S. 118 f.

endlich Erinnerungstafeln der Gemeinde, *„sei es zum Gedächtnis einzelner Helden, sei es, um wichtige Ereignisse des Krieges, Schlachten, an denen die heimischen Regimenter ruhmreichen Anteil genommen, der Nachwelt zu überliefern."*[27]

3. Kriegergräber, Soldatenfriedhöfe, Gräberfelder[28].
4. Die Eingangshalle auf dem Soldatenfriedhof[29].
5. Ein Monumentalbau zur Ehrung der Gefallenen in Berlin, verbunden mit einem Friedhof:
   Die Idee Bapps greift Röhrig auf und schlägt vor, in der Nationalgalerie lagernde Kartons von Peter Cornelius als Wandgemälde auszuführen. Interessant sind die von ihm für besonders geeignet gehaltenen Motive: die apokalyptischen Reiter, der Sturz Babels, die Auferstehung der Toten, das neue Jerusalem, dazu in den Predellen die Werke der Barmherzigkeit, z. B. Hungrige speisen, Gefangene besuchen[30]. Diese Themenwahl widerspricht nicht etwa seinem religiösen Nationalismus. Im September 1914 empfiehlt er unter verschiedenen anderen Kunstblättern, die für ihn in die Häuser gehören, auch P. Cornelius, Die vier apokalyptischen Reiter. Einleitend bemerkt er: *Wir haben das Bedürfnis, uns mit kraftvollen religiösen wie nationalen Bildern zu umgeben, die zu der Stimmung, die uns erfüllt und bewegt, passen und nicht in einem Kontrast zu ihr stehen oder eine Dissonanz in die Symphonie religiöser und nationaler Begeisterung klingen lassen."*[31]
6. Gedächtnisplaketten aus Metall. Auf der Vorderseite befindet sich ein Stimmungsbild mit pathetisch nationalem Spruch, auf der Rückseite wird der Name eines Gefallenen mit Geburtsdatum, Ort und Zeit des Todes eingraviert:
   Röhrig sieht in solch einer Plakette ein *„Ehrenmal für tote Helden"*, das geeignet sei, *„im Heim der Angehörigen einen Ehrenplatz einzunehmen."*[32]
7. Heldenhaine:
   Röhrig versucht mehrfach, einem Einfall von Willy Lange aus Berlin-Dahlem zur Verwirklichung zu verhelfen, wonach alle Gemeinden für jeden ihrer Gefallenen je eine Eiche pflanzen sollen, damit *„Deutschland, als Sinnbild seiner Ehre und Kraft, das Land der Heldenhaine"* werde[33].
8. Das aggressiv stimulierende Monument:
   Röhrig berichtet wohlwollend über ein Denkmal bei Laugszargen an der russischen Grenze, einen aus Feldsteinen gefügten Block, woraus drohend eine steinerne Faust gen Osten sich ballt, eine auf die russischen Feinde gemünzte Abwandlung der berühmten Verwünschung: „Gott strafe England!"[34]

Spielraum?

Auf den ersten Blick möchte man meinen, Röhrig und seinen Gesinnungsgenossen müsse der Boden für biblisch-christliche Themenkreise demnach denkbar schmal gewesen sein. Man mag sich fragen, wie Kriegsgedenkzeichen in ihrem Sinne mit derlei Motiven überhaupt möglich gewesen sein sollen. Besonders im Kapitel über Auferstehung im kollektiven Sinne werden wir jedoch sehen, wie breit er, besonders für das Auferstehungsthema, immerhin gewesen ist.

[27] RK (1916), S. 62 – vgl. ebd., S. 137 f.
[28] RK (1915), S. 21–23, 65 f., 100 f.; RK (1916), S. 58, 65–69, 78, 56 f., 147–165; RK (1917), S. 11 f.; RK (1918), S. 47 ff., 92, 97–99.
[29] RK (1915), S. 119 f.
[30] RK (1916), S. 165 f.
[31] RK (1914), S. 133.
[32] RK (1916), S. 92 f.
[33] RK (1915), S. 23–26, 99, 172 f.; RK (1918), S. 112–116.
[34] RK (1915), S. 173

II. Denkschrift des Arbeitsausschusses des Evangelischen Kirchbautages 1957 zum Kriegerdenkmal nach dem 2. Weltkrieg

Während des 2. Weltkrieges war eine offene Diskussion zum Thema Kriegsgedächtnis nicht möglich.

Die 1937 verbotene Zeitschrift „Die Christliche Kunst" wurde nach dem Kriegsende nicht wieder neugegründet. Die dadurch entstandene Lücke füllte fortan „Das Münster", eine 1948 in München geschaffene „Zeitschrift für christliche Kunst und Kunstwissenschaft" – so der Untertitel –, das private Unternehmen zweier Verleger.

Die 1924 nach der Zusammenlegung von „Das christliche Kunstblatt für Kirche, Schule und Haus" und „Religiöse Kunst" entstandene „Kunst und Kirche" auf protestantischer Seite konnte erst 1957 wieder zu neuem Leben erweckt werden.

Kein Interesse

Beide Zeitschriften waren ausschließlich von den Problemen des Kirchbaus, des Gemeindehausbaus und einer modernen christlichen Kunst, soweit sie die Gebäude ausstattete, absorbiert und hatten für die Belange des Kriegsgedächtnismals kein Interesse. Keine der beiden Redaktionen hat sich in diesem Bereich engagiert.

Das während des Krieges verhinderte Gespräch ist also nachher nicht mehr zustande gekommen.

Fehlende Gemeindenähe

Die Schriftleitung der beiden Zeitschriften lag nun auch nicht mehr in den Händen von Geistlichen, sondern für „Das Münster" bei einem Kunsthistoriker und Verleger, Dr. Hugo Schnell, und für „Kunst und Kirche" bei einem Architekten, Stephan Hirzel, bei Leuten also, die in ihrem Fachbereich gewiß kompetenter waren als darin dilettierende Pastoren, denen aber gerade das fehlte, was diese gehabt hatten: Gemeindenähe und die daraus resultierende Fähigkeit, die Bedürfnisse der Gemeinde nach kirchlicher Kunst zu formulieren und ihren Sitz im Leben zu definieren.

Rietschels Vorstoß

In dieses Vakuum machte Christian Rietschel, Pfarrer und Leiter des Kunstdienstes in Radebeul, einen Vorstoß auf dem Evangelischen Kirchbautag. Auf seine Anregung hin kam ein Arbeitsausschuß zustande, der sich mit den Fragen des Kriegerdenkmals beschäftigte und 1957 eine Denkschrift[35] verfaßte. Obwohl nun diese Denkschrift mit einem einleitenden Kommentar von Rietschel[36] in „Kunst und Kirche" veröffentlicht wurde, kam es zu keinem Echo.

Der Denkschrift und der Erläuterung von Rietschel sich zuzuwenden, lohnt dennoch, ist sie doch nahezu das einzige derartige Dokument zur Frage des Kriegsgedächtnismals nach dem 2. Weltkrieg, der einzige in den beiden führenden deutschen, der christlichen Kunst gewidmeten Zeitschriften publizierte Versuch einer Ortsbestimmung.

Der Arbeitsausschuß meint, die Zeit für die Errichtung von Denkmälern nach einer Periode der Provisorien sei gekommen[37].

Aufruf an die Kirchen

Kirchengemeinden und kirchliche Werke sollten dort, wo die politischen Gemeinden ein Denkmal errichten wollen, Einfluß auf die Gestaltung in christlichem Sinne nehmen. Kirchengemeinden sollten dem Wunsche nachkommen, ihrerseits Denkmäler zu schaffen[38].

Es sollten *„Hinweise auf Gottes Wort, auf den Ernst seiner Heimsuchung und die unergründliche Tiefe seines Erbarmens"* gestaltet werden[39]. *„Der Kirche ist die Botschaft*

[35] Zur Errichtung von Denkmalen für die Toten des letzten Weltkrieges. Eine Denkschrift, erarbeitet vom Arbeitsausschuß des evangelischen Kirchbautages auf Grund einer Vorlage seines Mitgliedes Pfarrer Christian Rietschel, Radebeul: KK (1957), S. 130–132.

[36] Christian Rietschel, Gedenkmale für die Opfer des Krieges: KK (1957), S. 125–127.

[37] Denkschrift: KK (1957), S. 130.

[38] Ebd.

[39] Ebd., S. 130 f.

von dem Herrn anvertraut, der gestorben und auferstanden ist und der dem Tode die Macht genommen hat ... Die Kirche ist berufen, da, wo Gott gesprochen hat, sein Wort im Spiegel der Heiligen Schrift zu deuten." [40]

Neubesinnung

Wir befinden uns im Jahre 1957, das noch klar und unbestritten zu der von der Dialektischen Theologie beherrschten Periode gehört. Schon die eben zitierten Forderungen zielen auf die Rückbesinnung auf die biblische Verkündigung und die Absage an alle Vermischungen der Sache Gottes und des deutschen Volkes oder an die Aufwertung der Nation zu einer religiösen Größe. Heldenverehrung soll es nach dem Willen des Arbeitsausschusses nicht mehr geben. Die Begründung dafür lautet: Volk und Vaterland dürfen nicht mehr neben Gott gestellt werden. Er hingegen gebe ihnen ihren Sinn[41]. Nicht nationales Pathos sei angezeigt, sondern die *„Bekundung innerster Verbundenheit mit unserem deutschen Volk und Vaterland."*[42]

Auf der gleichen Linie der Ernüchterung liegt es zu fordern, daß die Gedächtnismale sämtliche Kriegsopfer, nicht nur die Soldaten, einbeziehen sollen[43].

Was kann denn nun aber das Denkmal noch für einen Sinn haben, wenn es nicht mehr Manifestation der nationalen Größe sein soll? Für Rietschel und den Arbeitsausschuß ist die Antwort deshalb so einfach, weil die Basisfrage für sie geklärt ist: sie gehören der Kirche an, und zwar dem Teil der weltweiten Kirche, welcher ein Gericht Gottes erlebt hat. *„Krieg und Kriegsopfer sind Gerichtszeichen Gottes über unsere Welt"*, sagt Rietschel in seinem einleitenden Aufsatz zu dem Papier [44].

Weil das deutsche Volk den Zorn Gottes erlebt habe, sei es nun um so mehr angewiesen auf das Wort der Gnade. Als Christ dürfe man um *„Gottes Erbarmen und Gnade und ... Gottes Nähe" „in aller Heimsuchung"* wissen. Gegen die entsetzliche Katastrophe werde sich die Verkündigung von Gottes Gnade und Barmherzigkeit umso deutlicher und sprechender abheben, erklärt Rietschel[45].

Aufgabe

Das Denkmal hat demnach eine doppelte Aufgabe: es soll das Volk bei der Tatsache festhalten, daß es ein göttliches Gericht erfahren hat, und es zugleich mit dem Erbarmen Gottes trösten, der seine Geschöpfe trotz ihrer Schuld und Sünde liebt.

Das hierfür am besten geeignete Werk oder Zeichen sei der Gekreuzigte oder das Kreuz. Es habe unmittelbaren Bezug auf die zentrale Botschaft von Tod und Auferstehung. In ihm werde am gültigsten die christliche Botschaft von Gottes Gericht und Erbarmen über die Welt vergegenwärtigt[46].

Um die christliche Verkündigung an einer solchen Gedenkstätte klar, unmißverständlich und unüberhörbar zu machen, empfiehlt der Arbeitsausschuß, Schriftworte den Bildwerken hinzuzufügen. Er nennt ein paar Beispiele: 1. Kor. 15,55; Joh. 14, 19; Joh. 16, 33; 1. Joh. 5, 4; Röm. 8, 39; Apok. 14, 13 *(Der Tod ist verschlungen in den Sieg. – Ich lebe, und ihr sollt auch leben. – In der Welt habt ihr Angst, aber seid getrost, ich habe die Welt überwunden. – Unser Glaube ist der Sieg, der die Welt überwunden hat. – Nichts kann uns scheiden von der Liebe Gottes, die in Christo Jesu ist. – Selig sind die Toten, die in dem Herrn sterben)*[47].

Die Namen der Gefallenen sollen nach der Denkschrift zu Schriftblocks zusammengefaßt werden, das durch ihre Aufzählung *„bekundete Geschehen"* dürfe auf keinen Fall ohne ein *„beherrschendes Schriftwort"* oder ein christliches Kunstwerk blei-

[40] Ebd., S. 130.
[41] Ebd., S. 131.
[42] Ebd.
[43] Ebd.
[44] Rietschel, Gedenkmale, S. 126.
[45] Rietschel, Gedenkmale, S. 126 f.
[46] Denkschrift: KK (1957), S. 131.
[47] Ebd.

ben, *„dem die Namenstafeln sinnbildhaft zugeordnet"* sind. In größeren Gemeinden muß an die Stelle der Namenstafeln das Gedenkbuch treten[48].

Erlebniswert

Mit den Namenstafeln oder Totengedenkbüchern ist der Arbeitsausschuß beim Erlebniswert der Denkmale angekommen. Nationalistisches Pathos und Heldenverehrung möchte er auf keinen Fall wieder aufleben lassen. Andererseits sollen die Denkmale einen dauerhaften Sitz im Leben haben. Darum sollen die Angehörigen Blumen und Kerzen an solche Stätten mitbringen und hier niederlegen oder aufstellen dürfen. Der Arbeitsausschuß fürchtet allerdings *„Sentimentalisierung oder Überladung"* und auch Verschmutzungen und rät, dem gleich von vornherein zu wehren[49]. Wichtiger als solche spontanen Äußerungen von Gefühlen der Trauer oder liebenden Erinnerung der Angehörigen erscheint ihm das Entstehen gottesdienstlicher Sitten[50], das stille Gebet und die stille Andacht Einzelner[51]. Die Besucher der Gedenkstätten sollen womöglich durch die Aufstellung von Gebetpulten zum Gebet ermuntert werden[52].

Kein Platz mehr im Gottesdienstraum

Wo aber soll nun ein Kriegerdenkmal errichtet werden? Der Arbeitsausschuß wendet sich entschieden gegen eine Anbringung im Kirchenraum. Schon jetzt seien die Kirchen durch die Anbringung von Gefallenen- und Gedächtnismalen aus früheren Kriegen mißbräuchlich zu Gedenkhallen umgewandelt worden. Innerhalb der Kirchen solle man künftig nur noch Seitenkapellen, frei gewordene Patronatslogen, Nischen, den Vorraum oder die Tauf- und Traukapelle dem Kriegsgedächtnismal öffnen. Noch besser sei ein geschlossener oder ein Freiraum in der Nähe der Kirche. Ob nun aber in der Kirche oder in ihrer Nähe: die Gedenkstätte müsse die ganze Woche über zugänglich sein[53].

Qualität

Zum Schluß setzt sich der Arbeitsausschuß für künstlerische Qualität ein[54]. Rietschel formuliert das Problem: *„Es ist ja sicher eins der schwersten Dinge im künstlerischen Schaffen, einem geschichtlichen Ereignis in aller Einfachheit und Größe, in allem Ernst und aller Schlichtheit eine übergeschichtliche Sinngestalt zu geben."*[55] Man unterschätze die *„Größe und Gewichtigkeit der Aufgabe"* meistens und überschätze die örtlichen Kräfte[56]. Der Arbeitsausschuß verlangt deshalb, daß nur *„gute künstlerische Kräfte"* herangezogen werden, die ein *„der Größe der erfahrenen Heimsuchung angemessenes"* Mal zu schaffen vermögen. Schlechte Lösungen seien *„eine Verunehrung des Geschehens"*, die man wieder tilgen sollte[57].

Der Arbeitsausschuß ist damit zunächst einmal auf die Linie der „Deutschen Gesellschaft für christliche Kunst" während und nach dem 1. Weltkrieg eingeschwenkt. Auch er fordert

– das christliche Thema
und
– Qualität.

Auch er will dem Gedenken der Hinterbliebenen an ihre Kriegstoten mit dem Kriegsgedächtnismal eine Kanalisation im Sinne der christlichen Heilsbotschaft geben.

Sinn

Das Nationaldenkmal lehnt er ebenso ausdrücklich ab und beklagt, was die „Religiöse Kunst" einst gefordert hat, daß Kirchen zu nationalen Gedenkstätten geworden sind.

48 Ebd.
49 Ebd., S. 131 f.
50 Ebd., S. 131.
51 Ebd., S. 132.
52 Ebd.
53 Ebd. – Vgl. Rietschel, Gedenkmale, S. 127.
54 Denkschrift: KK (1957), S. 132.
55 Rietschel, Gedenkmale, S. 127.
56 Ebd.
57 Denkschrift: KK (1957), S. 132.

Aber da ist noch ein gravierender Unterschied: Während die „Deutsche Gesellschaft für christliche Kunst" wesentlich am fürbittenden Totengedächtnis interessiert ist, avisiert der Arbeitsausschuß des Evangelischen Kirchbautages im Kriegsgedächtnismal eine Möglichkeit,

- dem deutschen Volke eine Sinndeutung des Krieges und seines Ausganges als einer göttlichen Heimsuchung zu vermitteln
  und
- ihm die Botschaft von der erbarmenden Liebe Gottes in Jesus Christus als einer Chance zu einem neuen Weg unter den Zeichen der Vergebung und der Heilung auszurichten.

III. Christliche Kriegerdenkmäler nach der Trennung von Kirche und Staat in Deutschland

Entchristianisierung

Überblickt man die Entwicklung des Kriegerdenkmals in Deutschland seit den Befreiungskriegen, so zeigt sich mit dem 1. Weltkrieg eine Zäsur. Bislang waren die Kriegerdenkmäler ohne christliche Darstellungen ausgekommen. Wohl hatte man das Kreuz, am liebsten allerdings in Form des Eisernen, verwandt, sonst aber Obelisken, Säulen, Adler, Bären, Darstellungen der Germania, Bavaria und des Kaisers erstehen lassen. So hat Koselleck denn auch mit einem gewissen Recht darauf hingewiesen, daß sich gerade an den Kriegerdenkmälern vom Beginn ihres Auftretens an die Entchristianisierung des Umgangs mit dem Tode ablesen lasse. Dem Tod habe man keinen ins Jenseits weisenden Sinn mehr zugebilligt, sondern einen innerweltlichen, die Zukunft der Nation ausmachenden gegeben[58].

Umkehr

Um so erstaunlicher ist die Kehrtwende seit dem 1. Weltkrieg. Sie meldet sich mit den Bemühungen Sebastian Staudhamers deutlich an. Ihm ging es um ein christliches Kriegsgedenkzeichen im Gegensatz zum nationalistischen. Seiner Arbeit kam zweierlei entgegen. Das Trostbedürfnis der Bevölkerung nach einem unvorstellbar grausamen und langen Krieg, der verloren worden war, und der Zusammenbruch der bisherigen staatlichen Verfassung. Letzterer aber hatte nun auch zur Trennung von Kirche und Staat geführt.

Hatte der Preußische König am 5. 5. 1813 als Summus Episcopus seiner Kirche die Anbringung von Tafeln mit den Namen der Gefallenen in den Kirchen verfügen können, um sie für ihre Tapferkeit zu ehren und ihnen gewissermaßen nachträglich das Eiserne Kreuz zu überreichen[59], war es bisher auch möglich gewesen, den Tenor von kirchlichen Gedenkfeiern staatlich anzuordnen, z. B. nicht Trauer um die Toten, sondern Vaterlandsliebe[60], so wurden die Kirchen jetzt grundsätzlich frei, ihr eigenes Kriegsgedächtnis zu entwickeln und durchzusetzen.

Hierauf waren die katholischen Kirchengemeinden dank der Tätigkeit der „Deutschen Gesellschaft für christliche Kunst" auch bestens vorbereitet. Und die evangelischen konnten davon profitieren. Lurz stellt fest: *„Die Denkmäler der religiösen und profanen Gemeinde gingen jetzt deutlich auseinander. Denkmäler der Kirchengemeinden verwandten generell christliche Symbole... Denkmäler der weltlichen Gemeinden i. a. nicht."*[61]

Das sich darin äußernde Selbstbewußtsein der Kirchen mußte natürlich auf den 1933 zur Macht gekommenen Nationalsozialismus ärgerlich wirken und forderte ihn heraus, Gegenakzente zu setzen, z. B. neue christliche Kriegerdenkmäler

[58] Reinhart Koselleck, Kriegerdenkmale als Identitätsstiftungen der Überlebenden: Odo Marquardt / Karlheinz Stierle (Hgg.), Identität, Poetik und Hermeneutik, Bd. VIII, München 1979, S. 255 – 276.

[59] Lurz, Kriegerdenkmäler, Bd. 1, (1985), S. 68.

[60] Ebd. S. 81.

[61] Meinhold Lurz, Kriegerdenkmäler in Deutschland. Künstlerische Formen zwischen Totenkult und prospektivem Anspruch: Freiburger Universitätsblätter, Heft 68, Freiburg 1980, S. 37.

zu verbieten oder, unter dem Motto „Ein Ehrenmal in der Kirche genügt nicht"[62], die Errichtung eines zweiten Denkmals im Ort zu betreiben[63].

Die Gegenbewegung des Nationalsozialismus ist aufs Ganze der Entwicklung hin jedoch nur Episode geblieben. Nach dem Zusammenbruch des Dritten Reiches war auch seine Ideologie in Mißkredit geraten. Eine ihrer Wurzeln war ja nun einmal der deutsche Nationalismus gewesen. Der einzig mögliche geistige Träger von Kriegerdenkmälern schien die Kirche zu sein. Lurz schätzt, daß 90 % aller nach dem 2. Weltkrieg entstandenen Kriegsopfermale „christliche Symbole" tragen[64].

Diesen Vorgang spiegeln die Forderungen zum Kriegerdenkmal für die Gefallenen des ersten und dann des zweiten Weltkriegs deutlich wider. Während „Die Christliche Kunst" noch Front machen mußte, u. a. gegen Bestrebungen wie die der protestantischen „Religiöse Kunst", auch wenn sie sie nicht nannte, spielt der Konflikt in der von Rietschel inspirierten Denkschrift von 1957 keine Rolle mehr. Jetzt ist man unwidersprochen der Ansicht, die einzig wahre Möglichkeit eines angemessenen Kriegerdenkmals zu kennen und den einzigen in Frage kommenden geistigen Träger darzustellen, und das jenseits vom Nationalismus.

Verbrämung

Da die Trennung von Kirche und Staat zwar seit 1919 zur Staatsverfassung gehört, sich de facto aber bis heute nur schubweise vollzieht, fällt es anscheinend schwer, die vielen, meist von den Kommunen bezahlten, christlich inspirierten Kriegerdenkmäler zu beurteilen. Sind es nicht etwa doch christlich verbrämte Nationaldenkmäler? Warum wird auf ihnen so wenig von den Ursachen des Unheils geredet, wie man beklagt[65]? Decken sie vielleicht nur einfach alles mit christlichen Motiven zu, so insgeheim im Bunde mit den alten Mächten der hoffärtigen Zerstörung?

Christliches Totengedächtnis

Hier kann die formgeschichtliche Methode zur Klarheit verhelfen. Die von ihr geleitete Untersuchung wird zeigen, daß die Kirchen auf ihre meist schon vor 1800 entwickelten Formen des Totengedächtnisses zurückgekommen sind, wobei zu beobachten sein wird, daß die gefallenen Soldaten immer weniger als solche oder gar als Helden ins Spiel kommen, sondern zunehmend eindeutig nur noch Tote werden wie alle andern Toten auch.

In einer Zeit, in welcher fast alle Staatsbürger einer christlichen Kirche angehörten, in welcher also auch die Kommunen in ihren Bürgern überwiegend christlich waren, war es bei der Nachkriegsstimmung relativ leicht, den christlich-kirchlichen Aspekt des Gemeinwesens hervorzukehren. Der Nationalsozialismus hatte abgewirtschaftet, der Staat war zerstört. Die Mehrheit der Bevölkerung suchte Halt in der Kirche. Sie wollte keine nationalistischen Kriegerdenkmäler mehr, sondern christliche.

Daß die kirchlichen oder kirchlich inspirierten Kriegerdenkmäler in die Tradition des christlichen Totengedächtnisses eingemündet sind, erklärt auch, warum so wenig Kritik auf ihnen zu Worte kommt. Das Totengedächtnis ist in dieser Hinsicht seit Menschengedenken heikel. *„De mortuis nihil nisi bene"* gilt in aller Welt als Gebot des Takts. Kritik hat einen anderen Sitz im Leben der menschlichen Gesellschaft als im Totengedächtnis.

Für Koselleck ist am Kriegerdenkmal eine Ergänzung von Ikonographie durch Ikonologie am Platze, und das gerade bei den christlichen Motiven. Sie seien dort nicht mehr in ihrem ursprünglich gemeinten christlich-kirchlichen Sinn zu finden, sondern dienen, typische Kinder der Neuzeit, anderen Zwecken, in diesem Falle der

[62] Martin Bach, Studien zur Geschichte des deutschen Kriegerdenkmals in Westfalen und Lippe, (Europäische Hochschulschriften XXVIII, 43), Frankfurt u. a. 1985, S. 295.

[63] Ebd. S. 292 – 300.

[64] Lurz, Kriegerdenkmäler. Künstlerische Formen, (1980), S. 41.

[65] so z. B. Bach, Studien; Lurz, Kriegerdenkmäler, Bd. 1, (1985), schon auf dem Rückendeckel; Siegmar Holsten, Allegorische Darstellungen des Krieges. 1870 – 1918. Ikonologische und ideologiekritische Studien, (Studien zur Kunst des neunzehnten Jahrhunderts, Bd. 27), München 1976.

nationalistischen Identitätsstiftung[66]. Nach einer solchen Behauptung erscheint es sinnlos, überhaupt noch ikonographisch christliche Motive im Bereich des Kriegerdenkmals zu differenzieren. Dennoch setzt die folgende Untersuchung ikonographisch ein. Schon so wird sich nämlich zeigen, daß Kosellecks These eingeschränkt werden muß.

[66] Koselleck, Kriegerdenkmale, S. 260.

Abb. 1 Bernhard Afinger, Osterengel, 1857. Kirche Laasow/Niederlausitz.

C. Der Osterengel

I. Einleitung

Hypothese

Den folgenden ikonographischen Untersuchungen des Osterengels und der Auferstehung der Toten im Kriegsgedächtnis liegt die Arbeitshypothese zugrunde: das Kriegerdenkmal mit christlichem Thema sei vom christlichen Grabmal her bestimmt[1]. Die Motive seien in ihrer funktionellen und inhaltlichen Ausgestaltung über das christliche Grabmal auf das Kriegerdenkmal tradiert.

Das Kriegerdenkmal mit dem christlichen Thema der Auferstehung sei demnach eine Spielart des Grabmals. Diese Arbeitshypothese ist nichts weiter als eine Vermutung. Es wird sich zeigen, ob und inwiefern sie zutrifft.

Sie mag als Diskussionsgrundlage und Ausgangspunkt dienen, weil sie uns, positiv wie negativ, zum Verständnis der Tatsache verhelfen kann, daß überhaupt Auferstehungsdarstellungen auf Kriegerdenkmälern vorkommen.

II. Der Osterengel als tröstlicher Bote. Ein Grabmalmotiv aus der 2. Hälfte des 19. Jahrhunderts

Bernhard Afinger, Grabmal in Laasow

Erstes Auftreten

Das Motiv des Osterengels ist auf dem Grabmal der 2. Hälfte des 19. Jahrhunderts massenhaft aufgetreten. Seine Gestalt hat es von Bernhard Afinger im Jahre 1857 erhalten (Abb. 1)[2]. Bernhard Alfinger, geb. 1813 in Nürnberg, lebte damals in Berlin. C. Grüneisen kennzeichnet ihn als Nazarener, wenn er von ihm sagt, er habe *„bei der unverkennbaren Aneignung classischer Schönheit in seinen Werken die deutsche Innigkeit des Gefühls und die Tiefe des Ausdrucks bewahrt"*[3]. Afingers Osterengel ist als Kontrapunkt zu den damals auf den Grabmälern der Gebildeten üblichen geflügelten Genien und Eroten zu verstehen, die samt und sonders nichts anderes auszudrükken vermochten als trauer angesichts des Todes und allenfalls eine vage Hoffnung. Er ist eine Möglichkeit gewesen, die biblische Botschaft von der Auferstehung Jesu Christi an den Gräbern zu verkünden. Und sie ist dankbar aufgenommen worden (Abb. 2).

Das Original ist im Hintergrunde des gutsherrlichen Kirchenstandes der Grafen von Pourtales 1857 in der Kirche von Laasow/Niederlausitz in Marmor (Höhe: 4 Fuß) als Denkmal für die Gräfin Anna von Pourtales, geb. von Paschwitz, aufgestellt worden. Aber damit nicht genug: der Künstler durfte einen Zinkguß in gleicher Größe davon anfertigen und den Engel auf einem 7 Fuß hohen Pfeiler am Grabe der Verstorbenen auf dem Friedhof aufstellen. Auf dem Pfeiler der Grabstatue stand eine auf Luk. 24,5 f. hinweisende Inschrift. Schon 1859, ein gutes Jahr nach der Vollendung des doppelt ausgeführten Werkes, weiß Grüneisen zu berichten, daß inzwischen 4 weitere Bestellungen darauf eingegangen seien, „eine davon sogar, was wir nicht für angemessen erachten können, für einen Altar."[4]

Grüneisen gibt seinen Eindruck von dem Auferstehungsengel auf dem Friedhof in Laasow wieder: *„Auf dem hohen Postament im Freien macht die Gestalt den Eindruck des Schwebens über der Erde und ihren Gräbern."*[5]

Abb. 2 Grabmalmodell, 1903. Firmenkatalog.

[1] Ich behandle unter dem Begriff der Grabmalskunst auch die Mausoleumskunst, weil beide zusammen die privateste Form des Totengedächtnisses bilden.
[2] Vgl. C. Grüneisen, Der Auferstehungsengel von Afinger: CKb (1859), S. 6-8.
[3] Ebd., S. 8.
[4] Ebd., S. 6.
[5] Ebd., S. 7.

Wenden wir uns dem Inhalt zu, so können wir auch hier Grüneisen zitieren: *„Der Künstler hat offenbar einen der wundersamen Jünglinge im Sinn, welche nach der zuvor erwähnten Stelle des Evangeliums Lucä (24,5 f.) an dem Orte, da der Heiland in der Gruft gelegen hatte, den herantretenden Frauen erschienen ist. Er kniet, weil die Stätte, wo er weilt, das Heiligthum der Grabesruhe des Erlösers ist."* [6]

Was bedeutet aber die auffällige Geste der Hände, deren linke nach unten und deren rechte aufwärts weist? Grüneisen hat sie verstanden: *„Wie er ... mit der linken Hand auf den leeren Raum, wo die Freundinnen den Leichnam des Meisters suchten, deutet, so weist er mit dem Zeigefinger der rechten empor, um die Auferstehung als den Beginn des Standes der Erhöhung und Verklärung des Gekreuzigten zu bezeichnen."* [7]

Der Rezensent meint einleitend, es sei *„immer von Werth, einzelne merkwürdige Erscheinungen von unzweifelhaft würdigem Charakter zur allgemeinen Kenntniß zu bringen und für die geeignete Auffassung zu erläutern."* [8] Er wird uns damit zum Zeugen dafür, daß die Figur seinerzeit etwas Neues und Fremdes gewesen ist.

Aktualisierung eines Bibelwortes

Was hat Afinger getan? Er hat ein Bibelzitat aktualisiert. Dazu hat er es zunächst einmal gekürzt. Während auf früheren Darstellungen der Auferstehungsbotschaft durch den Engel sowohl der Engel als auch die zwei oder drei Frauen und das Grab Christi (bzw. das Grabhaus) zu sehen sind, hat sich Afinger auf den Engel beschränkt. Dieser Gottesbote hat sich nun nicht auf dem Grabstein niedergelassen, darauf sitzend und die Botschaft mitteilend; da ist zwar noch ein Stein, auf dem er kniet, aber seine Form ist nicht die einer Grabestür oder eines Sarkophagdeckels. Seine achteckige Grundfläche ist äußerst knapp bemessen. Nur mit dem linken Bein kniet der Engel darauf. Mit dem rechten Fuß kann er sich gerade noch auf ihr abstützen. Das macht den Engel zu einer nur flüchtigen Erscheinung.

Dadurch, daß die Frauen fehlen, sind die Betrachter aufgefordert, sich selber an ihrer Statt die Botschaft sagen und sich fragen zu lassen: *„Was sucht ihr den Lebendigen bei den Toten?"*

Dazu werden sie um so bereiter sein, als sie ja nicht am Grabe Christi, sondern dem ihrer Angehörigen stehen. Es ist schon fast natürlich, daß der Graf von Pourtales z. B. mit der Inschrift übereinstimmt; wünscht er denn nicht, daß seine Frau nicht hier im Grabe, sondern auferstanden sei und lebe? Sein Gefühl treibt ihn, den Weg seiner Frau mit dem Wege Christi durch den Tod ins Leben in eins zu setzen.

Ja, so unmittelbar am Grabe seiner Frau mit der Auferstehungsbotschaft konfrontiert, wird er sogar geneigt sein, eher an das ewige Leben seiner Frau als an die Auferstehung Jesu Christi zu glauben. Und das ist denn auch die Gefahr einer solchen Zitatverkürzung, verbunden mit der Ortsveränderung: Wird nicht eines Tages das Bewußtsein dafür schwinden, daß Christus der Erstling der Entschlafenen ist? Muß nicht dann aber auch dem Glauben an ein ewiges Leben die Kraft zur Überwindung seiner Anfechtung verloren gehen[9]?

III. Die Übernahme des Grabmalmotivs durch das Kriegerdenkmal

Obwohl man annehmen könnte, der Auferstehungsengel habe sich bei so ungeheurer Vervielfältigung in seinem eigenen Kitsch aufgelöst, hat er sich auch nach dem 2. Weltkrieg auf dem Grabmal behauptet, ja sogar im Kriegerdenkmal Eingang gefunden.

[6] Ebd., S. 6 f.

[7] Ebd., S. 7.

[8] Ebd., S. 6.

[9] Vgl. zur Ikonographie dieser Szene: Ernst Voelter, Die Ikonographie der Auferstehung Christi bis zum XIII. Jahrhundert, Diss. Freiburg 1925, S. 37–113.

Wilhelm Pfeiffer, Kriegerdenkmal in Jettenburg

Abb. 3 Wilhelm Pfeiffer, Engel am Grabe, 1960. Gefallenendenkmal, Kirche Jettenburg, Kr. Tübingen.

Wilhelm Pfeiffer hat den Auferstehungsengel auf der Sarkophagkante sitzend aus Natursteinmosaik als Gefallenendenkmal an der Außenwand der Kirche von Jettenburg, Kr. Tübingen, gestaltet (Abb. 3). Hier hält er die rechte Hand nach unten, die linke ist zum Schwur erhoben und bezeugt so die Auferstehung. Der Tausch der Seiten ist hier insofern motiviert, als zur Linken des Engels Steine mit den Listen der Gefallenen in die Wand eingelassen sind.

Sowohl den Namen der Gefallenen als auch dem Betrachter ist der Engel mit seiner Botschaft zugewandt. Die Hände des Boten sind verhältnismäßig groß und dem Betrachter zu geöffnet. Darin unterscheiden sie sich von den Händen des Afingerschen Engels, dessen Linke nach unten hin mehr zudeckt als öffnet, und dessen Rechte mit erhobenem Zeigefinger und verdeckter Handfläche nach oben weist.

Besonders auffällig ist die Rechte des Engels von Jettenburg. Sie bildet eigentlich den Mittelpunkt der Darstellung. Sie ist nicht nur zum Grabe Christi hin nach unten geöffnet; auf dem sitzt er ja; es liegt hinter ihm. Die Hand ist dem Betrachter zugewandt – wie der Blick ihres Trägers. Den Betrachter lädt die offene Rechte ein, ihn sucht sie zu ermutigen, sich auf die Bewegung der Linie einzulassen, die über den rechten Arm und die Linke nach oben hin ausschwingt. So, wie die Tafeln mit den Namen der Gefallenen beider Weltkriege auf den Engel bezogen sind, soll von der Darstellung eine tröstliche Wirkung auf den Betrachter ausgehen. Die Rechte hängt sehr locker, fast schon schlaff, aber dafür auch schon wieder zu offen herab. Sie scheint das Leid und die Trauer der Hinterbliebenen zu bestätigen. Sie nimmt auf und an. Auch der linke Arm ist nicht straff oder stramm nach oben gehalten. Gelassen nach rechts zurückgelehnt hat der Engel die Linke erhoben. Und gerade so gelingt die Gebärde um so überzeugender. Was sagt sie nun dem Betrachter?

Sie tröstet ihn, indem sie ihn mit seiner Trauer annimmt und ihn auffordert, sich zu dem aufzurichten, der den Tod für sich selber, für die schon Entschlafenen und die noch lebenden Hinterbliebenen überwunden hat.

Hundert Jahre nach Afingers Tat zeigt sich noch immer, welch eine strukturierende Macht die Trostfunktion des Grabmals wie auch des Kriegerdenkmals auf ein christliches Bildthema hat ausüben können.

Das beweist übrigens auch ein weiteres Gefallenengedächtnismal von Wilhelm Pfeiffer, welches dieser in Täbingen, Kr. Balingen, ebenfalls als Natursteinmosaik geschaffen hat[10]. Hier werden die drei Frauen zwar dem Engel gegenübergestellt. Aber er ist anderthalbmal so groß wie sie und im Gegensatz zu ihnen eine lichte Gestalt. Der Blick des Betrachters wird so vor allem auf ihn gelenkt, während die Frauen ohne die traditionellen Salbengefäße mögliche Reaktionen auf seine tröstliche Botschaft zur Schau stellen.

IV. Der Osterengel, partizipierend am Inhalt seiner Botschaft. Ein neuer, nach dem 2. Weltkrieg entstandener Typ

Die Herkunft vom Grabmal des 19. Jahrhunderts hat nun nicht auch eine Festlegung auf die vor 100 Jahren entstandene Form oder die Gestalt des Engels mit sich gebracht.

Dies gilt in bezug auf die Technik: der Engel wird vollplastisch auf dem Friedhof an der Fiskusstraße in Duisburg (Abb. 7), als Relief in Oberiflingen[11], Kirchrimbach (Abb. 4) und Bleichstetten (Abb. 6), als Mosaik in Jettenburg (Abb. 3) und Täbingen[12] ausgeführt.

Das kann auch hinsichtlich des Gesamthabitus des Engels beobachtet werden. Während Afingers Engel niederkniet und kauert und gleichzeitig ahnen läßt, daß er erst gerade herabgeschwebt ist, sitzt der Osterengel in Jettenburg, Täbingen und Oberiflingen, steht er in Duisburg. Die Geste der beiden Arme ist die gleiche wie in Laasow.

Bote

Dem Osterengel mit diesem Habitus ist gemeinsam: er richtet eine Botschaft aus, welche er mit seiner Armbewegung unterstreicht. Die Beziehung des Engels zum Angesprochenen ist eindeutig beabsichtigt.

In den nun zu besprechenden Arbeiten begegnen wir einem Typos des Osterengels, der nicht mehr vom Grabmal des 19. Jahrhunderts abzuleiten ist.

In *Kirchrimbach* hat *Karl Hemmeter* ein Relief für den Kirchraum geschaffen, auf welchem der Engel aus der Tür des Grabhauses heraustritt und den Fuß auf den umgefallenen Stein setzt, als wäre er selber derjenige, dessen Auferstehung er den seitlich herankommenden Frauen verkündet.

Er hat ein Scepter in der Hand, welches nicht ihm gebührt, sondern dem, dessen Herrschaft er proklamiert (Abb. 4).

Jef Diederen läßt auf seinem Fresko im Foyer der Opstandigskerk in *Amsterdam* 1956 den Engel mit nach rechts und links oben ausgebreiteten Armen auffahren und ihm also das widerfahren, was er als Botschaft den Zuhörern zu sagen hat (Abb. 5). Ähnlich macht es *Richard Raach* auf einem Ehrenmal in *Bleichstetten* (Abb. 6).

[10] Adolf Rieth, Denkmal ohne Pathos. Totenmale des zweiten Weltkrieges in Südwürttemberg-Hohenzollern. Mit einer geschichtlichen Einleitung, Tübingen 1967, Tafel 53.
[11] Ebd., Tafel 34.
[12] Ebd., Tafel 53.

Abb. 4 Karl Hemmeter, Engel und die drei Frauen am Grabe, 1954/55. Gefallenendenkmal, Kirche Kirchrimbach/Mfr.

Abb. 5 Jef Diederen, Osterengel, 1956. Opstandingskerk Amsterdam.

Abb. 6 Richard Raach, Osterengel, 1961. Gefallenendenkmal Bleichstetten, Kr. Reutlingen.

Botschaft

In diesen letzten drei Beispielen ist die natürliche Distanz des Boten zur Botschaft weitgehend überwunden. Das Interesse des Künstlers hat sich von der Beziehung des Boten zum Angeredeten stärker auf den Inhalt der Nachricht an ihn verlagert. Diese soll nun für sich selber sprechen. In Bleichstetten ist die Zurücknahme des Engels aus seiner Botenfunktion so weit getrieben, daß die ihm beigegebene Inschrift in eine zwar aussagekräftige, dennoch starke Spannung zu ihm tritt.

Wir stellen fest, es gibt zwei Gruppen von Osterengeln; die einen sind zuerst Boten, dann erst Auferstehungsengel; die anderen sind primär Auferstehungsengel, erst sekundär Boten. Bei der ersten Gruppe ließe sich denken, daß sie mit einer anderen Geste auch eine andere Botschaft mitteilen könnten[13]. Bei der zweiten Gruppe ist das deshalb weniger möglich, weil ihnen gerade selber die Auferstehung widerfährt. Der Bote partipiziert an seiner Nachricht.

Nachdem wir uns über die Funktion des Osterengels in seiner ersten Form auf einem Grabmal bzw. Kriegerdenkmal ausführlich Gedanken gemacht haben, sind wir genötigt, uns zu überlegen, wie der Osterengel in der zweiten Form zum Grab- oder Kriegerdenkmal paßt.

Der Osterengel des zweiten Typs ist zunächst verblüffend. Die vom Osterengel der ersten Gruppe hergestellte Beziehung mit dem Betrachter ist für letzteren als

[13] Vgl. z. B. viele Darstellungen des Englischen Grußes.

solche schon tröstlich; fühlt er sich doch mit seiner Trauer nicht so alleingelassen. Dieser Trost entfällt nun weitgehend.

Dafür wird der Trostbedürftige durch die der Darstellung des zweiten Typs zugrunde liegenden Idee der Partizipation an der Auferstehung Christi und seinem Reich entschädigt. Dem Betrachter wird mit dieser Form des Osterengels die Möglichkeit zur Partizipation vor allem für sich selber eröffnet, sofern er sich glaubend und bezeugend als Träger der Auferstehungsbotschaft beteiligen läßt.

Während der Osterengel der ersten Gruppe den Betrachter mit seinen Gefühlen annimmt, ja ihn sogar bei ihnen packt, ist der Osterengel des zweiten Typs in bezug auf Emotionen zurückhaltend. Die Auferstehung Christi ist für ihn nicht einfach die Antwort auf die Fragen trauernder Hinterbliebener, sondern bleibt in ihrer Fremdartigkeit erhalten. Sie ist etwas an sich Bestehendes, per se ipsum et pro se ipso, aber gerade darum für den, welcher ihr sich erschließt, die Überwindung auch der Trauer.

Richard Raach, Ehrenmal in Bleichstetten

Das sei nun an einem Beispiel, dem schon erwähnten Kriegerdenkmal in Bleichstetten, erläutert. In Bleichstetten, Kr. Reutlingen, hat Richard Raach in Zusammenarbeit mit dem Gartenarchitekten Hans Koch ein Gedächtnismal für die Gefallenen beider Weltkriege geschaffen (Abb. 6). Zwei verschieden hohe Mauern bilden einen rechten Winkel, der einen nach zwei Seiten hin offenen Platz abgrenzt. Die niedrigere ist in sich etwa gleich hoch. In sie sind die Namen der Gefallenen, auf einzelnen Blöcken zusammengefaßt, eingefügt. Die zweite Mauer hat außen – nach kurzem Anschwung – ihre größte Höhe, fällt dann zunächst gleichmäßig schräg ab und läuft schließlich kurz vor der Ecke waagerecht weiter. Unter dem „Gipfel" dieser Mauer ist das Relief eines auffahrenden Engels eingelassen; von links unten nach rechts oben fliegt er mit angewinkelt erhobenen Armen segnend, grüßend nach oben. Der rechte Arm weist entschieden in die Höhe. Rechts von ihm sind Steinblöcke mit erhabener Schrift in die Mauer eingelassen. Die Inschrift lautet: *„Gottes Wille kennt kein Warum."*

„Gottes Wille kennt kein Warum"

Dieser Satz ist als Antwort auf so manche Frage sinnvoll, welche angesichts der beiden Weltkriege und ihrer Begleiterscheinungen und Folgen in mannigfachen Varianten das Theodizeeproblem formuliert hat. Erfahrungsgemäß kann jede Not in der Frage, ja, in dem Schrei nach der Gerechtigkeit Gottes zum Ausdruck kommen. Auf dem Friedhof in Bleichstetten dürfte man vor allem an den Kriegstod und die Hinterbliebenen der davon Betroffenen gedacht haben.

Der Satz „Gottes Wille kennt kein Warum" enthält zwei Aussagen: 1. Die Theodizeefrage ist dem Willen Gottes gegenüber unangemessen. 2. Die Ratschlüsse Gottes sind unbezweifelbar, eindeutig gut.

Auferstehung und Theodizee

Was aber hat der Osterengel mit der Theodizeefrage zu tun? – Auferstehungshoffnung und Theodizeeproblem hängen unauflöslich miteinander zusammen. Die Auferstehungshoffnung war die Antwort spätjüdischer Apokalyptiker auf die Frage nach dem Sieg der göttlichen Gerechtigkeit in einer Welt, welche den Frommen ins Martyrium trieb[14].

[14] Vgl. Horst Dietrich Preuß, Auferstehung in Texten alttestamentlicher Apokalyptik (Jes. 26, 7–19; Dan. 12, 1–4): U. Gerber/E. Güttgemanns (Hg.), „Linguistische Theologie". Biblische Texte, christliche Verkündigung und theologische Sprachtheorie, (Forum Theologiae Linguisticae, hg. v. E. Güttgemanns, Bd. 3), Bonn 1972, S. 101–133. Weitere Literatur zum Thema „Auferstehung im AT" siehe dort. Außerdem: Ulrich Wilckens, Auferstehung. Das biblische Auferstehungszeugnis historisch untersucht und erklärt, (Themen der Theologie, hg. v. H. J. Schultz, Bd. 4), Berlin/Stuttgart 1970, S. 101–144; Peter Stuhlmacher, Schriftauslegung auf dem Wege zur biblischen Theologie, Göttingen 1975, S. 128–166.

In der Auferstehung Jesu Christi erkannte die erste Generation der Christen den Sieg der göttlichen Gerechtigkeit über Tod, Sünde und schreiende Ungerechtigkeit[15]. Bei Paulus sehen wir darüber hinaus deutlich, daß seine Hoffnung auf den Sieg Gottes und seines Reiches durch die Auferstehung Jesu Christi begründet ist[16].

Der Auferstehungsengel neben der Aussage „Gottes Wille kennt kein Warum" verkündet demnach folgendes: Obwohl die aus einem unentwirrbaren Gemisch aus menschlicher Hoffart und Anfechtung geborene Frage nach dem Warum eigentlich gar keiner Antwort bedarf, hat Gott sich herabgelassen, sie in der Auferstehung Jesu Christi zu überbieten[17].

Gott ist Gott. Für den von Leid, Trauer, Angst, Hader und Zweifel geplagten Menschen hat er den Sieg seiner Gerechtigkeit in der Auferstehung Jesu Christi für alle Zeit offenbart.

Spannung

Man muß sich einmal vorstellen, was dieses Kriegerdenkmal ohne den Osterengel in dem Betrachter auslösen würde. Der Satz „Gottes Wille kennt kein Warum" müßte deprimierend wirken und zum Fatalismus verführen. Mit dem Osterengel zusammen hört er sich widersprüchlich an, nicht in ausschließlichem, sondern in kontrapunktischem Sinne: je krasser abweisend er formuliert ist, desto verheißungsvoller klingt er.

Für unseren Zusammenhang ist es nun wesentlich, ob der Osterengel des Partizipationstypos besser oder gar als einziger geeignet ist, dem Satz „Gottes Wille kennt kein Warum" sinnvoll zugeordnet zu werden.

Dazu läßt sich feststellen: der Osterengel vom Typos „tröstlicher Bote" wäre schlecht geeignet, einen solchen Satz zu sagen; denn der Betrachter würde zu sehr bei seiner Trauer gepackt und in seinen Gefühlen belassen, als daß er den Engel als Osterengel, als Zeugen der Auferstehung Christi überhaupt erkennen könnte. Es läßt sich sogar denken, daß er im Zusammenhang mit der Theodizeefrage die Depressionen der Hinterbliebenen noch zu verstärken vermöchte. Zudem muß dem Betrachter die Geste der beiden Hände sinnlos vorkommen und ihn irritieren.

Völlig sinnlos und unverständlich aber wäre auf dem Kriegerdenkmal diese Inschrift neben einer historisch illustrierenden Darstellung der Begegnung der drei Frauen mit dem Engel am Grabe.

Anders hingegen verhält es sich bei dem von Raach geschaffenen Typos: er kann glaubhaft in Zusammenhang mit der Inschrift gebracht werden, weil er die ihr zugrunde liegende Hoffnung an sich selber sichtbar macht.

Kommen wir nun zurück zu der Frage nach der Affinität zum Grabmal von Kriegerdenkmälern mit dem Osterengel dieser zweiten Form, so können wir jetzt feststellen: der Osterengel des Partizipationstypos spricht selbstverständlich auch zu Trauernden, stammt aber nicht eigentlich von der Grabmalskunst ab. Er tritt auf Kriegerdenkmälern auf (1956), ist aber etwa gleichzeitig auch im Foyer einer Kirche zur Erbauung der Gemeinde zu finden. Das könnte man jedenfalls so nicht zum Osterengel Afingers sagen, obwohl dieser schon bald als Kopie auf einem Altar gestanden hat. Denn hier handelt es sich eben nur um eine Kopie; zudem hat diese Ortsveränderung schon damals Bedenken hervorgerufen, weil man den Osterengel in dieser Form eben als Grabmalskunst empfand[18].

[15] Vgl. die Klage der Emmausjünger Luk. 24, 19 ff. und den Auferstehungsjubel des Paulus, 1. Kor. 15, 55ff.

[16] 1. Kor. 15, 20–28, vgl. hierzu Jürgen Moltmann, Auferstehung als Hoffnung: Pastoraltheologie. Wissenschaft und Praxis 58 (1969), Heft 1, S. 3–17.

[17] Vgl. hierzu Joh. 16, 16–22.

[18] CKb (1859), S. 6

V. Kirchengeschichtliche Einordnung der beiden Typen

Christengemeinde und Bürgergemeinde

Ein Kriegerdenkmal mit dem Osterengel ist einer Gesellschaft ein Problem, in der Bürgergemeinde und Christengemeinde nicht mehr kongruent sind. Der Typ des Boten ist ein Kind des 19. Jahrhunderts, weil er diese Kongruenz voraussetzt. Der Partizipationstyp trägt der inzwischen eingetretenen Veränderung insofern Rechnung, als er erst gar nicht versucht, die Entwicklung durch Kompromisse rückgängig zu machen. Der Schlüssel zu seinem Verständnis, die Ermöglichung seiner Annahme ist der christliche Glaube.

Dialektische Theologie

Dieser Typ hat, theologisch gesehen, seinerzeit einem kirchlichen Bedürfnis entsprochen, welches Karl Barth und ihm nach seine theologische Schule der Dialektischen Theologie mit ihrem Streit um den sogen. „Anknüpfungspunkt" artikuliert haben: das „Wort Gottes" als unbedingbare Offenbarung zur Anerkennung zu bringen.

Existentiale Theologie

Des weiteren sei auf den existentialen Zweig der Dialektischen Theologie hingewiesen, welcher die zentralen christlichen Aussagen einzig insofern gelten lassen will, als sie sich anthropologisch verifizieren lassen, wobei dann der Unterschied zwischen fides quae und fides qua creditur, zwischen dem Glauben nach seinem Inhalt und nach seiner Form, grundsätzlich nicht mehr besteht, sondern zu zwei Aspekten ein und desselben Vorganges im Menschen erklärt werden muß.

So entpuppt sich die zweite Gruppe der Osterengel als typisches Kind des 20. Jahrhunderts. Sie ist ja auch ikonographisch völlig neu.

Die oben angedeuteten theologischen Reflexionen haben in der Gestalt des Osterengels eine ausgesprochen kreativ bildhafte Entsprechung gefunden. Darin erweist sich, daß es sich bei ihnen nicht einfach um sinnlose Kathederdebatten, sondern um den Teilbereich tief greifender kirchlicher Lebensprozesse gehandelt hat.

Ekklesiologischer Aspekt

Diese Aussagen lassen sich allerdings nur halten, wenn man den Osterengel als Zeugen der Auferstehung Christi versteht, gleich welcher Natur er nun sein mag. Das heißt negativ, daß der angelologische Aspekt zugunsten einer mehr ekklesiologischen Betrachtungsweise zurücktritt.

Inschriften

Dies legen die zur Verstärkung der Aussage der Bildwerke den Kriegerdenkmälern beigegebenen Inschriften nahe. Figur und Inschrift zusammen bringen das Verkündigungsamt der Kirche in den Blick.

Folgende Inschriften habe ich gefunden: *„Ich lebe, und ihr sollt auch leben"*, am Gefallenendenkmal für die Toten der beiden Weltkriege in Oberiflingen Kr. Freudenstadt. Zwischen dem Relief des Engels von Willi Müller und den beiden Tafeln mit den Namen der Gefallenen steht auf einem besonderen Stein in erhabener Schrift das Zitat aus Joh. 14, 19[19]. –*„Er ist nicht hier, Er ist auferstanden"*, heißt es über dem Relief des Engels und der drei Frauen von Karl Hemmeter für das Gefallenendenkmal in der Kirche von Kirchrimbach/Mfr. (Abb. 4).

Das Archiv der Arbeitsgemeinschaft Friedhof und Denkmal in Kassel birgt noch 9 Abbildungen von Grabsteinen mit dem Auferstehungsengel allein bzw. dem Engel und den drei Frauen darauf, welche zusätzlich mit einer Inschrift versehen sind. Diese lauten: *Resurrexit. – Er ist auferstanden, wie er gesagt hat. – Was suchet ihr den Lebendigen bei den Toten. – Er ist nicht hier, er ist auferstanden. – Dann werdet ihr erkennen, daß ich der Herr bin, wenn ich die Gräber öffne und euch aus diesen Gräbern auferstehen lasse. – Er ist auferstanden. – Nun aber ist Christus auferstanden von den Toten und der Erstling geworden unter denen, die da schlafen.* 1. Kor. 15, 10. – *Sie werden auferstehen. – Fürchtet euch nicht. Die ihr suchet, werden auferstehen.*

Vergleicht man die Inschriften miteinander, so fällt auf, daß die meisten von ihnen Bibelzitate sind. Von diesen wiederholt die Mehrzahl, was der Engel am Grabe

[19] Rieth, Denkmal, Tafel 34.

Christi den Osterberichten zufolge gesagt hat. Der Engel kann aber auch Paulus oder gar Jesus zitieren. Wo er sich von biblischen Formulierungen freimacht, geschieht das um einer um so deutlicheren Zueignung der Auferstehungsbotschaft an die Betrachter willen. Immer kann, in den meisten Fällen muß die Inschrift als dem Engel in den Mund gelegt verstanden werden. Was er zu sagen hat, steht geschrieben.

Was hat es nun zu bedeuten, daß dem Engel auch Worte in den Mund gelegt werden, die er „historisch" gesehen, gar nicht gesagt hat, sondern Jesus, Paulus oder sonst wer? Käme man zur Not bei biblisch belegten Engelzitaten noch mit der Erklärung aus, es handle sich um die Darstellung von Vergangenem, so wird man jetzt doch nach einer anderen Deutung des Engels und seiner Worte suchen müssen. Mit den Worten der neutestamentlichen Zeugen, ja, auch später auf dieser Erde gewesener Christen auf der Zunge und dem Versuch, diese den Zeitgenossen zuzueignen, befindet er sich in der gleichen Rolle wie die christliche Gemeinde. Sie, sofern sie Zeugnis ablegt und Botschaft ausrichtet, stellt er dar.

VI. Eine Synthese

Ernst Kreetz, Gräberfeldmal in Duisburg, Fiskusstr.

Auf dem Friedhof an der Fiskusstraße in Duisburg befindet sich ein Ehrenfeld mit den Gräbern gefallener Soldaten. Vorn am Wege, in der Mitte des dreiseitig durch Baum- und Strauchwerk abgegrenzten Platzes, hat Ernst Kreetz 1963 auf einem Sockel aus Basaltlava eine bronzene Figur aufgestellt, in der die beiden Typen des Osterengels verschmelzen (Abb. 7).

Zum Osterengel des ersten Typs gehört vor allem die charakteristische Geste der beiden Hände und Arme nach oben und unten: er ist auferstanden; seht, wo er gelegen hat.

Aber dieser Engel hat keine Flügel. Und zudem steht er auf einem Quader, der sowohl durch seine Proportionen als auch durch seine Maße an einen Sarkophag erinnert. Der Quader steht nicht quer vor dem Betrachter, sondern senkrecht auf ihn zu. Der Engel steht auf seinem hinteren Ende. Ist es vielleicht gar nicht der Engel? Ist es der Auferstandene selbst? Es gibt kein eindeutiges Unterscheidungsmerkmal dafür, ob es Jesus sei, ein Engel oder ein Mensch, nur diese Geste der Hände, den Standort auf dem sarkophagähnlichen Sockel. Die Frage kann also endgültig nicht beantwortet werden, ob man vor dem Auferstandenen oder einem Boten seiner Auferstehung stehe. Insofern gehört dieser Osterengel, wenn man ihn als solchen interpretiert, zum zweiten Typos. Hier ist er allerdings nicht auferstehend, sondern auferstanden. Er partizipiert an seiner Botschaft und richtet sie zugleich aus. Das gibt seiner Geste eine starke Dringlichkeit.

Er ist ein Mann mit langem Gewand. Die Linienführung ist einfach und klar. Der Gesichtsausdruck wirkt äußerst konzentriert. Mit der Doppelgeste nach oben und unten tritt er auf den Herbeigekommenen zu. Während der rechte Arm beinahe in großem Bogen in den Sarg blicken heißt, weist der andere über eine enge Ellenbogenkurve in den Himmel.

Gerichtsspruch und Gnadenzusage zugleich

Kreetz ist es mit seiner Darstellung gelungen, den Forderungen des schon zitierten Arbeitsausschusses des Ev. Kirchbautages nachzukommen, den Zusammenhang der Gegensatzpaare von Tod und Auferstehung, Gericht und Gnade sichtbar zu machen.

An dem Engel fällt als erstes der ungeheure Ernst auf, mit dem er auf den Betrachter zutritt und nach unten weist, als wolle er sagen: da gehörst du hin! und nach oben, als ob er wiederum zu sagen habe: da gehörst du hin!

Abb. 7 Ernst Kreetz, Osterengel, 1963. Gräberfeldmal Friedhof Fiskusstraße, Duisburg.

AUGUST
WERNTER

Dieses „In den Staub, ja, in den Tod mit dir!" und das gleichzeitige „Steh auf, sieh in den Himmel; denn du bist sein, auch wenn du es nicht verdient hast!" ist Aufforderung und Einladung zur Umkehr. Die Gleichzeitigkeit von Gerichtsspruch und Gnadenzusage wird sichtbar, wird nicht nur gestikuliert, sondern verkörpert, mit anderen Worten: diese Botschaft ist existential und wird zugleich existentiell repräsentiert. Eines aber bedingt das andere.

Mit dieser Synthese der beiden Typen hat das Kriegerdenkmal mit dem Osterengel das Höchste erreicht, was es hat erlangen können. An ihm ist sichtbar geworden, daß Tod und Auferstehung nicht nur eine Angelegenheit der Toten, sondern auch der Lebendigen ist, weil Tod und Auferstehung hier und heute beginnen.

Das Gräberfeld in Duisburg ist Zeichen der Hoffnung nicht nur angesichts des Todes der vielen hier begrabenen Soldaten, sondern auch im Blick auf die Existenz der Überlebenden der beiden Weltkriege.

D. Die Auferstehung der Toten

I. Einleitung

Die Auferstehung der Toten am Jüngsten Tage hat zwei szenische Schwerpunkte, die sich schon im Mittelalter verselbständigen konnten: den Engel, welcher die Posaune blasen wird, und die Auferstehung der Toten selber[1].

Damit ist schon früh eine Voraussetzung dafür geschaffen worden, daß die Totenauferstehung auf Grabmälern im 19. Jahrhundert Bildthema werden konnte.

Dies gilt formal und material. Zum einen war es so möglich, durch die Reduktion auf wenige oder gar nur eine einzige Figur monumentale Grabmäler zu schaffen. Zum anderen konnte man so verhältnismäßig leicht die Hoffnung auf die Auferstehung der Toten von der Erwartung des Gerichts am Jüngsten Tage trennen[2].

Trennung von Auferstehung und Gericht

Abgesehen von der Tatsache, daß dies die Gefühle der Angehörigen Verstorbener schonte, hatte es auch den Vorteil, daß man die Hoffnung, welche sich an die Auferstehung der Toten knüpfte, aber auch das Leid, welches der Tod hervorgerufen hatte, leichter thematisieren konnte, wenn man auf die Darstellung des Gerichts verzichtete.

Wir werden im folgenden drei Grundtypen kennenlernen, in welchen das Kriegerdenkmal des 20. Jahrhunderts die Hoffnung auf die Auferstehung der Toten ausdrücken konnte. Soweit uns möglich, werden wir dabei ihren Weg vom Grabmal in das Kriegerdenkmal verfolgen.

Es handelt sich um den allein stehenden Engel mit der Posaune, um die Auferstehung der Toten selber und um den schwebenden Engel.

II. Der stehende Totenauferstehungsengel mit der Posaune

1. Der Totenauferstehungsengel als wartender Beistand in der Grabmalskunst[3] der 2. Hälfte des 19. Jahrhunderts:

Adolf Donndorf, Statue für das Mausoleum auf Schloß Rheineck

Wir betrachten zunächst ein Familienbegräbnis, das Mausoleum der Familie von Bethmann-Hollweg beim Schloß Rheineck zwischen Bonn und Koblenz, das vermutlich 1876 fertiggestellt worden ist[4].

Das für uns wichtigste Stück des Mausoleums ist ein vollplastisch ausgeführter Totenauferstehungsengel von Adolf Donndorf (Abb. 8). Ehe wir uns ihm zuwenden, betrachten wir einige Details des Begräbnisses:

Über der Eingangstür des Mausoleums hat ein Bildhauer namens Wittich ein Medaillon mit dem Christuskopf angebracht. Das Portal unter dem Medaillon hat die Umschrift: *„Ich bin die Auferstehung und das Leben. Wer an mich glaubt, der wird leben, ob er gleich stürbe; und wer da lebet und glaubet an mich, der wird nimmermehr sterben"* (Joh. 11, 25f.).

Man wundert sich hiernach nicht, daß das Innere des Mausoleums eine Kapelle ist, mit einem Altar vor der Rückwand.

[1] Vgl. Beat Brenk, Art. „Auferstehung der Toten": Lexikon der christlichen Ikonographie, hg. v. E. Kirschbaum, Bd. 1, Rom u. a. 1968, Sp. 219–222.

[2] Apk. 20, 11–15; Mt. 25, 31–46.

[3] Vgl. S. 41, Anm. 1.

[4] CKb (1877), S. 2: „in jüngster Zeit vollendet worden". – Vgl. zum Ganzen C. Grüneisen, Donndorf's Auferstehungungsengel auf Rheineck, ebd., S. 1–2.

Rechts und links des Altars sind Plätze für die noch einzumauernden Sarkophage der Besitzer der Anlage ausgespart. Weiter seitlich befinden sich die eingemauerten Sarkophage der schon verstorbenen Familienangehörigen, Reliefbüsten der Verstorbenen auf den Mittelplatten des Mauerverschlusses.

Über dem Altar, in einer Nische des Mauerwerkes, steht der Totenauferstehungsengel von Adolf Donndorf. Weiter oben ist ein weißes Kreuz aus Marmor angebracht. Rechts und links dieses Kreuzes stehen die Sätze aus 1. Kor. 15, 42 ff.: *„Es wird gesät verweslich und wird auferstehen unverweslich. Es wir gesät in Unehre und wird auferstehen in Herrlichkeit. Es wird gesät in Schwachheit und wird auferstehen in Kraft. Es wird gesät ein natürlicher Leib und wird auferstehen ein geistlicher Leib."*

Hieraus können wir entnehmen, daß diese Mausoleumskapelle der Freude auf die Auferstehung der Toten von Bethmann-Hollwegs gewidmet ist.

Erwartung

Christus, der Garant dieser Freude, wird schon am Portal beschworen. Innen harren die Toten. Mit ihnen wartet auch der Engel in der Nische über dem Altar.

Er hält eine sehr lange Posaune in den Händen. Das untere Ende hat er auf den rechten Oberschenkel aufgelegt. Das obere Ende der Posaune mit dem Mundstück reicht noch ein ganzes Ende über die linke Schulter. Bequem und sofort könnte der Engel ansetzen und blasen. Er ist bereit. Das zeigt auch seine Kopfhaltung und der Gesichtsausdruck. Er schaut über seine rechte Schulter nach oben, so, als ob er von dort ein Kommando erwarte, den Befehl nämlich, in die Posaune zu stoßen. Grüneisen notiert mit Recht: *„Das Motiv desselben, indem er mit dem Blick nach oben, die Posaune in den Händen, den Befehl zum Auferstehungsruf erwartet, ist zu deutlich ausgesprochen, um der Erklärung zu bedürfen."* [5]

[5] Ebd., S. 2.

Abb. 8 Adolf Donndorf, Totenauferstehungsengel, um 1876. Mausoleum Bethmann-Hollweg, Schloß Rheineck.

Abb. 9 Ludwig Cauer, Totenauferstehungsengel, 1905. Gedenkhalle Gravelotte.

Das Obergewand des Engels fällt mit differenziertem Faltenwurf bis auf die Füße. Man sieht ihm an, daß der Bildhauer fleißig Kostümkunde und -studien getrieben hat. Der Engel ist als großer, kräftiger junger Mann mit bis zur Schulter fallendem Haar aufgefaßt. Die Flügel sind in Ruhestellung. Sentimentalität kann vor dieser Figur schlecht aufkommen. Aber dennoch geht von ihr eine merkwürdige Wirkung aus: man stellt sich vor, wie es weitergehen wird, z. B. daß das Kommando erklingt, der Engel daraufhin die Posaune an den Mund hebt und hineinstößt. Was dann geschehen wird, ist ja schon am Kreuz über der Nische und am Schriftwort daneben symbolisch und verbal angekündigt.

In der Grabeskapelle von Schloß Rheineck finden wir den Ausdruck einer Spannung: das Erwartete ist noch nicht eingetreten. Das Erhoffte steht noch bevor. Unwillkürlich wird das Augenmerk auf den Zustand der Toten im Noch-Nicht gelenkt, ob wir ihn nun Todesschlaf nennen wollen oder anders.

Ähnlich wie Afinger in Laasow[6] geht Donndorf mit seinem Grabmal auf die Gefühle der Hinterbliebenen ein, sofern sie Trauernde sind. Ihnen spricht er Trost zu. Dabei kann er sie auf ihren Glauben an die Auferstehung der Toten ansprechen[7].

2. Die Übernahme des Grabmalmotivs durch das Kriegerdenkmal:

Ludwig Cauer, Statue für die Gedenkhalle in Gravelotte

Nachdem das Motiv des Totenauferstehungsengels in der 2. Hälfte des 19. Jahrhunderts zu einem Thema der reinen Grabmalskunst geworden ist, Trauer und Hoffnung zugleich ausdrückend, ist es schon 1905 auch in die Kriegsgedächtniskunst eingegangen.

Befehlsempfang

Ludwig Cauer hat einen auf das Kommando zum Posaunenblasen wartenden Engel in Bronze für eine Gedenkhalle in Gravelotte (Abb. 9) geschaffen. Der Engel ist seit dem Ende des zweiten Weltkrieges verschollen. Die Figur ist von Kaiser Wilhelm II. gestiftet worden. Sie steht auf einem Sockel, vor welchem ein Kranz angelehnt steht. Der Engel ist von Cauer strenger aufgefaßt als von Donndorf. Er steht noch mehr als der Rheinecker Gottesbote wie ein Befehlsempfänger da, wie ein Soldat. Sein Gewand könnte einem antiken Krieger gehören. Er schaut nicht zur Seite, sondern nach vorne oben. Seine Knie hat er durchgedrückt. Die Posaune ist nicht ganz so mächtig wie im Mausoleum am Schloß Rheineck. Aber sie wird genauso schräg von unten rechts nach oben links gehalten. Der Vergleich zeigt die Abhängigkeit des Cauerschen vom Donndorfschen Totenauferstehungsengel.

[6] Vgl. o. S. 41f.

[7] Der Totenauferstehungsengel ist auch auf Grabmälern im Freien dargestellt worden. Das AFD-Archiv, Kassel hat das Photo eines Grabmals der Familie Peter König aufbewahrt, auf welchem ein noch ziemlich junger Engel mit femininen Zügen nach vorn oben schaut. Seine Posaune hält er nur mit der Linken. Der Trichter des Instruments lehnt auf der „Erde". Auch er wartet auf das Kommando zum Ansetzen und Blasen. Er scheint schon ziemlich müde vom langen Warten zu sein. Mit der Rechten hat er sich auf eine Brüstung hinter ihm gelehnt. – Auf dem Grabmal der Familie Jos. Schwartz in Köln-Melaten (Photo: AFD-Archiv, Kassel) stehen sogar zwei weibliche Engel vor einem Kreuz. Traurig haben sie sich aneinandergelehnt, einen Arm über die Schultern des anderen gelegt. Über die Schultern des anderen hinweg halten sie auch ihre Posaunen in der Hand. Diese beiden Engel werden gar nicht so schnell dem Befehl zum Blasen nachkommen können. Sie drücken auch nicht Erwartung aus, sondern Trauer. Nur das hinter ihnen aufragende Kreuz gibt dem Jammer einen Halt. (Josef Abt und Wolfgang Vomm deuten die Posaunen als Fackeln. Für sie sind die beiden Engel denn auch Todesengel, Allegorien des Schlafs und des Todes. Die Grenzen zwischen Fackel- und Posaunendarstellungen sind im 19. Jh. anscheinend fließend. Josef Abt/Wolfgang Vomm, Der Kölner Friedhof Melaten, Köln 1980, S. 213). – Weitere Grabmäler mit dem Totenauferstehungsengel: Das Grabmal für Familie Oelbermann, Köln-Melaten von Karl Janssen 1898 (?), ebd. S. 195 f., und das Grabmal des Fürsten zu Löwenstein in Kreuzwertheim/Bayern (Photos: AFD-Archiv, Kassel).

Die Darstellung des Engels als eines Kriegers gibt seiner Abhängigkeit vom Willen Gottes einen besonderen Akzent: nirgends wird die Unterordnung unter den Befehlshaber so hervorgekehrt wie in der Welt des Militärs. Nirgendwo versteht sich der Mensch schon seit der Antike (vgl. Mt. 8,9 par.) so eindeutig als Befehlsempfänger wie in ihr. Die Darstellung des Totenauferstehungsengels als eines auf göttlichen Befehl wartenden Kriegers kann beinahe übersehen machen, welche Frage und wessen Hoffnung er ausdrückt: Frage und Hoffnung der Trauernden.

Da wir in diesem Falle die in wesentlichen Details zitierte Vorlage nennen können, ist der Beweis erbracht, daß das Motiv des Totenauferstehungsengels seinen Weg sogar schon vor dem 1. Weltkrieg über das Grabmal in das Kriegsgedächtnismal genommen hat.

Abb. 10 Helmut Uhrig, Totenauferstehungsengel, 1953. Kriegsopfermal Kirchentellinsfurt, Kr. Tübingen.

3. Veränderungen nach dem 2. Weltkrieg

Erst nach dem 2. Weltkrieg begegnet uns wieder das Motiv des einzeln mit der Posaune in der Hand dastehenden Totenauferstehungsengels auf einem Kriegerdenkmal. Allerdings hat sich die Atmosphäre total verändert.

Helmut Uhrig, Kriegsopfermal in Kirchentellinsfurt

In Kirchentellinsfurt steht ein Kriegsopfermal von Helmut Uhrig mit dem Totenauferstehungsengel. Dieser mag auf den ersten Blick dem Donndorfschen oder Cauerschen Engel ähnlich erscheinen, wenn er auch keine Vollplastik, sondern ein Relief an einer Stele ist. Er hält die Posaune in der Linken, ohne zu blasen. Das Mundstück befindet sich am Halsansatz. Aber man sieht nicht, daß er blasen wird (Abb. 10). So möchte man, von Donndorf und Cauer beeinflußt, erwarten, daß er demnächst das Kommando dazu erhalten werde.

Wahrzeichen des Zukünftigen

Doch weit gefehlt, dieser Totenauferstehungsengel ist mit solchen Kategorien überhaupt nicht zu fassen. Für ihn ist die erhobene Posaune Attribut. Frei von jedem Sentiment, mit dem Zeigefinger der Rechten nach unten weisend, steht er da, ein ernstes W a h r z e i c h e n k ü n f t i g e n G e s c h e h e n s, bevorstehenden Gerichtes, anbrechenden Lebens, des kommenden Gottes.

Niemand wird sich seinem Handeln entziehen können, sagt die behaftende Gebärde der Rechten. Der unzugänglich strenge Gesichtsausdruck unterstreicht das noch. Andererseits ist sein Anblick nicht niederschmetternd. So unzugänglich er erscheint, so ist er doch nicht abweisend. Er ist gerade herbeigekommen. Der linke Flügel hängt zwar schon in Ruhestellung nach unten, aber der rechte ist noch etwas schräg erhoben. Der rechte Fuß des Engels ist unter dem langen, leicht von der Schulter zur Ferse fallenden Gewand vorgeschoben. Was dieser Bote, von oben her kommend, zu überbringen hat, zeigt seine Posaune: einen Ruf. An wen dieser Ruf sich richten wird, läßt die Rechte sehen: die unter der Erde sind, die Toten.

Symbol, nicht Darsteller

Dieser Totenauferstehungsengel ist eher ein Symbol als der Hauptdarsteller einer tröstlichen Szene. Der Gegensatz zu den vorher besprochenen Arbeiten aus der Zeit vor dem 1. Weltkrieg ist schroff. Wie ist er zu verstehen?

Zunächst ist festzustellen, daß Helmut Uhrig sich einen Rückgriff über das Grabmal des 19. Jahrhunderts hinaus ins Mittelalter erlaubt hat.

Traut Esche-Raddatz, Mahnmal in Duisburg, Nordfriedhof

Noch viel ersichtlicher, weil die Vorlage so gut bekannt ist, wird der Rückgriff auf mittelalterliche Vergangenheit bei einem Mahnmal von Traut Esche-Raddatz im Ehrenfeld auf dem Nordfriedhof in Duisburg, 1961 (Abb. 11). Die Künstlerin hat einen Pfeiler aus Diabas quadratischen Grundrisses mit Reliefs auf allen vier Seiten versehen, überlebensgroßen Engeln, die nach allen vier Windrichtungen die Posaune blasen. Das Vorbild steht im Straßburger Münster, Engelspfeiler, auch Gerichtspfeiler genannt.

Vorbild: Engelspfeiler

Der Duisburger Engelspfeiler bildet den Mittel- und Bezugspunkt eines Gräberfeldes mit vielen gleichgestalteten kleinen Grabkreuzen für Kriegstote. Das Kreuzmotiv ist noch einmal aufgenommen, indem man rings um den Pfeiler einen kleinen kreuzförmigen Platz aus dem Rasen ausgespart hat. Der Pfeiler steht nun auf dem Schnittpunkt der beiden gleichlangen „Balken".

Vorzeichen

Dieser kreuzförmige Platz, bei der ursprünglichen Bepflanzung leer und offen dem Himmel sich darbietend, macht die vielen auf dem Friedhof stehenden Kreuze zu einer Frage, welche der Pfeiler beantwortet. Das letzte Wort über die in Massen

Abb. 11 Traut Esche-Raddatz, Engelspfeiler, 1961. Mahnmal, Nordfriedhof Duisburg.

gewaltsam Getöteten ist noch nicht gesprochen. Es wird aber ergehen. Aus allen vier Himmelsrichtungen wird Gott sie herbeirufen. Seine Boten stehen schwebend da und blasen. Ihr Ruf steht bevor. Sie werden sein.

4. Der Totenauferstehungsengel als Repräsentationstyp

Unterschiede

Versuchen wir nun, uns über die Unterschiede der beiden zuerst genannten mit den beiden zuletzt erörterten Arbeiten klar zu werden:

a) Uhrig und Esche-Raddatz kam es offenbar nicht so sehr darauf an, die Hinterbliebenen zu trösten, ihnen einen Engel darzustellen, der ihren Toten beistünde.
b) Von der Donndorfschen Vorlage trennt sie nicht nur ein Rückgriff auf ältere ikonographische Gegebenheiten, – der kann ein Indiz sein – sondern vor allem ihr dogmatisches Gewissen: ihr Totenauferstehungsengel ist auch ein Gerichtsengel.
c) Völlig verändert sind die Zeitverhältnisse.
   Der von Uhrig und Esche-Raddatz geschaffene Totenauferstehungsengel ist kommen werdend, zukünftig. Seine Darstellung ist Vorwegnahme der letzten Dinge, nicht aber wie bei Donndorf und Cauer Sichtbarmachung gegenwärtigen Geschehens.

Zwei Typen

Wie beim Osterengel begegnen wir auch beim Totenauferstehungsengel zwei Typen, die jeweils in der zweiten Hälfte des 19. und 20. Jahrhunderts aufgetreten sind.

Der erste Typos wendet sich an das Gefühl der Hinterbliebenen. Er tröstet sie, und er soll das. Er verkörpert den wartenden Beistand. Der zweite Typos wartet überhaupt nicht, sondern er wird kommen. Er wird Auferstehung und Gericht bringen und repräsentiert sie jetzt. Insofern ist er dem Partizipationstyp des Osterengels nahe und verwandt. Ich nenne ihn den Repräsentationstyp.

Wartender Beistand

Der erste Typ steht selbständig zwischen Gott und den Toten. Er hofft, endlich für die vor ihm liegenden Toten das Zeichen zur Auferstehung geben zu können. Er drückt eine Frage aus, welche die Hinterbliebenen im Herzen tragen mögen: wann der Todesschlaf ihrer Lieben wohl einmal durch das Erwachen abgelöst sein möchte, wann sie sich endlich wiedersehen könnten. Insofern ist er nicht nur Gottes Bote, sondern erst einmal, so wie die Akzente bei ihm gesetzt sind, Bote von Menschen. Ihre Gefühle drückt er aus und stellt sie mitunter sogar überdeutlich dar[8].

Latente Autonomie

Die latente Autonomie dieser Figur wird dadurch aufgewogen, daß sie auf einen Befehl wartet. Der Engel kann nicht von sich aus den Jüngsten Tag anbrechen lassen, er harrt jedoch darauf, daß er zur Auferstehung der Toten rufen darf und drückt durch sein hingebungsvolles Warten den Glauben an die Verheißung und die Hoffnung auf ihre Erfüllung aus. In dieser Figur treffen sich Linien von oben und unten so, daß sich in ihr der Glaube an die Auferstehung der Toten, nicht aber die Erwartung des Gerichts am Jüngsten Tage ausdrückt.

Der zweite Typ ist ein reiner Gottesbote. Er verfügt über keine Eigenmächtigkeit. Er formuliert keine menschliche Frage, sondern kommt von Gott und kündet an, was Gott will.

Reiner Gottesbote

5. Kirchengeschichtliche Einordnung der beiden Typen

Wir haben schon festgestellt, daß der zweite Typos Totenauferstehung und Gericht, beides erwartetes Handeln Gottes, repräsentiert. Er hat also auch einen bedrohlichen Aspekt. Er macht nicht nur Hoffnung, sondern er mahnt auch. Er hat eine Dimension, die dem Typos des wartenden Beistands gefehlt hat: Prophetie.

Prophetie

Darum kann er auch nur bedingt trösten, nur diejenigen nämlich, welche sich beides gefallen lassen wollen, die Ansage der Totenauferstehung und des Gerichts am Jüngsten Tage, Menschen also, die in der Zukunft Gottes sowohl das Heil ihrer selbst, als auch ihrer Gefallenen beschlossen glauben.

Dem entspricht kirchen- und theologiegeschichtlich die Diskussion über den prophetischen Auftrag der Kirche. Nach dem zweiten Weltkrieg und dem Stuttgarter Bekenntnis hat es in der evangelischen Kirche einen starken Impuls gegeben, diesen Auftrag erneut ernstzunehmen und seine Vernachlässigung in den vergangenen Jahrzehnten zu beklagen. Hinzu kam ein stark biblisch orientierter, restaurativer Zug. Beides zusammen hat das geistige Klima für die Entstehung des Repräsentationstyps geschaffen.

Biblizismus

Der Totenauferstehungsengel des Repräsentationstyps ist also nicht vom Grabmal des 19. Jahrhunderts abzuleiten, sondern Manifestation eines Unterscheidungsprozesses der Kirche von der übrigen Gesellschaft, sofern diese nicht hat Kirche sein wollen oder können. Hierbei werden Akzentsetzungen, wie wir sie durchweg auf mittelalterlichen Darstellungen finden, wie z. B. auf den Gerichtspfeilern oder gar auf den Tympana, wieder aufgenommen.

Was wir über den Osterengel des Partizipationstyps in bezug auf seine Affinität zum Grabmal, seine Fähigkeit zu trösten, seinen gesellschafts- und kirchenpolitischen Hintergrund erhoben haben, gilt demnach auch für den zweiten Typ des Totenauferstehungsengels und braucht nicht wiederholt zu werden[9].

[8] Vgl. S. 55, Anm. 7.

[9] S. o. S. 44–47 u. 49f.

III. Die Totenauferstehung

1. Totenauferstehung als tröstliches Grabmalmotiv in der 2. Hälfte des 19. Jahrhunderts:

Karl Steinhäuser, Grabmal in Philadelphia

Die Auferstehung der Toten begegnet uns im 19. Jahrhundert auf einem Grabmal nur in Verbindung mit dem Totenauferstehungsengel, und dies in einer für jene Zeit charakteristischen Form: die Trauernden tröstlich aufrichtend, ihre Gefühle wohltuend schonend, die christliche Hoffnung auf ein ewiges Leben erinnernd und persönlich, ja privat zueignend.

Ein trauernder Vater namens Edward Stippen-Burd im nordamerikanischen Philadelphia hat um 1858 bei Karl Steinhäuser ein Grabmal für seine kurz hintereinander gestorbenen Kinder in Auftrag gegeben. Der Bildhauer hat es aus dem Marmor geschlagen und an der Nordseite der St. Stephanuskirche in Philadelphia aufgestellt (Abb. 12)[10].

Angelehnt an ein im Schnittpunkt der Balken mit einem Relief versehenes Grabkreuz – das Relief stellt die sich aufopfernde Liebe Christi durch das Sinnbild des Pelikans dar, welcher nach mittelalterlicher Vorstellung seine Jungen mit eigenem Fleisch und Blut füttert – schlummern die drei verstorbenen Kinder, zwei Mädchen und ein Knabe. Leise ist der Engel von rechts an sie herangetreten. Während er seine Posaune in der linken Hand hält, berührt er mit den Fingerspitzen der Rechten sanft die linke Schulter der ältesten Tochter, um sie zu wecken. Er ist gerade herbeigeflogen, die Flügel sind noch ausgebreitet. Der Jüngste Tag ist angebrochen. Die an das Kreuz Gelehnten dürfen nun von ihrem Schlafe endlich erwachen und auferstehen.

Die Aufschrift auf dem Podest des Monuments lautet: *„Wenn Christus, euer Leben, sich offenbaren wird, dann werdet auch ihr offenbar werden mit ihm in Herrlichkeit"* (Kol. 3,4).

Idealisierung

Daß die Kinder als Christen gestorben sind, wird dadurch deutlich gemacht, daß sie die drei christlichen Kardinaltugenden personifizieren: der Knabe mit der Granatblüte in der Hand den Glauben, die jüngere Schwester, sich „auf die Urkunde unserer Verheißungen" stützend, die Hoffnung [11], die Älteste, die beiden jüngeren Geschwister noch im Todesschlaf umfassend, die Liebe. Hinweis auf ihren Christenstand ist auch ihre Anlehnung an den in Kreuz und Pelikan als Erlöser symbolisierten Christus. In Verbindung mit ihm haben seine Tugenden in ihnen Gestalt annehmen können.

Versuchen wir, uns klar zu machen, was dieses Grabmal von älteren Darstellungen der Totenauferstehung unterscheidet:

Privatisierung

Es fällt auf, daß der Engel nur die drei Kinder des Mr. Stippen-Burd weckt. Andere Tote kommen gar nicht zur Darstellung. Darin unterscheidet sich dieses Grabmal vom mittelalterlichen Epitaph. Dort konnte zwar auch ein Engel einen besonders deutlich gemachten, eben betrauerten Toten auferwecken, aber er war nur einer von vielen[12]. Der Todesschlaf der Kinder und ihre Erweckung ist eine Idylle geworden. Die verstorbenen Kinder sind idealisiert dargestellt und zu Personifikationen der christlichen Kardinaltugenden geworden. Im Gegensatz dazu sind die Toten des Mittelalters, zu deren Gedächtnis Epitaphien aufgehängt worden sind, zwar meist begüterte oder adlige Leute gewesen und als solche auch kenntlich gemacht, aber in al-

[10] Vgl. Familiendokumente von Steinhäuser in: CKb (1861), S. 25–28.

[11] Ebd., S. 28.

[12] Vgl. Edwin Redslob, Die fränkischen Epitaphien im vierzehnten und fünfzehnten Jahrhundert, (Mitteilungen aus dem Germanischen Nationalmuseum), Nürnberg 1907, S. 58 f.

ler Armseligkeit sind sie dargestellt, auf den Knien den anbetend, von dem sie ihr Seelenheil erhoffen[13].

Abb. 12 Karl Steinhäuser, Totenauferweckung, um 1858. Grabmal Stippen-Burd, Philadelphia.

Verbürgerlichung

Durch die Beschränkung auf die vier Figuren, den Engel und die drei Kinder, ist die Auferweckung der Toten zu einer privaten Angelegenheit geworden. Die Szene hat genrehafte Züge erhalten. Sie entspricht dem Lebensstil des Bürgertums des 19. Jahrhunderts. Der Engel ist ein so privat dienstbarer Geist geworden, wie er in Gestalt von Dienstboten und Kindermädchen auch zum Hause Stippen-Burd gehört haben mag.

Wunsch

Das Verhältnis zur Zeit hat sich gewandelt. Es geht einem vor diesem Grabmal ähnlich wie bei Schloß Rheineck: die dargestellte Szene verleitet dazu, sich auszumalen, wie es weitergehen wird: wie der Engel die Schulter des Mädchens schüttelt, wie es erwacht, die anderen Geschwister mitweckt, was die drei Kinder vom Engel zu hören bekommen, und was sie selber sagen werden usw. Der große, zukünftige Tag des Herrn wird zerlegt in winzige Zeitabschnitte.

13 Vgl. u. S. 80–83.

Das Erwachen wird der Augenblick des Wiedersehens der Kinder mit ihren Eltern sein. Es ist ein von diesen Eltern intensiv herbeigewünschter Augenblick. Das Grabmal leitet sie dazu an, sich ihn immer von neuem auszumalen.

Aber noch ist es nicht soweit. Wenn auch die Eltern, unterstützt durch das Grabmal, die Freude vorwegnehmen können, welche sie erwarten, so ist doch der erhoffte Augenblick selbst nicht dargestellt. Alle drei Kinder sind noch im Todesschlaf dargestellt. Wir befinden uns also mit dieser Szene v o r dem Jüngsten Tag. Hierin zeigt sich sowohl die Nähe zum Mausoleum auf Schloß Rheineck, als auch die Entfernung von mittelalterlichen Szenen der Totenauferstehung.

Unverbindlichkeit

Die Auferstehung der Toten ist auf mittelalterlichen Darstellungen die Voraussetzung für das Gericht am Jüngsten Tage, ja, mehr noch: dessen Beginn. Nichts davon ist auf unserem Grabmal zu sehen. Der Gedanke an ein Gericht ist sowohl durch das Fehlen jeglicher Anspielung darauf als auch durch die Idealisierung der Kinder ausgeschlossen.

Das hier vorgestellte Grabmal hat die Funktion privaten Trostes für die Eltern der verstorbenen Kinder. Für einen anderen Betrachter ist es unverbindlich. Er mag mit ihnen fühlen. Da aber Steinhäuser ihn zum gerührten Zuschauer gemacht hat, hat er ihm eine bis dato undenkbare Distanz zum dargestellten Geschehen eingeräumt. Religion ist zur Privatsache geworden.

Abb. 13 Alphons Biermann, Totenauferweckung, 1961. Kriegsopfermal Ettringen, Kr. Mayen. Vorderseite (Umgebung im ursprünglichen Zustand).

2. Übernahme des Grabmalmotivs durch das Kriegerdenkmal nach dem 2. Weltkrieg:

Alphons Biermann, Kriegerdenkmal in Ettringen

Auch auf dem Kriegerdenkmal des 20. Jahrhunderts findet sich das Motiv des Engels, der einen oder mehrere Tote weckt.

Alphons Biermann, von dem eine große Anzahl von Entwürfen für Grabsteine stammt, die in „Ars Liturgica, Werkstätten für Laacher Kunst" in Maria Laach ausgeführt wurden, hat für Ettringen, Kr. Mayen, ein Kriegsopfermal entworfen, das einen Posaune blasenden Engel mit einem aus der Tiefe hervorkommenden Mann zeigt[14] (Abb. 13 u. 14). Auf der Rückseite befindet sich eine Darstellung des apokalyptischen Lammes und der sieben Leuchter.

Ars Liturgica hat das Denkmal 3 m hoch in Basaltlava ausgeführt. Auf einer um eine Stufe erhöhten Plattform steht ein Gebilde, das einem freistehenden Tor gleicht, links und rechts ein Pfeiler, darüber ein Bogen. Die drei Blöcke sind so breit, daß auf ihnen die Reliefs der beiden Figuren Platz haben, und so tief, daß man innen im Torbogen und an den äußeren Schmalseiten die Namen der Gefallenen einmeißeln konnte.

Der Engel ist entschieden größer als der auferstehende Mensch. Mit der Linken hält er die Posaune. Er hat sie zum Munde geführt. Die Rechte hat er mit der inneren Handfläche nach oben erhoben. Darin steckt eine Aufforderung: steh auf! Der Auferstehende folgt ihr auch. Er hat seine Arme emporgehoben. Die Stunde der Rettung, der Jüngste Tag ist angebrochen.

Abb. 14 Alphons Biermann, Totenauferweckung, 1961. Kriegsopfermal Ettringen, Kr. Mayen. Rückseite (Umgebung im ursprünglichen Zustand).

3. Vergleich

Mit der Reduzierung auf die (beiden) wesentlichen Figuren und mit der Identifikationsmöglichkeit für die Hinterbliebenen sind Aspekte der Grabmalkunst des 19. Jh. in das Kriegerdenkmal des 20. Jh. tradiert worden: es soll trösten, wie eben ein christliches Grabmal der Neuzeit trösten soll.

Nicht Gefallener, sondern Toter

Trotzdem sind da Unterschiede: Das Kriegerdenkmal von Ettringen ist keine Genredarstellung. Der Tote, der da aus der Tiefe hervorkommt, ist nicht ein besonderes Individuum, sondern ein Typos, der Tote schlechthin, der auferweckt wird.

Die Konzentration auf die Tatsache, daß es sich um Tote handelt, ist so intensiv, daß jede Anspielung auf den Krieg oder jedes Soldatenattribut vermieden worden ist. Jegliche Idealisierung ist vermieden, ja, im Gegenteil: klein und erbärmlich, nackt und bloß, ganz angewiesen auf die Tat von oben kommt der Tote hervor. Der auffordernden Hand des Engels entsprechen die emporgehoben geöffneten Hände des Auferstehenden.

Verheißung für die Toten

Die Zeitverhältnisse haben sich geändert. Der Betrachter wird nicht dazu verführt, sich mit dem Todesschlaf der Gefallenen zu beschäftigen. Er wird mit einer Verheißung konfrontiert.

Nicht der Tod wird auf diesem Kriegsopfermal thematisiert, sondern die Auferstehung der Toten. Diese ist das Tor, der Eingang zu Christus, dem triumphierenden Lamm auf der Rückseite des Kriegsopfermals. In seinem Namen sind sie alle getauft worden, die Gefallenen von Ettringen. Das Kriegerdenkmal drückt die Hoffnung aus, daß sie ihm ewig zugehören werden.

[14] Photos von Grabsteinen mit dem Totenauferstehungsengel nach Entwürfen von A. Biermann befinden sich im AFD-Archiv, Kassel. – Abb. von Grabsteinen anderer Bildhauer mit diesem Motiv ebd.

Von Epitaph zum Grabmal

Durch die Christusdarstellung, die sich zwar auf der Rückseite befindet, aber doch in Zusammenhang mit der Totenauferstehung gesehen werden muß, ist das Ettringer Kriegsopferdenkmal der frühen Epitaphientradition verhaftet[15]. Der Vergleich mit z. B. dem Epitaph des Dr. Hartmann Schedel an St. Sebaldus zu Nürnberg[16] zeigt aber auch einen wesentlichen Unterschied:

Hier stehen die Toten zu Christus ihrem Erlöser auf, nicht aber zu ihm als ihrem Richter. Auf dem Nürnberger Epitaph wird beides dargestellt, die Auferstehung zum Leben und die Auferstehung in die Verdammnis.

Die Trennung der symbolischen Christus-Darstellung von der Totenauferweckungsszene bewirkt darüber hinaus eine entscheidende Akzentveränderung: der Gläubige sieht sich nicht veranlaßt, den Richter der Lebendigen und der Toten um das Seelenheil der Gefallenen zu bitten. Außerdem ist nahe der Rückseite des Kriegsopfermals in der Zwischenzeit eine Hecke gepflanzt worden, so daß selten jemand um das Denkmal herumgehen wird, um sie zu betrachten. Dieses Mal ist nicht Aufforderung zur Fürbitte, sondern Ausdruck einer Hoffnung.

Aus der Gegenüberstellung mit einem Epitaph des 15. Jahrhunderts und einem Grabmal des 19. Jahrhunderts ergibt sich bei allen Unterschieden mit letzterem, daß das Kriegsopfermal in Ettringen seinem Wesen nach ein Ersatzgrabmal ist[17]. Es hat die gleiche Funktion wie das Stippen-Burd-Monument in Philadelphia; es soll den Hinterbliebenen helfen, mit dem Tod ihrer Angehörigen so fertigzuwerden, daß christliches Glaubensgut in ihnen aktiviert wird.

Schonung der Gefühle

Nicht geändert hat sich die Einstellung zu den Gefühlen der Trauernden. Wie in Philadelphia werden sie auch in Ettringen geschont: der Gedanke an das Gericht am Jüngsten Tage ist ausgeklammert.

Mal einer Gemeinde

Die Wahrung der reinen Zukünftigkeit des Dargestellten als einer Verheißung und die Möglichkeit zur Identifizierung mit dem auferstehenden Toten ergeben aber zusammen einen Anspruch auf Verbindlichkeit für jeden Betrachter, ob er nun Kriegshinterbliebener ist oder nicht. Das Kriegerdenkmal von Ettringen ist eben nicht ein privates Gedächtnismal, sondern das Mal einer Gemeinde mit dem Anspruch der Gültigkeit für alle ihre Glieder. Das wird durch das apokalyptische Lamm mit den sieben Leuchtern, also Christus mit den G e m e i n d e n (Apk. 5,6 und 1,2), auf der Rückseite des Denkmals deutlich unterstrichen.

4. Erhärtung

Auf den mir vorgekommenen Kriegerdenkmälern der Zeit nach dem 2. Weltkrieg mit Darstellungen der Totenauferstehung ist es bei der für ein Grabmal seit der Mitte des 19. Jahrhunderts festgelegten Trostfunktion mit den entsprechenden Merkmalen geblieben, wenn auch die Szene jeweils sehr unterschiedlich hat ausfallen können. Formal besonders interessant sind drei Arbeiten, die kurz vorgestellt werden sollen.

Hermann Pohl, Relief in Gudensberg

Hermann Pohl hat für die Friedhofskapelle in Gudensberg ein Relief gearbeitet (Abb. 15)[18]. Es ist innen in einer Nische angebracht. Davor werden zu besonderen Anlässen, wie z. B. dem Volkstrauertag, Kränze niedergelegt.

[15] Vgl. u. S. 80ff.
[16] Vgl. S. 60, Anm. 12.
[17] Vgl. u. S. 116ff.
[18] Das Relief ist 1962 aus rotem Sandstein gearbeitet worden, Größe 2,10 x 1,50 m.

Abb. 15 Hermann Pohl, Totenauferweckung, 1962. Kriegsopfermal, Friedhofskapelle Gudensberg.

Unter einem Gewirr von sieben Posaunen stehen Tote verschiedener Lebensalter aus ihren Gräbern auf. Sie stemmen, drücken die über ihnen liegenden Deckelplatten von ihren Sarkophagen weg. Von einzelnen Toten sieht man vorerst nur die ausgestreckten Hände. Andere haben sich schon halb aus ihren Gräbern herausgearbeitet. Alle sind nackt. Manche scheinen, bloß wie sie sind, zu frieren. Andere horchen in die Höhe, von wo herab die Posaunen ertönen. Das Größenverhältnis zwischen diesen und den Auferstehenden ist kraß. Die himmlischen Instrumente sind beinahe doppelt so groß wie die Menschen. Der Eindruck wird noch durch den Kontrast der Formen unterstrichen: große, klare Flächen im Bereich der Posaunen – erbärmliche, wimmelnde Kleinteiligkeit bei den Toten.

Wimmelnde Kleinteiligkeit

Die Inschrift auf dem Relief besteht aus der Widmung: *„Den Toten der Kriege"* und dem Zitat der Verheißung: *„Es kommt die Stunde und ist schon jetzt, daß die Toten werden die Stimme Gottes hören, und die sie hören werden, die werden leben"* (Joh. 5,25).

Auferstehende Tote

Die Abkehr von der Idealisierung der Toten, wie wir sie schon in Ettringen beobachtet haben, ist in Gudensberg noch weiter getrieben worden. Auch in Gudensberg sehen wir keinen zu ehrenden Soldaten, sondern auferstehende Tote. Der Tod ist hier nicht eigentlich thematisiert; die Toten sind der ins Leben rufenden Macht Gottes ausgesetzt. Diese ist das „Thema". So kraß aber die Erbärmlichkeit und Angewiesenheit auf Gottes verheißende Tat auch dargestellt ist – auch dieses Kriegerdenkmal schont, wie schon das Stippen-Burd-Denkmal, die Gefühle der Hinterbliebenen; von auch nur einer Andeutung des Gerichts am Jüngsten Tage finden wir keine Spur. Auf die im Schriftzitat zum Ausdruck kommende Exklusivität der Bedingung für die Auferstehung zum Leben wird nicht angespielt. Zwischen den Gräbern steht als einziges Wort: *„Leben"*.

Gustav Nonnenmacher, Gefallenengedenkstätte in Ingelheim/Rhein

In der Nikolauskapelle der Burgkirche zu Ingelheim/Rhein ist eine Gefallenengedenkstätte geschaffen worden, die von Gustav Nonnenmacher stammt (Abb. 16). Über einem Lesepult, mit dem Gedenkbuch der Gefallenen darauf, steht:

„Es kommt die Stunde, in welcher alle, die in den Gräbern sind, werden seine Stimme hören, und werden hervorgehen, die da Gutes getan haben zur Auferstehung des Lebens, die aber Übles getan haben, zur Auferstehung des Gerichts" (Joh. 5, 28f.).

Rechts und links von Pult und Johanneszitat befinden sich die Flachreliefs dreier Figuren, links des Engels, welcher die Posaune vor dem Mund hält, rechts zweier Toter, welche seine Stimme gehört haben und sich von den Leichentüchern befreien. Die vordere Figur hat ihre Rechte emporgehoben, die dahinter kauernde wischt sich den Schlaf aus den Augen und schützt dieselben zugleich mit der Hand vor dem plötzlichen Lichteinfall.

Von den Weltgerichtsdarstellungen, vor allem auf den Tympana, ist man gewöhnt, daß die Auferstandenen, nach Guten und Bösen unterschieden, in entgegengesetzter Richtung, meist nach links oben und nach rechts unten gehen bzw. getragen oder geschoben und gezogen werden.

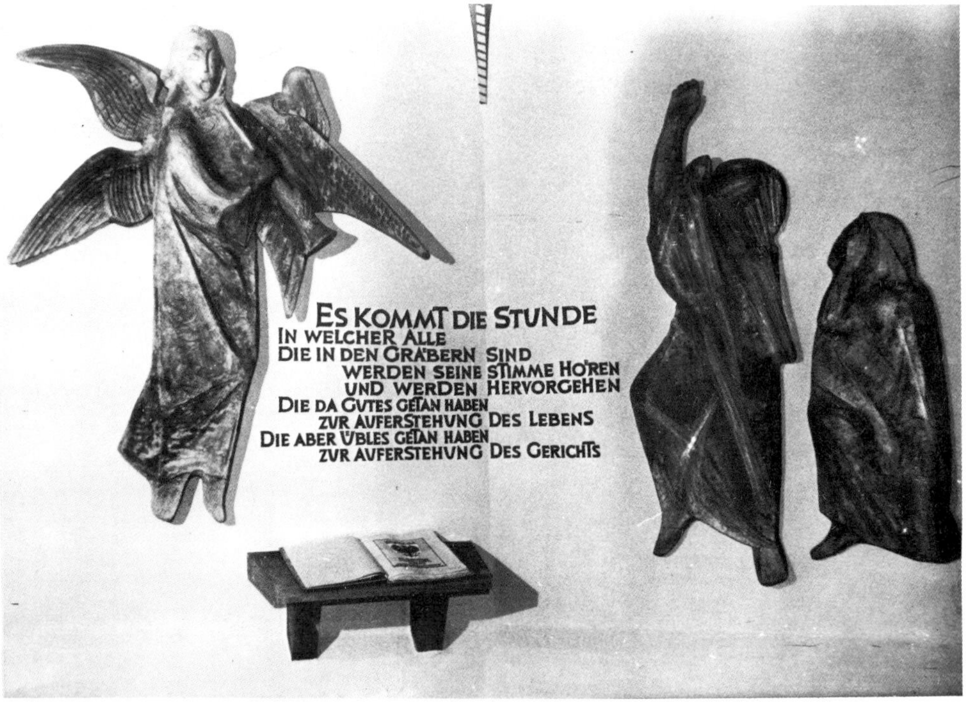

Abb. 16 Gustav Nonnenmacher, Totenauferweckung, 1962. Gefallenengedenkstätte, Burgkirche Ingelheim/Rhein.

In der Nonnenmacherschen Darstellung gehen beide Figuren auf den Engel zu, aber man hat den Eindruck, daß sie einer Höhe zugewandt sind, welche über dem Engel liegt und zugleich dessen Ursprung ist. Was wir zu sehen bekommen, ist nicht das Gericht am Jüngsten Tage, sondern die Totenauferstehung. Auch Nonnenmachers Arbeit hat tröstliche Funktion. Die figürliche Darstellung bildet insofern sogar einen Kontrast zum Schriftzitat, als letzteres ja ganz ausdrücklich die Auferstehung zum Leben und die Auferstehung zum Gericht, also eine klare Unterscheidung avisiert, welche jedoch von Nonnenmacher nicht sichtbar gemacht wird.

Kontrast zum Schriftzitat

Ferdinand Lammeyer, Fenster für den Gedenkraum in Ploudaniel – Lesneven

Ferdinand Lammeyer hat im Auftrag des Volksbundes Deutsche Kriegsgräberfürsorge für den Eingangsraum des Soldatenfriedhofs von Ploudaniel – Lesneven (Bretagne) ein Glasfenster mit dem Thema „Auferstehung der Toten" geschaffen (Abb. 17)[19].

Das Fenster ist fast doppelt so hoch wie breit. Lammeyer hat die Vertikalität der vorgegebenen äußeren Form noch durch die Art seiner Komposition verstärkt, zumal das Gebäude sonst sich betont in der Horizontalen erstreckt, wie ja übrigens auch die vielen Gräber des Friedhofs. Die hierorts vorherrschenden liegenden Formen entsprechen dem Eindruck mannigfachen Todes und der Trauer von weit her kommender Menschen. Das Thema der Totenauferstehung setzt Lammeyer in abstrakte Andeutungen übereinander im Licht aufsteigender menschlicher Figuren um.

Dabei sind seine Mittel bescheiden: verschieden breite, parallel aneinandergesetzte farblose Glasstreifen, ein paar dicke, gleichfalls farblose Glasbrocken, feine Zementfugen, welche im Wechsel mit den Scheibenstreifen je nach Breite der letzteren die Helligkeit differenzieren, breite Zementfugen, welche einzelne Glasstreifenfelder voneinander abgrenzen. Trotz oder gerade wegen der zurückhaltend und zuchtvoll verwandten Bildmittel hat der Künstler mit diesem Fenster eines der schönsten Werke geschaffen, die in dieser Arbeit beschrieben werden.

In dieser, der reinen Idee der Auferstehung verpflichteten Form steht das Fenster im Gefallenengedächtnis einzig da: das vom Licht fast stofflos gemachte Bild einer Hoffnung, einer Vorfreude.

Bild einer Hoffnung

Vor dieser Arbeit kommt man gar nicht auf den Gedanken, daß Lammeyer die Gefühle der Hinterbliebenen habe schonen wollen. Die Verheißung der Totenauferstehung wird selbstverständlich als Positivum aufgenommen und bildet tröstliche Gewißheit.

Das Fenster ist seinem Stil nach abstrakt expressionistisch gestaltet worden. Dies ermöglichte es dem Künstler, seine Aussage unaufdringlich vorzutragen. Es ist sogar anzunehmen, daß sie nur wenigen seiner zeitgenössischen Betrachter bewußt geworden ist. Die aufsteigenden Formen, durchstrahlt vom Licht, sprechen für sich selber zu denen, welche sehen können.

Pluralismus und Neutralität

Damit wird ein Problem markiert, welches vielleicht mit dem Selbstverständnis des Volksbundes Deutsche Kriegsgräberfürsorge zusammenhängt: wie nämlich der Volksbund in einem Volk, das statistisch gesehen, überwiegend christlich ist, aber eine grundsätzlich konfessions- und religionsneutrale Verfassung hat, Arbeiten mit zentralen christlichen Glaubensaussagen in Auftrag geben kann. Die Frage ist insofern berechtigt, als man sich vorstellen kann, daß auch dissidente Kriegshinterbliebene die von ihm angelegten Friedhöfe besuchen können.

Da der Volksbund selber grundsätzlich keinem Mitglied vorschreibt, ob es überhaupt einer Religion oder welcher auch immer angehört, kann er auch nicht die Basis für religiöse oder christliche Aussagen abgeben.

[19] Hergestellt 1968. Kunstglasfenster 2,95 x 1,5 m. Ausführung Fa. Bördlein i. Reith.

Abb. 17 Ferdinand Lammeyer, Auferstehung der Toten, 1968. Eingangsraum zum deutschen Soldatenfriedhof, Ploudaniel-Lesneven (Bretagne).

Eine Lösung des Problems mag in der Unterscheidung der beiden Begriffe Neutralität und Pluralismus zu finden sein. Während Neutralität streng genommen überhaupt keine inhaltliche Aussage ermöglicht, macht Pluralismus für das Neben- und Miteinanderleben vieler Auffassungen offen und ermöglicht allen, ihr Zeugnis zu profilieren.

Die abstrakte Verhaltenheit der Lammeyerschen Arbeit stellt darum nicht nur ein in sich selber ruhendes Stilproblem dar, sondern ist Spiegelbild einer Gesellschaft, welche, sich in einer Identitätskrise befindend, zwischen den beiden Polen Neutralität und Pluralismus hin- und hergerissen ist [20].

[20] Indiz dafür ist ein Briefwechsel mit dem Künstler. Erst in einem zweiten Brief hat er nach nochmaliger An- und Rückfrage nach der inhaltlichen Aussage seines Fensters über die verbale Unterstreichung der formalen Gegebenheiten hinaus mitgeteilt, daß er habe Auferstehung darstellen wollen. Die Briefe befinden sich in meinem Besitz.

5. Theologischer Kontext

Theologie- und damit auch kirchengeschichtlich entspricht dem Wiedererstehen des Typos der Totenauferstehung ohne das Weltgericht eine Beobachtung mit zwei Aspekten:

Chiliasmus

1. In der deutschen evangelischen Theologie zu Anfang der sechziger Jahre unseres Jahrhunderts ist vielfach beklagt worden, daß die Eschatologie dem Protestantismus verloren gegangen oder wenigstens verkümmert sei. In den Dogmatiken sei sie zu einem Anhängsel geworden. Sie habe ein abstruses Dasein in den Sekten gefristet und sich zum schärfsten Gegner der sie vernachlässigenden Kirchen in den politischen Chiliasmen des 19. und 20. Jahrhunderts entwickelt.

   In den darauffolgenden Jahren ist das in das allgemeine Bewußtsein der evangelischen Kirchen getreten. Diese sind darauf nicht nur aufmerksam gemacht, sondern auch mit theologischen Entwürfen zur Erneuerung der Eschatologie konfrontiert worden[21].

   Interessanterweise hat in diesen Arbeiten der „Reich Gottes"-Gedanke vorgeherrscht. Der Glaube und die Hoffnung auf die Auferstehung sind konstituierend gewesen.
2. Es ist aber nicht zur Erneuerung und Wiederbelebung der Erwartung des Gerichts am Jüngsten Tage gekommen. Das allgemeine theologische Bewußtsein ist vorerst bei dem Bedürfnis einer Neuformulierung der Eschatologie in chiliastischem Sinne stehengeblieben[22].

In der Sprache der Bilder ist das: Auferstehung der Toten ohne das Gericht am Jüngsten Tage.

Es ist kaum denkbar, daß dieser Typos, nachdem er im 19. Jahrhundert so sentimental und privat formuliert worden war, im Kriegerdenkmal der fünfziger und sechziger Jahre unseres Jahrhunderts hätte seinen Ort finden können, wenn dem nicht ein allgemeines kirchliches, ja, gesellschaftliches Bedürfnis entsprochen hätte.

Gesellschaftliches Bedürfnis

Die Sehnsucht nach dem Reich Gottes, in dem es kein Leid und Geschrei, keinen Tod und keinen Krieg mehr gibt, sondern Leben in Frieden, Freiheit, Gerechtigkeit und Freude – wie hätte das Kriegsgedächtnis nach zwei so katastrophalen Weltkriegen eigentlich daran vorbeigehen können?

[21] z. B. Paul Schütz, Parusia. Hoffnung und Prophetie, Heidelberg 1960; und Jürgen Moltmann, Theologie der Hoffnung. Untersuchungen zur Begründung und zu den Konsequenzen einer christlichen Eschatologie, München 1964.

[22] Niklas Luhmann kritisiert: „Es sieht so aus, als ob die Monotonie eines liebenden Gottes für die abnehmende Wichtigkeit von Religion im alltäglichen Leben Kompensation leisten mußte, und es scheint, daß dieses die organisationsmäßige Differenz zwischen Mitgliedern und Nicht-Mitgliedern von Kirchen und Denominationen verstärkt. Und allem voran führt der Verzicht auf die fundamentale Differenz zwischen Rettung und Verdammung, materialisiert als Himmel und Hölle, auf ein fundamentales Paradox selbstreferentieller Einheit zurück." in: Niklas Luhmann, Gesellschaft. Sinn. Religion – auf der Basis von Selbstreferenz, zitiert nach einer nicht authorisierten Übersetzung aus dem Englischen von Wilhelm A. Müller, Typoskript Hofgeismar 1984, S. 29 f.

Abb. 18 Ernst Barlach, Engel, 1927. Ehrenmal, Dom Güstrow.

IV. Der waagerecht schwebende Totenauferstehungsengel

1. Die Entstehung des Typs nach dem 1. Weltkrieg

Den schwebenden Totenauferstehungsengel gesondert zu behandeln, mag als ein zu aufwendiges Unternehmen erscheinen. Die von ihm verkörperte Botschaft ist aber so speziell, daß ihr auch eigens nachgespürt werden soll.

Erst Ernst Barlach hat 1926/27 diesen Typos für das Kriegerdenkmal geschaffen[23]. Er schwebt in seiner ursprünglichen Hängung an der Decke einer Seitenkapelle im Güstrower Dom (Abb. 18 u. 19)[24].

Barlachs Arbeit ist es wert, ausführlicher behandelt zu werden, als es hier geschehen kann. In unserem Zusammenhang soll uns weniger das beschäftigen, was den Güstrower Engel von den ihm folgenden schwebenden Engeln unterscheidet, als vielmehr das, was er mit ihm gemeinsam hat.

Idee

Was hat es nun zu bedeuten, wenn der Totenauferstehungsengel fliegt, allein, waagerecht schwebend?

Unwillkürlich stellt sich der Gedanke ein, daß er über die Erde hinweg fliege, und daß er dort mehr sehe, als einer, der auf ihr steht[25].

[23] Auf Grabmälern ist er meines Wissens auch erst im 20. Jh. aufgetreten. Vgl. Photos im AFD-Archiv, Kassel.

[24] Der Erstabguß ist 1937 abgehängt und verschrottet worden. Ein Zweitabguß befindet sich in der Antoniterkirche in Köln, ein Drittabguß ist wieder im Güstrower Dom angebracht worden.

[25] vgl. Ernst Barlach, Das dichterische Werk, Bd. III: Die Prosa II, hg. v. Walter Muschg/Friedrich Droß, München 1959, S. 392 ff.

Abb. 19 Ernst Barlach, Engel, 1927. Ehrenmal, Dom Güstrow.

Er sieht alle Toten, die er aus ihren Gräbern zu rufen hat. Wie kein anderes Bild vermag er den Betrachter in der Hoffnung zu vergewissern, daß kein Toter verloren oder vergessen sei, sondern alle von Gottes Zuwendung in Ewigkeit erfaßt sind.

Der Akzent mag dabei mehr auf der Gegenwart als dem ewigen Nu wie bei Barlach oder auf der Antizipation der Totenauferweckung am Jüngsten Tage wie bei Pohl liegen: die Gestalt des schwebenden Engels verkörpert allemal die gleiche Botschaft, welche nach den beiden Weltkriegen mit ihren vielen Millionen Opfern, mit ihren oft an unbekanntem Ort verscharrten Toten und den noch nach Jahrzehnten Vermißten in ihrer Tröstlichkeit gar nicht hoch genug zu veranschlagen ist.

Ernst Barlach, Güstrower Ehrenmal

Barlachs Güstrower Engel schwebt in seiner ursprünglichen Fassung und Anbringung mit geschlossenen Augen, übereinander gekreuzten Armen und gestreckten Beinen, in ein bis zu den Füßen reichendes Gewand gehüllt, über einem Füntengitter, aus dessen Umfriedung der Taufstein entfernt und statt dessen eine runde Steintafel mit den Jahreszahlen des Krieges flach auf den Boden gelegt worden ist. Er wirkt geheimnisvoll.

Symbol der Erinnerung

Der Künstler schreibt über ihn: *„Es galt uns, eine schwer ruhende Unbeweglichkeit als Ausdruck nie versiegenden Grams hängend, weil der irdischen Bedingtheit entrückt, in den Brennpunkt einer ziemlich kleinen und zur Dämmerung erhellten Seitenkapelle des Doms zu bannen. Alles diente dem Wunsch, eine Abgewandtheit aus der Gegenwart hinein in die Zeit des unerhörten Geschehens glaubhaft zu machen, die schmerzvolle Erinnerung schlechthin zu* *symbolisieren, da die Nötigung, Symbol zu sein, der Gestalt durch den Anlaß gegeben war, der keinen Rückblick auf erschütternde Begebenheiten früherer Zeit als gleich groß oder ähnlich mythisch zuläßt.*"[26]

Der Ausdruck „Symbol" und der Begriff des Mythischen weisen darauf hin, daß Barlach bei der „schmerzvolle(n) Erinnerung schlechthin" nicht einfach in psychologischen Kategorien denkt, sondern, unter Einschluß des Psychologischen, in religiösen. Sein Engel ist Symbol göttlicher Anteilnahme an dem „unerhörten Ge-

[26] Ernst Barlach, Die Briefe 1888–1938 in zwei Bänden, hg, v. Friedrich Droß, Bd. II, München 1969, S. 150.

Abb. 20 Hermann Pohl, Rufer mit Posaune, 1962. Gedächtniskapelle Sinn/Dillkreis.

schehen" des 1. Weltkrieges, wie dieser Krieg selber für ihn ebenfalls nicht anders zu verstehen ist als in der religiösen Kategorie des Mythischen[27].

Bei Ernst Barlachs Güstrower Engel entsprechen sich Form und Inhalt vollkommen. Der über dem Weltkrieg schwebende Engel weiß alles. Er kann sich an alles erinnern, weil er alles gesehen hat. Kein Toter kann seinem Gedächtnis verloren gehen.

2. Die Entwicklung nach dem 2. Weltkrieg:

Hermann Pohl, Engel und Reliefplatte in der Gedächtniskapelle in Sinn/Dillkreis

Hermann Pohl hat 1962 in Sinn/Dillkreis in Zusammenarbeit mit dem geschäftsführenden Vorstandsmitglied der Arbeitsgemeinschaft Friedhof und Denkmal Dr. H.-K. Boehlke und dem Architekten Heinecke eine alte, durch die Vermehrung der Einwohner zu klein gewordene Dorfkirche zu einer Gedächtniskapelle an die Kriegsopfer umgewandelt. Sein Anteil war dabei die im Chorraum hängende Figur eines Engels aus Bronze, der bei seitlich ausgestreckter Rechten in die mit der Linken gehaltene Posaune stößt (Abb. 20).

Die Gewandbehandlung, auch die Linienführung im Gesicht, die Flügellosigkeit, die Aufhängung an einem Deckengewölbe über einer Tafel lassen die Faszination des Bildhauers durch das Barlachsche Vorbild erkennen. Aber da sind auch Unterschiede: der Engel bläst auf der Posaune, den rechten Arm hat er erhoben, die Augen sind geöffnet. Der Engel sieht nicht nur alle Toten, er ruft sie auch alle.

Unten vor dem Engel liegt eine Inschrifttafel. Es ist eine Bronzeplatte, rechteckig, in den Ausmaßen und Proportionen an die meist steinernen Abdecktafeln auf Gräbern erinnernd. In erhabener Schrift steht darauf zwischen mehreren von links oben nach rechts unten gerichteten Posaunen und zwischen den Bildern von Sonne, Mond und Meer: *„Allen jenen, die kein Grab fanden, oder an deren Grab wir nicht treten können. Auch sie sind gefallen in Gottes Hand und harren mit uns des Jüngsten Tages, der Auferstehung und des Gerichts."*[28]

Die Arbeit von Pohl veranlaßt zu der Frage, wie der Künstler überhaupt hat wagen können, sich so offensichtlich in die Nähe Barlachs zu begeben, wie Auftraggeber und Berater so etwas haben zulassen können, zumal das eine Werk sich mit dem anderen in Hinsicht auf die künstlerische Qualität nicht vergleichen läßt. Die Antwort muß in den Unterschieden liegen, welche Pohls Engel hervorkehrt.

Pohl hält seinen Engel ganz bewußt nicht „bewegungslos" in der Schwebe[29]. Einen starken Akzent gibt er dem Schalltrichter der Posaune. In ihn hinein verlagert die Figur des Engels einen Teil ihres Gewichts. Die ausgestreckte erhobene Rechte erzeugt zusätzliche Dynamik. Sie unterstreicht als Geste die Aufforderung zur Auferstehung. Die offenen Augen schauen weit über die Erde; jeder Tote soll es schließlich hören, daß er gerufen ist. Mithin kommt es dem Bildhauer gar nicht darauf an, eine in sich „ruhende Unbeweglichkeit"[30] zu schaffen, sondern einen Vorgang, eben den Ruf der Toten am Jüngsten Tage.

Verheißung...

Für Pohl gilt es hier kein Geheimnis darzustellen, sondern eine biblische Verheißung, welche er ehrerbietig übernommen hat. Diese Arbeit kann und will auch gar nichts Neues sein, sondern vor allem erst einmal etwas Richtiges. Darin liegt ihre Stärke, aber auch ihre Schwäche.

[27] Zur Religiosität Ernst Barlachs vgl. Bahr, Poiesis, S. 207–216; Heinz Beckmann, Religion in Ernst Barlachs Werk, (18. Mitgliedergabe der Ernst Barlach Gesellschaft), Bremen 1956.

[28] Abb. im AFD-Archiv, Kassel.

[29] Ernst Barlach, Die Briefe II, S. 94.

[30] Ebd., S. 150.

Wie wir uns klar gemacht haben, liegt es in der Natur des waagerecht schwebenden Engels, daß er alle Toten ausmachen kann und niemanden übersieht. Das kommt in der Inschrifttafel von Sinn deutlich zum Ausdruck. In den Materialschlachten des zweiten Weltkrieges sind noch mehr Menschen als schon im vorhergehenden Weltkrieg zerfetzt worden und unbegraben geblieben. Von sehr vielen Kriegsopfern weiß kein Mensch, wo ihre Ruhestätte ist. Ihren Angehörigen wird zugesprochen, daß die Toten in „Gottes Hand" gefallen seien und trotz der äußerlichen Trennung in Gemeinschaft mit ihren Hinterbliebenen „des Jüngsten Tages, der Auferstehung und des Gerichts ... harren".

... in der Kapelle

Die Absicht zu trösten kommt damit auch buchstäblich zum Ausdruck. Daß der Engel von Sinn diese Aufgabe hat, wird noch dadurch unterstrichen, daß er sich im Chor der in eine Gedächtniskapelle umgewandelten Dorfkirche befindet. Dort also, wo einst die Blicke von Generationen Taufstein, Altar und Kanzel gesehen haben, wohin ihre Blicke in ehrfürchtigem Erschauern gerichtet gewesen sind, ruft nun der Engel die Toten aus ihren Gräbern; wo der Ewige sich mit den Zeitlichen in immer neuen Akten gnädiger Zuwendung verbunden hat, heißt es nun: sie ruhen in ihm und warten darauf, daß offenbar werde, was sie sind, seine Kinder.

Josef Henselmann, Kriegerdenkmal in Scheer/Donau

Die in dieser Arbeit vorgetragene These vom Aussagegehalt des allein schwebenden Totenauferstehungsengels, der, weil er über die Erde fliegt, alle Toten sieht und rufen kann, wird durch ein Kriegerdenkmal in Scheer/Donau von Josef Henselmann erhärtet.

Sein Bronzeengel wird von einem Stahlrohr gehalten, das in einem ca. 2,5 m hohen Steinsockel verankert ist. Dieser hat quadratischen Grundriß und verjüngt sich nach oben. Auf seinen vier Seiten sind die Tafeln mit den Namenslisten der Gefallenen beider Weltkriege angebracht, außerdem die Anfangsbuchstaben der vier Windrichtungen. Auf den beiden ausgebreiteten Schwingen des Engels ist nämlich, als sei es eingeritzt, von unten her zu lesen: *„Aus allen vier Winden rufe ich euch zur Auferstehung am jüngsten Tag."* Sein Rufen unterstreicht er dadurch, daß er sich seine Hände, zu einem Schalltrichter geformt, vor den Mund hält (Abb. 21).

Das Denkmal befindet sich neben der katholischen Kirche auf einem Berge. Der Platz ist jenseits der Kirche durch eine hohe Mauer abgegrenzt. Schaut man zum Engel hin, muß man unwillkürlich zum Himmel aufblicken. So wie er seine Flügel ausbreitet, entsteht der Eindruck, als ob er schnell dahinfliege. Die Enge des Platzes und das scheinbar unbegrenzte Dahinfliegen des im Vergleich zum Sockel zierlichen Engels bilden einen so deutlich sprechenden Kontrast, daß die vier Initialen der Himmelsrichtungen auf dem Sockel unnötig erscheinen[31].

Abb. 21 Josef Henselmann, Totenauferstehungsengel, 1962. Kriegsopfermal Scheer/Donau.

[31] Eine weitere Darstellung des allein waagerecht schwebenden Totenauferstehungsengels für ein Kriegsgedächtnismal befindet sich an der Außenwand der Brüderkirche in Kassel. Sie wurde von Kurt Lehmann geschaffen. Abb. in: Das Münster 12 (1959), S. 235.

1914
KRUGGER XAVER
STAUSS
WUNIBALD
SORG IOHANN
STÖRKLE ANTON
STUMPP IOHANN
STUMPP IOSEF
WEBER PAUL
1915
FÜRST KARL
LÖFFLER IOSEF
PLUMACHER ANTON
OSCHLEE IOSEF
WILL SALES
1916
+ BAUR ANTON
BIEGGER EDWIN
BUCK MARTIN +
+ BURGER IOSEF
KELLER IOHANN
KIEFERLE ALBERT

3. Zeitgemäßheit und Brisanz

Nach dieser kurzen Umschau sind wir imstande, uns verständlich zu machen, warum eigentlich Barlachs Ehrenmal in Güstrow einen so großen Zorn in den nationalistisch bewegten Kreisen, zunächst seiner näheren Umgebung, hervorgerufen hat. Der Güstrower Engel ist das erste große Ehrenmal Barlachs gewesen. An ihm hat sich auch zuerst der Ärger entzünden können.

Unbegrenztheit des Erinnerns

Was ihn provoziert hat, ist die hier ausgedrückte prinzipielle Unbegrenztheit des göttlichen Erinnerns an die Toten und Teilnehmens am Kriegsgeschehen, die, nicht nur in zeitlicher, sondern auch in räumlicher, und das heißt auch in lokaler und nationaler Hinsicht, gelten muß.

Sein Engel kann gar nicht anders, als das ganze Kriegsgeschehen in allen seinen Aspekten zu wissen, nicht nur den Tod der Gefallenen der verschiedenen gegnerischen Parteien, ihre Tapferkeit, ihre Erbärmlichkeit, ihren opferbereiten Eingang in die Ewigkeit, ihren Glauben angesichts ihres zeitlichen Endes[32] und die Angst und die Trauer der Hinterbliebenen[33], die himmelschreiende Not der Mütter um ihre verhungernden Kinder[34].

Mit feinem Gespür hat man das anscheinend sogleich bemerkt. Barlach hat die gegen ihn geltend gemachten Vorwürfe aufgezählt: Seine Ehrenmäler rufen keine Kriegsbegeisterung hervor, weil ihnen jedes Pathos in dieser Richtung abgeht[35], weil sie die *„Idee des Opfers"* hervorheben[36] und *„dem verderbenden Walten des Geschicks zuvörderst ... ein Wahrzeichen"*[37] setzen.

Massenhafter Tod

Vergleichen wir nun das Motiv des schwebenden Engels mit dem des stehenden Engels der Totenauferstehung auf Kriegerdenkmälern, so fällt als Unterschied auf, daß an ersterem der Tod als massenhafter Tod der beiden Weltkriege so thematisiert worden ist, wie das an letzterem nicht hat geschehen können. Der Unterschied wird besonders deutlich, wenn wir das Ettringer Kriegerdenkmal zum Vergleich heranziehen (Abb. 13 u. 14). Während hier die Kriegstoten in das Gedächtnis ihrer Heimatgemeinde zurückgeholt worden sind und ihr Tod als ein x-beliebiger erscheint, ist es der Vorzug des waagerecht schwebenden Engels, daß er den besonderen Umständen des Kriegstodes der beiden Weltkriege – 45 Millionen allein im 2. Weltkriege! – nicht ausweicht, sie nicht bagatellisiert.

Wo war Gott?

Der allein schwebende Totenauferstehungsengel geht auf die mitunter sehr bitter formulierte Frage ein, wo Gott bei all dem Kriegsgeschehen eigentlich gewesen sei. Die Antwort des Engels lautet, daß Gott zwar das Leid nicht verhindere, aber an allem teilnehme[38], daß er, weil er alles wisse, auch alles beurteilen könne, und so, als ein allen Zugewandter und rückhaltlos an ihnen Partizipierender, Richter sein werde der Lebendigen und der Toten[39].

Da der schwebende Totenauferstehungsengel auf ein erst im 20. Jahrhundert aufgetretenes Problem antwortet, ist es erklärlich, daß er erst nach dem 1. Weltkrieg erscheint. Auch auf dem Grabmal ist er nicht eher anzutreffen und dort ist er bezeichnenderweise eher selten[40].

[32] Vgl. Barlachs Deutung des Magdeburger Ehrenmales in: E. Barlach, Die Briefe II, S. 207; und in: Ernst Barlach in eigener Sache. (Vierte Jahresgabe der Ernst Barlach Gesellschaft, 24. Oktober 1949), Hamburg 1949, S. 7 f. und 10.

[33] Vgl. das Hamburger Ehrenmal, Abb. in: Günter Gloede, Gestalt und Gleichnis bei Ernst Barlach, Berlin ²1967, Abb. 73.

[34] So z. B. in Barlachs unausgeführt gebliebenem Entwurf zu einem Ehrenmal in Kiel. Abb. in: Franz Fühmann, Ernst Barlach. Das schlimme Jahr. Grafik, Zeichnungen, Plastik, Dokumente, Rostock 1964, S. 168 f.

[35] Ernst Barlach, Wider den Ungeist: Ernst Barlach, Das dichterische Werk, Bd. 3, S. 397–405.

[36] Ebd., S. 400.

[37] Ebd.

[38] Vgl. Mt. 10, 29–31; Hebr. 4, 14; Röm. 8, 26f.

[39] Vgl. Mt. 12, 36; 25, 31–46; Ps. 139.

[40] Vgl. Abb. in AFD-Archiv, Kassel.

V. Zusammenfassung der bisherigen Ergebnisse

Totengedächtnis

Das Kriegerdenkmal mit der Darstellung des Osterengels oder des Totenauferstehungsengels bzw. der Totenauferstehung dient dem Totengedächtnis, ja, es ist Totengedächtnis.

Trost

Alle vorgestellten Typen kommen auch auf Grabmälern vor. Die meisten gehen aus dem Grabmal des 19. Jahrhunderts hervor und haben dann auch als Kriegerdenkmäler Grabmalscharakter, sofern sie die Funktion haben, durch die Erinnerung an die über den Tod hinausweisenden Elemente der christlichen Frohbotschaft die Hinterbliebenen zu trösten.

Ruf zur Entscheidung

Im 20. Jahrhundert kommt es zu einem Neuansatz, meist erst nach dem 2. Weltkrieg. Die dann entstandenen Typen weisen nicht mehr so eindeutig Grabmalscharakter auf. Sie erheben höhere Ansprüche an den Betrachter, vermögen ihn nur noch zu trösten, wenn er sich diesen Anforderungen unterwirft, und kehren sehr viel deutlicher den Entscheidungsaspekt der christlichen Botschaft hervor, als das auf dem Grabmal des 19. Jahrhunderts der Fall gewesen ist.

Gesellschaftlicher Kontext

Hieran zeigt sich, daß das Kriegerdenkmal nach dem 2. Weltkrieg in einer für die Gesellschaft der Bundesrepublik insofern kritischen Zeit entstanden ist, als unter den Erschütterungen durch das Dritte Reich und die revolutionären Veränderungen in der DDR sowohl der Kirche als auch der Bevölkerung insgesamt bewußt geworden ist, daß Kirche und Bürgergemeinde nicht mehr kongruent sind[41].

An allen im 20. Jahrhundert vorherrschenden oder gar entstandenen Typen, soweit sie hier vorgestellt wurden, hat sich nachweisen lassen, daß sie in einen kirchlich-theologischen Kontext gehören und darum auch zum tieferen Verständnis ihrer Zeit beitragen können.

Engführung

Die strenge Beschränkung auf eine ikonographische Betrachtung hat uns verwehrt, den „Sitz im Leben" des Kriegerdenkmals mit dem Auferstehungsthema zu differenzieren und von hier aus noch einmal den Komplex des Kriegerdenkmals zu beleuchten, sofern es christliches Totengedächtnis mit der Hoffnung auf die Auferstehung der Toten ist. Bisher haben wir es nämlich nur vom Grabmal des 19. Jahrhunderts her betrachtet. Dies hat uns zwar das Material nahegelegt, könnte jedoch unwillkürlich zu einer Engführung verleitet haben.

Erweiterung durch Differenzierung

Das Kriegerdenkmal mit dem Motiv der Auferstehung Jesu Christi kann uns durch die Fülle des zu Gebote stehenden Materials zu einer Erweiterung des Gesichtskreises verhelfen und durch die Differenzierung des „Ortes" die Erfordernisse christlichen Kriegstotengedächtnisses erkennen lassen.

Im bisherigen Verlauf der Untersuchung hat sich schon gezeigt, wie vielfältig, aber auch situationsgebunden die Manifestationen des Glaubens an die Auferstehung der Toten im 20. Jahrhundert haben sein können. Dieser Eindruck müßte sich noch konkretisieren lassen.

[41] Zur assoziativen und intuitiven Methode, den kirchlichen und gesellschaftlichen Kontext zu erfassen, vgl. Hans-Joachim Schoeps, Was ist und will die Geistesgeschichte. Über Theorie und Praxis der Zeitgeistforschung, Göttingen/Berlin/Frankfurt 1959, S. 58, 90–94.

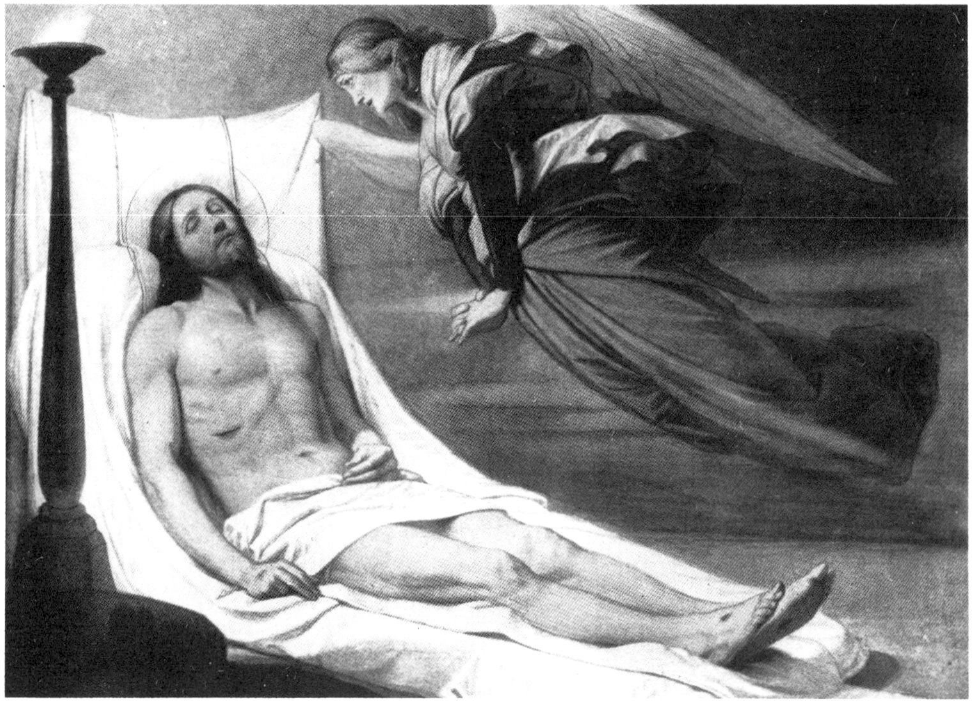

Abb. 22 Edward von Steinle, Auferwekkung Christi, 1851. Städelsches Kunstinstitut, Frankfurt a. M.

E. Die Auferstehung Christi

I. Vorbemerkung

Wenn man den Afingerschen Osterengel und den Donndorfschen Totenauferstehungsengel kennt und weiß, wie sie Schule gemacht haben, dann erwartet man eigentlich etwas Ähnliches auch für die Auferstehung Jesu Christi auf dem Grabmal.

Jesus im Todesschlaf

Das müßte dann etwa folgendermaßen aussehen: Jesus liegt im Grabe, umfangen vom Todesschlaf. Der Engel, welcher den Stein von des Grabes Tür gewälzt hat, kommt herbei; ehe er ihn erweckt, schaut er ihn voller Trauer an.

Überlegen wir uns die Funktion eines solchen, vielleicht als Relief gehauenen Bildnisses auf dem Friedhof! Wir stellen uns eine Witwe vor. Am Grabe ihres Mannes stehend schaut sie auf die Szene auf seinem Grabmal. Sie weiß, daß der Engel Jesum wecken werde, und sie bejaht das, zumal sie es dringend wünscht, daß ihr verstorbener Gemahl dem Erstgeborenen von den Toten folgen werde. So, wie der Engel den verstorbenen Jesus da voller Erbarmen anblickt, hat sie ja zuletzt ihren Mann selber tot liegen sehen. Und wenn der Gottesbote den Tod Jesu zum Schlaf gemacht hat, aus dem es ein Erwachen gegeben hat, so darf auch sie, ja, sie muß für ihren Mann hoffen.

Interessanterweise haben wir tatsächlich auch ein Bild von dieser Szene in der oben beschriebenen Darstellung (Abb. 22), und es ist auch wirklich in der Mitte des vorigen Jahrhunderts entstanden[1]. Aber es ist nicht Vorlage für Hunderte oder gar Tausende von Grabmälern geworden.

Thorwaldsens Christus

Die Aktualisierung auf den toten Angehörigen will hier nämlich nicht so gelingen wie bei den vorher besprochenen Sujets[2]. Außerdem ist gut 20 Jahre vorher die volkstümlichste religiöse Figur des 19. Jahrhunderts in Deutschland mit Thorwaldsens Christus entstanden, welche nicht nur die Kirchen in Kopien oder Varianten bevölkert hat, sondern auch die Friedhöfe[3].

Aktualisierung weiterer Formen des Totengedächtnisses

Für das Kriegerdenkmal hat man, wollte man schon auf das Motiv der Auferstehung Christi zurückgreifen, ältere Formen der Totengedächtniskunst aufgegriffen, so aber, daß man die Szene in der im 19. Jahrhundert üblich gewordenen Weise für den Gebrauch reduziert und aktualisiert hat.

Was zunächst als Mangel erscheinen mag, wird sich im Verlauf der Untersuchung als sein Gegenteil erweisen. Denn jetzt gilt es, dieser älteren Formen des Totengedächtnisses gewärtig zu werden und zu klären, welche Verwandlung sie im Kriegsgedächtnis unseres Jahrhunderts erfahren haben. Außerdem werden wir auch noch jüngere Formen des Totengedächtnisses als das Grabmal antreffen.

1 Eine Kreidezeichnung von Edward von Steinle, 1851, im Städelschen Kunstinstitut Frankfurt/M. Max Fürst, Edward von Steinle: DCK 6 (1909/10), S. 293–312.

2 Natürlich lassen sich noch genügend Grabmäler aus dem 19. Jahrhundert mit einem Engel allein mit dem Ausdruck der Trauer in Antlitz und Gebärden finden. Aber es wird sich doch bei der Flut von Engeln und Eroten und Genien auf dem Grabmal jener Zeit schwer nachweisen lassen, daß dieser Engel eine Abbreviatur der Auferweckungsszene vom Ostermorgen sei. Eine Abb. eines solchen Grabmals in: AFD-Archiv, Kassel.
Zum gleichen Ideenkreis gehört ein Grabrelief von Heinrich Wadere, welches 1912 im Münchner Glaspalast ausgestellt worden ist. Der „Victor Mortis" schwebt, von einem zu einer Mandorla formierten Engelputtenschwarm getragen, wie auf einem Bett liegend gen Himmel. Abb. in: DCK 9 (1912/13), S. 19.

3 Bekanntestes Beispiel für die Aufstellung der Figur in einer Kirche ist außer der Frauenkirche in Kopenhagen die Kaiser-Wilhelm-Gedächtniskirche in Berlin – Abb. von Kopien auf Grabmalen in: AFD-Archiv, Kassel und in: CKb (1905), S. 101. – Vgl. dazu David Koch, Christus der Herr gestorben und auferstanden, ebd., S. 95–102.

II. Das Epitaph

1. Erste Begegnung mit dem Phänomen eines Epitaphs:

Anton Frank, Fresko in Niederäschach

Anton Frank hat 1920 ein Kriegserinnerungsfresko für das Giebelfeld der Pfarrkirche in Niederäschach (Baden) geschaffen. Staudhamer publiziert den Entwurf. Darum halten wir uns auch an die von ihm für vorbildlich gehaltene Skizze (Abb. 23)[4]. Die Darstellung des Auferstandenen befindet sich in einer angedeuteten Nische. Christus hat die Rechte segnend hochgereckt, mit der Linken hält er die Osterfahne am Kreuzstab. Er steht frei. Sein Haupt nach rechts geneigt, schaut er den Betrachter an. Unter der Nische sieht man ein Kleeblattkreuz. Es ist von einem Nimbus umgeben, der sich in Strahlen entlädt. Rechts und links trifft der Strahlenkranz auf zwei Engelputten in Wolken. Darunter steht auf einem Spruchband: *„Gedenket beim heiligen Opfer und Gebet unserer Krieger."* Dieser Inschrift folgt dann die zweispaltige Namenliste der Gefallenen. Den Abschluß nach unten bildet der Kelch mit der Hostie als Darstellung des „heiligen Opfers".

Das Motiv über den Namen der Gefallenen ist so sprechend, daß der Rezensent sich scheinbar gedrängt fühlt, zu verbalisieren, was es sagt. So behauptet Staudhamer, der Auferstandene rufe auf die Gemeinde die Trostworte hernieder: *„Ich bin die Auferstehung und das Leben! Ich habe durch mein Sterben den Tod besiegt und in meiner Auferstehung das Leben wiederhergestellt. Also trauert nicht wie die Heiden, die keine Hoffnung haben! Wandelt im Licht des Kreuzes zu meinen Füßen!"*[5]

Die Inschrift des Kriegerdenkmals steht in der breiten katholischen Tradition der Fürbitte um das Seelenheil der Verstorbenen. Sie äußert sich darin, daß für die Toten, gewöhnlich nach der Bestattung, ein Requiem gefeiert wird, an den Todestagen Jahresmessen gelesen werden und zu jeder Messe auch ein Hochgebet gehört, das einen Passus der Fürbitte für die Seelen der Verstorbenen enthält.

Die katholischen Hinterbliebenen sollen gemäß dieser Tradition christlich inspiriert trauern, nicht trostlos und verzweifelt, sondern um das Seelenheil der Gefallenen bemüht, getragen vom Glauben an die Sühnekraft des Opfers Christi, der durch sein „Sterben den Tod besiegt" hat.

Das Sterben Jesu wird durch das Kreuz, die Sühnekraft seines Opfers durch Kelch und Hostie, der Sieg über den Tod durch den Auferstandenen selber dem Betrachter in Erinnerung gerufen.

2. Das Epitaph als Kriegerdenkmal

Nach der Beschreibung und inhaltlichen Interpretation des Kriegsopfermals von Anton Frank gilt es nun zu klären, welcher historisch vorgegebenen Form es angehört.

Es enthält 1. ein Andachtsbild, nämlich eine Darstellung des auferstandenen Christus, 2. eine Aufforderung zu Meßopfer und Gebet, 3. eine Totenliste darunter. Diese 3 Elemente zusammen legen es nahe, das Fresko als Epitaph anzusprechen.

Definition des Epitaphs

Ein E p i t a p h ist nach der Definition von Alfred Weckwerth[6] zugleich Andachtsbild

[4] Vgl. Sebastian Staudhamer, Religiöse Kriegsgedenkzeichen: DCK 17 (1920/21), S. 105–128, bes. S. 114.

[5] Ebd., S. 114.

[6] Alfred Weckwerth, Der Ursprung des Bildepitaphs, Diss. Göttingen 1952, Weckwerth beantwortet die Frage, ob das Bildepitaph ein Grabmal, Stifterbild, Andachtsbild oder gar ein Altar sei. Zur Diskussion dieser Frage nach dem Wesen des Bildepitaphs siehe ebd., S. 23–33.

und Totenerinnerungsmal[7]. Es ist nicht mit einem Grabmal zu verwechseln, zumal es Grabmäler und Epitaphien für ein und dieselbe Person gibt[8].

Das Epitaph übernimmt den auf Altären, Tympana, Fresken, Glasfenstern und in Handschriften vorgebildeten Bilderschatz[9] in mannigfacher Form und unterschiedlicher Technik vom Fresko über das Tafelbild, das Glasfenster, die Steintafel, das Relief bis zu vollplastischen Figuren[10], letztere auf Konsolen oder freistehenden mehrstufigen Sockeln[11].

Es befindet sich an der Innen- oder Außenwand einer Kirche[12] und hat gewöhnlich keine Funktion im Gemeindegottesdienst[13], sondern dient der Andacht des Einzelnen[14].

Die Stifterfigur wird meistens unten oder am Rande anbetend knieend dargestellt; oft wird nicht nur der Tote, sondern auch noch seine Familie adorierend abgebildet[15]. Auf ihn weist zusätzlich eine Inschrift hin, welche oft unter der bildlichen Darstellung zu finden ist, im Falle einer Tafel aber auch als Umschrift vorkommen kann[16].

Abb. 23 Anton Frank, Der Auferstandene, 1920. Entwurf zum Kriegserinnerungsfresko an der Pfarrkirche in Niederäschach/Baden.

Abb. 24 Fried Heuler, Der Auferstandene, 1920. Kriegerdenkmal (mit Peter Vollert) Frickenhausen.

[7] Ebd., S. 67.
[8] Ebd., S. 30.
[9] Ebd., S. 65.
[10] Ebd., S. 18.
[11] Ebd., S. 10.
[12] Ebd., S. 72 f.
[13] Ebd., S. 73.
[14] Ebd., S. 73–75.
[15] Ebd., S. 9.
[16] Ebd., S. 9 f.

Das Epitaph, im Verbreitungsgebiet der deutschen Mystik[17] und während ihrer Hochblüte, Mitte des 14. Jh., entstanden, ist eine Aufforderung an den Andächtigen, fürbittend des Verstorbenen zu gedenken. Denn die Andacht hilft nach mystischer Anschauung nicht nur dem Beter, sondern auch dem Verstorbenen, für den man sich einsetzt[18].

Anbetung Christi

Wir sollten noch unterstreichen, daß der Tote auf einem Bildepitaph ursprünglich in jedem Falle Christus anbetet, gleichgültig, ob dieser als Kind auf dem Schoß der Maria oder auf der Schulter eines Christophorus sitzt, als Schmerzensmann dasteht, am Kreuz hängt, von den Toten aufersteht, die auferstandenen Toten richtet oder sein Antlitz auf dem Schweißtuch der Veronika erscheint[19].

Für uns ist auch wesentlich zu erfahren, daß Bildepitaphien ohne anbetende Stifter, jedoch mit auf diese hinweisender Inschrift vorgekommen sind[20]. Schließlich dürfte es interessant sein, daß auch Epitaphienaltäre errichtet worden sind, die eine Verpflichtung für die jeweilige Kirchengemeinde gebildet haben, darauf die Messe, natürlich auch für den Stifter, zu lesen[21]; solche Epitaphien kommen allerdings nicht gar so häufig vor[22].

Das Epitaph als Kriegerdenkmal

Diese Wesensbestimmung eines Bildepitaphs, wie wir sie Alfred Weckwerth verdanken, wirft einiges Licht auf das Kriegsgedächtnismal von Anton Frank und so manches andere noch. Sie macht uns verständlich, warum es an die Wand einer Kirche gemalt worden ist, wieso es aus einem Bilde Christi und einer Inschrift mit den Namen der Toten und der Aufforderung besteht, ihrer in Gebet und Meßopfer zu gedenken; das gehört zum Wesen dieses Kriegsopfermales, eines Bildepitaphs.

Stifter von Kriegerepitaphien

Ein wichtiger Unterschied zu seinen Vorgängern ist allerdings: dieses Bildepitaph ist nicht von einer vermögenden Familie für ihre Kirche gestiftet worden, sondern von der Kirchengemeinde, der Pfarrfamilie, zum Gedächtnis an ihre gefallenen Söhne. Die Toten haben nicht selber das Epitaph gestiftet, um den durch das Bild zur Andacht angeregten Betrachter auch zur Fürbitte für ihr Seelenheil zu bitten, sondern die Kirchengemeinde fühlte sich als Ganze verpflichtet, für ihre Pfarrkinder das Werk zu erstellen. In der Form des Epitaphs hat das Kriegsopfermal dem *„Bedürfnis nach religiösem Gedenken an die teuren, in der Fremde begrabenen Helden"*[23] in einem ganz spezifischen, dem römisch-katholischen Kirchenvolk durchaus geläufigen Sinne entsprochen.

Das Fresko von Anton Frank ist nicht das einzige Bildepitaph mit einer Darstellung der Auferstehung Christi zum Gedächtnis gefallener Soldaten geblieben. Wir finden es z. B. als Glasfenster in Obercleen[24], als Relief in der Heilig-Geist-Kirche in Nürnberg (Abb. 26) und als vollplastische Figur auf einer Konsole in der Peterskirche in München (Abb. 25)[25].

[17] Ebd., S. 79–86.

[18] Ebd.

[19] Ebd., S. 66 – Diese Ausschließlichkeit ist zwar schon Mitte des 15. Jh. wieder aufgegeben worden. Allerdings herrschen die Epitaphien mit einer Christusdarstellung noch lange vor. Vgl. Paul Schoenen, Art. „Epitaph": Reallexikon zur Deutschen Kunstgeschichte, Bd. 5, Stuttgart 1967, Sp. 872–92. Weitere Literatur ebd.

[20] Weckwerth, Ursprung, S. 67.

[21] Ebd., S. 69 ff.

[22] Ebd., S. 71 f.

[23] Sebastian Staudhamer, Religiöse Kriegsgedenkzeichen VI: DCK 19 (1922/23), S. 133 f.

[24] Abb. des Entwurfkartons von Georg Kau in: DCK 17 (1920/21), S. 118; Vgl. dazu den Fensterentwurf von Becker für eine Kirche in Tempelburg. Abb. in: RK (1918), S. 51. Dieser Entwurf ist als Gedenkfenster für einen einzelnen gefallenen Soldaten aus adliger Familie geschaffen worden. Dies zeigt, wie fließend die Grenzen zwischen dem aus privater Hand und dem von einer Kirchengemeinde finanzierten Bildepitaph für die Kriegstoten haben sein können.

[25] Ob man die vom Preußischen König verordneten Tafeln für die Gefallenen der Befreiungskriege 1813–1815 als „Kriegerepitaphien" ansprechen kann, wie das Martin Bach (Bach, Studien) ohne jede Begründung tut, halte ich für fragwürdig. Denkbar wäre immerhin auch die Herkunft von den Totenschilden.

Zu den besonderen Problemen eines Bildepitaphs für Gefallene gehört deren große Zahl. Wir haben schon gesehen, daß auf dem Fresko in Niederäschach die Stifterfiguren fehlen. Dies widerspricht übrigens nicht der Epitaph-Tradition, gab es doch schon im Mittelalter Epitaphien ohne Stifterfiguren[26]. Zudem dürfte es ja auch eine oft gar nicht lösbare Aufgabe für einen Künstler sein, sämtliche Gefallenen der Gemeinde anbetend auf einem Epitaph anzubringen. Der Gedanke, auch die Familien der Gefallenen mit aufs Bild zu setzen, muß sogar selbst in Zwerggemeinden unausführbar gewesen sein. So ist es schon naheliegend gewesen, die toten Soldaten nur durch Namenstafeln repräsentiert sein zu lassen. So oder, wenn der Platz nicht ausgereicht hat, durch ein Gefallenengedenkbuch hat man sich denn auch meist geholfen.

Namenstafel

Gefallenengedenkbuch

Eine andere Lösung des Problems ist die Repräsentationsfigur. Auf einem von der Formen- und Ideenwelt des Bildepitaphs geprägten Denkmal auf freiem Platz in Frickenhausen (Abb. 24)[27] knien zwei bewaffnete Soldaten im Uniformmantel, den Stahlhelm auf dem Kopf, rechts und links dem Christus zugewandt, der zwischen ihnen aufersteht. Der rechte Soldat stützt sich mit gefalteten Händen auf seinen Säbel, der linke Krieger läßt sein Gewehr in der Armbeuge lehnen. Auch er betet mit gefalteten Händen seinen Erlöser an. Wie bei Epitaphien häufiger anzutreffen, sind beide Adoranten bedeutend kleiner als der auferstandene Christus[28]. In diesem Falle werden die vielen Gefallenen also gleich zweifach durch ihren Typos vertreten[29].

Repräsentationsfigur

In der Heilig-Geist-Kirche von Nürnberg sind es ebenfalls zwei Figuren, ein Mann und eine Frau, Kriegsopfer in welcher Hinsicht auch immer, welche sich von rechts und links unten an den Auferstandenen wenden (Abb. 26)[30]. Vereinzelt hat man sich in Ergänzung oder statt der Namensinschriften eines Emblems bedient. Da man kein Wappen benutzen konnte, verfiel man auf den Stahlhelm[31] und das Eiserne Kreuz[32].

Emblem

Zunächst können wir nun festhalten: Seit dem 1. Weltkrieg gibt es Kriegerdenkmäler in Form von Bildepitaphien. Diese sind Totengedächtnismäler und Andachtsbilder zugleich. Sie werden in der Regel an der Innen- oder Außenseite einer Kirche angebracht. Indem man Kriegsopfermäler in Gestalt von Bildepitaphien schuf, nahm man eine in der Zeit der Deutschen Mystik aufgekommene Form des Totengedächtnisses auf, die besonders in der röm.-katholischen Frömmigkeit eine bis in das 20. Jahrhundert gehende Tradition hat.

Die Bildepitaphien bieten dem Betrachter in ihrer ursprünglichen Gestalt eine Christusszene. Auf mehreren Kriegsopfermälern in Form von Bildepitaphien ist speziell die Auferstehung Christi dargestellt.

Im folgenden werden einige solcher Bildepitaphien in Einzelanalysen vorgestellt werden. Sie zeigen innerhalb des vorgegebenen Rahmens eine beträchtliche Differenzierung der Formen und der Inhalte. Wir beginnen mit katholischen Beispielen.

[26] Weckwerth, Ursprung, S. 67.

[27] 1920 vom Architekten Peter Vollert und dem Bildhauer Heuler geschaffen.

[28] Otto Buchner, Die mittelalterliche Grabplastik in Nord-Thüringen. Mit besonderer Berücksichtigung der Erfurter Denkmäler, (Studien zur deutschen Kunstgeschichte, 37. Heft), Straßburg 1902, S. 61.

[29] Ernst Borgwardt, Die Typen des mittelalterlichen Grabmals in Deutschland, Diss. Freiburg, Schramberg 1939, S. 82.

[30] Eine Erörterung der inhaltlichen Aussage dieser Arbeit folgt weiter unten S. 85 f.

[31] Auf dem Kriegerdenkmal in St. Peter, München (Abb. 25) und auf dem schon mehr von der Friedhofskunst geprägten Denkmal vom Josef Henselmann in Laiz (Abb. 42).

[32] In Frickenhausen (Abb. 24).

3. Katholische Kriegsepitaphien:

Karl Killer, Kriegerdenkmal in München

Abb. 25 Karl Killer, Der Auferstandene, 1924. Kriegerdenkmal, St. Peter Kirche München.

1924 schuf Karl Killer in der St. Peter Kirche zu München ein Kriegerdenkmal mit der Figur des Auferstandenen, eine plastische Arbeit von ästhetischem Reiz (Abb. 25)[33]. Der Körper Christi, der auf einem Felsstück (?) über der Inschrifttafel steht, schwingt in einer S-Kurve, die durch die Fahne am Kreuzstab in seiner Linken aufgenommen wird und sich wieder findet in einem Gewandschweif, der sich vom linken Oberschenkel zum rechten Knie hinzieht. Die Haare, die Gewandfalten des Leinentuchs, auch die Gesten der Hände und Arme haben etwas ausgesprochen harmonisch Fließendes. Die letzte Kurve des zusammengedrehten Fahnentuchs und des Gewandausläufers ist kurz, beim Fahnentuch ist sie sogar fast eckig und läuft gerade nach schräg rechts unten aus. Die verhältnismäßig weit auseinanderstehenden und dünnen Beine verbinden die beiden Schwerpunkte des Epitaphs – Felsstück und Inschrifttafel einerseits, Rumpf Christi andererseits – nur unzulänglich miteinander. Die hieraus resultierende Spannung erzeugt auf den ersten Blick einen Widerspruch zwischen Form und Inhalt der Arbeit; denn dieser Christus steht auf seiner Unterlage. Er ist auferstanden. Mit zum Segensgruß erhobener Rechter schaut er über den Betrachter hinweg in die Ferne. Durch die in Kurven dahinfließende Bewegtheit des Körpers und der Textilien, die im Spiel miteinander sich ergebenden Formen und die beiden auseinanderstrebenden Schwerpunkte wird nun aber wiederum das Stehen des Auferstandenen in Frage gestellt. Es ist ein ausgesprochen vorübergehendes Stehen, ein Halt zwischen Auferstehen und Auferstehen, den Worten des Auferstandenen entsprechend, der Maria Magdalena erschienen ist und sagt: *„Rühre mich nicht an; denn noch bin ich nicht aufgefahren zum Vater!"*[34]

Fragen wir nun, was die Darstellung bedeutet, so sei daran erinnert, daß die Kirche, dem lukanischen Aufriß[35] folgend, eine „Zwischenstation" als Zeit spezieller Offenbarung und Lehrübermittlung an den Kreis der Apostel tradiert und diese Vorstellung in der Kirchenjahresordnung verankert hat. Diese Frist hat Karl Killer in seinem Werk eingefangen; aber nicht historisch illustrierend, auch nicht durch eine weitere Figur erkennbar machend, an welche Erscheinungsgeschichte er im Besonderen denkt. Es geht ihm auch gar nicht um Vergangenes, sondern um Vergegenwärtigung: Jesus Christus erscheint dem Trauernden und offenbart sich ihm, tröstet und mahnt ihn. Von einer Aussendung kann man hier noch nicht sprechen.

Der erhöhte Standort des Auferstandenen macht ihn dem Betrachter überlegen. Der Blick des Herrn, der wohl den Menschen vor sich anschaut, jedoch sich von diesem nicht fangen läßt, das Stehen und Auffahren-Werden gibt der Geste seiner rechten Hand über das segnende Grüßen hinaus etwas Vermächtnishaftes, nach oben Weisendes, ja, sogar etwas Befehlendes. Hier ist Autorität zu sehen, die durch die Passion erworben worden ist. Die Wangen Christi sind zerfurcht. Er bietet den Menschen vor ihm seine Wunde dar. Seinen Tod als Opfertod für den Betrachter weist er diesem vor und teilt ihn ihm segnend mit.

Den unteren Abschluß der Inschrifttafel bildet ein Stahlhelm mit herabhängendem Kinnriemen; der Tod der Gefallenen wird also auch bildhaft sichtbar gemacht, aber eben nur angedeutet. Immerhin, der leere Stahlhelm läßt schon danach

[33] Die Plastik ist seit dem 2. Weltkrieg verschollen. Das Photo läßt nicht einwandfrei erkennen, ob es sich um einen Bronzeguß handelt, und ob die Figur vollplastisch ausgearbeitet worden ist.

[34] Joh. 20, 17.

[35] Das lukanische Geschichtswerk aus Lukasevangelium und Apostelgeschichte weiß im Unterschied zu den anderen Evangelisten von einer vierzig Tage nach Ostern erfolgten Himmelfahrt Christi zu berichten.

fragen, wo die Gefallenen denn seien, was aus ihnen geworden sei oder werde. Die Antwort des Bildhauers weist auf Christus hin: als die Seinen werden sie und werdet ihr leben; wobei noch hinzuzufügen ist – wenn man es nicht lokalisiert, obwohl unsere Sprache und auch die Darstellung Killers es in der Kategorie des Raumes ausdrückt – : mit ihm bei eurem Gott und Vater.

Max Heilmaier, Kriegsgedächtnismal in Nürnberg

Abb. 26 Max Heilmaier, Der Auferstandene, 1925 (?). Kriegsgedächtnismal, Heilig-Geist-Kirche Nürnberg.

Max Heilmaier schuf in der Heilig-Geist-Kirche in Nürnberg ein 1925 publiziertes Kriegsgedächtnismal (Abb. 26). Auf einem Postament mit einer Inschrifttafel qualmt es aus drei brennenden Ortschaften in zwei Säulen rechts und links empor: es ist Krieg. Die Rauchsäulen gehen in zwei Halbfiguren über, einen Mann und eine Frau. Beide sind mit intensiver Gestik Christus zugewandt. Der Mann links hebt ihm die Linke zu. Die Frau hat sich zu ihm hingebeugt, beide Hände betend, Hilfe erheischend mit den Handflächen zusammengelegt und über die linke Schulter gehalten. Christus aber schwebt, oder vielleicht besser ersteht, zwischen den Rauchsäulen, von den Lenden an über sie hinausragend, die offene Rechte zum Segen erhoben. Unter ihm reitet über die brennende, leicht gewölbte Erde der Tod, ein abgemagerter Alter, gekrönt, das Schwert in beiden Händen, auf einer Mähre. Damit jeder weiß, worum es sich handelt, ist auf der oberen Auskragung des Postaments Apok. 6,8 zitiert. In sehr viel größeren Lettern ist auf der darunter eingelassenen Tafel zu lesen: *„Der Tod ist verschlungen in den Sieg. 1. Kor. 15,55. Zur Erinnerung an den Weltkrieg."* Die Größenverhältnisse auf diesem Denkmal müssen besonders beachtet werden. Tod, Krieg, Erde, Dörfer, Hilfesuchende sind nämlich im Vergleich zu Jesus Christus verschwindend klein. Die Waagerechte des Grabes und die Schräge des Grabdeckels werden in diesem Falle durch das Pferd des Todes und sein überdimensionales Schwert ersetzt. Der linke Fuß Jesu ist noch durch die Parierstange verdeckt, während der rechte Fuß mit den Zehen den hinteren Rücken des Gaules berührt. Die Bewegung des Auferstehens wird durch eine leichte Schrägstellung des Körpers nach rechts erreicht, welche wiederum dadurch unterstrichen wird, daß sich das Relief vor einem senkrechten Pfeiler befindet. Jesus hält in seiner Linken die Osterfahne. Diese weht hinter seinem Kopf waagerecht von links nach rechts. Für den Betrachter entsteht der Eindruck, als ob der Kopf Jesu von der oberen Hälfte der Stirn an über diese Horizontale schon hinausgekommen sei.

Was sind nun Krieg, Zerstörung, Leid, Tod, wenn sie neben, vielmehr unter dem auferstehenden Christus so klein sind? Sie sind winzig, fast nichts im Vergleich zu der Tatsache, daß er aufersteht. Der Tod ist besiegt. Jesus, der Auferstehende, segnet den, welcher sich das vergegenwärtigt, zieht den Blick des Betrachters auf sich, lenkt ihn ab vom Krieg und seiner Tragödie und konzentriert ihn auf das Heil, das er an sich selbst erfahren hat und nun verheißt, indem er es darstellt.

Das Kriegsgedächtnismal, wenn es Jesus Christus als den Auferstehenden bildet, will demnach dreierlei: Zum einen ist es heilsgeschichtliche Erinnerung: Jesus ist auferstanden, und das ist mit dem Paulus-Zitat auf dem Postament kommentiert worden. Zum andern macht dieses Denkmal Unsichtbares sichtbar: die Zuwendung des Auferstandenen zum Menschen, der unter den Folgen des Weltkrieges leidet[36]. Zum dritten aber stellt es dar, was Jesus dem Betrachter zu verheißen hat: die Auferstehung von den Toten, die Befreiung von den Mächten, welche sich in Krieg, Leid und Tod austoben.

Geschichtstheologische Perspektive

Letzteres wird noch deutlicher, wenn man sich klarmacht, was es wohl zu besagen hat, daß die Offenbarung des Johannes herangezogen wird, um den 1. Weltkrieg darzustellen. Damit gibt der Künstler diesem Kriege eine geschichtstheologi-

[36] Vgl. Röm. 8, 38 f.

sche Perspektive. Hiernach ist Krieg Ausdruck des Zornes Gottes und gehört zu seinen Gerichten[37]. Aber die Grenze des Zornes Gottes ist in Christo sichtbar geworden[38], in seinem durch die Wunden bezeugten Tod.

So läßt das Relief eine Hoffnung anklingen, die so nur in der Apokalypse zu finden ist, die Erwartung des himmlischen Jerusalem, der Zukunft des Vollkommenen[39], nachdem alle Mächte des Todes und der Sünde vernichtet sein werden. Der Zorn Gottes ist nicht nur an den Gläubigen, sondern auch zeitlich begrenzt[40]. Heilmaier stellt diese Hoffnung nicht isoliert vom Hoffnungsgrund, Christus, dar, indem er etwa das himmlische Jerusalem gestaltet, sondern läßt sie an dem und durch den auferstehenden Christus selber sichtbar werden.

Die Heilmaiersche Arbeit konfrontiert die Auferstehung Jesu Christi so hart mit dem Kriegsgeschehen, daß sie darüber das zentrale Anliegen eines Epitaphs, zur Fürbitte für die Toten anzuregen, zurücktreten läßt. Die Beter auf dem Relief schreien so dringlich, daß man Hilfe für das Ganze der Verhältnisse erwartet, ohne einzig an das Jenseits der Individuen zu denken. Die Tafel auf dem Postament erinnert expressis verbis an den Weltkrieg, nicht aber an die Kriegstoten.

Das hier betrachtete Epitaph macht somit auf eine Tatsache aufmerksam, der sich das kirchliche Bewußtsein auch heute nur schwer und erst nach mehreren sich über Jahrzehnte wiederholenden Impulsen zu öffnen vermag: den Zusammenhang der Verkündigung des ewigen Heils und der Prophetie des Reiches Gottes.

Fatalistischer Nationalismus?

Wie sehr man in die Irre gehen muß, wenn man bei der Interpretation des Epitaphs seine Funktion außer acht läßt, zeigt Siegmar Holsten, der zu völlig entgegengesetzten Ergebnissen kommt. Für ihn wird der Auferstandene *„verklärt durch ein in den Figuren Adams und Evas endigendes mandorlaförmiges Wolkenband."* Bei dem in der Inschrift verheißenen Sieg über den Tod denkt er an den Endsieg der deutschen Truppen. So sind für ihn *„Jenseitsverheißung und religiös verklärte Siegesbeschwörung inhaltlich miteinander verknüpft, so daß die Schrecken des Krieges als notwendiger Preis des Sieges erscheinen."* Er sieht in diesem Denkmal ein Musterbeispiel dafür, *„wie eng sich nationalistische Siegesverherrlichung und bedingungslose Hinnahme der Schrecken berühren können."*[41] Ihm folgend stellt Silke Hausser denn auch fest: *„Ein Kriegergedächtnismal von 1918, das die Kriegsschrecken durch die übergroße Siegergestalt des Christus übertönte, ließ die Schrekken als notwendigen Preis für den Sieg erscheinen, was mit der Inschrift: ‚Der Tod ist verschlungen in den Sieg' unterstrichen wird."*[42]

4. Evangelische Kriegsepitaphien und ihre Problematik

Die Seelenmesse wird in den evangelischen Kirchen seit der Reformation als unbiblisch abgelehnt und ist abgeschafft worden[43].

Die Fürbitte für die Verstorbenen wird in den protestantischen Konfessionen, ebenfalls seit dem 16. Jahrhundert, zumindest problematisiert[44]. Wird in einer evangelischen Kirche ein Bildepitaph angebracht, kann es wohl auch an die Toten erinnern und zur Andacht anregen. Es wird die Einzelnen aber wohl weniger zur Fürbitte für die Toten auffordern als vielmehr der Erbauung der Gläubigen und so dem Trost der Angehörigen dienen wollen.

[37] Apok. 6, 10, 17.
[38] Apok. 5, 9 f.
[39] Vgl. aber auch 2. Kor. 5,1–10; 1. Kor. 15, 42–44.
[40] Apok. 12,12.
[41] Siegmar Holsten, Allegorische Darstellungen, S. 44.
[42] Silke Hausser, Denkmäler für Gefallene des II. Weltkriegs. Tradition und Aktualität, Wissenschaftliche Hausarbeit (Typoskript), 1983, S. 97. (AFD-Archiv, Kassel).
[43] K. Dienst, Art. „Seelenmessen": RRG V, Sp. 1636–37.
[44] H. Urner, Art. „Fürbitte": RRG II, Sp. 1170–72.

In der ev.-luth. St. Blasius Kirche in Münden haben sich z. B. die Adoranten – auch hier sind es Mann und Frau wie in Nürnberg, aber nun eindeutig als die Eltern der Gefallenen anzusprechen, deren Namen auf einer Tafel darunter stehen – in zwei Trauernde verwandelt, in deren Rücken Christus aufersteht. Die Frau kniet zwar, aber nicht anbetend, sondern die Hände über den Knien ringend, während der Mann, in die Ferne starrend, ihr seine Rechte auf die Schulter gelegt hat.

Die Säkularisierung hat ein übriges getan, den Fürbittgedanken im Kriegsgedächtnis zurücktreten zu lassen. Fragwürdig ist in diesem Zusammenhang auch die inschriftlich so manches Mal formulierte Behauptung, daß „die Toten mahnen". Wozu mahnen sie? Zur Fürbitte? Oder zu einem Leben, welches diesseitigen Zwecken dient, wie z. B. einen neuen Krieg zu verhindern oder u. U. im Gegensatz dazu, die von den Gefallenen nicht erreichten Kriegsziele weiter anzusteuern? Haben wir es mancherorts nur noch mit einem säkularisierten Relikt der Fürbitt-Aufforderung zu tun? Die Frage wird besonders in solchen Fällen interessant, in welchen sowohl die evangelische und die katholische Gemeinde als auch die Stadtvertretung sich auf ein gemeinsames Denkmal geeinigt haben[45]. Es wäre denkbar, daß jeder Partner sich bei der Inschrift etwas ganz anderes gedacht oder die Akzente anders gesetzt hätte.[46]

Wie wenig die für das Epitaph dereinst konstituierende Aufforderung zur Fürbitte für den als Adoranten dargestellten Toten mancherorts noch verstanden wird, zeigt die Tatsache, daß man einen betenden Krieger aus der Zeit nach dem 1. Weltkrieg Anfang der fünfziger Jahre hat entfernen und durch den Kopf einer Trauernden ersetzen können[47].

Dergleichen hat u. a. bewirkt, daß die ohnehin fließenden Grenzen zwischen Epitaph und Grabmal sich noch mehr haben verflüchtigen können.

Rudolf Schäfer, Gefallenendenkmal in Stuttgart

Rudolf Schäfer hat 1918 einen Tafelaltar, ein Triptychon, für das Gefallenendenkmal in der Hospitalkirche in Stuttgart gemalt (Abb. 27). Das Mittelbild stellt die Auferstehung Christi dar. Auf dem linken Seitenbild kommen trauernd drei Frauen heran, auf dem rechten sehen wir ein am Verlust des Sohnes tragendes Elternpaar. In beiden Seitenbildern ist die Umgebung der Figuren etwa gleich: ein Spitzbogentor mit dahinter angedeuteter Architektur läßt sich als von außen gesehenes Stadttor interpretieren. Der Weg ist im Vordergrund durch eine symmetrisch zum Mittelbild hin an der unteren Ecke angelegte Blumenrabatte eingeengt. Während die vordere Figur auf beiden Seitenbildern schon draußen ist, bewegt sich rechts der Vater, kommen links die beiden anderen Frauen noch unter dem schmalen Spitzbogen des Tores nach. Die Parallelität der Szenarien ist fast total.

Mit pathetisch ausgebreiteten Armen und gespreizten Händen, den Blick nach oben gerichtet, zwischen Körper und Linnen von Licht umflutet, steigt Jesus, während die ihn umgebenden Leichentuchhüllen abfallen, über den Grabesrand nach vorn, frontal auf den Betrachter des Mittelbildes zu. Den rechten Fuß hat er auf den Sarkophagrand aufgesetzt, mit dem linken stützt er sich nach unten ab. Eine Lichtgloriole aus konzentrischen Kreisen, die etwa in Höhe seines Bauches ihren Mittelpunkt hat, umgibt den Auferstehenden. Im Vordergrund weichen zwei Engel rechts und links zurück. Ihm zugewandt, reißen sie an seinen Tüchern, um ihn von diesen zu befreien. Im Hintergrund sieht man eine Gebirgslandschaft, die bis zu der Stelle zu reichen scheint, an welcher sich das Grab befindet.

Unter dem Mittelbild ist eine Leiste als Basis des Flügelaltarbildes angebracht, auf welcher ein Spruch steht: *„Ich bin der Erste und der Letzte und der Lebendige"*[48]. Die Predella des Flügelaltars ist wiederum ein Triptychon. In der Mitte befindet sich die Darstellung eines Gräberfeldes mit dünnen Holzkreuzen, über welchem der

[45] Vgl. Trauer um die Toten. Gedanken und Vorschläge zum Volkstrauertag, (Sonderdruck aus „Botschaft und Dienst", Oktober-Ausgabe), 1963, S. 18 und Titelbild.

[46] Vgl. z. B. Hausser, Denkmäler, S. 110.

[47] So in Entringen, Kr. Tübingen 1951–53. Vgl. Rieth, Denkmal, S. 20, T 33.

[48] Aus Apok. 1, 17 f. Nach den Zerstörungen des 2. Weltkrieges ist diese Leiste nicht mehr erhalten.

Morgen dämmert. Die beiden Flügel enthalten keine Bilder, sondern Schriftgestaltungen von Worten Jesu Christi: *„Wer an mich glaubt, der hat das ewige Leben"* und *„Ich bin der helle Morgenstern. Ich komme bald"*[49].

Angriff auf die Todeswelt

Eine weitere Verständnishilfe bietet eine Illustrierung desselben Rudolf Schäfer zum Württembergischen Gesangbuch 1925 (Abb. 28)[50]. Auch hier kommt Jesus mit großer Geste, diesmal nicht aus dem Grabe, sondern hinter dem Horizont herauf. Mit der erhobenen Rechten hält er über sich eine mächtig wallende Fahne. Hinter ihm strahlt die Morgensonne auf. Ganz im Vordergrund stehen, mit ihrer Schattenseite dem Betrachter zugewandt, ein paar Grabsteine und -kreuze in einer Friedhofslandschaft[51]. Christus ist auf diesem Bilde als Mann von knapp 30 Jahren mit lang wallendem Haar dargestellt, als Fahnenträger, der einen Sturmangriff anführt. Jetzt verstehen wir auch, was das mächtige Hervorkommen Jesu auf dem Mittelbild des Stuttgarter Triptychons zu bedeuten hat. Auch hier setzt Jesus zum Angriff an, um die vor ihm liegende Welt zu erobern.

Abb. 28 Rudolf Schäfer, Ostern. Illustration zum Württembergischen Gesangbuch 1925.

Was das für eine Welt ist, zeigen auf dem Triptychon die Seitenbilder, auf der Gesangbuchillustration und dem Mittelbild der Predella die Grabsteine und Grabkreuze: eine Welt, in welcher der Tod herrscht und die Totenklage angestimmt wird. Schäfer geht es darum, das Anbrechen jenes Tages darzustellen, der die Hoffnung auf Auferstehung der Toten begründet. Mit der Auferstehung Jesu hat Gott ein Signal für den Kosmos gegeben; Christus ist *„der Erstling geworden unter denen, die da schlafen"*[52]. Er ist der „helle Morgenstern", der über dem nächtlichen Himmel des Stuttgarter Mittelbildes aufstrahlt.

Darum ist es sinnvoll, wenn hinter dem Fahnenträger der Gesangbuchillustration kein Gefolge sichtbar wird. Der Tag ist zwar schon angebrochen, aber noch nicht heraufgekommen. Das schlägt sich auch in den Kontrasten nieder, die man auf dem Triptychon entdecken kann.

Da ist zunächst der Hell-Dunkel-Kontrast. Licht geht vom Leibe Christi aus, während die Trauernden auf beiden Seitenbildern Schatten werfen. Dann der Gegensatz von geschlossener und offener Form: der Kreis um Jesus aus der Lichtgloriole, fortgesetzt durch die Leiber der Engel und das Leinentuch links unten, wird durchbrochen durch den Aufstrebenden, Aufstrahlenden selbst, der seine Hände weit ausgebreitet hat. Während die Trauernden ihre Köpfe hängen lassen, blickt Jesus auf gen Himmel. Schließlich der Kontrast zwischen räumlicher Begrenztheit und Tiefe: Auf beiden Seitenbildern ist der Hintergrund durch eine Mauer abgedeckt, es ist eng hier. Im Gegensatz dazu ist der Raum hinter dem aufstrebenden Jesus in der oberen Hälfte überhaupt nicht begrenzt. Der Enge des Raumes entspricht die Schwere der Textilien, mit denen die Trauernden sich bekleidet haben. Ein Zeichen der Freiheit, ein Symptom des aufbrechenden Lebens ist das Abfallen der Leichentücher vom Leibe Jesu. Schäfer will demnach die Situation der Kriegshinterbliebenen nicht beschönigen. Aber er möchte ihnen ein Bild der Hoffnung malen, indem er ihnen deren Grund, die Auferstehung Christi darstellt.

Hoffnungsgrund

Was will er ihnen also expressis verbis sagen? – Weil Jesus Christus auferstanden ist, besteht Hoffnung auf Auferstehung auch für ihre Söhne, Männer, Väter. Die Welt, so wie sie dem Tode unterworfen ist, wird er verwandeln. Der Tag ist schon angebrochen, welcher ihre Todesnacht beenden wird. Ihr Tod steht unter dem Zeichen seines Sieges.

[49] Joh. 6, 47 und Apok. 22, 16.20.

[50] Vgl. Karl Kühner, Die Gesangbuch-Reform in den Deutschen Landeskirchen und das neue Württembergische Gesangbuch: KK 3 (1926/27), S. 74-77; Abb.: ebd., S. 75.

[51] Kühner findet diese Darstellung wenig geglückt, ebd., S. 76. Sein Urteil bezieht sich vor allen Dingen auf das schwer erträgliche Pathos, welches auch die Qualität des Altarwerkes – siehe dort z. B. die leuchtenden Stigmata! – mindert.

[52] 1. Kor. 15, 20.

Linke Seite:
Abb. 27 Rudolf Schäfer, Christus der Morgenstern (Auferstehung Christi), 1918. Gefallenendenkmal, Hospitalkirche Stuttgart. (Zustand 1986).

Abb. 29 Wilhelm Schiller, Der Auferstandene, 1950. Kriegsgedächtnismal, Kirche Bertholdsdorf/Mfr.

Wilhelm Schiller, Kriegsgedächtnismal in Bertholdsdorf/Mfr.

An der Wand

Schon 1950 meldet die bayrische Zeitschrift „Kirche und Kunst" die Errichtung eines Kriegsgedächtnismales in Bertholdsdorf/Mfr.[53]. An der vom Eingang aus gesehen rechten Wand des Kirchenraumes, zwischen zwei Fenstern nahe der ebenfalls rechts aufgestellten Kanzel hat Wilhelm Schiller über einem Lesepult eine Christusfigur angebracht (Abb. 29). Auf dem Lesepult liegt das Buch mit den Namen der Gefallenen. Rechts und links ragt je ein Leuchter aus der Wand. Die fast vollplastisch ausgeführte Christusfigur beherrscht den Wandteil. Die Entfernung zwischen dem Pult und den Füßen darüber dürfte nicht einmal 40 cm betragen. Christus steht aufrecht vor der Wand. Er hat beide Hände in Achselhöhe zum Segen erhoben. Die durchbohrten Hände sind weit geöffnet. Es brauchte eigentlich gar nicht erst auf dem Pult zu stehen, was er sagt. Dem Bibelkenner wäre es auch ohnehin klar: *„Friede sei mit euch."* Um den Verfasser des bekanntmachenden Artikels zu zitieren: Das Kriegsgedächtnismal ist *„ohne viel eigene Zutat rein und gläubig aus der biblischen Geschichte Joh. 20, 19 u. 20 herausgewachsen...: der verklärte Heiland mit den Wundmalen tritt mit Recht aus der geschlossenen Wand unter die trauernde Gemeinde, genau wie es die biblische Geschichte erzählt."*[54]

Nun, so gänzlich unvermittelt durch die Kunstgeschichte ist die Christusfigur nicht an die Kirchenwand gekommen. Dies geschah in einer Art und Weise, die wir seit der Mitte des 19. Jahrhunderts von der Grabmalskunst her kennen. Wie einst Afinger[55] hat auch Schiller ein Motiv aus der biblischen Geschichte auf die aktive Figur reduziert und die jeweils anderen „Mitspieler" durch die Trauernden ersetzt. Die-

[53] Kriegergedächtnis Bertholdsdorf/Mfr.: Kirche und Kunst (1950), S. 7.
[54] Ebd.
[55] S. o. S. 41 f.

se beklagen nun in beiden Fällen nicht mehr den Tod Jesu Christi, sondern das Abscheiden eines Angehörigen. Bis hierher sind die Parallelen frappant. Doch nun kommt ein wichtiger Unterschied. Während nämlich Afingers Osterengel den Hinterbliebenen die Auferstehung ihrer Angehörigen unterschiebt, kommt bei Schiller Christus selbst als der Auferstandene den Trauernden entgegen. Und was vermittelt er ihnen? Sein Segensgruß entbietet ihnen Frieden, Geborgenheit in seiner Gegenwart, die tröstliche Erkenntnis, daß mit dem Tode noch nicht alles aus ist, die Vergebung der Sünden, den Sieg über den Tod.

Gegenwart Christi in der Gemeinde

Wilhelm Schiller hat mit seiner Christus-Figur einen Aspekt besonders unterstrichen: den der Gegenwart Christi in der Gemeinde. Sein bildnerisches Mittel ist die Anbringung an der Kirchenwand, seitlich innen. Man hat in der Kirche von Bertholdsdorf den Eindruck, Jesus sei gerade durch die Wand gekommen. Die Kirchenwand wird damit unwillkürlich zum Symbol der Verschlossenheit der Gemeinde Christi gegen ihn. Die Darstellung besagt dann aber, daß diese Isolierung der Gemeinde von Gott, sei sie durch Trauer, sei sie durch Schuld, Sorgen oder Verzweiflung entstanden, mühelos durch ihn überwunden werden kann und wird. Man versetze sich nur einmal in die Lage eines trauernden Hinterbliebenen, der sich über das Gefallenenbuch gebeugt hat, um nun wieder, zum wievielten Male wohl, den Namen des Toten zu lesen, und jetzt sich aufrichtet. Die dicht über ihm segnend die Hände geöffnet haltende Christusfigur ist ungemein tröstlich: nichts kann Jesus offensichtlich daran hindern, dem Trauernden nahezukommen und ihm beizustehen. Seine Gegenwart ist unaufhaltsam[56].

Wand als Symbol der Verschlossenheit

Wilhelm Schillers Arbeit ist auch insofern von Bedeutung, als man in der Folge des öfteren versucht hat, die Gegenwart Jesu Christi in der versammelten Gemeinde in einem Kirchenraum bildnerisch zu formulieren.

Mehrfach ist an der Altarwand einer Kirche der unter seinen Jüngern erscheinende Christus dargestellt worden, wie er sie nach oben weist (in der Apostelkirche in Bonn)[57] oder aussendet und segnet (in der Gedächtniskirche Stuttgart)[58] oder ihnen die Wundmale zeigt (in der Auferstehungskirche von Ruit a. F. und in der Erlöserkirche von Oberbruch)[59]. Die Apostel sind besonders deutlich in Stuttgart, Ruit und Oberbruch so zu verstehen, daß sie stellvertretend für die Gemeinde dargestellt sind. In Oberbruch und Ruit sind sie sehr viel kleiner als der auferstanden erscheinende Herr. In der Stuttgarter Gedächtniskirche hat Emil Cimiotti die Jünger zwar Christus untergeordnet und ihn in die Mitte alles beherrschend gestellt, aber sie sind nicht weniger groß als er. Alle Figuren sind jedoch so erschreckend, nämlich fast lebensgroß an der relativ kleinen Altarwand in der auch nicht sonderlich großen Kirche, daß man sich des Eindrucks nicht erwehren kann, die versammelte Gemeinde solle unterschiedslos zu der Gruppe da am Altar gehören, wie sie auf Christus in ihrer Mitte bezogen sein und auf ihn hören. Jesus tritt so ernst und mächtig auf die Gemeinde zu, daß man sich fragen muß, ob hier nicht der Rahmen für eine künstlerische Darstellung einer biblischen Szene in einem Kirchenraum gesprengt sei. Mir erscheint Cimiottis Arbeit in der Stuttgarter Gedächtniskirche als ein magischer Versuch, die Gegenwart Christi in der Gemeinde nicht nur darzustellen, sondern zu konstituieren.

Auf die Dauer konnte man die Darstellung der Gegenwart Christi unter seinen Jüngern, sprich, in seiner Gemeinde! nicht an der Altarwand belassen. Was lag näher, als von der Wand weg und mitten in den Kirchraum zu gehen? In der Nürnberger St. Lorenz Kirche ha-

[56] Im Mausoleum der Familie Meindl in Oberdorfen hat Hermann Wandinger eine Christusfigur aus Bronze geschaffen, die etwa den gleichen, in Joh. 20, 19 ff. beschriebenen Moment zum Ausgang nimmt, auch den Friedensgruß mit ihren Gebärden unterstreicht und ausdrückt, dennoch einen ganz anderen Akzent setzt als Schillers Kriegerdenkmal. Hier wird Christus zum Geheimnis des Todes, Christus kommt den Besuchern entgegen, empfängt die Trauernden am Ruheplatz der Toten und segnet die Lebenden, indem er sie zugleich an seine Auferstehung und die Überwindung der zerstörerischen und von Gott trennenden Aspekte des Todes erinnert. Vgl. Richard Hoffmann, Hermann Wandinger, ein oberbayrischer Bildhauer: DCK 29 (1932/33), S. 253 f.; Abb.: ebd., S. 261.

[57] Abb. im Institut f. Kirchenbau, Marburg, Diapositiv-Kartei Nr. 4119.

[58] Abb. in: Der evangelische Sonntagsbote 26 (1971), Nr. 20/21, Titelblatt.

[59] Abb. im Institut für Kirchenbau, Marburg, Archiv R 22a und H 55.

ben der Architekt Georg Stolz und der Bildhauer Heinz Heiber diesen Schritt mit einem liturgischen Altar und einer Bronzeplastik darauf getan, welche den unter uns befindlichen Herrn darstellt[60].

Peter Poscharsky will 1968 eine Akzentverschiebung im evangelischen Gottesdienst überhaupt beobachtet haben, die sich im Kirchbau manifestiert habe. Nach einer unmittelbar auf den 2. Weltkrieg folgenden Phase der Ausrichtung auf den wiederkommenden Herrn sei eine Zeit der Innewerdung der Gegenwart Jesu Christi in seiner Gemeinde gekommen[61].

An Wilhelm Schillers Arbeit in Bertholdsdorf kann man studieren, wie ein emotionell überzeugendes Werk der bildenden Kunst gleichsam unterirdisch weiterwirkend, immer wieder neue und bessere Formulierungen des zugrunde liegenden Gedankens anregt.

III. Die Kriegsgedächtniskapelle

Wenn von einem Bildepitaph die Anregung zu religiösem Gedenken an die Gefallenen, d. h. zur Fürbitte für ihr Seelenheil, ausgeht, so wird dies noch verstärkt durch eine Kapelle geschehen können, welche dem Gedächtnis der Gefallenen gewidmet ist.

Abb. 30 Karl Blocherer, Kriegers Auszug, 1923. Kriegsgedächtniskapelle Ruhpolding.

Abb. 31 Karl Blocherer, Kriegers Opfertod, 1923. Kriegsgedächtniskapelle Ruhpolding.

In ihr steht, sofern es sich um eine katholische Kapelle handelt, ein Altar[62], zu dem man sich wenden kann. Jährlich werden hier an zwar wenigen, aber bestimmten Tagen Gedenkgottesdienste gehalten, welche zeigen, daß das Anliegen der Einzelnen Sache der Gemeinde ist. Oder es werden Messen gelesen, welche den Hinterbliebenen helfen, sich in ihrer intercessorischen Treue als Glieder einer großen Gemeinschaft, der selig machenden Kirche, zu fühlen[63].

Nicht nur ein einziges Bild, nein, ein ganzes Bildprogramm soll womöglich den Frommen an die Hand nehmen und ihm dazu helfen, seine Gedanken zu ordnen und sein Gebet in Bahnen zu halten, in welchen seine Seele die Tröstungen des Glaubens und neue Kraft erfährt.

Dies sei an folgenden drei Beispielen gezeigt, welchen nicht nur gemeinsam ist, daß sie nach dem 1. Weltkrieg entstanden sind, sondern auch, daß jeweils mehrere bildliche Darstellungen einander ergänzend eine einheitliche Aussage ergeben.

Sodann werden wir eine Gedenkkapelle kennenlernen, die erst nach dem 2. Weltkriege ihre heutige Form erhalten hat. Sie ist u. a. deshalb besonders interessant, weil sie nicht nur Ort des Gedächtnisses gefallener Soldaten, sondern auch hingerichteter Widerstandskämpfer ist. In ihr befindet sich nur ein Bildwerk, dies aber von höchster Aussagekraft.

Karl Blocherer, Kriegsgedächtnis in Ruhpolding

In Ruhpolding hat Willy Erb eine Kriegsgedächtniskapelle geschaffen, die Karl Blocherer mit Bildern und Georg Wallisch mit einer Vollplastik versehen haben[64]. Die Kapelle ist volkstümlich gestaltet worden. Sie steht auf dem Kirchberg. Der Eingang hat ein vorstehendes Giebeldach. Daran hängt, in Holz ausgesägt und bemalt, eine Darstellung des Gnadenstuhls. Neben der Eingangstür sind an der Außenwand *„Kriegers Auszug und Kriegers Opfertod" „mit einer gewissen naiven, aber gerade*

[60] Abb. in: Das Münster 21 (1968), S. 100 f.

[61] Peter Poscharsky, Der evangelische Kirchenbau heute: Das Münster 21 (1968), S. 81–100. – Vgl. hierzu die Beschreibung der katholischen Situation durch Aloys Goergen, Zur Theologie des neuen Kirchenbaus: Das Münster 17 (1964), S. 370–377.

[62] In evangelischen Kapellen kann er fehlen; ja, in Sinn/Dillkreis hat man beim Umbau einer alten Dorfkirche in eine Gedenkkapelle sogar den Altar entfernt.

[63] Vgl. J. Krieg, Art. „Oratorien im Kirchenrecht": Lexikon für Theologie und Kirche, Bd. 7, Freiburg 1935. Sp. 746 f.

[64] Richard Hoffmann, Die Kriegergedächtniskapelle in Ruhpolding: DCK 21 (1924/25), S. 253–259.

Abb. 32 Karl Blocherer, Auferstehung Christi, 1921/22. Kriegsgedächtniskapelle Ruhpolding.

deshalb packenden Keckheit" [65] als Fresken auf die weiße Wand geworfen worden (Abb. 30 u. 31). Auch die Tafel mit den Namen der Gefallenen ist außen zu sehen. Innen, an der Mitte der Rückwand, ist eine lebensgroße Pietà in Holz aufgestellt. Rechts und links an den Seitenwänden sind in ovalen Glasfenstern die Kreuzigung und die Auferstehung Christi gestaltet. Die Kreuzigung zeigt Christus am Kreuz mit hängendem Haupte, links Maria, die Hände vor dem Gesicht, rechts Johannes[66].

Das Auferstehungsbild ist der heimliche Zielpunkt der ganzen Anlage. Christus fährt aus dem Grabe empor, während zwei Soldaten rechts und links zurückweichen (Abb. 32).

Das Kriegsgedächtnis wird hier zum Anlaß, mit Maria zu weinen und sich der Auferstehung zu trösten; das Geschehen des 1. Weltkrieges bleibt außerhalb des Innenraumes.

Was soll nun aber sagen, was wir zu sehen bekommen?

Opfer

Von weitem schon ist der Gnadenstuhl zu erkennen. Hier klingt der Tod als Opfer zum ersten Male an. Gott opfert seinen Sohn der Welt. Dieser wiederum opfert sich dem Vater. Auf dieses Opfermotiv trifft man wieder, wenn man Maria mit dem Leichnam Jesu in der Kapelle sitzen sieht, zumal in der Art, wie sie es tut. Auch in der Kreuzigungsszene des rechten Glasfensters wird es noch einmal sichtbar gemacht. Schließlich heißt eines der beiden Bilder am Außenbau, die sich mit den Soldaten direkt beschäftigen, „des Kriegers Opfertod".

Das Opfer ist das Grundmotiv der ganzen Anlage. Der Kriegstod der Gefallenen wird assoziativ mit dem Opfertode Jesu Christi verknüpft. Das Opfer des Soldaten im Krieg wird umschlossen vom Opfer Christi. Es ist ein Abglanz seines Todes[67].

[65] Ebd., S. 255.

[66] Ebd., S. 258.

[67] Vgl. hierzu die Äußerung S. Staudhamers über die Religion als Grund „aller der Gefühle, welche die wahre Vaterlandsliebe ausmachen", wozu er u. a. auch die „innere Opferwilligkeit" und „Selbstvergessenheit bis zum Tode für die Volksgenossen" zählt: DCK 12 (1915/16), Blg. S. 87; vgl. auch X. Gehrig, Ein Kriegerdenkmal in Berlin-Wilmersdorf: DCK 18 (1921/22), Blg. S. 70.

Wie Jesus Christus, das Opfer selber, aber nun auferstand und zu Gott kam, so werden auch die Kriegsopfer auferstehen, heißt es in dieser Kapelle über die Gefallenen und ihren Weg.

Der Krieger wird auf beiden schon erwähnten Fresken verhältnismäßig jung dargestellt. Bei seinem Auszug (Abb. 30) begleiten ihn seine Frau und zwei Kinder zur Tür hinaus. Mit einer Fahne in der Linken schreitet er, ohne zurückzublicken, und grüßt mit der erhobenen Rechten. Seine Frau mit dem einen Kind auf dem Arm und ein Bub mit einem Spielzeuggewehr über der Schulter schauen ihm versonnen nach. Die Jugendlichkeit des Opfers unterstreicht seine Erbarmungswürdigkeit. Kaum älter geworden, liegt der Krieger dann auf dem zweiten Fresko tot neben einem Stacheldrahtzaun (Abb. 31). Der Stahlhelm ist ihm nach vorn gerollt. Im Hintergrunde sieht man rechts und links ein Dorf sich erstrecken. In der Mitte aber ist Maria mit dem Kinde im Arm auf einer Wolke herabgefahren, Engelsputten ihr zu Häupten. Sie hat die freie Linke ausgestreckt und rührt damit an die rechte Schulter des Gefallenen.

Nach seinem Tode ist er nicht verlassen. Er wird angenommen. So wie Jesus auferstanden ist, so wird auch er den Himmel schauen[68].

Leo Götz, Kriegsgedächtnis in Hof

Leo Götz hat 1925 für die Kriegsgedächtniskapelle der katholischen St. Marienkirche in Hof drei Fenster geschaffen, deren mittleres und größtes die Auferstehung Jesu Christi enthält (Abb. 33)[69].

Jesus kommt aus dem Grabe hervor. Man sieht vorn links eine Ecke des senkrecht stehenden Grabsteins mit zwei Siegeln. Christus schwenkt über seinem Kopf mit der Linken die Kreuzesfahne in den Himmel, welcher durch zwei Sterne dicht über dem Fahnentuch angedeutet ist. Vom Haupte Jesu gehen Strahlen aus, die nach außen spitz zulaufen.

Seine Rechte hat er mit dem für den Auferstandenen seit dem Mittelalter üblichen Gestus der zum Betrachter hin geöffneten durchbohrten Segenshand zur Schulter erhoben. Unter seinen Achseln drängen sich von der Seite her zwei Jünglinge ins Bild, der eine lockig, in zivilem Habit, der andere uniformiert und mit dem Stahlhelm auf dem Kopf. Ein Spruchband auf der linken Seite läßt Jesu sagen: *„Ich bin die Auferstehung und das Leben."*

Spruchbänder zieren auch die anderen beiden Fenster: *„Vater, nicht wie ich will, sondern wie du willst"* begleitet die Gethsemaneszene links. Jesus als Halbfigur, anscheinend kniend, hat die Hände geöffnet. Ein Engel, hinter ihm stehend, hält ihm den Kelch vor Augen. In einem Lichtband, das von oben herab auf Jesus schräg zu-

[68] L. Cuno, Kirchliche Kriegerehrungen: CKb (1919), S. 212 f.: „Der christliche Soldat stirbt den Heldentod auch in Übung christlicher Tugenden: aus Liebe zur Heimat, zu Weib und Kind, zum Kameraden, aus Pflichtbewußtsein, weil er seinen Fahneneid unter keinen Umständen brechen will, für ‚König und Vaterland', weil Gott verlangt, daß wir der rechtmäßigen Obrigkeit in Not und Gefahr beistehen. Nach christkatholischem Glauben leben die Seelen der in Gott verstorbenen Krieger im Jenseits fort als Glieder der leidenden und triumphierenden Kirche... Eine Auferstehungsgrotte zu Ehren der Gefallenen würde ... den lindernden Balsam übernatürlichen Trostes in die schmerzzerrissenen Herzen der Angehörigen gießen, und würden so die teuren Toten durch die ihren Lieben erwiesene Fürsorge geehrt werden."

[69] Unter den Fenstern befindet sich der Altar mit einer plastisch gearbeiteten Grablegung Christi von Vierlinger unter der Tischplatte. Rechts und links neben dem Altarkreuz stehen die Namen der Gefallenen. Drei Wandfresken sind übermalt worden. Sie zeigten „Des Pilgers Abschied", „Auf dem Schlachtfeld", „Sterbender Krieger" (Auskunft des Mesners). Die Analyse beschränkt sich auf die drei Glasfenster; wie die Fresken – kontrastierend oder verstärkend – zu ihnen „gepaßt" haben, kann leider nicht erörtert werden.

Abb. 33 Leo Götz, Christi Auferstehung, 1925. Kriegsgedächtniskapelle, Marienkirche Hof.

läuft, sieht man ein Kreuz. – Im Fenster rechts hält Maria ihren Sohn. Ein Dolch zeigt senkrecht herab auf ihr Haupt. Sechs weitere Lanzen- oder Schwertspitzen zeigen von oben schräg auf sie[70]. Um den Dolch windet sich der Spruch: *„Sehet, ob ein Schmerz ist gleich meinem Schmerze."* Auch hier ist Jesus als Halbfigur gegeben. Nur im Mittelfenster kann man ihn bis zu den Knien sehen.

Ergebung

In den beiden seitlichen Fenstern wird dem Betrachter gesagt: es gibt sinnvolles Leiden und Sterben. Gott kann wollen, daß einer leidet und stirbt, gewaltsam umkommt, fällt. Jesus ist so umgekommen. Der Hinterbliebene soll sich in den Willen Gottes schicken, der dem Angehörigen den Kriegstod beschlossen hat. – Der Hinterbliebene soll sich mit dem Jesus der Gethsemaneszene identifizieren. Er soll mit ihm sagen: Vater, nicht wie ich will, sondern wie du willst.

Das Vesperbild unterstreicht die Aufforderung, sich in den Willen Gottes zu fügen, mit dem Hinweis darauf, daß auch die Gottesmutter gelitten habe. Auf diesem Bild soll sich der trostbedürftige Hinterbliebene mit Maria identifizieren. Der Trauernde erfährt hiervor, daß sein Leid als das Äußerste anerkannt wird. Das dürfte besonders für die Mütter gelten.

Fragt man sich, worauf der Blick des Betrachters auf den beiden seitlichen Fenstern zuerst und hauptsächlich gezogen wird, so wird man sich bewußt werden, daß es links Jesus ist, rechts aber das vom Nimbus umgebene Haupt der Maria. In ihnen soll sich der Betrachter auch finden. Wie Jesus selber sein Todesschicksal als von Gott gewollt angenommen und Maria ihr *„Fiat"* gesprochen hat (Luk. 1, 38), so soll den Trauernden die Versenkung in diesen Weg getrost machen.

[70] Die sieben Waffenspitzen versinnbildlichen die sieben Schmerzen Mariae.

Verbindung von Himmel und Erde

Dies um so mehr, als auf dem Mittelbild Jesus aufersteht und die Hoffnung für die Gefallenen und deren Angehörige verkörpert. Er verbindet, aus dem Grabe kommend und die Kreuzfahne zwischen den Sternen schwenkend, Himmel und Erde, und zwar durch nichts anderes als durch sich selbst: Ich b i n die Auferstehung und das Leben.

Besonders, wenn man mit dem Alten Testament den Tod als eine in das Leben hereinragende Macht versteht, die sich u. a. auch in dem Betroffensein vom Tode eines geliebten Menschen auswirken kann, – siehe die Schwert- oder Lanzenspitzen, welche sich gegen die trauernde Mutter Maria gewendet haben! – wird das auch für den Betrachter selber relevant. Für ihn bedeutet der Tod des Angehörigen das Hereinbrechen des Todes in sein eigenes Leben. Und damit ist verbunden das Erlebnis der Gottesferne, das Gefühl des Ausgeliefert- und Verlorenseins an die Mächte des Todes. Auferstehung und Leben ist dagegen dann erst einmal und vor allem anderen die Wiederherstellung der Verbindung mit Gott, die er selber schafft[71]. Hier ordnet sich dann auch das Vernichtende zum Licht, die Schwertspitzen werden zum Strahlenkranz, Tödliches und Vernichtendes verwandelt sich in Lebenspendendes.

Gottesbeziehung in Leid und Tod

So zieht sich eine einheitliche Konzeption durch die drei Glasfenster der Kriegsgedächtniskapelle in Hof. Götz geht es um die Gottesbeziehung angesichts von Leid und Tod. Er stellt dar, wie sie sich äußert, das Leid annehmend, es ertragend im Ja zu Gott, hervorkommend und aufstrahlend, Auferstehung und Leben bezeugend.

Gebhard Utinger, Kriegsgedächtnis in Brieg/Schlesien

Krieg ist Gottlosigkeit

Von gnostischen Gedanken inspiriert scheint ein Freskenzyklus von Gebhard Utinger in der Gedächtniskapelle der Nikolaikirche in Brieg zu sein. Der Künstler versucht, *„den Krieg in das gesamte Geschehen des menschlichen Lebens hineinzustellen"*, schreibt Heinrich Roediger als Rezensent[72]. Utinger läßt den Krieg überhaupt nur einmal auf den vier Fresken vorkommen. Und dort ist er auch nur ein besonders krasses Darstellungsmittel für eine Station der menschlichen Seele.

Auf dem ersten Bilde fallen die Kinder vom Himmel. Eines von ihnen liegt vor seiner Mutter, die es gerade geboren hat, im Grase. Auf dem zweiten, für uns besonders wichtigen Fresko liegen tote und sterbende Soldaten durcheinander auf einem Schlachtfeld (Abb. 34). Hier sehe man das *„menschliche Erdenschicksal in Gestalt des erschütterndsten und furchtbarsten, was einem Menschen oder Volke auferlegt werden kann, nämlich in Gestalt des Kampfes um Dasein und Behauptung im Krieg mit anderen Völkern"*[73]. Über den Soldaten, sie segnend, schwebt Christus, gehalten von Licht. Man erkennt seine Nägelmale und die Seitenwunde. Das dritte Fresko zeigt *„die Erleuchtung des menschlichen Daseins durch das Göttliche"*[74]. Christus als Zentrum der Welt strahlt Licht zu allen Menschen aus. Das vierte Bild stellt schließlich die Rückkehr der Seelen in das Geistige bzw. ins Licht dar.

Auf dem zweiten Bild ist die im Lichte schwebende Gestalt durch die Stigmata als der Auferstandene gekennzeichnet. Mit seinen Füßen dicht über den Gefallenen, hat er seine Arme nach unten zu ihnen hin ausgebreitet. Einige streckten ihre Hände

[71] Vgl. Christoph Barth, Die Errettung vom Tode in den individuellen Klage- und Dankliedern des Alten Testamentes, Zollikon 1947, S. 67–76, 146–151.

[72] Heinrich Roediger, Neue religiöse Kunst im Osten des Reiches: DCK 30 (1933/34), S. 257-267; vgl. Ernst Günther, Gebhard Utingers Gefallenenehrung der evangelischen Kirchengemeinde in Brieg: KK 3 (1926/27), S. 40-42, 58-59.

[73] Roediger, Neue religiöse Kunst, S. 258.

[74] Ebd., S. 260.

[75] Vgl. Alfons Rosenberg, Die Kreuzmeditation: Wilhelm Bitter (Hg.), Meditation in Religion und Psychotherapie, Stuttgart 1958, S. 35-50.

Abb. 34 Gebhard Utinger, Christus über dem Schlachtfeld, um 1924. Kriegsgedächtniskapelle, Nikolaikirche Brieg/Schlesien.

nach ihm aus. Einer hält ihm sein Gesicht entgegen. Aber sie sind wie meilenweit von ihm entfernt. Das macht der Kontrast. Sie liegen in ihrem Blut. Einer ist mit seinem Pferd gestürzt; beide verbluten nun, andere sind schon tot; sie alle liegen wie hingekippt oder ausgegossen, eine farbige, brodelnde Masse. Den ganzen oberen Teil des Gewölbefreskos füllt gelbes Licht, aus der Spitze herabstrahlend, konzentrisch in Halbkreisen von oben nach unten sich ergießend, allmählich sich in Wolkendunst mischend und in Jesus Christus sich verdichtend. Dieses Bild lebt vom Kontrast aus Licht und farbiger, dunkler, sterbender Masse, aus Geist und Materie also. Das Pferd ist völlig Materie, die Menschen sind differenziert dargestellt, teils Materie, teils Geist, einige haben die Hände zum Licht emporgehoben. Christus aber ist die Verkörperung des Geistes. Durch ihn hindurch gehen die Strahlen, welche aus dem Zenit des Alls herabkommen.

Dazu stimmt auch folgende Beobachtung: mit den erst an den Hüften seitlich ausgebreiteten Unterarmen bildet seine Gestalt ein Kreuz, wobei aber die Senkrechte stark betont ist, während die Waagerechte dünn und kurz und zu tief angesetzt wirkt. Nicht also der Zyklus der Bilder nur, sondern auch das einzelne ist der Versuchung des spiritualistischen Dualismus von Geist und Materie erlegen[75].

CHENK
VON
NBERG
1944
SCHENK
VON
NBERG
ST 1944

Immerhin ist der Versuch bemerkenswert, das Kriegsgeschehen kritisch zu verstehen. Dem Bilderzyklus zufolge ist der Krieg das Äußerste an Abfall des Menschen, der Tiefpunkt seiner Entfernung vom göttlichen Ursprung schlechthin. Aber selbst hier ist der Mensch nicht von Gott verlassen, Christus erscheint ihm, zeigt ihm seine Wunden, die Zeichen seines Opfertodes für ihn.

Den am weitesten von Gott Entfernten begegnet die göttliche Liebe, die ins Leben gerufen und Freiheit gegeben hat und nun vergeben, erleuchten und heimbringen will.

Gerhard Marcks, Gedächtnis in Lautlingen

Von Gerhard Marcks stammt der Gesamtentwurf für die Neugestaltung einer kleinen Rundkapelle in Lautlingen, Kr. Balingen, in der es darum ging, für das Gedächtnis sowohl der Gefallenen als auch der hier beheimateten und begrabenen Widerstandskämpfer, der Grafen von Stauffenberg, einen Ort zu schaffen. Die Kapelle war schon seit dem 1. Weltkrieg Gedenkstätte für die Gefallenen gewesen. So lag es nahe, auch die Namen der Kriegsopfer des nächsten Weltkrieges an ihren Wänden aufzunehmen[76].

Grafen von Stauffenberg

Dem Eingangstor gegenüber steht ein Altar mit zwei Leuchtern darauf. Darüber ist die Bronzefigur des Auferstandenen an der Wand angebracht (Abb. 35). Links von ihm, etwa in Augenhöhe, die Namen der beiden Brüder von Stauffenberg, rechts ein Spruch: *„Sie widerstanden den Feinden ihres Volkes und gaben ihr Leben, damit Gottes Gesetz nicht vertilgt würde"*, 1. Makk. 14,19. Größe und Anordnung der beiden Schrifttafeln weisen den Betrachter darauf hin, daß sie zusammen gehören. Die Inschrift gibt eine Sinndeutung des Todes der Widerstandskämpfer. Rechts und links der zentralen Einrichtung des Raumes sind dann die Namen der Gefallenen und Vermißten der beiden Weltkriege auch noch zu finden. Sie sind halb so groß geschrieben wie die der beiden Grafen.

Die Verbindung von Kriegerdenkmal und Widerstandskämpfergedenkstätte ist nicht voll gelungen. Der Besucher der Kapelle muß in dieser Anordnung eine unterschiedliche Wertung des Todesopfers der Gefallenen und der Widerstandskämpfer entdecken. Dies kann von Hinterbliebenen der Gefallenen als taktlos empfunden werden.

Macht der Liebe

Daß die hier auftretende Spannung nicht zu stark zum Tragen kommt, liegt an der Christusfigur von Gerhard Marcks. Sie ist so angebracht, daß die Füße der Rückwand näher sind als der Oberkörper. Die ganze Figur ist also nicht nur schräg nach links, sondern auch nach vorn geneigt. Dies bewirkt, daß der Auferstandene dem Betrachter entgegenzukommen scheint, mit offenen Armen, mit zum Segen ausgebreiteten stigmatisierten Händen. Die Gewandbehandlung mit ihrer von oben links nach unten rechts verlaufenden Schraffur und der indirekten Verbreiterung und Hervorkehrung des Körpers wirkt einfach und kostbar zugleich. Der Faltenwurf ist auf ein Minimum beschränkt.

Dieser auferstandene Christus gehört in seiner Stille und Schönheit zum Besten, was in dieser Arbeit beschrieben werden kann. Seine Aussage ist Zuspruch seines Todes an die Herzutretenden. Aus seinem Tode hervorkommend, segnet er sie. Das „pro vobis" hat in ihm überzeugende Gestalt gefunden. Wie er da auferstehend, dem trauernden Hinterbliebenen und dem an der inneren und äußeren Zerrissenheit unseres Volkes Leidenden entgegenkommend, zugeneigt ist, wird an ihm ein Umfangendes, Einendes, eine zugleich liebende und siegreiche Macht spürbar.

Abb. 35 Gerhard Marcks, Der Auferstandene, 1957. Gedächtniskapelle Lautlingen, Kr. Balingen.

[76] Vgl. Rieth, Denkmal, S. 28, 39 f., T. 100-102.

IV. Der Gedenkraum auf dem Soldatenfriedhof

Auf den Soldatenfriedhöfen, welche der Volksbund Deutsche Kriegsgräberfürsorge nach dem 2. Weltkrieg geschaffen hat, befinden sich gewöhnlich auch Bauwerke. Fast immer gehört ein Raum dazu, in welchem sich eine Gräberliste und ein Gästebuch befinden. Dieser Raum hat gewöhnlich nur drei Wände und ist zum Friedhofsgelände hin offen. Zuweilen kommt man durch ihn auf den Friedhof. Dann ist er Gedenkraum und Eingangshalle zugleich.

In Solers und auch in Ploudaniel – Lesneven[77] ist solch eine Halle an der Außenwand mit einem Betonglasfenster versehen. Kommt man vom Friedhofsgelände mit seinen Gräberfeldern zurück, um wieder heimzukehren, wird man so geführt, daß man auf den offenen Raum mit dem Fenster darin zugeht. Das Gebilde aus Glas sieht man also schon von weitem. Je mehr man die Gräberfelder verläßt, desto größer wird es, bis man in den Raum eintritt, den es mit seinem Licht erfüllt. Und was erblickt man in dem Fenster?: Auferstehung, die Auferstehung Christi in Solers, in Ploudaniel – Lesneven die Auferstehung der Toten. Erst nachdem man bis auf zwei oder drei Meter an das Fenster herangeschritten ist, kann man durch eine Tür an der Seitenwand hinaus auf die Straße gehen.

Ein so gestalteter Raum hat eigentlich mehr den Charakter einer Aussegnungs- und Aussendungshalle für die Trauernden als den eines Eingangsraumes, weil beim Eintritt von außen das Fenster noch gar nicht zur Wirkung kommen kann.

Da er primär die Funktion eines Gedenkraumes zu erfüllen hat, liegt es nahe, in ihm eine säkularisierte Form einer Gedenkkapelle zu sehen, zumal, wenn er den in ihm Weilenden so tröstlichem Zuspruch wie dem eines Auferstehungsfensters anheimgeben kann.

Claus Wallner, Kriegsgedächtnis in Solers

Auf dem Soldatenfriedhof in Solers, südöstlich von Paris, hat der Volksbund Deutsche Kriegsgräberfürsorge in der Eingangshalle von Claus Wallner im Jahre 1962 ein Betonglasfenster schaffen lassen (Abb. 36), auf welchem über dem aufgesprungenen Grabe Christi das Christusmonogramm steht. Rechts vom Grabe liegen zwei Wächter, links einer.

Die Verbindung des Christusmonogramms mit den Wachsoldaten ist uralt. Wir finden sie schon auf dem Passionssarkophag des Lateranmuseums[78].

Die Darstellung zeigt den Himmelsadler, der rechts und links von Sol und Luna umgeben, den Siegeskranz mit dem Christusmonogramm darin im Schnabel hält. Darunter ein Kreuz, auf dessen Seitenbalken zwei Vögel stehen, welche sich nach dem Kranze über ihnen ausstrecken. Unter dem Kreuz sitzen zwei Wächter, von denen der eine schläft, während der andere zu erwachen scheint. Das Relief auf dem Passionssarkophag ist ruhig, still. Es repräsentiert.

Dynamisches Kraftzentrum

Ganz anders geht es auf dem Betonglasfenster zu. Das genau in der Mittelachse liegende Christusmonogramm ist ein dynamisches Kraftzentrum, eine Sonne. Zwischen den einzelnen Bestandteilen der Buchstabenkombination gehen von deren Schnittpunkt lückenlos Radien aus, die zusammen mit dem Monogramm einen Kreis bilden. Von dessen Rand leuchten nun wiederum Strahlen nach unten, welche bis zum Rande des offenen Grabes reichen. Da das Grab links der Mittelachse liegt, und sich die Strahlen daher auch mehr nach links als nach rechts richten, ist das dynamische Element noch verstärkt. Es erweckt den Eindruck, als sei das monogram-

[77] S. o. S. 67 f.

[78] Abb. in: Schrade; Auferstehung, Tafel 1, Abb. 1; vgl. ebd., S. 11-27.

Abb. 36 Claus Wallner, Auferstehung Christi, 1962. Eingangsraum zum deutschen Soldatenfriedhof, Solers (bei Paris).

matische Gebilde gerade aus dem Grabe aufgefahren. Jetzt steht es mächtig über der Szene, mit gleißendem Licht den Blick des Betrachters auf sich ziehend.

Der Sarkophag hat auf diesem Betonglasfenster zwei Deckel, zu beiden Seiten kippen sie weg. Auch das wirkt dynamisierend[79].

Der ganzen Auffassung der Szene entsprechen auch die drei schlafenden Soldaten. Sie sind vornübergefallen, dem Ostergeschehen abgewandt. Man sieht ihnen an, besonders dem unteren rechten, daß sie nicht einfach ausruhen, sondern in den Schlaf gefällt worden, gestürzt sind.

Die den Sarg sprengende Wucht, die starke Leuchtkraft, mit welcher das Christusmonogramm sich darstellt, kann nicht ohne Wirkung auf den Betrachter bleiben. Selbst wenn er das Ganze nicht als halb symbolische, halb figurale Auferstehungsdarstellung entziffern kann, bleibt die aufgefahrene, strahlende Herrlichkeit des rätselhaften Zeichens über dem offenen Grabe. Es verheißt Sieg und vermittelt Hoffnung.

Vergleicht man das Betonglasfenster mit dem Relief auf dem Passionssarkophag, muß man erkennen, daß das Christusmonogramm in Solers seine Dynamik auch braucht. Auf dem Relief nämlich ist der Sieg Christi viel eindeutiger gesichert: der Himmelsadler selber garantiert ihn. Und die Soldaten des Konstantin repräsentieren dessen erst kürzlich erworbene politische Macht.
Auf dem Betonglasfenster jedoch hat Christus sich selber durchzusetzen, um zur alles beherrschenden Sonne zu werden, die der Tod in seinem finsteren Reich nicht zu halten vermag.

[79] Das ist m. W. die erste Darstellung der Auferstehung Christi, auf welcher zwei Sargdeckel oder -deckelteile vorkommen.

Abb. 37 Hermann Pohl, Hochkreuz und Engel, 1959. Gefallenengedenkstätte, Friedhof Treysa.

V. Das Gräberfeldmal

1. Das Hochkreuz als Symbol des Auferstandenen

Hermann Pohl, Gedenkstätte in Treysa

Hermann Pohl, Bildhauer in Kassel, hat in Treysa eine Gedenkstätte gestaltet (Abb. 37): An einer Treppe weist kniend ein Engel über und hinter sich. Er ist als Relief aus einem Steinblock herausgehauen. Unter seinem linken Flügel ist das Signum des Volksbundes Deutsche Kriegsgräberfürsorge, des Auftraggebers der Anlage, zu sehen.

Worauf verweist der Engel? Die Stufen der Treppe führen auf einen Weg, welcher zu einem freistehenden Pfeiler hinläuft. Dieser Pfeiler ist aus Quadern gebaut. Er trägt einen mächtigen queraufgelegten Stein und läuft darüber noch kurz aus. Man kann von einem Hochkreuz sprechen. Im Schnittpunkt der beiden „Balken" befindet sich das Christusmonogramm.

Das Hochkreuz Pohls hat in etwa die Gestalt der vom Volksbund Deutsche Kriegsgräberfürsorge gesetzten Steinkreuze auf dem Gräberfeld rechts und links vom Wege. Auf diesen Kreuzen stehen im Schnittpunkt der Kreuzesbalken die jeweiligen Namen der Gefallenen. Das Hochkreuz überragt bei weitem die Grabkreuze. Durch seine gedrungene Wucht ist es der deutlich beherrschende Mittelpunkt der Anlage.

Auf dem Kreuz selbst erfährt der Querbalken eine klare Hervorhebung dadurch, daß er aus einem einzigen Stein ist, etwas vorsteht und das Christusmonogramm trägt.

Der Kreuzesstamm trägt unten ringsherum die Namen der Gefallenen und Vermißten des Ortes aus beiden Weltkriegen, eine Totenklage mit Zitaten aus Hiob 14 und eine Widmung, aus der u. a. hervorgeht, daß auch die Initiatoren den Mittelpunkt der Anlage als Kreuz gewollt haben.

Pohl hat intensiv über den Sinn der Grabmalkunst reflektiert, zumal er selber eine große Anzahl von Grabmälern geschaffen hat. Er ist der *„Philosophie und Theologie unserer Zeit"* gram; sie befassen sich nach seiner Meinung zu ausschließlich mit der Existenz des Menschen und seinen Beziehungen zum Mitmenschen[80]. Führungslos allein gelassen seien die Menschen mit ihrem ins Unbewußte abgedrängten Wissen von der *„überdauernden Existenz des Toten"*[81]. Das Grab werde immer noch zu einem Beet, einem kleinen Garten, *„Abbild des Paradiesgärtleins"* geformt, in welches dann als Zeichen der Lebendigkeit der Toten das Grabmal gestellt werde. *„Hier haben wir das Selbstverständnis des Menschen vor Augen, wie es sich von frühen steinzeitlichen Funden bis heute äußert"*[82]. Diese *„tief eingewurzelte Überzeugung"*[83] habe der Grabmalskünstler Gestalt werden zu lassen. Dabei dienen ihm Materialien wie Holz, Stein oder Metall und die überkommenen Symbole, die aber, wie er fürchtet, stumm bleiben müssen, *„wenn durch Überbewertung des Rationalen der Sinn für sie verschlossen ist"*[84].

Er sagt über das Kreuz: *„Der senkrechte Stab ist Leben, der waagerechte Tod, das Leben durchstößt den Tod. Der stehende Mensch mit ausgebreiteten Armen bildet ein Kreuz. So sagt das Kreuz ebenso wie die aufrechtstehende Stele: 'Leben'. Sie gleichen der aufrechtstehenden Gestalt des Menschen."* Und nun kommt der Satz, auf welchen die Überlegungen Pohls hinzielen: *„Erscheint uns der Tote doch nicht als erstarrter Körper, sondern als lebendiges Bild"*[85].

Für Pohl sind demnach Kreuze und Grabmäler Symbole der Befindlichkeit des Menschen nach dem Tode, im Paradies.

Was aber ist für ihn ein Symbol? Auch er hat, wie einst Luther, nicht zwischen dem Zeichen und dem Bezeichneten unterscheiden wollen, als ich ihn danach gefragt habe. Das Grabmal i s t für ihn der Tote.

Das Mal in Treysa ist Repräsentation des auferstandenen, lebendigen Herrn Jesus Christus. Dazu paßt denn auch das Monogramm Christi auf dem Schnittpunkt der Kreuzesbalken. In dem von mir schon herangezogenen Kapitel über die Sinnbildlichkeit des Kreuzes[86] läßt sich Hubert Schrade über den Zusammenhang von Kreuz und Christusmonogramm[87] aus und spricht von einer im Frühmittelalter angenommenen *„tatsächlichen Gegenwart des Auferstandenen durch Kreuz und Namen"*[88].

Der Lebendige unter den Lebenden

Wenn wir uns erinnern, daß das Hochkreuz Pohls in etwa die Gestalt der rechts und links davon stehenden Grabkreuze aufnimmt, die ja auch Namen tragen, die Namen der Gefallenen, so entnehmen wir der ganzen Anlage eine einheitliche Aussage.

Kniend nur vermag der Engel – ist es der Osterengel? – auf das Geheimnis hinzuweisen. Keusch sieht er nicht hin – es geht ihm ähnlich wie Mose, als Gott ihm seine Gegenwart offenbart hat –: die Stätte der Kriegstoten ist ein Ort Lebender; der Herr und Garant ihres Lebens aber ist Jesus Christus, mitten unter und über ihnen, auch hier gegenwärtig.

[80] Hermann Pohl, Grabmalsgespräch: Die Auslese (1973), IV/E, S. 1-6; hier: S. 2.
[81] Ebd., S. 2.
[82] Ebd.
[83] Ebd.
[84] Ebd.
[85] Ebd., S. 2-4.
[86] Schrade, Auferstehung, S. 11-27.
[87] Ebd., S. 24-26.
[88] Ebd., S. 26. – Vgl. Hans Bietenhard, Art. Onoma, onomazein ktl.: ThWNT, Bd. V (1954), S. 242-283.
[89] L. Pfaffendorf, Südbelgische Kriegerfriedhöfe. Eingeleitet von Paul Clemen, Berlin 1927, S. 24, 27, 34, 49, 59, 62, 64.

2. Das Hochkreuz auf dem Gräberfeld

Das Hochkreuz inmitten eines Gräberfeldes über den bedeutend kleineren kreuzförmigen Grabmalen Gefallener ist seit dem 1. Weltkrieg ein bei den Deutschen beliebtes Symbol.

Schon auf den in Südbelgien für die 1914 gefallenen Soldaten während des 1. Weltkrieges angelegten Friedhöfen findet es sich mehrmals[89].

Auch das Zeichen des Volksbundes Deutsche Kriegsgräberfürsorge mit seinen fünf Kreuzen in drei verschiedenen Höhen muß in diesem Zusammenhang gesehen werden. Ein Vorbild hat es im Grenadiergrab von Grabowiec in der Wojewodschaft Lublin[90]. Auf einem rechteckigen, pyramidenstumpfförmig schräg nach unten auslaufenden Hügel stehen neun schlanke Holzkreuze in drei verschiedenen Höhen und schauen in alle Himmelsrichtungen. Angelegt wurde dieses Ehrenmal von dem damaligen Gräberoffizier und späteren Bundesführer des Volksbundes Deutsche Kriegsgräberfürsorge. Weitere Versuche, die Bildidee des Hochkreuzes mit anderen kleineren Kreuzen zusammen künstlerisch zu thematisieren, haben Roland Martin mit seinem KZ-Opfermal bei Spaichlingen, Kr. Tuttlingen[91], und Fritz Kühn[92] unternommen.

Was hat das Hochkreuz inmitten eines Gräberfeldes zu bedeuten?

Hans Gstettner hat während des Dritten Reiches auf den Gegensatz von Einzelgrab und „Kameradengrab" abgehoben. Das Kameradengrab drücke den *„Grundgedanken des großen deutschen Geschehens der Gegenwart"* aus: *„daß der einzelne nichts und das Volk alles ist ... Vom Hochkreuz und der Stele, welche den offenen Ehrenraum um das Gemeinschaftsgrab zunächst kennzeichnen"*, sei man im Volksbund Deutsche Kriegsgräberfürsorge zum geschlossenen Weiheraum und zum Ehrenmal übergegangen. Im Weiheraum habe man gerne ein großes Grabmal partem pro toto geschaffen und an den Wänden ringsherum die Namen der Gefallenen innen angebracht, deren Gräber draußen im Freien liegen. Immer mehr sei man von einer *„Häufung von Kreuzen"* abgekommen, weil sie *„keinen anderen Eindruck erweckt hätte als den eines Friedhofs"*. In Nazareth, Bitolj und Quero habe man die *„Grabfläche durch Kreuzgruppen aufgeteilt, die nichts anderes als militärische Einheiten symbolisieren."* Gstettner fährt fort: *„Fünfer- bzw. Siebenergruppen, in der Mitte überragt von ihrem „Anführer", einem höheren Kreuz, stehen auf den Totenfeldern von Consenvoye und Origny St. Benoit hintereinander gestaffelt und ausgerichtet, ein stummer Heeresverband, der zur Parade angetreten ist."*

Ihm ist bewußt, daß das ein Versuch einer *„neuen Sinngebung des christlichen Grabzeichens überhaupt"* ist[93]. Damit gibt er uns einen Hinweis darauf, daß das Gräberfeld mit dem Hochkreuz über den vielen kleineren Kreuzen der Gefallenen eine christliche Aussage ist und geistig zum Friedhof gehört.

Um das zu verstehen, muß man sich daran erinnern, daß der Friedhof während des Mittelalters ein Kirchhof gewesen ist. Seine Umfriedung schloß in seiner Mitte die Kirche mit ein. In ihr aber war, in vorreformatorischer Zeit sogar nach offizieller kirchlicher, allerseits anerkannter Lehre Gott in den Abendmahlselementen anwesend gewesen.

Durch die Bevölkerungszunahme war die Verlegung der Friedhöfe an den Ortsrand erzwungen worden. Dort fehlte die Kirche als Ort der Gegenwart Gottes. Um so wichtiger mußte nun das Hochkreuz werden, das es auch schon früher auf den Kirchhöfen gegeben hatte. Meistens ohne Kruzifix, oft aber mit dem Christusmono-

[90] Abb. in: Sammlung Fritz Müller, Archiv des Volksbundes Deutsche Kriegsgräberfürsorge, Bundesgeschäftsstelle Kassel.

[91] Abb. in: Rieth, Denkmal, Tafel 114. Vgl. ebd., S. 29.

[92] Das Modell zu einer 11 m hohen Kreuzplastik aus Stahl ist in KK (1964), S. 171 abgebildet.

[93] Hans Gstettner, Deutsche Soldatenmale. Zum Werk des Volksbundes Deutsche Kriegsgräberfürsorge e. V. Berlin: Deutsche Soldatenmale. Erbaut vom Volksbund Deutsche Kriegsgräberfürsorge e. V., Berlin o. J. (während des 2. Weltkrieges), S. 14.

gramm, wurde es zum Symbol der Gegenwart Christi unter den Toten[94]. Das Hochkreuz ist nun einmal, wie noch weiter dargelegt werden wird[95], das Zeichen des auferstandenen Christus, des Lebenden und Gegenwärtigen selbst, dessen der tot war und lebt und die Schlüssel der Hölle und des Todes hat und deshalb gebieten kann: *„Fürchte dich nicht!"* (Apok. 1, 17 f.)

Symbol der Gegenwart Christi unter den Toten

Das Hochkreuz inmitten des Gräberfeldes Gefallener aufzustellen, entspricht anscheinend einem besonders dringlichen Bedürfnis, weil die Tragik eines so jähen Todes, wie es der Kriegstod nun einmal ist, mehr als sonst nach Trost Ausschau zu halten zwingt[96].

Die Trostfunktion dieser Hochkreuze wird auch aus einer Beobachtung evident, die Siegfried Seeger gemacht hat. Nach dem Krieg 1870/71 kam das Hochkreuz auf deutschen Gefallenenfriedhöfen oder Kriegerdenkmälern ganz selten, mehr jedoch in Frankreich vor. Einen Umschwung bringt für die Deutschen der 1. Weltkrieg: nach 1918 und mehr noch nach 1945 wird es bei ihnen um so häufiger gewählt. Aus diesem Tatbestand schließt er, *„daß man sich vor allem nach verlorenen Kriegen für diese Denkmalsform entscheidet"*[97].

In manchen Kirchen und Kapellen überragt ein hohes lateinisches Kreuz, bisweilen mit dem Christusmonogramm, die Namenslisten der Gefallenen[98]. Die Aussage dieser Kreuze dürfte die gleiche sein, wie die der Hochkreuze auf dem Gräberfeld.

3. Die Plastik auf dem Gräberfeld

Das Bedürfnis, ein Kriegsgräberfeld oder einen ganzen Soldatenfriedhof unter einem Zeichen zusammenzufassen und so die Einheit der Anlage zu unterstreichen, ja, gar erst eigentlich zu schaffen oder zu vollenden, hat sich während des 1. Weltkrieges früh geäußert. Schon 1915 kommt ein Vorschlag von evangelischer Seite, ein großes Kreuz oder den auferstandenen Herrn als Vollplastik aufzustellen[99].

Was man sinnbildlich auf dem Friedhof darstellen kann, das möchte man auch figürlich versuchen. Bei einer Plastik stellt sich, zumal auf einem größeren Friedhof, das Problem, wie man die nötige Höhe erreichen kann. Man hat diese Aufgabe zu lösen versucht, indem man die Figur auf eine Säule oder auf einen Sockel[100] gestellt hat.

[94] Hans Kressel weist darauf hin, daß Wilhelm Löhe sich dafür eingesetzt habe, auf den Friedhöfen außerhalb der Ortschaften „ein hohes Kruzifix am besten aus Stein" aufzustellen. Er habe „unter den Armen des Gekreuzigten" die Gräber und an jedem einzelnen Grabe ein besonderes, sehr viel kleineres Kreuz sehen wollen. Hans Kressel, Wilhelm Löhe als Liturg und Liturgiker, Berlin 1951, S. 94.

[95] S. u. S. 115.

[96] Hier läßt sich aber auch aus praktischen Gründen leichter als gewöhnlich die „Bildidee" Wilhelm Löhes verwirklichen; haben wir es doch, wie sonst nicht, mit einem einzigen Auftraggeber und Verantwortlichen für die ganze Anlage zu tun, der an ihr auch einen einheitlichen Gestaltungswillen zum Zuge kommen lassen kann.

[97] Siegfried Seeger, Wandlungen in der Einstellung zum Krieg, dargestellt an den westfälischen Ehrenmalen für die Kriegstoten, (Manuskript) 1962, S. 29. (Archiv des Volksbundes Deutsche Kriegsgräberfürsorge, Kassel).

[98] Vgl. Abb. in Werner Lindner/Fritz Hille, Mahnmale, (Friedhof und Denkmal, Heft 5), Kassel/Basel 1956.

[99] CKb (1915), S. 264.

[100] Z. B. das Ehrenmal auf dem Ehrenfriedhof von Aschaffenburg, geschaffen von Regierungsbaumeister O. Leitolf (Entwurf) und Bildhauer L. Sonnleitner (Ausführung). Abb. in: Friedrich H. Ilgen, Deutscher Ehrenhain für die Helden 1914/18, Leipzig, S. 165.

Bernhard Wenig, Ein Entwurf

Abb. 38 Bernhard Wenig, Entwurf eines Kriegerdenkmals, 1915.

Deutsche Weltherrschaft unter Christus, ...

Als Beispiel sei der Entwurf des Münchner Malers Bernhard Wenig aus dem Jahre 1915 vorgestellt (Abb. 38). Holzkreuze in gleichmäßiger Höhe auf einem alle Gräber eben überziehenden Rasen werden durch eine Triumph- oder Siegessäule überragt, welche die Weltkugel und auf ihr den auferstandenen Herrn trägt. Die Grabkreuze sind überdacht. Das gibt ihnen etwas Gedrungenes und Geducktes. Um so mächtiger und freier wirkt das wuchtige, vierteilige Säulenbündel, das auf einer dreistufigen, weit ausladenden Krepis und einem relativ hohen Sockel ruht. Sowohl die Krepis als auch der Sockel haben eine quadratische Grundfläche. Direkt unter dem verhältnismäßig flachen, plattenartigen, an den vier Ecken abgeschnittenen Kapitell stehen in den durch die Bündelung der vier Säulen entstandenen Nischen mittelalterlich ausgerüstete Wächter, „Germanen". Sie halten die Totenwache. Auf dem Kapitell der Globus als Symbol der Erde oder die Sphaira als Symbol des Alls[101]. Die germanischen Wächter lassen Schlimmes ahnen. Daß der Maler sich vorstellt, deutsche Soldaten werden auf die Dauer in Feindesland die Grabeswache für die Gefallenen halten und ihre Totenruhe garantieren können, läßt an die Hochstimmung und Siegeserwartungen denken, welche zu Anfang des 1. Weltkrieges weite Kreise des

[101] Vgl. Percy E. Schramm, Sphaira, Globus, Reichsapfel. Wanderung und Wandlung eines Herrschaftszeichens von Caesar bis zu Elisabeth II. Ein Beitrag zum „Nachleben" der Antike, Stuttgart 1958.

deutschen Volkes erfüllt haben; so ist wohl weniger an die Sphaira als an den Globus zu denken. Christus ist Herr der Erde; die Deutschen unter ihm verwirklichen seine Weltherrschaft[102].

... dem siegreichen Erlöser

Auf der Kugel steht Christus und trägt in seiner Linken die Siegesfahne am völlig senkrecht gehaltenen Kreuzstabe. So läuft die ganze Komposition im Kreuz – es erinnert an das Eiserne Kreuz – auf der Fahnenstange aus. Hier kann das Auge dann ruhen. Jesus hingegen hat sich sanft geneigt. Er trägt einen vorn über dem mittleren Rumpf geöffneten Umhang über dem nackten Körper. Seine Rechte ist wie bei Thorwaldsens Christus einladend geöffnet. Das Haupt Jesu ist mit einer Art reduziertem Kreuznimbus versehen. Der Sieger über den Tod ist zugleich der Erlöser, welcher die Toten, seine Soldaten, in sein ewiges Reich ruft. Bernhard Wenig hat für geziemende Größenverhältnisse gesorgt. Die Wächter sind winzig im Vergleich zu Jesus, ihrem Herrn, über ihnen. Er zieht die Blicke der Trauernden auf sich, nicht sie.

Der Entwurf ist ikonographisch interessant. Der christliche Aspekt des Ehrenmals kommt noch deutlicher zum Vorschein, wenn man der Christusfigur in Gedanken die Fahne aus der Hand und die Nimbusandeutung vom Kopfe nimmt. Die Abhängigkeit von Thorwaldsens Christus wird vollends evident. Auch auf dem Grabmal der Familie Thissen[103] steht eine Kopie dieser berühmten Figur hoch über den Gräbern und schaut gesenkten Hauptes auf die Toten herab. Mit seiner einladenden Geste sagt er ihnen, was auf dem Postament des Originals in Kopenhagen steht: *„Kommet her zu mir!"* Damit bekennen diejenigen, welche ein solches Grab- oder Ehrenmal geschaffen bzw. in Auftrag gegeben haben, daß der Tod der Verstorbenen oder Gefallenen deshalb kein trostloses Ereignis sei, weil Christus, den Tod überwindend, auferstanden sei und lebe, er die Toten empfange und ins ewige Leben führe. Indem Wenig seiner Figur die Siegesfahne, das Hauptattribut des Auferstandenen, in die Linke drückt, unterstreicht er den erstgenannten Hoffnungsgrund[104].

Der Denkmalsentwurf zeigt, wie nahtlos und selbstverständlich nationalistische Hoffnung und christlicher Glaube haben ineinander übergehen können.

VI. Das Ersatzgrabmal auf dem Heimatfriedhof

1. Vorbemerkung

Der wohl am häufigsten vorkommende Typ des Kriegsgedächtnismals ist das Gefallenendenkmal auf dem Kirch- oder Friedhof in der Heimat, ohne daß die Gräber der Gefallenen am Ort sind.

Um dies in seinem Wesen zu verstehen, müssen wir uns vergegenwärtigen, daß die Grabmalstele im 17. und 18. Jahrhundert zu einem großen Teil ihren Bildschmuck vom Epitaph übernommen hat[105]. Es wäre eine eigene Untersuchung wert, Verwandtschaft und Unterschiede beider Erscheinungen zu klären und bis in unsere Tage zu verfolgen. Dann würden wir klarer sehen und stärker differenzieren können. Das ist aber meines Wissens noch nicht geschehen[106].

[102] Daß solche Gedanken damals gedacht und sogar publiziert worden sind, ist leider Tatsache. Vgl. RK (1914), S. 169 f.

[103] Abb. im AFD – Archiv, Kassel.

[104] Eine von Thorwaldsen inspirierte Christusfigur hat auf dem Soldatengräberfeld in Ebingen, Kr. Balingen, gestanden. Sie ist bei der Neugestaltung des Platzes nach dem 2. Weltkrieg entfernt worden. Vgl.: Rieth, Denkmal, S. 25.

[105] Weckwerth, Ursprung, S. 21.

[106] Der Artikel „Epitaph" von Paul Schoenen, Reallexikon zur Deutschen Kunstgeschichte Bd. V, Stuttgart 1967, Sp. 872-921 schließt seinen Bericht mit dem Ende des 18. Jahrhunderts ab. In der bis zu diesem Termin verfolgten Entwicklung läßt sich eine Tendenz zur Verschmelzung der beiden Formen erkennen. Nicht von ungefähr hat die kunstgeschichtliche Forschung Mühe gehabt, sie voneinander zu unterscheiden.

Eine Wurzel für Kriegerdenkmäler dieser Art ist wohl die im Mittelalter aufgekommene Sitte, Kreuzsteine anläßlich eines Mordes, eines Unglücksfalls und zur Sühne an der Stelle zu setzen, wo der gewaltsame Tod geschehen ist, manchmal einfach auch dort, wo es den Angehörigen lieb gewesen oder demjenigen, der den Sühnestein zu setzen gehabt hat, es richtig erschienen ist[107] – nicht aber am Grabe.

Auf diesen Steinen kann der Hinweis auf den Toten durch eine Inschrift, ein Wappen, die Adorantenfigur vorkommen. Darüber finden wir die meist ganz primitive Darstellung eines Kreuzes, aber auch den Kruzifix. Und oft ist der Stein selbst ein Kreuz[108].

Die Trennung eines solchen im Freien stehenden Males vom Grabe ist somit auch schon seit Jahrhunderten überliefert, was wiederum für die Kriegerdenkmäler der jetzt zu besprechenden Art eine Rolle gespielt haben dürfte.

Im folgenden seien zunächst ein paar Beispiele vorgeführt und dann einige Beobachtungen zusammengetragen, die zu einem Definitionsvorschlag für diese Kriegerdenkmäler führen.

2. Beispiele:

Willi Müller, Kriegsopfermal in Brittheim

„Ich lebe, und ihr sollt auch leben", heißt es auf einem Stein eines von Willi Müller in Brittheim, Kr. Balingen, geschaffenen Kriegsopfermals (Abb. 39). Der Stein mit dieser Inschrift ist eine von zwei Stelen, zu denen noch ein größerer, kreuzförmiger Stein gesellt ist, der zeigt, wie Jesus Christus aus dem Grabe hervorkommt. Der Auferstehende hat die Rechte flach dem Betrachter zugewendet. Mit der Innenfläche der offenen Linken weist er seitlich nach hinten. Dort läßt er, was das Leben genommen und verhindert hat. Ja, er drängt es zurück und sich damit frei. Die Darstellung ist als Relief tief und plastisch in den Stein eingearbeitet worden. Die Besucher werden durch die gärtnerische Anlage so geführt, daß sie zunächst zwischen den beiden Namensstelen mit Inschriften auf der Rückseite hindurch gehen müssen, ehe sie vor dem Kreuz mit dem Auferstehenden stehen. Was sehen sie?

Ganz besonders fällt der Kontrast auf zwischen der großen, ruhigen Form des gedrungenen, massigen Kreuzes zu den schrägen und aufstrebenden Formen des Reliefs. Man sieht Lebendigkeit, nach oben hin Durchstoßendes vor bzw. in einem massigen Kreuz. Das ist tröstlich für jemanden, dem sich sein Schicksal in einem solchen Kreuz darstellt.

Obwohl der Kontrast der Formen voll ausgespielt worden ist, wirkt die Auferstehung Jesu Christi doch nicht krampfhaft oder kriegerisch. Die seinen Körper umgebende Hohlform, die einem Rechteck nachempfunden ist und das Grab andeutet, aus dem er steigt, wird nur um den Kopf und um die Linke herum wirklich durchbrochen, sonst ist sie eher bejaht und angenommen. Das bewirkt eine erstaunliche Gelassenheit. Die Aussage: „Ich lebe", scheint nicht weiter bewiesen werden zu müssen. Daß die Linke aber noch Platz macht und wegschiebt, läßt die Verheißung um so glaubwürdiger erscheinen, weil noch nicht vollendet ist, was erst geschehen soll: „... und ihr sollt auch leben." Der Darstellung entspricht auch der Gesichtsausdruck. Er ist ernst und ruhig, durch nichts fixiert.

Der Künstler hat darauf verzichtet, Jesus irgendwelche religiös erhöhenden Attribute wie Heiligenschein oder Fahne zu geben. Der Auferstandene trägt im Gegenteil ein einfaches ungeknöpftes, einteiliges Gewand, mehr Hemd als Kleid. Es ist wohl an das Leichenhemd zu denken, das Jesus im Grabe getragen hat. Der Rumpf, der rechte Fuß wirken erstaunlich körperlich. Das Gesicht, der Leib, die Hände sind grob und groß. Das Herauskommen Jesu aus dem Grabe scheint ganz natürlich vor

[107] Weckwerth, Ursprung, S. 22, Anm. 110.
[108] Ebd., S. 21 f.

Abb. 39 Willi Müller, Auferstehung Christi, 1960. Kriegsopfermal Brittheim, Kr. Balingen.

sich zu gehen. Die groß gewordenen und dann gefallenen Dorfbuben sind ihm ähnlich gewesen. Hier ist Auferstehung nicht ihnen gewiß unmögliche Verflüchtigung ins Geistige durch Askese, sondern Auferstehen aus dem Grabe, ist Leben.

Geheimnisvolles Wunder

Dies aber muß dem Menschen, der als Dorfbewohner noch das Sterben von Menschen und Tieren erlebt, um so geheimnisvoller und wunderbarer vorkommen. Alles hat ein Ende. Jeder Mensch stirbt. Auch die Gefallenen sind tot. Jesus aber steht auf vom Tode. In den groß geöffneten Augen, im entspannten Gesicht ist tiefer Ernst, kein Lächeln, keine Anrede an irgendwen; er hat gelitten, zuviel hat er ertragen, und dennoch steht er auf. Der rechte, senkrecht nach oben angewinkelte Unterarm mit der großen Hand grüßt nicht nur, er ist auch Schild im Sinne des Noli me tangere. Auch dies unterstreicht das Mysterium. Auferstehung wird dem Betrachter des Denkmals in Brittheim zum unergründlichen Wunder. Durch ihre Sperrigkeit wird die Darstellung zu einem Hinweis. Sie bezeugt einen Glauben, der durch niemanden und nichts gedeckt werden kann als durch den, welcher Jesus von den Toten auferweckt hat.

„Er ist unser Friede", heißt es auf der Rückseite des Kreuzes. Die ganze Anlage ist Ausdruck dieser Hoffnung. Die drei Steine, die beiden Stelen mit den Namen der Gefallenen innen und Verheißungsworten außen, die dazu ermutigen, bei ihm das Leben zu suchen und zu empfangen (Am. 5,4 und Joh. 14, 19), und das Kreuz stehen so zueinander, daß sich eine dreieckige Grundfläche ergibt, die auch durch die Bepflanzung in etwa markiert worden ist. Man kommt also zwischen den beiden Stelen in einen Raum. Hier innen ist Christus mit den Namen der Gefallenen – und der Betrachter. Der Freiraum ist klein, intim. Durch die Anlage wird der Gedanke an „Leben" und „Frieden" so akzentuiert, als habe man Geborgenheit in der Nähe Christi, des Auferstandenen, zu erwarten: für sich, den Betrachter, und für die Toten, die hier in ihren Namen repräsentiert sind.

Abb. 40 Gustav Nonnenmacher, Der Auferstandene, 1962. Kriegsgedächtnismal, Friedhof Armsheim, Kr. Alzey.

Gustav Nonnenmacher, Kriegsgedächtnismal in Armsheim

Ein interessantes Kriegsgedächtnismal wurde am Totensonntag 1962 auf dem Friedhof in Armsheim, Kr. Alzey, eingeweiht. Aufstellungsort und Einweihungstag lassen schon ahnen, daß es dem Auftraggeber bewußt darauf angekommen ist, den Akzent auf den Grabmalsaspekt zu legen (Abb. 40). Der Bildhauer Gustav Nonnenmacher schuf eine Plastik aus Muschelkalk und Bronze, Jesus Christus aus dem Grab auferstehend, rechts davon fünf Stelen aus weißem Sandstein mit den Namen der Kriegstoten des 2. Weltkrieges, links zwei Stelen mit den Gefallenen des 1. Weltkrieges.

Betrachten wir zunächst die Plastik aus den beiden so unterschiedlichen Materialien! Das Grab aus Muschelkalk sieht vorn aus wie eine schräggestellte Stele. Die Grabestiefe ist durch eine Mulde angedeutet. Man braucht sich also nicht zu beugen, um in das Grab hineinzusehen. Schon von weitem schaut man ins Grabesinnere. Vollplastische Arbeiten derart zum Bild werden zu lassen, dürfte nicht unproblematisch sein. Nonnenmacher hat das Risiko auf sich genommen, zumal es ihm ja nicht auf die Darstellung des Grabes, sondern die Auferstehung Christi angekommen ist. Bei der Aushöhlung der schon erwähnten Mulde hat sich die natürliche Schichtung des Muschelkalks als vorteilhaft erwiesen. Sie zeichnet an der Tiefenwirkung mit.

Die Figur des Auferstehenden ist davormontiert, verhältnismäßig hoch: schon von der Mitte der Oberschenkel an ragt sie über das Grab hinaus. Dadurch, daß das Grab wie eine schräggestellte Stele dargestellt ist und diese nach oben hin konisch zuläuft, während Christus davor senkrecht auffährt, mit den Fußspitzen nur knapp noch die mittlere Höhe berührend, kommt sowohl ein perspektivisches als auch ein kinetisches und zugleich dynamisches Element in die Gestaltung: das Grab kippt nach hinten weg. Es ist durch die Auferstehung Jesu Christi einem Prozeß unterworfen, der nicht aufhört; es wird bedeutungsloser.

In der unteren Hälfte der Grabesmulde steht die Inschrift: „*Ich bin die Auferstehung und das Leben*". Der auferstandene Christus stellt sich dar. Er hat die Arme ausgebreitet und schaut den Betrachter an. Das Gewand reicht vom Hals bis zu den

Hand- und Fußgelenken. Der Faltenwurf ist mehr nur in Linien angedeutet als wirklich plastisch herausgearbeitet. Dem Bildhauer kommt es darauf an, die plastische Grundform des umkleideten Körpers zu erhalten. Dadurch wird dieser nun in der Schulterpartie deutlich am breitesten. Konsequenterweise hat der Corpus in den von ihm ausgehenden Armen und Händen seine am auffälligsten sprechende Stelle. Die Rechte weist, zwar im Bogen abgeschwächt, aber dennoch klar nach oben. Die Handfläche aber ist leicht zur Seite abgewinkelt, wie zu Schutz und Segen für die Gefallenen aus dem 1. Weltkrieg.

Noch deutlicher weist die linke, offene Hand auf die Stelen mit den Namen der Gefallenen rechts.

Was heißt diese Geste? – Zunächst ist festzustellen, daß hiermit ausdrücklich eine Beziehung zu den Gefallenen signalisiert wird. Diese sieht anders aus als auf Auferstehungsdarstellungen mit Stifterfiguren[109] oder – bei Kriegerdenkmälern – mit anbetenden Soldaten[110]. Die Stifterfiguren nehmen nämlich selbst eine Beziehung zu ihrem Retter auf. Im Gegensatz dazu geht die Beziehung auf dem Soldatengrabmal in Armsheim vom auferstandenen Christus aus.

Aber was ist das nun für eine Beziehung, die er zu den Toten aufgenommen hat? Reißt er sie heraus aus dem Grabe? Hat er sich ihnen zugewandt? Keinesfalls. Zugewandt hat er sich dem Betrachter, welchen er frontal anschaut. Ihm gilt auch das, was er sagen will. Die Beziehung, welche Jesus zu den Toten sehen läßt, wird zu einer Aussage über sie – zu denen, die trauernd näher kommen.

Wie Nonnenmacher seine Arbeit verstanden wissen möchte, kommt nicht zuletzt durch die Haltung des Auferstehenden zum Ausdruck. Es ist der Gekreuzigte, welcher die Auferstehung und das Leben für die Gefallenen ist. Die Geste seiner Hände ist Mitteilung, Zuwendung seines Todes an sie, die nicht etwa erst jetzt, nach ihrem Tode zustandekommt.

Das wahre und eigentliche Leben der Kirche

Der Künstler kann sich mit seinem Werk auf die Wirklichkeit des Lebens einer christlichen Gemeinde berufen, an welchem ja die Gefallenen teilgenommen haben. Was er dargestellt hat, ist das eigentliche und wahre Leben der Kirche: der gekreuzigte und auferstandene Christus, der sich *seiner Gemeinde* als der für sie dahingegebene mitteilt.

Karl Hornung, Gefallenengedächtnismal in Bergrheinfeld

Karl Hornung hat in Bergrheinfeld bei Schweinfurt 1960/61 ein Gefallenengedächtnismal geschaffen (Abb. 41). Sieben gedrungene Steinkreuze mit je einer Jahreszahl 1939–1945 stehen um eine ca. 2,80 m hohe plastische Darstellung des auferstehenden Christus und eines Gefallenen aus gelbbraunem Dolomitkalkstein.

Die Zusammengehörigkeit von Kreuzen und Plastik wird nicht nur durch ihre Anordnung zueinander, sondern auch durch Längsbänder aus grünen Minerossteinen unterstrichen, welche quer über den halbrunden Platz laufen. Dazu kommt die Bepflanzung; Birken bilden den ebenfalls halbrunden Hintergrund nach einem freien Streifen Rasen. Vorn führen flache Stufen zur Anlage heran, grenzen diese aber auch ab.

Hornungs Skulptur steht genau in der Mitte des Platzes. Sie lebt aus der Darstellung von Kontrasten. Zunächst einmal ist es der Kontrast der Horizontalen und der Vertikalen. Vor dem auferstehenden Christus liegt, fällt ein Mensch. Er ist tot, gefallen. Ihn hält nichts mehr. Über seine rechte Schulter wird er gleich vom Postament rollen. Im scharfen Gegensatz dazu fährt Christus hinter dem quer vor ihm lie-

[109] Vgl. Abb. im AFD-Archiv, Kassel.
[110] Wie z. B. in Frickenhausen/Mfr. (Abb. 24).

genden Toten auf. Die Arme hat er hoch erhoben. Seine nach innen offenen Hände spannen das Leichentuch, das bis zur Erde hängt und die aufwärts fahrende Bewegung unterstreicht. Eine allerdings nur schwache Vermittlung zwischen diesen beiden Figuren und ihren entgegengesetzten Bewegungen entsteht durch den nach hinten in eine Leichentuchfalte Christi ausgestreckten Arm des Soldaten. Um einen Kriegstoten soll es sich ja wohl handeln, wenn man die Kreuze mit den Jahreszahlen anführen darf. Zeigefinger und Daumen seiner Linken sind ausgestreckt. Er faßt nicht mehr in das Gewand Christi, sondern zeigt unwillkürlich auf ihn selber.

Christus, der Geist

Auch in noch anderer Hinsicht lebt die Plastik vom Gegensatz. Der Tote ist stark körperlich aufgefaßt. Er hat einen gedrungenen Leib. Der Kopf sitzt mit breitem Hals auf dem Rumpf. Man sieht einen flachen Hinterkopf. Dem Toten scheint vom Kopf bis zu den Füßen Geist zu fehlen. Er ist unbeherrscht und klobig. Man vergleiche damit das Antlitz Jesu. Es schaut durchgeistigt, wie nach schwerem Leiden, mehr nach innen als nach außen. Selbst die Haare sind durchmodelliert. Ebenfalls die Handflächen. Vom Körper Jesu sehen wir unterhalb des Halses und der Ellenbogen dann fast nichts mehr. Das Leichentuch deckt alles zu. Dieses ist gegliedert, fällt nicht senkrecht, sondern in schrägen Linien. Die seitlichen und hinteren Partien verbreitern sich nach unten, während vorn eine von den Fingerspitzen ausgehende, sich zu den Füßen hin verengende, scharf konturierte Mulde sich bildet, vor deren tiefster Stelle der Kopf Christi erscheint und auch dadurch noch einmal betont wird.

Fragt man sich, ob ein solches Kriegerdenkmal schon nach dem 1. Weltkrieg in Deutschland möglich gewesen wäre, kann die Antwort nur negativ ausfallen. Und das aus mehreren Gründen:

Niemals wäre ein gefallener Soldat so jämmerlich dargestellt worden. Dieser Sterbende ist als Soldat auch gar nicht kenntlich gemacht. Erst die Jahreszahlen des 2. Weltkrieges lassen darauf schließen. Dergleichen haben wir erstmals auf Kriegerdenkmälern nach 1945 beobachten können[111].

Der schon auf dem besprochenen Fresko Gebhard Utingers[112] aufgetretene scharfe Gegensatz von Körper und Geist erhält in Bergrheinfeld einen neuen Akzent: nicht mehr ein Tier, sondern ein Soldat wird zum Bild der Geistlosigkeit. Hierin scheint sich eine bestimmte Auffassung vom Sinn des 2. Weltkriegs, vielleicht sogar der Kriege überhaupt, niederzuschlagen. Der Kriegstod erscheint hier nicht als ehrenwertes Opfer, sondern als sinnloser Fall ins Bodenlose.

Kriegstod - sinnloser Fall ins Bodenlose

Auf Kriegerdenkmälern aus der Zeit nach dem 1. Weltkrieg mit der Darstellung Christi und eines gefallenen Soldaten wird eine klare Beziehung zur Anschauung gebracht. Entweder beten die Soldaten als Adoranten ihren Heiland an, oder er erscheint ihnen, beugt sich zu ihnen nieder, stützt ihr Haupt oder befiehlt ihnen aufzustehen. In Bergrheinfeld streckt der Tote seine Linke nach ihm aus. Das ist ein Rest der Adoration, der Anbetung und Bitte um das Heil der Seele, wie wir sie auf Epitaphien finden. Aber welch eine Wandlung hat die fromme Bitte durchgemacht! Was wir zu sehen bekommen, ist ein kraftlos gewordener, leiser Schrei, kaum noch eine Möglichkeit für den Sterbenden, Stimulanz um so mehr für die Hinterbliebenen, für die Gefallenen fürbittend einzutreten[113].

Von dem auferstehenden Jesu geht keinerlei Beziehung zu dem Sterbenden aus, auch nicht zu dem Betrachter. Der Künstler bleibt bei dem Kontrast von Sterben und Auferstehen. Und dieser ist in seiner ganzen Fremdheit sichtbar gemacht. Die Osterbotschaft als verbum alienum, als ein nicht von Menschen stammendes Wort, das geglaubt sein will und den verwandelt, der sich ihm erschließt, wird darin manifest. Die Darstellung erleichtert nichts. Sie folgt einem Glauben, der von sich bean-

[111] S. o. S. 63–68.

[112] Vgl. hierzu den Freskenzyklus von Gebhard Utinger in der Nikolaikirche von Brieg, s. o. S. 96-99.

[113] Bergrheinfeld ist eine überwiegend katholische Gemeinde.

Abb. 41 Karl Hornung, Die Auferstehung Christi, 1960/61. Gefallenengedächtnismal, Friedhof Bergrheinfeld (bei Schweinfurt).

sprucht, der Sieg über die Welt zu sein (1. Joh. 5,4), an welcher auch der Betrachter partizipiert und leidet.

Wir haben schon in den Kapiteln über den Osterengel und die Totenauferstehung die Tendenz zu einer solchen Kompromißlosigkeit in der Glaubensaussage nach dem 2. Weltkrieg beobachten können[114]. Wie jene Arbeiten ist auch das Werk Karl Hornungs als ein für die kirchen- und gesellschaftspolitische Situation seiner Entstehungszeit typisches Gebilde anzusehen, erst möglich geworden, nachdem der Verlust der Kongruenz von Kirche und Gesellschaft ins Bewußtsein getreten und zugleich als Mangel, Chance und Aufgabe akzeptiert worden war.

Josef Henselmann, Kriegerdenkmal in Laiz

Der auffahrende...

„Ich gehe zu meinem Vater und zu eurem Vater", heißt es am unteren Ende eines mächtigen Steinkreuzes am Kriegerdenkmal in Laiz, Kr. Sigmaringen. Über diesem Spruch hat Jesus Christus, der Auferstandene, flüchtig am Kreuz Halt gemacht. Josef Henselmann hat ihn in Bronze ausgeführt und läßt ihn in die Richtung, in die er fahren wird, mit erhobenen Händen zeigen (Abb. 42)[115]. Dies ist Henselmanns Version der schon anläßlich der Killerschen Arbeit besprochenen „Zwischenstation"[116].

[114] S. o. S. 44-47 u. 59.

[115] Vgl. Rieth, Denkmal, S. 25; Religiöse Kunst. Kalender, Heidelberg 1962, Blatt April/Mai. Text auf der Rückseite.

[116] S. o. S. 84.

Abb. 42 Josef Henselmann, Der Auferstandene, 1951. Kriegerdenkmal, Kirchhof Laiz, Kr. Sigmaringen.

Der Künstler gibt der Tendenz innerhalb der jüngeren Grabmalskunst nach, die biblische Geschichte sichtbar für den konkreten Gebrauch zu aktualisieren und dabei durch Weglassung der Figuren, welchen einst die jeweilige Botschaft gesagt worden ist, die Möglichkeit zu eröffnen, daß der Betrachter sich angesprochen und einbezogen fühlt. Mehr noch, durch die Ortsverlagerung an das Angehörigengrab bzw. die Gedenkstätte, weg vom Grabe Christi, wird er gezwungen, die Rolle derer, mit denen damals gesprochen worden ist, zu übernehmen.

Auch in Laiz ergibt sich für die Kriegshinterbliebenen eine tröstliche Aussage. Das Kreuz mit dem davor gesetzten Christus ist einer Mauer eingefügt, bzw. aufgesetzt, an welcher Tafeln zu beiden Seiten die Namen der Gefallenen zeigen. Der Ausspruch und die entsprechende Gebärde Jesu machen die Trauernden darauf hoffen, daß Jesus ihnen und ihren Toten *„die Stätte bereiten"*[117] werde. Daß er unterwegs nach oben ist, erkennt man am Fluß seines über die Schultern geworfenen und tief unter seine Füße reichenden Gewandes oder Leichentuches.

Besonders durch dieses Tuch, welches etwas nach rechts herabweht, kommt Bewegung in die Figur; sie wird nicht senkrecht in die Höhe fahren, sondern schräg nach links oben. Die Hände sind hoch ausgestreckt. Sie haben sich gen Himmel geöffnet. Das ist nicht Segen, sondern eher Segensempfang und damit Lobpreis des Vaters und der zu erwartenden Fülle bei ihm, die er selbst sein wird.

Von diesem auf den Betrachter herabschauenden Christus und seiner Gebärde geht etwas aus, was man als Aufforderung zur Teilnahme an seinem Leben verstehen könnte, etwa im Sinne von Kol. 3, 1-4: *„Seid ihr nun mit Christus auferstanden, so suchet, was droben ist, da Christus ist, sitzend zur Rechten Gottes. Trachtet nach dem, was oben ist, nicht nach dem, was auf Erden ist. Denn ihr seid gestorben und euer Leben ist verborgen mit Christus in Gott. Wenn aber Christus, unser Leben, sich offenbaren wird, dann werdet ihr auch offenbar werden mit ihm in Herrlichkeit."* Oder Luk. 21, 28: *„Sehet auf und erhebet eure Häupter, darum, daß sich eure Erlösung naht!"*

... und der erhöhte Herr:

Diese figürliche Darstellung ist an ein Symbol geheftet, an ein Hochkreuz. Das mächtige Hochkreuz aus Stein ist Siegeszeichen seit frühchristlicher Zeit[118]. Außerdem vertritt das Kreuzzeichen neben dem Christusmonogramm die *„Gestalt Christi als des verklärten und auferstandenen, erhöhten Kyrios"*[119].

In dem Schnittpunkt der beiden Balken ist dem mächtigen Kreuz ein flacher Kreis herausgehauen worden.

Der Schnittpunkt der Kreuzesbalken wurde schon früh gestalterisch betont. Wie man sich anhand des reichen Bildmaterials in Christian Rietschel, Sinnzeichen des Glaubens[120] überzeugen kann, war dabei der Kreis oder das Oval ein beliebtes Mittel. Man füllte ihn durch einen Halbedelstein, eine antike Gemme oder auch durch ein Medaillon mit der Büste Christi, eines Heiligen oder durch ein Symbol Christi, z. B. des Osterlamms, oder durch ein Gottessymbol wie z. B. das Dreieck oder die Hand aus. Es kam auch vor, daß man eine figürliche Darstellung wie die des thronenden Christus vor den Kreis setzte. Im Heinrichskreuz des Fritzlarer Domschatzes befindet sich hinter dem Halbedelstein eine Reliquie aus zwei kreuzförmig übereinandergelegten Partikeln des Kreuzes Christi. Die Kreuze waren bisweilen über und über mit Halbedelsteinen besetzt. Derjenige aber, welcher im Schnittpunkt der Kreuzesbalken angebracht war, hatte wegen seiner Stellung im Zentrum des Kreuzes eine besondere Form, Größe oder Bewandtnis.

Da man früher noch viel weniger als heute zwischen dem Zeichen und der von ihm signalisierten Wirklichkeit unterschied, war solch ein Kreuz Symbol, an welchem die Gegenwart des durch die Auferstehung siegreichen Herrn Jesus Christus erlebt wurde. Im Schnittpunkt, der wesentlichen Mitte des Kreuzes sammelten sich die Blicke: besonders hier sahen sie Ihn.

Bei dem flachen Kreis handelt es sich um die Sonne als eines Symbols Christi, des Auferstandenen[121].

Doppelung,

Die Doppelung von Symbol und figürlicher Darstellung ist wenig überzeugend, eher wirkt sie widersprüchlich und schwächt die beiden Elemente des Ganzen: Einerseits degradiert Henselmann das Hochkreuz zur Kulisse für die Szene der Auferstehung Christi, der Kreis wird bestenfalls zum Nimbus der Christusfigur. Andererseits hat die Figur Mühe, sich gegen das gewaltige Kreuz hinter ihr zu behaupten.

[117] Joh. 14, 2.

[118] Vgl. Erich Dinkler/Erika Dinkler-v. Schubert, Art. „Kreuz": Lexikon der christlichen Ikonographie, hg. v. Engelbert Kirschbaum, Bd. 2, Rom u. a. 1970, Sp. 562-590.

[119] Christian Rietschel, Sinnzeichen des Glaubens, Kassel 1965, Tafel 3. Vgl. Schrade, Auferstehung, S. 11-27.

[120] Rietschel, Sinnzeichen, Tafel 1-63.

[121] Vgl. Uwe Steffen, Das Mysterium von Tod und Auferstehung. Formen und Wandlungen des Jona-Motivs, Göttingen 1963, S. 183-201.

Daß dies in etwa gelingt, liegt an der Materialverschiedenheit und vor allem an ihrer Lebendigkeit.

Henselmann hat nicht unmotiviert gehandelt und eine einheitliche Aussage angestrebt, in welche sich Hochkreuz und Figur einzuordnen haben. Dies läßt sich auch daran erkennen, wie der Bildhauer die zurückweichende Vorderseite des Kreuzes nutzt, der Christusfigur zwar einen relativen Halt zu geben, gleichzeitig aber die Momentaneität dieses Halts betont. In Höhe des Schnittpunktes der Kreuzbalken, wo die Tiefe des Kreuzes am geringsten ist, kommt Christus mit Kopf, Schulterpartie und den beiden Armen besonders weit auf den Betrachter zu.

Spannung.

Trotzdem treten die erwähnten Spannungen auf. Schon die Größenverhältnisse verlangen es, die Christusfigur als Interpretation des Hochkreuzes zu verstehen.

Beginnen wir beim Hell-Dunkel-Kontrast, so kann die fast schwarze Tönung der Bronzefigur nur ein Übergangsstadium zur Helligkeit des Steinkreuzes darstellen. Sowohl die Inschrift als auch die Auffassung der schon beschriebenen Figur bestätigen diesen Eindruck.

Achtet man auf den Kontrast von Ruhe und Bewegung, wird man zum gleichen Ergebnis kommen: die Figur in all ihrer Lebendigkeit ist im Vergleich zu dem Symbol hinter ihr nur der vorläufige Zustand.

Auch in einer dritten Hinsicht unterstreicht die Verknüpfung von Figur und Hochkreuz die Hinfälligkeit der ersteren: der Größenunterschied macht deutlich, was der Figur in den Mund gelegt wird: „ich gehe..." und nun fährt man im Sinne der Gesamtdarstellung besser fort: „...über in den Zustand des Herrseins über Leben und Tod." Weniger die Auffahrt zum Vater als vielmehr die Inthronisation zu seiner Rechten, welche die Voraussetzung dafür ist, daß er „richten wird die Lebenden und die Toten", wird durch das Werk Henselmanns ahnbar gemacht.

Und doch bleibt der Eindruck einer unausgeglichenen Spannung zwischen Kreuz und Figur erhalten. Man muß auch kritisieren, daß Henselmann das Hochkreuz merkwürdig labil über die Mauer mit den Namenstafeln der Gefallenen, fast möchte man sagen, gestülpt hat. Man kann sich denken, daß er den Platz unter dem unteren Kreuzesrand aus praktischen Erwägungen freigelassen hat, um z. B. Platz für die Kränze zu schaffen. Aber das entschuldigt die genannten Ungereimtheiten nicht[122].

3. Definition des Ersatzgrabmals

An diesen Beispielen ist zu beobachten, was auf säkularen Denkmälern wie z. B. Reiterstandbildern, aber auch dem Hessen-Denkmal[123](Abb. 76), selten anzutreffen ist: sie haben meist nur eine einzige Schauseite. Auch eine vollplastische Figurengruppe wie die in Bergrheinfeld ist eigentlich nur von vorn zu betrachten.

Dieser Umstand wird durch verschiedene Mittel erreicht: die Installation des Reliefs an der Mauer, die Anbringung der Figur am Kreuz, die Aufstellung der Figur oder Gruppe zusammen mit nur aus einer Richtung lesbaren Gedenksteinen, die Anordnung des Platzes und dergleichen.

Den besprochenen Denkmälern ist gemeinsam, daß sie Bildnisse haben, welche sich über einer Inschrift befinden oder wenigstens über sie hinausragen.

[122] Das AFD-Archiv, Kassel birgt ein Photo einer Holzstele von Peter Sonder, Stuttgart, auf welcher man am Fuß lesen kann: „Zum Vater". Darüber ist aus dem Holz eine Christusfigur herausgeschnitzt, der Auferstehende mit hocherhobenen Armen, frontal dem Betrachter zugewandt. Das ist eine einfache, anspruchslose Darstellung, ohne jedes Pathos, ohne die Aufgesetztheit der Figur auf deren Symbol und insofern sehr viel einheitlicher als die Henselmannsche Arbeit. Sonders Arbeit bestätigt, was wir auch sonst schon beobachtet haben, die Nähe mancher Kriegerdenkmäler zum christlichen Grabmal.

[123] Abb. in: Lindner/Hille, Mahnmale, S. 54.

Die Gefallenen sind durch Kreuze, auf welchen die Jahreszahlen ihres Todes stehen, oder durch Namenslisten, in welcher Form auch immer, oder durch eine Inschrift, welche summarisch auf sie hinweist, repräsentiert.

Diese Merkmale, das Ausgerichtetsein, die Unterteilung in Bildnis und Inschrift und die Repräsentation der Toten, haben diese Denkmäler sowohl mit Epitaphien als auch mit Grabmälern gemeinsam.

Für eine Ableitung vom Epitaph spricht aber eigentlich nur die Trennung des Denkmals von den Gräbern.

Zahlreicher sind die Argumente gegen eine Ableitung vom Epitaph und für eine Ableitung vom Grabmal:

a) Die Denkmäler befinden sich nicht an der Innenseite oder Außenwand einer Kirche, sondern meist auf einem Friedhof.
b) Zweimal kommt die Verbindung des auferstandenen oder auferstehenden Christus in Verbindung mit einem Kreuz vor, und zwar nicht etwa so, daß Jesus sich neben dem Kreuz befindet, sondern auf seiner Vorderseite, dort, wo man, durch die Tradition und kirchlichen Brauch daran gewöhnt, den Gekreuzigten als Crucifixum erwartet. Dieses Motiv kommt auch auf Grabmälern vor[124].Das Kreuz, welches wir in solchen Fällen sehen, ist, ob nun am Grabe oder im Zusammenhang eines Kriegerdenkmals, ein Grabkreuz.
c) Auf den Denkmälern auf heimatlichem Friedhof mit dem Bilde des auferstandenen Christus tritt keine Adorantenfigur auf; auch findet man keine direkt geäußerte Aufforderung zur Fürbitte für die Verstorbenen, hingegen liegt, auch bei den katholischen Arbeiten, der Akzent auf dem Zuspruch, der Tröstung der Angehörigen. Dieser Akzent ist ja zusammen mit der Funktion, Ehrenmal oder Symbol des ewigen Lebens der Verstorbenen zu sein, ohnehin der bestimmende Faktor für die Grabmalgestaltung der beiden letzten Jahrhunderte geworden[125].

Die hier vorgebrachten Argumente möchte ich mit einem Definitionsversuch zusammenfassen. Bei den o. g. Kriegerdenkmälern handelt es sich um einen speziellen Grabmaltyp, nämlich das Grabmal auf dem Heimatfriedhof für eine in der Fremde verstreut bestattete, gewaltsam umgekommene Gruppe: die gefallenen Soldaten.

Das Bedürfnis der Hinterbliebenen, Grabmäler zu schaffen, ist uralt[126]. Den Kriegshinterbliebenen hat es auf die Dauer nicht genügen können, ihre Toten zwar in der Ferne bestattet zu wissen – oft genug ist ja nicht einmal das gegeben – aber nur selten oder nie das Grab aufsuchen zu können. So ist man auf den Ausweg gekommen, ihnen wenigstens ersatzweise ein gemeinsames Grabmal auf dem Friedhof zu erstellen.

Auf dem von mir verwalteten Friedhof in Gertenbach ist ein Ehepaar noch einen Schritt weiter gegangen, indem es seinem gefallenen und in der Ferne bestatteten Sohn eine Grabstätte auf dem Heimatfriedhof gekauft und einen Grabstein mit seinem Namen und seinen Geburts- und Todesdaten darauf für ihn gesetzt hat. Der Sohn ist zwar nie da bestattet worden, aber Aussehen und Pflege des Grabes haben sich in nichts von den anderen Gräbern unterschieden. Das Grab ist sogar aufgehügelt worden.

In Frickenhausen hat man jedem der Gefallenen des Ortes einen eigenen Grabstein in Form eines Kreuzes mit dem jeweiligen Namen darauf gesetzt. Einen anderen Weg hat man in Ödenwaldstetten, Kr. Münsingen, beschritten: Dort hat Hans Koch einen vorhandenen, zum

[124] Abb. im AFD-Archiv, Kassel.

[125] Die Tendenz hierzu haben wir übrigens auch auf den Bildepitaphien beobachten können, welche schon nach dem 1. Weltkrieg entstanden sind. Aber wie sollte denn nicht auch das Grabmal auf das Epitaph haben Einfluß nehmen können!

[126] Erwin Panofsky, Tomb Sculpture. Four Lectures on its changing aspects from Ancient Egypt to Bernini, New York 1964.

Gedächtnis der Gefallenen des 1. Weltkrieges angelegten Hain 1953 zu einer *„Art symbolischen Friedhofs für die Gefallenen"*[127] umgestaltet, auf welchem jeder einzelne Tote seine eigene, in eine den Platz umgebende Trockenmauer eingelassene Namenstafel hat, obwohl hier, wie in Frikkenhausen, nicht ein einziger von ihnen begraben liegt.

Geistesgeschichtlich wie religionsgeschichtlich interessant dürfte die Tatsache sein, daß in der Romantik, also gleichzeitig mit dem Aufkommen des modernen Kriegerdenkmals überhaupt, der Gedanke hat Fuß fassen können, daß die Toten in Wahrheit dort ruhen, wo man ihr Gedächtnis pflege[128].

4. Affinität zu Epitaph und Gräberfeldmal

In Frickenhausen b. Würzburg haben P. Vollert und Heuler nach dem 1. Weltkrieg ein Kriegerdenkmal geschaffen, das wir schon kurz vorgestellt haben[129] (Abb. 24). Dieses Denkmal ist das einzige hier besprochene Kriegerdenkmal auf offenem Platz innerhalb des Heimatortes mit einer Darstellung der Auferstehung Jesu Christi. Auf den Inhalt der Darstellung brauchen wir nicht weiter einzugehen, wohl aber auf dessen Präsentation. Denn es läßt vermuten, daß hier Traditionsströme zusammenkommen. In unserem Fall sei darauf hingewiesen, wie fließend die Grenzen dieses einen Kriegerdenkmals zum Bildepitaph[130] und zum Gräberfeldmal sind.

Wir haben einen aus Natursteinen gemauerten Sockel vor uns, auf dem sich ein behelmtes Häuschen erhebt. In der Vorderseite befindet sich das Relief mit dem Auferstandenen und den beiden anbetenden Soldaten.

Dieses Denkmal kann trotz des Eisernen Kreuzes auf der Helmspitze nicht seine Herkunft vom Bildstock verleugnen, der sich schon in der Zeit des Barock stark vergrößern konnte, mitunter bis zu Heiligenhäuschen und Stationskapellen[131], wobei dann der Tragepfeiler verschwand. In unserem Falle ist aber sogar noch der Pfeiler in Form des gemauerten Sockels rudimentär erhalten.

Die Gemeinde Frickenhausen sah sich nach dem 2. Weltkrieg vor der Aufgabe, das Kriegerdenkmal umzugestalten. Sie entnahm dem vorhandenen Denkmal das Relief und brachte es an der Nordwand der katholischen Kirche an. Den Platz vor der Nordwand aber gestaltete sie zu einem „symbolischen" Friedhof für alle Gefallenen des Ortes mit je einem Grabkreuz für sie. Das Häuschen samt Sockel und Eisernem Kreuz wurde abgetragen und verschwand.

So wurde das Bildepitaph wieder an seinen Herkunftsort gebracht: die Wand einer Kirche. Es wurde durch die Grabkreuze gleichzeitig zum Ersatzgräberfeldmal eines Ersatzsoldatenfriedhofs im Heimatort.

[127] Rieth, Denkmal, S. 22, T. 45 – Vgl. Sebastian Staudhamer, Friedhöfe und Kriegsgedenkzeichen. Ein Vorschlag: DCK 12 (1915/16), S. 88-91.

[128] Schoenen, Epitaph, Sp. 916.

[129] S. o. S. 83.

[130] S. o. S. 80-83.

[131] Ernst Kramer, Kreuzweg und Kalvarienberg, (Studien zur deutschen Kunstgeschichte, Bd. 313), Kehl/Straßburg 1957, S. 41-54.

VII. Zusammenfassung

Bisher haben wir Arbeiten besprochen, welche dem Gedächtnis der Gefallenen als Toter gewidmet sind. Die Fülle der Möglichkeiten hierzu hat sich bei nur einem Bildthema als größer erwiesen, als man zunächst annehmen mochte, zumal sie alle unter dem Begriff des Kriegerdenkmals subsummiert werden.

Folgende Typen sind uns begegnet:
- das Bildepitaph
- die Gedächtniskapelle
- die Eingangshalle eines Soldatenfriedhofs
- das Gräberfeldmal
- das Ersatzgrabmal auf dem Heimatfriedhof
- das Denkmal auf freiem Platz im Heimatort.

Gehen wir nun noch einmal die beiden Abschnitte über den Osterengel und die Totenauferstehung durch, so können wir aufgrund der bisher gemachten Erkenntnisse folgende Formen des Totengedächtnisses auch in diesen ikonographischen Bereichen erkennen:
- das Epitaph in Jettenburg, Kirchrimbach, Gudensberg und Ingelheim.
  In Jettenburg befindet es sich an der Außen-, in Gudensberg an der Innenwand einer Friedhofskapelle. Ihre Anbringung spricht beide Male dafür, sie als Epitaphien anzusehen. Die Friedhofskapelle hat für sie die Rolle einer Kirche übernommen.
- die Gedenkkapelle in Güstrow, Sinn/Dillkreis.
- die Gedenkhalle des Soldatenfriedhofs in Gravelotte, der Eingangsraum des Soldatenfriedhofs in Ploudaniel – Lesneven.
- das Gräberfeldmal in Duisburg (Friedhof Fiskusstraße und Nordfriedhof).
- das Ersatzgrabmal auf dem Heimatfriedhof in Bleichstetten, Kirchentellinsfurt, Ettringen.

Das Bildthema der Auferstehung Jesu Christi wird in den besprochenen Arbeiten zu folgenden inhaltlichen Aussagen gestaltet:
1. Jesus Christus ist Sieger
   a) über den Tod (Niederäschach, Hospitalkirche Stuttgart, Solers),
   b) über den Krieg, sofern dieser Tod und Zerstörung bringt (Heilig-Geist-Kirche, Nürnberg).
2. Der geopferte Christus ist auferweckt, sein Opfer ist belohnt worden (Ruhpolding).
3. Sein Sieg ist anfänglich, hat aber einbeziehende Tendenz (Stuttgart).
4. In ihm, dem siegreich Auferstehenden sind
   a) die Gefallenen (Armsheim),
   b) die Betrachter (Lautlingen) mitrepräsentiert.
5. Es ist sinnvoll, zu ihm, dem Sieger über den Tod, für das Seelenheil der Gefallenen zu beten (Niederäschach, Nürnberg, Frickenhausen a. M., Bergrheinfeld).
6. Die Auferstehung Christi und sein Transitus zum Vater
   a) lassen Distanz entstehen und unterstreichen seine Autorität (St. Peter München).
   b) führen zur Herrschaft über Leben und Tod (Laiz).
7. Der siegreich Auferstandene lädt zu sich ins Leben ein (Entwurf v. Wenig).
8. Er lebt und die Toten mit ihm (Treysa).

9. Christus, der Geist,
   a) ist Sieger über die Sinnlosigkeit (Bergrheinfeld).
   b) erscheint den Gottlosen und erleuchtet sie, um sie heimzuholen (Brieg).
10. Auferstanden verbindet er Himmel und Erde (Hof).
11. Er überwindet alle Last (Brittheim).
12. Er bringt mit seiner Gegenwart den Trauernden Frieden (Bertholdsdorf).

Die Einzelanalysen haben herausgearbeitet, daß sämtliche Arbeiten sich mit dem Tode der Gefallenen auseinandersetzen, Antworten auf das Problem des Todes sind, der in ihrem Falle durch einen Krieg ausgelöst worden ist und in den Hinterbliebenen Trauer bewirkt hat. Die einzelnen Antworten fallen verschieden aus. Sie fordern den Hinterbliebenen zum Glauben oder zur Hoffnung trotz des Todes heraus, oder sie geben ihm eine Aufgabe mit, sei es, für das Seelenheil der Toten zu beten, sei es, im Sinne dessen, der der Geist ist, zu wirken.

Wie wir gesehen haben, ist das Kriegerdenkmal nicht dabei stehen geblieben, die Grabmalskunst aus der 2. Hälfte des 19. Jahrhunderts fortzusetzen, sondern hat auch die vom christlichen Totengedächtnis meistens schon vor der Entstehung des neuzeitlichen Kriegerdenkmals ausgebildeten Formen wieder aufgenommen. Diese aber verdanken nicht nur tröstlichen oder gar illusionären, die Wirklichkeit verstellenden Tendenzen ihr Dasein. Die für die Epitaphien z. B. konstitutive Fürbitte um das Seelenheil der Verstorbenen schließt den Gedanken an das Unheil mit ein. Sie räumt dem Gebetenen das Recht ein, über die Toten Gericht zu sprechen und die Verdammnis zu verhängen. Sie billigt ihm insgesamt zu, anderes zu wollen, als im Sinne der Gesellschaft zu funktionieren. Der im christlichen Kriegerdenkmal seit dem 1. Weltkrieg immer deutlicher hervortretende Rückgriff auf die Tradition des Totengedächtnisses in seiner ganzen Breite dürfte die Erklärung dafür sein, warum sich die in den Kapiteln C und D behandelten ikonographischen Motive so kraß haben verändern können.

Zur Unterstützung und Kontrolle der bis jetzt gemachten Beobachtungen seien nun ein paar Arbeiten eingefügt, welche nicht primär dem Gedächtnis der Toten, sondern der Liturgie dienen, auch wenn sie sich bei der Darstellung der Auferstehung Jesu Christi mit dem Kriege auseinandersetzen.

VIII. Vergleich mit primär liturgisch bestimmten Auferstehungsdarstellungen

1. Beispiele:

Rohner, Bemalung einer Kapellenschranktür in Trier

Die geistige Auseinandersetzung mit dem Kriegsgeschehen hat im Bereich der christlichen Kunst schon während der beiden Weltkriege eingesetzt. Das bekannteste Beispiel aus dem 2. Weltkrieg dürfte die Madonna von Stalingrad sein.

Unbekannt, wennschon 1946 im französischen[132] und 1949 im deutschen Sprachraum[133] publiziert, ist ein zweiteiliges Bild von Rohner, „Christus und die Kriegsgefangenen" (Abb. 43). Es ist 1941 auf die Türen des Kapellenschrankes des Stalag 12 D in Trier gemalt worden[134].

[132] in: l'art sacré (1946), Heft 7.
[133] in: Das Münster (1949), S. 381.
[134] Der rechte Flügel ist verschollen, der linke ist 1945 ins Museum der Abtei Rodhain gebracht worden.

Abb. 43 Georges Rohner, Christus und die Kriegsgefangenen, 1941. Zwei Schranktüren, rechter Flügel verschollen, linker Flügel im Museum der Abtei Rodhain.

Der Auferstandene begegnet zwei Kriegsgefangenen. Die beiden Leidensgenossen befinden sich auf der rechten Türhälfte. Der Ältere ist kahlköpfig, hat einen Brotlaib in der Linken und schneidet mit der Rechten eine Schnitte davon ab. Der andere hält in der Rechten eine Scheibe trockenen Brotes, das ihm vielleicht der Glatzköpfige abgegeben hat. In der Linken trägt er eine große Tasse. Sie haben also Brot und ...? Ist es wirklich Wein? Oder Wasser? Oder Brühe? – Sie sehen nicht glücklich aus, sondern ernst und traurig, besonders der Jüngere.

Ihnen tritt Christus, auf der linken Türhälfte dargestellt, entgegen. Man sieht keine Stigmata, welche ihn als Auferstandenen ausweisen, aber ein lichtes, in der düsteren Umgebung um so helleres Gewand des Verherrlichten. Und noch etwas macht ihn als Auferstandenen kenntlich: das, was er mit der Gebärde seiner Hände sagt – es ist die gleiche Geste wie die des Engels am leeren Grabe–: *„...ich war tot, und siehe, ich bin lebendig von Ewigkeit zu Ewigkeit..."* (Apk. 1,18).

Communio mit dem Auferstandenen

Für den Betrachter nur von der Seite zu sehen, hat er sich ganz den Kriegsgefangenen zugewandt. Was will er ihnen sagen? Soll sie der Hinweis seiner Geste aufmuntern? Er will in die Freude ziehen, in den Osterjubel, der auch in Kriegsgefangenschaft nicht verstummen soll, sondern sich hier vertiefen kann. Auch hier ist er der Lebendige und Gegenwärtige, die Wirklichkeit, die letztlich gilt und auf welche alles zuläuft.

Ilse Fischer, Altarbild in Berlin-Zehlendorf

Noch 1945 hat Ilse Fischer aus Eichwalde ein Altarbild für die Ernst-Moritz-Arndt-Kirche in Berlin-Zehlendorf gemalt (Abb. 44). Es ist ein Triptychon, ein Ölgemälde. Im Mittelbild sehen wir, wie Jesus über seinem geöffneten Grabe auffährt. Er ist umgeben von einer Mandorla. Er hat seine Hände zum Segen erhoben, Hände und Füße sind durchbohrt. Die Landschaft ist relativ kahl, einige Berge im Hintergrund, ganz in der Ferne einer mit drei Kreuzen. Der Himmel ist wolkenverhangen. Vor dem Grabe, im Vordergrund sitzt ein Engel auf dem Grabdeckel, der jetzt quer über dem Grab liegt. Über den Grabesrand hängt das Leichentuch. Das Mittelbild hat fünf Bildebenen: vorn der Engel, dann quer über das Bild sich erstreckend das Grab, der schon hoch aufgefahrene, schräg von der Seite gegebene Christus links, Mittelgebirgslandschaft und schließlich ganz hinten der Kalvarienberg.

Der Engel hat sich umgewandt. Er schaut auf zwei Soldaten, die im rechten Bilde in einer von Feuer und Rauch erfüllten Landschaft mit kahlen, oben abgeschossenen Bäumen herangetreten sind. Der eine ist verwundet und trägt einen Kopfverband; er ist noch jung. Seine Uniformjacke scheint er verloren zu haben. Er ist niedergekniet. Hinter ihm ist ein Uniformierter mit dem Stahlhelm auf dem Kopf herangetreten. Er hält seine Hände in Gürtelhöhe vor sich, als ob er zart etwas zwischen ihnen berge. Damit nimmt er in etwa die Gebärde des Engels auf, der sie auf das Geheimnis hinweist: Jesus ist auferstanden. Das Grab ist geöffnet. Er fährt gen Himmel.

Auf dem linken Bild kommt eine Frau mit ihrem Jungen herbei. Er führt eine Kuh, welche einen Treckwagen zieht. Sie sind auf der Flucht. Im Hintergrund steht eine Hausruine mit leeren Fensterhöhlen in einer öd gewordenen Landschaft. Die drei Bilder sind zwar in Raum und Zeit unterschiedlich, in der Handlung aber, zumindest was das mittlere und das rechte angeht, einheitlich.

Raum der Stille

Auf dem Mittelbild geht es sehr still zu. Der Raum der Stille, welcher sich mitten im Kriegsgetöse und im Elend der Flucht auftut, ist konstituierend für das Ganze. Die Soldaten sind in einer ganz anderen Rolle, als man sie gewohnt ist. Sonst waren sie Wächter. Meistens fielen sie in Schlaf und Grauen oder wachten voller Entsetzen auf. Hier kommen sie im Lärm des Krieges herbei, knien nieder und versuchen, ein Geheimnis zu bergen, das vor ihren Augen offenbart wird. – Aus den zwei oder drei sonst anzutreffenden Marien ist die heimatlos gewordene Frau mit ihrem Sohn geworden, die ziellos auf den Straßen Europas eine Bleibe sucht, in sich gekehrt, müde, verdrossen, voller Tränen, die sie nicht mehr weinen kann. Sie scheint am wenigsten von dem zu merken, was da unvermittelt vor ihnen geschieht.

Geheimnis der Überwindung

Dieses Triptychon ist dem Verstand schwer zugänglich. Was soll es sagen? – Es ist dem Zugriff entzogen wie jedes Geheimnis. Eigentlich bleibt nichts anderen, als es voller Ehrfurcht anzunehmen. Ilse Fischer hat die Überwindung gemalt, welche man nicht machen muß, sondern die geschehen ist und einbeziehen will, in Christus begegnend und sich mitteilend.

2. Ergebnis

Diese beiden Arbeiten zeigen, so schwach sie künstlerisch auch sein mögen, doch eine Tatsache deutlich, die wir bisher beinahe vergessen haben: für die Auseinandersetzung des Glaubens an den Auferstandenen mit dem Kriege kann es noch ganz andere Aspekte geben als den des vom Tode eines Soldaten betroffenen Hinterbliebenen und der mitbetroffenen Gemeinde.

Eine Gruppe christlicher Kriegsgefangener oder eine Kirchengemeinde vermag nicht so einseitig auf Auseinandersetzung mit dem Tode ausgerichtet zu sein,

Abb. 44 Ilse Fischer, Auferstehung Christi, 1945. Altarbild, Ernst-Moritz-Arndt-Kirche Berlin-Zehlendorf.

wenn sie für ihren liturgischen Gebrauch die Auferstehung Christi oder den Auferstandenen darstellt, auch wenn sie die zeitgeschichtliche Komponente ins Bild bringt.

Offenbarung während des Kriegsgeschehens

Die auf den beiden Darstellungen vorkommenden Soldaten sind allesamt nicht tot, sondern schlimmstenfalls kriegsgefangen oder verwundet. Das primäre Thema dieser Arbeiten ist Offenbarung während des Kriegsgeschehens, nicht aber Tröstung nach dem Kriegstode von Gefallenen.

Da es sich bei dem Tode und der Auferstehung Jesu Christi nicht um ein isoliertes Geschehen handelt, ist seine Geste für die Kriegsgefangenen in Trier auch Bestätigung der Sinnhaftigkeit ihrer Leiden[135]. In der Gemeinschaft mit ihm, der gelitten hat, werden sie auch Gemeinschaft haben mit ihm, der auferstanden ist. Es ist also schon Brot, was sie, im wenn auch noch so trockenen Laib empfangen haben, und auch Wein, was man ihnen zu trinken gegeben hat.

Damit aber kommen wir zu dem, was sich hinter den Schranktüren befunden haben mag. Waren es nur die Priestergewänder, oder enthielt er auch die Elemente des Altarsakraments? Auf jeden Fall hat der Spind eine – wenn vielleicht auch sehr untergeordnete Funktion in der Eucharistiefeier gehabt. Hierin dürfte überhaupt die Anregung zu dem Bild auf den Türen gelegen haben. Rohners Darstellung ist ein Versuch, anschaulich zu machen, was sich bei der Eucharistiefeier ereignet. Die katholische Kirche hat sich den Aspekt der Gegenwart Jesu Christi durch die Transsubstantiationslehre drastisch eingeprägt und in ihrer Tradition auch bewahrt.

Die Eucharistiefeier ist für sie der Ort der dinglich gewordenen Begegnung mit dem gegenwärtigen Herrn. Hier steht er vor der Gemeinde, spricht zu ihr, weist sie ein in ihr Leben und verheißt ihr ewige Seligkeit als Frucht ihrer Nachfolge.

[135] Phil. 3,10 f.

F. Auferstehung in der Selbstreflexion des sich an den Krieg erinnernden Kollektivs

I. Kollektivistisches Verständnis des Auferstehungsbegriffs

Die Nationalhymne der DDR

In einem 1953 erschienenen Gedenkbuch für die Opfer der Belegschaft der Gladbacher Wollindustrie AG[1] mit den Bildern und Lebensläufen sämtlicher 171 Gefallener des 2. Weltkrieges aus dem Betrieb erscheint als letztes Bild der auferstehende Christus aus dem Isenheimer Altar von Matthias Grünewald[2]. Der für die Auswahl der Texte und Bilder verantwortliche Paulheinz Quapp leitet seine Betrachtung zu dem Grünewaldschen Bilde mit einer bemerkenswerten Frage ein: „*AUFERSTEHUNG – wie anders als in österlichem Sinne ließe sich dieses Wort verstehen am Ende eines Buches, das von so vielerlei Tod und Opfer berichtet?*"[3]

Diese Frage setzt nämlich voraus, daß man es auch anders verstehen könnte, ja auch schon tat. Daß man also nicht die Auferstehung Jesu Christi und der Christen von den Toten zum Wort „Auferstehung" assoziierte, sondern etwas anderes, etwas Ähnliches vielleicht, Entsprechendes sogar, aber doch nicht das, was man traditionell darunter versteht.

Auferstanden aus Ruinen...

Tatsächlich hatte ja schon 1949 Johannes R. Becher diesen Begriff für etwas anderes okkupiert, als er die Bevölkerung der neugegründeten DDR als „*auferstanden aus Ruinen*" pries. Eine schon während und nach dem 1. Weltkrieg sich abzeichnende Linie aufnehmend, hatte die Regierung der DDR den Begriff der Auferstehung kollektivistisch verstanden, als sie Becher folgte und sein Lied zur Nationalhymne machte. Auferstehung war für sie so etwas wie „Wiederaufbau", eine damals ständig gebrauchte Vokabel, Wiederaufbau nach der Zerstörung des Staatswesens. Zwar hatten die meisten Individuen den katastrophalen Ausgang des Krieges überlebt. Aber der alte Staat war nun tatsächlich untergegangen. Das deutsche Gebiet war beträchtlich verkleinert, und der Rest in vier Zonen aufgeteilt worden. Das Deutsche Reich war tot. Jetzt entstanden aus der einen östlichen und den drei westlichen Besatzungszonen zwei einander feindlich gegenüberstehende Republiken. Die eine von ihnen empfand diesen Vorgang für sich selbst als Auferstehung. Ein neues Selbstbewußtsein war im Entstehen; eine neue Gemeinschaft mit einem nur ihr eigenen Zusammenhalt und Gepräge begann sich zu bilden.

...und der Zukunft zugewandt

Diesem kollektivistischen Verständnis des Begriffs der Auferstehung entsprach nun auch ein neues Verhältnis zur Zeit. Ging es doch hier nicht mehr um die Auferstehung der einzelnen Toten in das ewige Leben, sondern um einen Vorgang innerhalb einer dereinst exakt beschreib- und bestimmbaren Zeit. Es war also nur

[1] Unsere Liebe findet euch. Zum Gedenken an die Opfer der Belegschaft im Zweiten Weltkriege. Gladbacher Wollindustrie AG., vormals L. Josten, Mönchengladbach o. J. (1953).

[2] Ebd., S. 83.

[3] Ebd., S. 85.

konsequent, wenn Becher sein neues Staatswesen als „auferstanden aus Ruinen *und der Zukunft zugewandt*" beschrieb[4].

Hier zeichnete sich aber auch schon ein krasser Verlust ab. Indem nämlich Becher den Vorgang der Auferstehung so interpretierte, als ob er sich einseitig in der Immanenz abspielte, verlor er für ihn nicht nur die Dimension der Ewigkeit, sondern wurde atheistisch. War die Auferstehung im Christlichen möglich in der Auferweckung durch Gott, erfolgte also die Auferstehung zu Gott hin, so verdankte sie nun ihre Entstehung dem Geburtshelferdienst der sowjetischen Besatzungsmacht und war der Zukunft, der Utopie der kommunistischen Gesellschaft, eines vollkommenen Menschenwerks, zugewandt.

Man muß hier allerdings vorsichtig sein, um nicht bei der Beurteilung der Becherschen Interpretation des Begriffs der Auferstehung das Kind mit dem Bade auszuschütten, indem man vielleicht meint, die kollektivistische Auslegung zwinge als solche in ihrer letzten Konsequenz auch zur atheistischen.

War doch Luthers Kampf gegen die katholische Hochschätzung der guten Werke nichts anderes gewesen als der Versuch, die Kirche vor einer Automatisierung und damit Ausschaltung Gottes zu retten. Seine Frage „Wie kriege ich einen gnädigen Gott?" war im Grunde ein sehr deutlicher Wegweiser zum Ziel hin; denn sie lautete anders als die der Zeitgenossen, die sich damit abspeisen ließen, daß man ihnen sagte, wie sie in den Himmel kämen.

Mit anderen Worten, Auferstehung, so oder so verstanden, kann offen oder versteckt an Gott vorbei gedacht werden.

In Bechers „Sieben Reden zu Deutschlands Erneuerung"[5] kommt der Begriff der Auferstehung expressis verbis ständig vor. Er ist ihm das Schlüsselwort für die Erneuerung Deutschlands überhaupt. Er versteht darunter neben dem äußeren Wiederaufbau vor allem eine moralische Erneuerung[6] des Volkes, zu der eine Abrechnung mit der Vergangenheit[7] nach sozialistisch geschärfter Einsicht[8] und ein neuer Humanismus notwendig sind[9]. Letzterer soll die Ideale der Gleichheit und der Brüderlichkeit[10] und auch der Freiheit[11] in sich vereinen. Als ein Mittel, die geistigen Kräfte des deutschen Volkes zum Dienst an einem solchen Auferstehungswerk zu-

[4] Text der Nationalhymne der Deutschen Demokratischen Republik von 1949:
Auferstanden aus Ruinen und der Zukunft zugewandt,
laß uns dir zum Guten dienen, Deutschland, einig Vaterland!
Alte Not gilt es zu zwingen, und wir zwingen sie vereint;
denn es muß uns doch gelingen, daß die Sonne schön wie nie
über Deutschland scheint, über Deutschland scheint.
Glück und Friede sei beschieden Deutschland, unserm Vaterland!
Alle Welt sehnt sich nach Frieden, reicht den Völkern eure Hand!
Wenn wir brüderlich uns einen, schlagen wir des Volkes Feind.
Laßt das Licht des Friedens scheinen, daß nie eine Mutter mehr
ihren Sohn beweint, ihren Sohn beweint.
Laßt uns pflügen, laßt uns bauen, lernt und schafft wie nie zuvor,
und der eignen Kraft vertrauend, steigt ein frei Geschlecht empor.
Deutsche Jugend, bestes Streben unsres Volks in dir vereint,
wirst du Deutschlands neues Leben. Und die Sonne schön wie nie
über Deutschland scheint, über Deutschland scheint.

Dieser Text wird seit einigen Jahren nicht mehr bei offiziellen Anlässen gesungen. So erklingt nur noch die Melodie von Hanns Eisler.

[5] Johannes R. Becher, Deutsches Bekenntnis. Sieben Reden zu Deutschlands Erneuerung, Berlin [4]1947.

[6] Ebd., S. 47.

[7] Ebd., S. 43 ff.

[8] Ebd., S. 10 f., 34, 47.

[9] Ebd., S. 46 ff.

[10] Ebd., S. 46, 49.

[11] Ebd., S. 9, 46, 90 f.

sammenzuführen, hat er übrigens den „Kulturbund zur demokratischen Erneuerung Deutschlands" gegründet[12]. Einen förderlichen Effekt haben für ihn aber natürlich auch solche Maßnahmen der Besatzungsmacht wie z. B. die Bodenreform[13].

Daß das Ende des 3. Reiches eine Auferstehung ermöglichen werde, hat Joh. R. Becher anscheinend mit vielen anderen zusammen erhofft. So haben z. B. jugoslawische KZ-Insassen ihren österreichischen Mithäftlingen am 1. Mai 1945 zur „Auferstehung des freien Österreich" gratuliert. Auf der Postkarte, welche sie dazu gestaltet haben, befindet sich außer dem Text eine figürliche Darstellung: ein Bauarbeiter in betont kraftvoller Pose steht, von einem kreisrunden Licht erhellt, im Vordergrund, dem Betrachter zugewandt. Hinter ihm ragen die Schlote der wieder arbeitenden Industrie[14].

II. Auferstehung in der Selbstreflexion des Kriegsgedächtnisses im deutschen Nationalismus

Karl Friedrich Schinkel, Plan eines deutschen Nationaldoms

Doch ehe wir uns nun den Arbeiten zuwenden, welche Auferstehung in dem hiermit angedeuteten Sinne darstellen, müssen wir die Tatsache zur Kenntnis nehmen, daß ein solches Auferstehungsverständnis seine Tradition hat, die in die Anfänge des 19. Jahrhunderts zurückreicht.

Becher zitiert z. B. Gottfried Keller, der 1844, an das deutsche Volk gewandt, gedichtet habe: *„Und ich erkannte: ja du bist ein Grab, jedoch ein Grab voll Auferstehungsdrang."*[15]

Deutschland als tot, als Leichnam oder als Feld voller Totengebein: so ist es vor allem den Deutschen selber nach dem Beginn des Aufstandes gegen die napoleonische Fremdherrschaft vorgekommen, nachdem sie ein knappes Jahrzehnt vorher die endgültige Auflösung des Heiligen Römischen Reiches Deutscher Nation erlebt hatten.

Karl Friedrich Schinkel hat noch während der Befreiungskriege zwei Denkschriften an den König von Preußen gerichtet, mit Skizzen für einen Dom vor den Toren Berlins, etwa auf dem jetzigen Potsdamer Platz[16].

Der Dom soll nach seinen Vorstellungen eine Wallfahrtsstätte werden[17]. In der Kirche soll außer den Büsten verdienter Deutscher auch „die wirkliche Asche" deutscher Heroen ihren Platz finden[18]. Der Dom soll einerseits Kirche sein, andererseits aber auch Denkmal mit säkularen Heiligenbildern und Reliquien, Manifestation des Selbstbehauptungs- und Einheitswillens des deutschen Volkes und seiner Frömmigkeit. Schinkel erklärt: *„Wenn Gott den Völkern neues Leben einhauchte, gegen den Untergang sich zu erheben, wenn er sie stark machte, die Freiheit zu erkämpfen, und wenn so ein großer Akt in der Weltgeschichte geschlossen ward, dann ist hiernach das Edelste, was der Mensch beginnen kann, das Andenken einer solchen Zeit in religiösem Sinne recht fest zu halten und würdig zu ehren, und dazu ist nur ein Medium – die schöne Kunst"*[19].

[12] Ebd., S. 70 f., 82 ff., 92 ff.

[13] Ebd., S. 47.

[14] Abb. in: Walter Bartel u. a. (Hgg. im Auftrage der Fédération Internationale des Résistents u. a.), Buchenwald. Mahnung und Verpflichtung, Berlin 1960, Bildteil , Abb. 119.

[15] Becher, Deutsches Bekenntnis, S. 13.

[16] Paul Ortwin Rave, Berlin. Bauten für die Kunst, Kirchen, Denkmals-Pflege, (Karl Friedrich Schinkel, hg. v. d. Akademie des Bauwesens, 1. Teil), Berlin 1941, S. 187-202.

[17] Rave, Berlin-Schinkel, S. 198.

[18] Ebd., S. 196.

[19] Ebd., – Vgl. Karl Röhrigs Zustimmung hierzu hundert Jahre später in: RK (1917), S. 22 f.

Mit dem Begriff von der Einhauchung neuen Lebens in die Völker, die vom Untergang bedroht sind, hat Schinkel eine Vorstellung aufgegriffen, die sich in der Bibel findet: Ez. 37, 1-14. Interessanterweise gibt es aber auch einen wesentlichen Unterschied: während lt. Ezechiel Gott das Volk aus den Gräbern holen und heimbringen will, erhebt sich nach Schinkel das wiederbelebte und starkgemachte Volk, um seine Freiheit zu erkämpfen.

Der Hauptaltar des schon recht detailliert entworfenen Doms soll nun wohl nicht ohne Zufall seiner Darlegung entsprechend das *„Hauptemblem der christlichen Kirche: Christus als Sieger mit der Fahne über der Weltkugel"* in vollplastischer Ausführung tragen (Abb. 45)[20]. Das Hauptportal soll den *„Erzengel Michael im Kampfe"* als Symbol für *„den Sieg des guten Prinzips"* enthalten[21]. Im großen *„Frontispize über dem Hauptportal ist die Weihe und Verewigung des Eisernen Kreuzes angebracht"*[22].

Eine religiöse, aber unchristliche Idee

Hubert Schrade sieht in der Tatsache, daß dieser Plan Schinkels nicht ausgeführt worden ist, ein Zeichen dafür, wie zwiespältig und irreal er gewesen sei. Zwar habe der Wunsch, einen Nationaldom zu bauen, der Tatsache entsprochen, *„daß die gewaltige, nur mit dem Inbegriffe des Religiösen zu erfassende Begeisterung des Aufbruchs und das in ihm sich emporringende neue Leben"* einen religiösen Ausdruck gesucht habe. Und der habe damals in Deutschland zur Zeit des Staatskirchentums natürlich irgendwie christlich-kirchlich sein müssen. Andererseits aber sei ja der Nationalismus weder *„von den verdorrten Kräften"* noch von den *entleerten Sinnbildern der alten Kirche entfacht"* worden. Zudem habe der Realisierung des Planes, einen Nationaldom zu bauen, die konfessionelle Spaltung entgegengestanden, wenn auch der Wunsch aufgekommen sei, *„mit der politischen auch die religiöse Zerklüftung des Volkes zu überwinden"*. Er fügt hinzu: *„Die Schöpfung des Eisernen Kreuzes und die Entwürfe zum Nationaldom gehören e i n e r Vorstellungs-, Glaubens- und Wunschwelt an."*[23]

Schrades Kommentar – er äußert ihn 1934 als begeisterter Nationalsozialist – enthebt uns der theologischen Kritik, weil er sie selbst indirekt gibt. Er stellt fest, daß die christlichen Kirchen einfach nicht die Basis für einen Nationaldom Schinkels haben abgeben können, und das nicht nur wegen ihrer konfessionellen Spaltung, sondern weil sie allesamt anderen, um nicht zu sagen, gegensätzlichen Inhalten verpflichtet sind.

Schinkel stand übrigens mit seiner Idee nicht allein: Alois Hirt hat etwa gleichzeitig in den Abhandlungen der historisch-philologischen Klasse der Preußischen Akademie der Wissenschaften aus dem Jahre 1814-1815, Berlin 1818, im Anhang zu der Vorlesung über das Bildnis der Alten vorgeschlagen, die Auferstehung Jesu Christi in kollossaler Gestalt im Inneren des Nationaldoms als einziges Symbol für die Befreiungskriege aufzustellen[24].

Fritz Klimsch, Ehrenmal in Prenzlau

Herr, mach uns frei!

Ein gutes Jahrhundert später wird auf einem von Fritz Klimsch geschaffenen Ehrenmal in Prenzlau (Abb. 46) der Schritt ins Heidentum noch ersichtlicher: ein nackter junger Mann, der sich wie ein Erwachender mit dem Handrücken der Linken über die Stirn streicht und in der Rechten ein Schwert hält, fährt, von einer Flamme getragen, empor. Darunter aber steht auf dem Sockel: *„Herr mach uns frei. Den 3800 Gefallenen Kämpfern des Brandenb. Inf. Rgts. 64. Pr. Friedrich Karl 1914-1918"*.

[20] Rave, Berlin-Schinkel, S. 200. Dort befindet sich auch eine Zeichnung der Innenansicht mit dem Hauptaltar.

[21] Ebd., S. 199.

[22] Ebd., S. 200.

[23] Schrade, Das Deutsche Nationaldenkmal. Idee/Geschichte/Aufgabe, München 1934, S. 103.

[24] Schrade, Auferstehung, S. 380.

Abb. 45 Karl Friedrich Schinkel, Der Auferstandene, 1815. Entwurf zum Hauptaltar des Nationaldomes in Berlin.

Abb. 46 Fritz Klimsch, Phönix, vor 1938. Kriegerdenkmal Prenzlau.

Was soll die Bitte auf dem Sockel bedeuten? Ist sie ein Gebet, gesprochen im Namen der 3800 Gefallenen, daß sie aus den Qualen der Hölle oder des Fegefeuers befreit werden möchten? Die Flammen könnten daran denken lassen. – Weit gefehlt: Es ist das Gebet des deutschen Volkes darum, wie Phönix aus der Asche steigen, erwachen und das Schwert wieder schwingen zu können.

Hermann Hosaeus, Kriegerdenkmal in Schivelbein/Pom.

Der gleichen Hoffnung hat Hermann Hosaeus auf einem Kriegerdenkmal vor der Burg von Schivelbein/Pom. Ausdruck verliehen (Abb. 47). Auf einem nach oben sich verjüngenden stelenartigen Unterbau steht ein in sich noch einmal aufgesockeltes Eisernes Kreuz. Beides ist aus bayrischem Porphyr gearbeitet. Die Vorderseite des Unterbaus, der den Blick schon durch seine äußere Form von unten nach oben führt, nehmen zwei übereinanderstehende bildliche Darstellungen ein, die in der Art von Zeichnungen mehr in den Stein hineingeritzt als gehauen scheinen. Das untere Bild zeigt einen Stacheldrahtverhau. Er zieht sich quer über den Stein hin. Die Drähte verlieren sich zu den Seiten. Über dem Stacheldrahtverhau sieht man Grabkreuze. Auf einigen von ihnen hängt ein Stahlhelm. Daraus läßt sich natürlich leicht entnehmen, daß es sich um die Grabmäler gefallener Soldaten handelt. Die Kreuze sind so angeordnet, daß sie den Blick von unten rechts nach oben links in einer Kurve leiten. Sie gehen, so hat man den Eindruck, nach oben. Wo führen sie hin?

Sie ziehen zum Eisernen Kreuz über dem Sockel und zu dem, was auf dessen Vorderseite als Flachrelief dargestellt ist.

Abb. 47 Hermann Hosaeus, Phönix, nach 1918. Kriegerdenkmal Schivelbein/ Pommern.

Dort schlagen über den Jahreszahlen 1914 und 1918 aus einem kreisrund zu denkenden Gebilde Flammen. Das ist das Bild des 1. Weltkrieges: der Globus steht in Flammen. Es loht breit in die Höhe. Darüber aber schwebt mächtig und scheinbar ohne jede Mühe ein Adler, das Symboltier des Deutschen Reiches. Die Aussage dieses Denkmals ist eindeutig: der Weltkrieg mit seiner quälenden Länge (Stacheldrahtverhau) und seinen vielen Kriegstoten (Grabkreuze) führt zur Wiedererstehung des Deutschen Reiches. Dieses wird wie Phönix aus den Flammen emporsteigen.

Den gleichen Sinn hat man auch im 2. Weltkrieg mit im wesentlichen gleichen Bildern darstellen können.

Zitat aus einer Rezension von Hans Schweitzer, dem Reichsbeauftragten für künstlerische Formgebung, zur Ausstellung „Die Pressezeichnung im Kriege", 1941: *„Wieder andere Blätter dokumentieren die souveräne deutsche Haltung in diesem Kriege, die Gewißheit um seinen Ausgang, die tiefe Erkenntnis seines Sinnes. Aufrauscht machtvoll der deutsche Adler aus den deutschen Gräbern der Gefallenen: 'Aus ihrem Herzblut wächst das Reich!' ..."*[25]

Karl Knappe/Bernhard Bleeker, Kriegerdenkmal vor dem Armeemuseum in München

Zu Beginn des Dritten Reiches ist Hubert Schrades „Nationaldenkmal" erschienen[26]. In dieser Monographie versucht Schrade darzulegen, daß das figurale Individualdenkmal des 19. Jahrhunderts, da der Aufklärung entsprungen, eigentlich undeutsch sei. Er empfiehlt das Architekturdenkmal, weil es, wie das Schlageterdenkmal in Düsseldorf oder das Tannenbergdenkmal, Manifestation der Volksgemeinschaft sei und sein Sinn immer erst offensichtlich werde, wenn sich eine große Gemeinschaft auf seinem Platz oder in seinem Raum versammele. Lobend hebt er auch Karl Knappe und Bernhard Bleeker hervor, die das Kriegerdenkmal vor dem Armeemuseum in München geschaffen haben[27] (Abb. 48 u. 49).

Auch hier ist ein für Aufmärsche geeigneter Platz geschaffen worden. Den Mittelpunkt des Gevierts bildet ein Quader, ein Gebilde, halb Sarkophag, halb Altar, auf welchem vorn *„Unseren Kameraden"* und hinten *„Sie werden auferstehen"* zu lesen ist. Dieser Block überdacht eine Krypta, in deren Mitte auf einer Sarkophagplatte ein Gefallener *„in jugendlicher Kraft"*[28] ruht. Er repräsentiert die 13000 Kriegstoten der Stadt, deren Namen *„gegenüber den Umfassungsmauern des Gevierts"*[29] angebracht sind. Schrade, ein Enthusiast der ersten Stunde des Dritten Reiches und darum authentischer Interpret der damals umgehenden Gedanken und Ideen, wird bei der Vorstellung des Aufmarsches auf diesem Platz eines *„'Mythos' der Gefallenen"*[30] ansichtig, der sich aber noch nicht voll artikulieren könne[31]. Er schließt immerhin seine Betrachtungen mit der Feststellung ab, das Denkmal könne *„die Vergangenheit zu freier neuer Wirklichkeit bringen, weil es ganz von Gegenwart und Zukunft erfüllt"* sei *„von der Zukunft, weil es ein Werk der Erwartung"* sei[32].

Werk der Erwartung

[25] Deutsche Presse, Nr. 7 v. 29. 3. 1941; zitiert nach: Hildegard Brenner, Die Kunstpolitik des Nationalsozialismus, (rowohlts deutsche enzyklopädie, Sachgebiet Zeitgeschichte), Reinbek 1963, S. 209.
[26] Schrade, Nationaldenkmal.
[27] Ebd., S. 107-113.
[28] Ebd., S. 109.
[29] Ebd., S. 108.
[30] Ebd., S. 109.
[31] Ebd., S. 110-112.
[32] Ebd., S. 112 – Vgl. Oskar Doering, Ergebnis des Wettbewerbs für ein bayerisches Armeedenkmal: DCK 17 (1920/21), Blg. S. 33.

Die Totenfeier im Nürnberger Luitpoldshain, 1933

Abb. 48 Karl Knappe/Bernhard Bleeker, Kriegerdenkmal vor dem Armeemuseum, 1926. München. Gesamtanlage.

Abb. 49 Karl Knappe/Bernhard Bleeker, Kriegerdenkmal vor dem Armeemuseum, 1926. München. Inneres der Anlage: Ruhender Gefallener.

Nationalsozialistischer Kalvarienberg

Worauf Schrade dabei eigentlich hinaus will, kommt in seinem Bericht über die Totenfeier im Luitpoldshain, welche 1933 anläßlich des Reichsparteitages stattgefunden hat, noch deutlicher heraus. Bei dieser Feier hatte sich Hitler mit seinem Stabschef von der Tribüne, auf der sich *„die drei riesigen, alles überleuchtenden Hakenkreuzfahnen erhoben, zu den Gefallenen"*[33] begeben. Der Höhepunkt der Feier kam, als die beiden in stillem Gedenken vor dem Kranz am Ehrenmal stehenblieben. Denn diese Stille wurde durch das Schweigen der angetretenen, *„fast unübersehbaren Massen der Kämpfer"*[34] noch verstärkt. Dann ertönte das Lied: „Ich hatt' einen Kameraden". Die Formationen der Kämpfer waren so angetreten, daß sie eine Gasse von der Tribüne zum Gefallenenmal bildeten. Hildegard Brenner meint, daß Hitler und sein Stabschef *„ihren Weg nahmen von einem Hügel mit drei flächig senkrecht ausgespannten überdimensionalen Hakenkreuzfahnen"*, habe *„nicht zufällig an Kalvarienberg, den Weg zum Grab und die österliche Auferstehung erinnert"*[35].

Schrade scheint auch daran gedacht zu haben. Er zählt die Totenfeier zu den *„Stunden, in denen der Sinnwille der Zeit aus seinem Geheimnis unmittelbar herausgetreten und allen sichtbar werden zu wollen scheint"*[36]. In dem stillen Gedenken des Führers *„wurde die Macht des dahinraffenden Todes gegenwärtig. Aber gegenwärtig werdend innerhalb der Formationen der Kämpfer, die Gemeinschaft und Einsatzbereitschaft verkörpern und versinnbildlichen, mußte zugleich der Sinn des Todes der Gefallenen gegenwärtig werden: als eines Opfertodes um der Volkheit willen. Die Gedenkfeier erhob sich zur Würde einer politisch-kultischen Handlung"*[37]. In dem meistgesungenen Liede der nationalsozialistischen

[33] Schrade zit. nach Hildegard Brenner, Kunstpolitik, S. 118 ff.
[34] Schrade zit. nach ebd., S. 119.
[35] Hildegard Brenner, Kunstpolitik, S. 120.
[36] Schrade zit. nach ebd., S. 118.
[37] Schrade zit. nach ebd., S. 119 f.

Bewegung hieß es ja denn auch: „Kameraden, die Rot Front und Reaktion erschossen, marschiern im Geist in unsern Reihen mit."

In Richard Euringers „Deutsche Passion 1933", die Gründonnerstag 1933 zunächst als Hörspiel, auf den Reichsfestspielen 1933 in Heidelberg als Thingspiel ihre Uraufführung erlebt und zu Anfang des Dritten Reiches großen Erfolg gehabt hat, steht ein unbekannter Soldat, welcher Deutschland aus Erbarmen und Liebe retten wird, von den Toten auf. Er führt das Volk gegen den Widerstand der Linken zu Arbeit und Wehrbereitschaft zurück und wird dann, nachdem er sein Werk „vollbracht hat", verklärt und fährt gen Himmel auf[38].

Winfried Wendland/Günther Martin, Entwurf einer nationalsozialistischen Gedenk- und Festhalle mit einer Auferstehungsdarstellung

Hubert Schrade empfiehlt in seiner Monographie über das deutsche Nationaldenkmal allerorts den Bau von Hallen, die *„dem Gedenken der Gefallenen des Weltkrieges und der völkischen Bewegung gewidmet"* sein sollen[39]. Er stellt dazu einen Entwurf von Winfried Wendland nach einer Idee von Günther Martin vor[40].

Die Halle soll sowohl Gefallenengedächtnisstätte als auch Raum zu *„allen nationalen Feiern einer Gemeinde"* sein. Es ist daran gedacht, daß der Arbeitsdienst diese nationalen Kulträume bauen soll[41].

Dem Eingang gegenüber soll sich ein Podest befinden, an den Seitenwänden die Namenstafeln der Gefallenen und Erinnerungstafeln an besondere Ereignisse der Geschichte. Für das Podest hat Günther Martin eine Figurengruppe entworfen, welche *„die Idee der Auferstehung sinnbildet"*[42]. Schrades Kommentar zu dieser Figurengruppe ist so typisch für die nationalistische Usurpation des Auferstehungsbegriffs, daß er ausführlich zitiert werden soll: *„Abgesehen davon, daß die Halle den Gefallenen gewidmet ist, gehört die Idee der Auferstehung zum behütetesten Glaubens- und Vorstellungsgute der Deutschen. Mehr als andere Völker sind sie vom Geheimnis des Stirb und Werde, dem Geheimnis der Auferstehung ergriffen. Unter den Gleichnissen für die Erhebung des Volkes in den Befreiungskriegen ist keines so sinnbildlich empfunden worden wie das der Auferstehung. Hat sich das nicht in der nationalsozialistischen Revolution wiederholt? Aber wie die Form der Halle selbst Abwandlungen unterworfen sein soll, so mag es auch wohl mit der Figurengruppe geschehen. Nur dürfte ein Thema von gleicher Sinnkraft und dem Glauben der Deutschen so verhaftet nicht leicht wiedergefunden werden"*[43].

Die Idee der Auferstehung - deutsches Glaubensgut

III. Auferstehung in der Selbstreflexion des Kriegsgedächtnisses der christlichen Kirchen

Josef Weiß, Altarentwurf

Im Jahre 1916 gab der Bayerische Kunstgewerbeverein ein Buch mit Entwürfen und Vorschlägen für Soldatengräber und Kriegsgedenkzeichen heraus[44].

Unter den hier auch veröffentlichten Entwürfen aus der Klasse des Professors H. S. Ehmcke (Münchener Kunstgewerbeschule) befindet sich ein geschnitzter Flü-

[38] Ebd., S. 100-102.
[39] Schrade, Nationaldenkmal, S. 113.
[40] Ebd., S. 113-115, Abb. 26.
[41] Schrade, Nationaldenkmal, S. 113 f.
[42] Ebd., S. 114.
[43] Ebd., S. 114 f.
[44] Bayerischer Kunstgewerbe-Verein München (Hg.), Soldaten-Gräber. Krieger-Denkmäler. Erinnerungszeichen. Entwürfe und Vorschläge, München 1916.

Abb. 50 Josef Weiß, Krieg und Frieden, 1915. Entwurf für einen Altar.

gelaltar, ein Triptychon, mit kolorierten Holzschnitten und Predella von Josef Weiß (Abb. 50). Aus der Signierung des Mittelbildes geht hervor, daß der Student ihn 1915 angefertigt hat. Maße sind in der Bildlegende nicht angegeben.

Ähnlich unklar und unbestimmbar bleibt auch manches auf den Holzschnitten selbst. Diese wirken maniriert, kitschig, verniedlichend. Die Soldaten tragen Kostüme aus dem ausgehenden Mittelalter, der Einsatz von Schriftbändern und die Schrift selbst ist verspielt und zugleich grob. Im ganzen haben wir es absolut nicht mit dem Werk eines ausgereiften Künstlers zu tun, der Kunstgeschichtler möchte sich nicht damit abgeben; und dennoch hat der Student Jos. Weiß eine neue Bildidee gehabt, die sich erst Jahrzehnte später, nach dem 2. Weltkrieg, bei keinem Geringeren als Otto Dix wiederfindet: Passion und Auferstehung Jesu Christi werden mit dem mörderischen Geschehen des Krieges und dem zu erhoffenden Frieden danach auf einem Bilde vor-, über-, nebeneinander dargestellt.

Neue Bildidee

Auf dem Holzschnitt des linken Seitenflügels stürmt und blitzt es. Vor einer dunklen Wolke hält ein Engel ein Schriftband. Darauf steht: *„Das Leiden."* Das Leiden wird verkörpert durch Maria, die den Leichnam ihres Sohnes auf dem Schoße trägt. Vom Leibe Jesu gehen Strahlen aus. Die Vesperbildszene ist dicht über dem unteren Bildrand, in der vorderen Bildebene dargestellt. Ein zweiter Engel, der über den beiden schwebt, hält sich nachdenklich, traurig die rechte Wange, während über den Handrücken seiner Linken Feuer in vier Schwaden aus einer Lichtquelle herabfällt, die hinter dem Kopf und dem linken Arm des Engels zu sehen ist. – Im Hintergrund, unter sturmgepeitschten Baumkronen, sieht man Kavallerie im Sturm nach links reiten. Über den Reitern ist der Himmel hell erleuchtet, feurig hell. Bei den Feuerschwaden zur Linken des zweiten Engels denkt man an apokalyptische Szenen, wie sie in der Offenbarung des Johannes 8,5; 16,8f; 16,17 f. beschrieben sind. Gott zürnt, und Krieg und Vernichtung kommen über die Menschen. Aber hier begegnen wir, so scheint es nun, der ersten Ungereimtheit der Darstellung. Welchen Sinn hat es denn, daß Feuer ausgerechnet auf Maria mit ihrem Sohne herabfällt? Müßte nicht der Engel mit dem Zornesfeuer Gottes anstelle der „natürlichen" Blitze über der Schlachtenszene schweben? Aber dort, so mag man den Künstler verteidigen, ist ja schon der erste Engel mit dem Schriftband. Vielleicht hat Weiß den Engel mit den Feuerschwaden aber auch mit Absicht über dem toten Christus angebracht. Nehmen wir das Bild so, wie es uns vorliegt, dann ergibt sich eine geradezu unheimliche Aussage: Weltkrieg und toter Christus sind beide Erscheinungen des Gerichtes Gottes. Dabei dürfte dieser Gedanke um so bestürzender sein und, an Aktualität gewinnend, auf das rechte Seitenbild zudrängen, wenn man nicht nur an den ein für allemal für uns erlittenen Tod Jesu Christi denkt, sondern auch an den subjektiven Tod Jesu Christi in den Seelen der Menschen, den toten Christus, wie ihn Jean Paul in seiner berühmten Vision erblickt hat[45]. – Betrachtet man das Bild nun noch darauf, wie sich denn der Tod Christi und der Krieg zueinander verhalten, so ist zu beachten, daß dieser im Hintergrund winzig klein vorkommt, jener aber die vordere Bildebene unten beherrscht und bedeutend größer dargestellt ist. Wenn man dieses bildnerische Mittel ernst nimmt und nicht für zufällig erklärt, so besagt das, daß nach der Auffassung des Künstlers das eigentliche Leiden die Gottlosigkeit, der Verlust der Gotteskindschaft ist, zu deren Symptomen u. a. der 1. Weltkrieg gehört. Dieser aber ist Gottes Wille. Das führt das mittlere Bild aus.

Tod Christi in den Seelen…

… und 1. Weltkrieg sind göttliches Gericht

Auf der vorderen Bildebene steht unten ein Soldat mit einer auf eine Kanone herabgesenkten Fahne. So, wie der Soldat die Fahne mit dem Reichsadler hält, vollzieht er einen Trauergestus zu Ehren Gefallener. Hinter ihm sprengt denn auch ein Rappe über die Kanone, der reitende Soldat streckt, anscheinend getroffen, die Arme aus. Eine von rechts heranschwebende Jungfrau mit Nimbus faßt ihn unter den Achseln und fängt ihn auf. Hinter dem Pferde sieht man eine Menge gefallener Soldaten im Grase liegen. Zu ihnen wird sich nun gleich der Leichnam des Kavalleristen gesellen.

Zwischen den Grasbüscheln stecken ihre Fähnlein. Im Hintergrund sieht man wieder Bäume und Büsche in einer düsteren Landschaft und die schon bekannte sturmreitende Kavallerie. Den Himmel aber beherrscht diesmal ein Auge, von einem Kreis umrahmt, der unten teilweise von einer mächtig herabwallenden hellen Wolke verdeckt ist. Von dem Auge, Gottes Auge, gehen Strahlen aus, die auf das bedauerliche Geschehen darunter herabzustechen scheinen.

Am linken unteren Rand der Wolke steht *„Gottes Wille"*. Das Wort *„Weltkrieg"* findet sich auf zwei kleinen Wolken rechts und links oben in den Ecken des Bildes. Mächtig und unheimlich strahlt Licht in ungleichmäßig langen Bündeln vom Kreis um das Auge her über den Himmel. Erinnert sei daran, daß Licht und Wolke im Alten Testament vor allem eine große Rolle spielen, wenn es um eine Theophanie geht[46].

[45] Walter Rehm, Experimentum medietatis. Studien zur Geistes- und Literaturgeschichte des 19. Jahrhunderts, München 1947.

[46] Ex. 19, 16; Ps. 18, 8-16. Vgl. Hab. 3, 3 ff.: Hier kommen nur Blitze und Strahlen vor (v. 4 u. 11); Wolken werden nicht erwähnt, dafür aber düsteres Geschehen wie Pestilenz (v. 5), Erdbeben (v. 6 f. u. 10), Seesturm (v. 8 u. 10), Sonnen- und Mondfinsternis (v. 11), Krieg (v. 12 ff.) und Hungersnot durch Dürre (v. 17).

Auch wenn Josef Weiß es nicht noch besonders auf die Wolke geschrieben hätte, wüßte man sein Bild bei einiger Bibelkenntnis zu entziffern: es ist Gottes schrecklicher Wille, es ist sein Zornesgericht, daß dieser Weltkrieg stattfindet und wie er sich austobt. Allerdings ist es auch Gottes Wille, daß ein Gefallener von jener schwebenden weiblichen Figur aufgefangen wird. Hierin, und nicht im Vesperbild des linken Seitenbildes, geschieht ein gewisser Umschwung mitten im grausigen Gericht: der Gott, der diesen Mann hat sterben lassen, nimmt ihn zugleich gnädig an und auf. Diese Paradoxie ist durchaus biblisch; ist doch für Paulus z. B. die Auferstehung Jesu Christi und unsere eigene Auferstehung der Sieg der Liebe Gottes über seinen sich im Gesetz äußernden Zorn[47]. Die Offenbarung des Johannes sieht entsetzliche Plagen, u. a. Kriege, und darin Gottes Zorn voraus, aber sie weissagt auch, daß diejenigen, welche die Gebote Gottes und den Glauben an Jesus Christus halten[48], Gott vor seinem Stuhl in Ewigkeit preisen werden[49].

Weiß ist offenbar gegenüber dem Weltkrieg als einer gerechten Sache, ja, als sei er Gottes Sache, skeptisch eingestellt. Seine Kritik ist radikal. Dieser Krieg ist selbst göttliches Gericht, keine Apotheose der Nation, wie es Kriegsprediger beider Konfessionen wollten.

Um so positiver sieht aber Weiß die Rolle der sich mit der Jungfrau Maria identifizierenden Kirche. Denn niemand anderes als Maria ist die unbeflügelt schwebende Jungfrau, welche den tödlich getroffenen Soldaten auffangen darf. Sie, die das *„Fiat"* sagt und danach handelt, darf ihn in den Himmel der Gnade Gottes aus dem Gericht entführen. Niemand sonst, schon gar nicht irgendein Kaiser.

Zukunftsvision

Das rechte Seitenbild ist durch das linke vorbereitet. Der tote Christus ist auferstanden und grüßt die vier Soldaten zu seinen Füßen, die sich aus dem Schlafe erheben. Der Himmel, die Landschaft sind freundlich erhellt. Heitere Frühlingssonne scheint auf sich zerteilende Wolken und eine friedliche Landschaft, in der ein Bauer seinen Acker pflügt.

Auf dem von einem Engel oben gehaltenen Schriftband steht *„Die Freude"*. Worin besteht denn nun die Freude? – In der Auferstehung Jesu Christi von den Toten? In dem Frieden auf der Landschaft im Hintergrund? – Vor allem, was ist der gemeinsame Nenner der beiden Szenen? Antwort: der in dem Volk erstorbene Gott wird wieder lebendig. Er beendigt den Krieg und läßt den Frieden schaffen.

Die vier Soldaten, welche das Grab Jesu bewachen sollten, sehen aus wie die deutschen Soldaten auf dem Mittelbild. Sie stehen auf, dem auferstehenden Christus folgend ins Leben, in den Frieden, in die Freude.

Weiß sagt mit seinem Triptychonentwurf voraus: dem Tode Gottes in den Seelen der Menschen der Neuzeit werde seine Auferstehung in ihnen folgen[50].

Noch einmal aber sei betont, daß diesem Entwurf eines Einzelnen kein Auftrag entsprochen hat. In seiner Kritik am Nationalismus, in seiner theologischen Tiefe und Entschiedenheit steht er einzig da unter den Arbeiten zum Kriegsgedächtnis aus den Jahren vor dem Ende des 1. Weltkrieges.

Um so quälender wirkt die verniedlichende Form, die ins Kitschige und Sentimentale ausweichende Manieriertheit der Verwirklichung seiner Idee.

[47] 1. Kor. 15, 54-57.

[48] Apk. 14,12.

[49] Apk. 14, 1 ff.

[50] Vgl. Jürgen Moltmann, Theologie der Hoffnung. Untersuchungen zur Begründung und zu den Konsequenzen einer christlichen Eschatologie, (Beiträge zur evangelischen Theologie. Theologische Abhandlungen. Hg. v. E. Wolf, Bd. 38), München 1965, S. 153 f.; Paul Schütz, Parusia, S. 619-626.

Das Nagelkreuz von Coventry

Zerstörung einer Kathedrale zur Ehre Gottes

Der Provost von Coventry hat nach der Zerstörung seiner Kathedrale (1940) an der Ruine eine Tafel anbringen lassen, auf der sinngemäß steht, diese Kathedrale sei zur Ehre Gottes zerstört worden[51]. Den verblüfften Zeitgenossen hat er dazu erklärt, diese Zerstörung zeige, wohin die Gottlosigkeit führe. Als Symbol der Kreuzigung des Menschen errichtete er an der Stelle, wo einst der Altar gestanden hatte, ein Kreuz aus verkohlten Dachsparren des Gotteshauses. Dazu verfaßte er ein Gebet, das sog. Versöhnungsgebet, welches die ihm besonders verbreitet erscheinenden Sünden aufzählte und in den Refrain der Bitte mündete: Father forgive!

Doch damit nicht genug! Noch während des Krieges ließ er drei von den einst durch Mönche geschmiedeten Nägeln aus dem verkohlten Dachgebälk herausziehen, zu einem Kreuz zusammenschweißen und galvanisch versilbern. Dieses silberne Nagelkreuz gab er dann mit der Bemerkung in die verschiedenen Gemeinden der Diözese, die Christen wüßten nicht nur von der Kreuzigung, sie hofften auch auf die Auferstehung. Er forderte die Gemeinden auf, sich durch das ihnen übersandte Kreuz zum Gebet um Auferstehung nach der Kreuzigung, d. h. Wiederaufbau und Erneuerung, anregen zu lassen. Um seine Hoffnung noch zu unterstreichen und zugleich zu konkretisieren, ließ er eine zweite Tafel neben der ersten anbringen, auf der Haggai 2, 9 zitiert war: *„Die künftige Pracht dieses Hauses wird größer sein als die frühere, spricht der Herr der Heerscharen, und an dieser Stätte will ich Heil (Frieden) geben, spricht der Herr der Heerscharen."*

Tatsächlich ist dann ja auch die neue Kathedrale prächtig errichtet worden. Die Ruine ist stehengeblieben und in den Neubau einbezogen worden, so, daß sie im rechten Winkel zu ihm steht. Im Untergeschoß der Ruine hat die Aktion Sühnezeichen eine Kapelle gebaut. Das Nagelkreuz befindet sich auf dem Altar der neuen Kathedrale.

Anläßlich der Einweihung des Neubaus überbrachte der Nachfolger des Propstes von Coventry an verschiedene Brennpunkte der Welt weitere Silberne Nagelkreuze, Nachbildungen des ersten, aus anderen Nägeln des Gebälks der Ruine, als Zeichen der Hoffnung auf Auferstehung auch für sie. So erhielten z. B. christliche Gemeinden in Jerusalem, Stalingrad, Alabama und Berlin solche Nagelkreuze. Überall dort, wo man unter der Kreuzigung des Menschen durch den Menschen als Folge der Gottlosigkeit besonders schwer litt, wo feindselige Spaltung und Terror das Leben vergiftete und tötete, sollte dieses Zeichen zum Gebet um Auferstehung und Hoffnung auf sie ermutigen.

Wie dieses Zeichen hat sprechen können, mag man daran sehen, wie man in Westberlin das Nagelkreuz unterfing. Der Bildhauer Karl Wientzek steckte das Kreuz auf einen Doppel-T-Träger, welchen er aus einer Berliner Bombenruine gezogen und schwarz gestrichen hatte. In ihn schnitt er die Bitte aus dem Versöhnungsgebet *„Vater vergib"* von oben nach unten heraus und füllte die Buchstaben mit rotem Glase aus. Dieses Kreuz hat seinen ständigen Standort in der evangelischen Kirchengemeinde Berlin-Mariendorf-Ost, wird aber auch heute noch zuzeiten an andere Gemeinden Berlins weitergegeben (Abb. 51). Es darf nicht wundernehmen, daß ein weiteres silbernes Nagelkreuz sich in Ostberlin befindet.

An der Wand des Eingangsraums des Doms zu Münster ist ein quadratischer Stein aus der Kathedrale von Coventry angebracht. Die Inschrift darauf trägt die be-

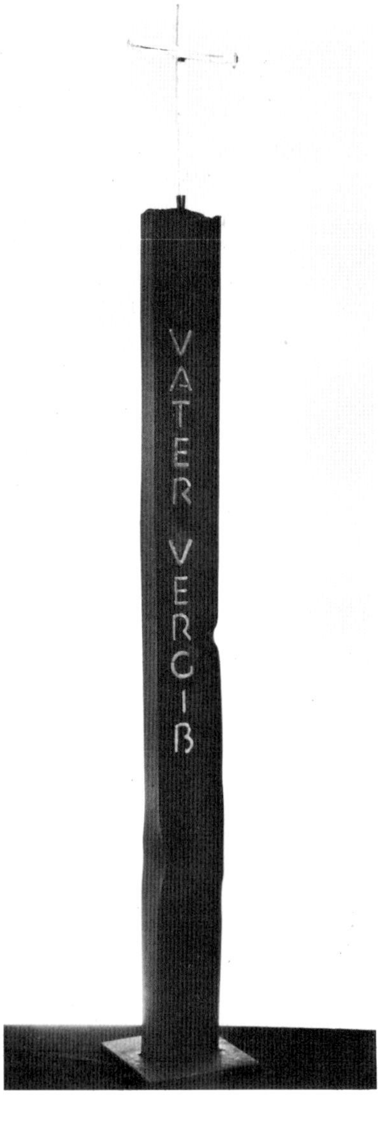

Abb. 51 Silbernes Nagelkreuz aus Coventry, 1962. Ev. Kirchengemeinde Berlin-Mariendorf-Ost.

[51] Der folgende Bericht geht auf mündliche Überlieferung zurück: Pfarrer Martin Tecklenburg 1962 vor dem Pfarrkonvent Berlin-Tempelhof. – Vgl. die Berliner Pressenotizen anläßlich der Übergabe des Nagelkreuzes am 14. 10. 1962 durch Reverend Williams an Bischof Dibelius, in: Der Tagesspiegel vom 16. 10. 1962, Nr. 5200, S. 9; Telegraf vom 16. 10. 1962, Nr. 241/17, S. 13. – Das Buch von Stephen Verney, Fire in Coventry, London u. a. 1964, berichtet erst über die Einweihung der neuen Kathedrale.

zeichnende Überschrift: „*Deo adiuvante resurgo.*"[52] Darunter heißt es auf deutsch und englisch: „*Stein aus der Cathedrale von Coventry. Zerstört 14. November 1940. Vergebt einander, wie auch Gott euch in Christus vergeben hat.*" Neben diesem Stein hängen Bilder vom zerstörten Dom.

Dom zu Münster

Auch in Münster sind also Wiederaufbau und Erneuerung unter einem religiösen Stichwort erwartet und erlebt worden: als Auferstehung. In Coventry hat man die Ursache für den „Tod", die Kreuzigung des Menschen durch den Menschen, nicht im Monopolkapitalismus allein, sondern in der Gottlosigkeit schlechthin gesehen.

Material und Symbol

Als Provost Williams in der Neutempelhofer Kirche das Nagelkreuz für Westberlin übergab, meinte Bischof Dibelius, dies sei ein Symbol im besten Sinne des Wortes, weil hier ein Stück Wirklichkeit zum Zeichen geworden sei. Im Unterschied zum gewöhnlichen Kunstwerk, in welchem das Material eine sekundäre Rolle spiele, spreche in dem Nagelkreuz das Material eine unüberhörbare Sprache, zeuge es doch auch schon ohne die Verarbeitung für einen Abschnitt unsere Völker zutiefst angehender Geschichte.

Coventry und Dresden

In Coventry hat man sich nicht mit der Überreichung solcher Zeichen begnügt, sondern noch einen Schritt weiter in die Alltagswirklichkeit getan. Coventry hat einen Arbeitsaufenthalt britischer Jugendlicher in Dresden als Dank für den Dienst der Aktion Sühnezeichen in Coventry organisiert. Warum ausgerechnet in Dresden? Um zu bekunden, daß Versöhnung kein „Einbahnverkehr" sein kann. „Vergebet einander" steht auf der Steintafel in Münster. – Warum ausgerechnet in Münster?

Auferstehung und Versöhnung

Versöhnung als gegenseitige Vergebung der Sünden gehört demnach zu dem von Coventry erschauten Auferstehungsvorgang als ein wesentliches, ja, konstitutives Element. Hiervon ist natürlich bei Joh. R. Becher nicht die Rede: wohl von Einsicht oder Umkehr, aber eben nicht von gemeinsamer Verstrickung in gegenseitig zu vergebende Schuld aller am Kriege beteiligten Völker, also etwa auch der Sowjets. Hier, an dieser bezeichnenden Stelle schweigt die Selbstrechtfertigung dessen, für den Leningrad zum Ausgangspunkt des Heils der Menschheit geworden ist. „Deo adiuvante resurgo." Wie sollte sie auch ohne Gott aufhören, die Rechtfertigung seiner selbst, die Eigenmächtigkeit also auch in diesem Bereich?

IV. Auferstehung im Kriegsgedächtnis der UNO

Per Krogh, Wandgemälde im Sicherheitsratssaal

Daß die Bildung der „Vereinten Nationen" als Auferstehung erlebt, „mit einem religiösen Schimmer umgeben" worden ist[53], dafür gibt es im UNO-Gebäude selbst einen Beweis. Die Norwegische Regierung schenkte 1952 der UNO für den Raum des Sicherheitsrates ein Wandgemälde von Per Krogh (Abb. 52). Das Bild, ausgeführt in Öl auf Leinwand, hat die beträchtlichen Ausmaße von 8,25 m x 6,5 m und beherrscht die Rückwand vollkommen. In seiner Mitte steht der Vogel Phönix über der finsteren Grabeswelt des Krieges. Diese wird durch einen Felsenhügel angedeutet, auf welchem der Leichnam des Vogels, seine alte Hülle also, liegt.

[52] Mit Gottes Hilfe werde ich auferstehen.

[53] Johannes R. Becher, Die deutsche Verantwortung für den Frieden. Rede, gehalten auf dem Ersten Kongreß der deutschen Kämpfer für den Frieden, am 4. November 1950 in der Staatsoper Berlin, o.O., o.J., S. 13.

Abb. 52 Per Krogh, Phönix, 1952. Sicherheitsratssaal, UNO-Gebäude New York.

Unten in der Mitte des Hügels befindet sich eine Tür. Es ist der Eingang zur Unterwelt. Davor stehen zwei tierische Wesen, ein Reptil und ein Hund, der Drache und der Höllenhund. Beide sind von einem Schwert durchbohrt. Die Welt der Tiefe hat zwei Seitenausgänge, aus denen nun Menschen hervorkommen, die von schwerem Leid geprägt sind. Man erkennt Gefangene, welche das Licht noch blendet, Soldaten, welche ihre Waffen fallen lassen. Zivilisten verschiedenen Alters und Geschlechts mit noch hängenden Schultern. Einer trägt einen Verwundeten heraus.

Über dieser düsteren, nur matt erhellten Szene ist es licht geworden. Ein Polyptychon aus verschiedenförmigen Feldern läßt des Friedens ansichtig werden. An den Rändern erblickt man Szenen friedlicher Arbeit und brüderlichen Teilens, in der Mitte aber die Verbrüderung der Völker in den Vereinten Nationen. Ein Band umschlingt sie alle, verschiedenen Geschlechts, verschiedenen Alters, verschiedener Hautfarbe. Sie knien voreinander nieder, reichen sich Blumen und die Hände. Man sieht keine geballten Fäuste, sondern nur ausgestreckte Hände und Arme. Diese Welt des Friedens scheint magnetische Kräfte zu haben. Aus der Grabeswelt des Krieges nähern sich die Menschen. „*Die Menschheit drängt sich in die neue Welt, to join the phoenix*", um Anteil zu haben an der Auferstehung des Phönix, erklärt der Künstler dazu[54]. Das Emporsteigen bedeutet nun nicht aber nur Gesundung und Erstarken der einzelnen Völker, sondern heißt Weltfrieden, Teilnahme an einer friedlichen Ge-

Emporsteigen zu den Idealen der französischen Revolution

[54] Press Service Office of Public Information, United Nations, N. Y., Note No 3078 v. 4. 3. 1965.

meinschaft aller Völker in Freiheit (fallende Ketten), Brüderlichkeit (alle Hautfarben, Lebensalter und Geschlechter sind vereint) und Gleichheit (man wägt sich gegenseitig gleiche Mengen Korn zu).

Die durch den Nationalismus der Deutschen ausgelöste Katastrophe war so furchtbar gewesen, daß Auferstehung gar nicht anders erhofft werden konnte als humanitär oder christlich. Die Übereinstimmung im Sinne des aufklärerischen Humanismus war dabei der gemeinsame Nenner im Rahmen der UNO[55].

V. Auferstehung in der Selbstreflexion des deutschen Bürgertums nach dem 2. Weltkrieg

Nach dem 2. Weltkrieg hat man sich auch im deutschen Bürgertum Wiederaufbau, Erneuerung des Volkes als Auferstehung vorstellen können.

Phönix, der aus seiner Asche hervorkommt und auffliegt, ist als ein dafür zutreffendes Sinnbild empfunden worden. Auch hier hat man nicht einfach den materiellen Wiederaufbau der wirtschaftlichen Existenz, der Häuser, Städte, Kirchen und Gemeinwesen darunter verstanden, sondern moralische oder gar religiöse Werte dafür zugrunde gelegt.

Ein besonders nahegehender Fall ist der des Künstlers Otto Dix. Eines seiner Bilder kann uns die individuellen Probleme einer bürgerlichen Existenz nach dem 2. Weltkrieg erhellen und exemplarisch zeigen, welche Leiden es gekostet hat, gesellschaftliche Vorgänge als Tod und Auferstehung zu erleben.

Adolf Schmid, Gedächtnisstele bei Obermarchtal

Der Vogel Phönix als Auferstehungssymbol in kollektivistischem Sinne ist als Bekrönung einer Gedächtnisstele auf dem Historischen Soldatenfriedhof bei Obermarchtal, Kr. Ehingen, dargestellt. Adolf Schmid hat sie im Auftrag des Volksbundes Deutsche Kriegsgräberfürsorge 1954 geschaffen. Auf diesem Friedhof sind mehr als tausend Soldaten aus den Kriegen verschiedener *„europäischer Völker zweier Jahrhunderte"* begraben worden, unter ihnen auch *viele Russen aus dem Feldzug 1814"*[56]. Der Volksbund wünschte sich, wie auf der Vorderseite der Stele zu lesen ist, daß *aus ihrer Grabkameradschaft... ein neues Europa in Würde und Freiheit" „erwachse"*. Auf der Stele liegt der Leichnam des Vogels Phönix, aus welchem der auferstehende Phönix – der Corpus einer Flamme gleich – hervorgeht (Abb. 53). Die Erwartungen richten sich in Obermarchtal nicht gleich auf die ganze Menschheit – 1954 ist man nüchterner geworden, außerdem gehörten die deutschen Staaten noch nicht der UNO an – sondern, nach der damals in der Bundesrepublik Deutschland herrschenden Freiheitsidee, auf ein Europa „in Würde und Freiheit", d. h. also ein westlich orientiertes, bürgerlich-demokratisch geeintes Europa, dessen Grundstein ja damals Adenauer und Schumann gerade zu legen glaubten.

Auferstehung wird hier also der Inschrift zufolge in der Überwindung des Nationalismus und des Terrors gesehen. Bei letzterem denkt man 1954 allerdings nicht mehr an den Nationalsozialismus nur, sondern auch an den Bolschewismus, an dem man inzwischen inhumane Züge entdeckt hat[57].

Abb. 53 Adolf Schmid, Phönix, 1954. Gedächtnismal, historischer Soldatenfriedhof bei Obermarchtal, Kr. Ehingen.

55 Eine Pressenotiz in der Neuen Zürcher Zeitung vom 10. 9. 1968 „Fortsetzung der Debatte im Sicherheitsrat" spricht von dem „Gefühl grenzenloser Irritation", hervorgerufen durch den Widerspruch zwischen dem Inhalt des mächtigen Bildes und den mitunter endlosen Streitereien davor.

56 Rieth, Denkmal, S. 24.

57 Vgl. dazu das Bild der Sowjetunion im Spiegel der westdeutschen Massenkommunikationsmittel jener Zeit.

Abb. 54 Gernot Rumpf, Phönix, 1970. Karlskirche Zweibrücken.

Abb. 55 Walter Perron, Phönix, 1970. Denkmal, Bad Dürkheim.

Gernot Rumpf, Phönix in Zweibrücken

1970 schuf Gernot Rumpf in Zweibrücken einen Phönix, der im Foyer der wieder aufgebauten Karlskirche an der Treppe zum Kirchen- und Gemeinderaum steht. Er ist in Bronze gearbeitet und auf den Rest einer Säule der alten, 1945 durch Bomben zerstörten Karlskirche gesetzt worden (Abb. 54; vgl. auch Abb. auf der Rückseite des Einbandes)[58]. Der Wiederaufbau der Karlskirche dauerte bis 1970. Wilhelm Weber schreibt, die Bronze sei *„sinnbezogen... auf den Wiederaufbau der Karlskirche"*[59]. Allerdings gefällt ihm das gar nicht so sehr. Lieber ist ihm die Tatsache, daß Melanchthon seinen Freund Martin Luther mit dem Vogel Phönix verglichen habe.

In Wirklichkeit ist der Bezug auf den Wiederaufbau der Karlskirche deshalb so unübersehbar, weil der Vogel sich auf der ruinierten Säule erhebt. Ähnlich wie beim Nagelkreuz von Coventry spielt dieser Teil des Materials eine zur Aussage des ganzen Kunstwerks wesentlich gehörende Rolle. Auch hier wird der Rahmen des reinen Kunstwerks dadurch gesprengt und die Dimension des Symbolischen erreicht[60]. Die Erinnerung an die Geschichte der Karlskirche wird im Foyer durch Dokumente und Fotos an den Wänden wachgehalten.

[58] Wilhelm Weber, Zum Wiederaufbau der Karlskirche in Zweibrücken: Der Turmhahn (1971), Heft 1/2, S. 3–12.

[59] Ebd., S. 10.

[60] Vgl. Paul Tillich, Recht und Bedeutung religiöser Symbole, (Werke V), Stuttgart 1964, S. 238.

Zur Karlskirche hatte die schwedische Krone eine Jahrhunderte alte Beziehung[61]. So war es auch der schwedische Staat, welcher zunächst einmal 1955/56 die Sicherung der Ruine ermöglichte[62]. Selbstverständlich waren Repräsentanten des schwedischen Volkes bei der Einweihung im Dezember 1970 zugegen[63]. *Schweden*

Ob es wohl so ganz zufällig ist, daß in Zweibrücken bei der Erneuerung internationaler Beziehungen und ihrer Manifestation im Wiederaufbau einer Kirche nach dem unter nationalsozialistischem Vorzeichen begonnenen Kriege der Vogel Phönix erscheint?

Noch ist nichts zur Form des Vogels gesagt. Rumpf nimmt geschickt die Windungen der freien Wendeltreppe auf. Der Vogel schmiegt sich in die Bewegung der Treppe und vollführt selber eine Drehung zur Höhe. Dem Säulenstumpf ist zunächst ein hoher, schlanker Stiel aufgesetzt, von dem aus sich der langhalsige Vogel aus seiner Asche mit noch feucht verklebtem Gefieder entwindet. Es ist ein kostbarer, ausgesprochen schöner Vogel, dessen Entschlüpfen und Ins-Freie-Kommen wir miterleben dürfen. *Reiher*

Der Vergleich mit einem 1970 in Bad Dürkheim auf dem Stadtplatz *„von den Bürgern ... als Zeichen des Wiederaufbaus und Beginns neuen Lebens"*[64] – 25 Jahre nach der totalen Zerstörung der Innenstadt durch einen Bombenangriff – errichteten Denkmal von Walter Perron läßt unterschiedliche Auffassungen erkennen. Während Rumpf seinen Vogel aus der Asche schlüpfen läßt, geht Perrons ebenfalls bronzener Phönix aus aufschlagenden Flammen hervor. Er sieht so aus, als sei er das Ergebnis der Flammen (Abb. 55). Während Rumpfs Vogel an einen Reiher erinnert, muß man bei dem mächtigen Tier Perrons eher an einen Raubvogel aus der Familie der Adler denken. *Adler*

Das Kriegsopfermal auf dem Dortmunder Hauptfriedhof

Das Erlebnis des Wiederaufbaus als einer Auferstehung aus Ruinen manifestiert sich auch im Neuen Ehrenmal auf dem Hauptfriedhof in Dortmund. An einem runden Becken von etwa 8 m Durchmesser erhebt sich ein schlanker, hochragender, gemauerter Pfeiler. In Augenhöhe ist er von einem Band aus gebeiltem Sandstein umgeben, auf dessen Vorderseite sich eine Bronzeplatte befindet (Abb. 56). Sie zeigt auf einem Flachrelief den Vogel Phönix, der sich mit ausgebreiteten Schwingen über rauchende Ruinen erhebt. Im Hintergrund geht strahlend die Sonne auf[65]. Die Inschrift über dem Adler-Phönix: *„Unser Opfer ist eure Verpflichtung – Frieden!"* macht über die Darstellung hinaus auch verbal klar, in welchem Geiste der Toten gedacht werden soll, im Sinne friedlichen Wiederaufbaus. *Wiederaufbau der Städte*

Seeger deutet die Gedenkstätte in Anlehnung an C. G. Jung folgendermaßen: das Becken sei der *„mütterliche Urgrund"*, zu welchem die Toten heimgekehrt seien. Dem entspreche, daß zum Pfeiler hin, am Rand der Vertiefung, ein Podest mit einem flach daraufliegenden Kranz aus (unvergänglichem) Metall herauswachse. Die Toten seien demnach als irgendwie anwesend gedacht.

Dazu paßt es, daß die Inschrift auf der Tafel die Gefallenen selber sprechen läßt: „Unser Opfer ist eure Verpflichtung – Frieden!" Man könnte sich doch auch eine Inschrift mit vertauschtem Possessivpronomen vorstellen. Dann wären die Worte den Besuchern dieser Stätte im Sinne einer Selbstverpflichtung in den Mund gelegt. Indem man jedoch die Toten selber sprechen läßt, entzieht man ihr Vermächtnis der Willkür des Einzelnen und macht die Verpflichtung zum Frieden mächtig.

[61] Weber, Wiederaufbau, S. 4 f. u. 12.
[62] Ebd., S. 3.
[63] Ebd., S. 14; vgl. Der Turmhahn (1971), Heft 1/2, S. 2.
[64] Aus der Inschrift auf dem Sockel.
[65] Seeger, Wandlungen, Bildteil Nr. 67 u. 68, Beschreibung S. 79-82.

Abb. 56 Phönix, Kriegsopfermal, Hauptfriedhof Dortmund.

Dies fiel den Erbauern des Denkmals deshalb nicht besonders schwer, weil der Wiederaufbau im Bereich der Bundesrepublik und also auch in Dortmund inzwischen vonstatten gegangen war. Das Relief mit dem Vogel Phönix über der in Flammen untergehenden Stadt war nicht nur Zukunftsmusik, sondern auch Rückblick in die jüngste Vergangenheit und Erlebnis der Gegenwart. Die Sonne ging wirklich wieder über der Stadt und ihren Ruinen auf und führte einen neuen Tag herbei. Das drückt sich nun auch in dem hohen und schlanken, rechteckigen Pfeiler aus.

Die rechteckige Form des Grundrisses und die Mauerung von Stein auf Stein sind beides Hinweise auf die Art der Auferstehung aus den Ruinen. Es ist Wiederaufbau.

Der Pfeiler mit dem Phönix daran ist den Reden Bechers und seiner Nationalhymne nicht fern. Seeger schreibt: *„Ein Stolz auf die eigene Leistung schwingt mit in der Symbolik von Säule und Phönix. So wie der Soldat im Felde vielfach stolz war auf seine Leistungen, so ist es jetzt der Bürger auf den Erfolg seiner Aufbauarbeit."*[66]

Hoch überragt der schlanke Pfeiler seine Umgebung. Er lastet nicht, scheint über seine eigene Schwere hinauszukommen. Der Geist, der Hochhäuser aufzuziehen vermag, welche zu schweben scheinen, hat sich in ihm manifestiert.

Otto Dix, Wandfresko im Singener Rathaus

Otto Dix hat 1959/60 für den Sitzungssaal des Gemeinderates im Rathaus von Singen/Hohentwiel ein Wandfresko in der beachtlichen Größe von 9,6 m x 4 m gemalt[67]. Es trägt den für Otto Dix nicht gerade überraschenden Titel „Krieg und Frieden" (Abb. 57). Das Thema „Krieg" hat ihn ja seit dem 1. Weltkrieg beschäftigt. Seine Radierungen unter dem Titel „Der Krieg" haben ihn in den zwanziger Jahren berühmt gemacht.

[66] Seeger, Wandlungen, S. 82.

[67] Die Maße stammen vom Bürgermeister von Singen. Bei Fritz Löffler, Otto Dix, Leben und Werk, Dresden 1960, S. 117, sind sie mit 5 x 12 m angegeben.

Man sagt ihm nach, daß er den Kriegs- und Nachkriegsbildern jener Zeit nichts Gleichwertiges mehr habe folgen lassen. Solche Pauschalurteile bedürfen natürlich der Differenzierung. Seine altmeisterlichen Landschaften der dreißiger und vierziger Jahre sind von höchstem Niveau. 1945 bringt jedoch eine Wende. Dix wird als Volkssturmmann noch eingezogen und gerät in Kriegsgefangenschaft. Diesem Erlebnis scheint ein gewaltiger Gefühlseinbruch in sein Werk zu folgen, ohne daß ihn ein entsprechender Gestaltungswille hat kanalisieren können. Ein deutliches Indiz dafür ist das Auftreten Jesu Christi in seinen Bildern.

Selbstbildnisse

Während in der Radierungsfolge von 1924 auf den insgesamt 50 Blättern nicht ein einziges Mal ein Selbstbildnis erscheint und auf den weiteren Bildern zu dem Thema Krieg nur einmal auf dem Seitenbild eines Triptychons „Der Krieg" von 1929 – 1932 Dix selbst, einen Verwundeten schleppend aus dem Bild herausblickt[68], scheut Dix sich nach seiner Heimkehr aus dem 2. Weltkrieg nicht mehr, sich selbst als Kriegsgefangenen in den Mittelpunkt eines Gemäldes zu stellen[69]. Hat er früher jedes Detail ausgeführt, so wird auf diesem Bild nur noch sein eigenes Gesicht wesentlich. Zwei weitere Figuren in sehr nahem Hintergrund sind nur noch andeutungsweise, schattenhaft, grob und flach, fast schemen- und maskenhaft dargestellt. Sein eigenes Gesicht aber wirkt apathisch, bitter und grenzenlos einsam. Während die beiden anderen Männer miteinander reden, trottet der Kriegsgefangene Dix mit geschlossenen Augen, geschubst und gestoßen, allein mit seiner Welt, abgeschnitten von seiner Welt, vor sich hin.

Biblische Figuren

Das Erlebnis des von allen Menschen Verlassenseins findet er in Figuren der Bibel wieder: Hiob, Saul, vor allem aber Jesus[70]. An ihnen kann er ein Äußerstes an Verlassenheit und Entsetzen zeigen[71], aber doch so, daß sie merkwürdig schwach und flach wirken, wenn man sie mit seinen Radierungen und Lithographien der zwanziger Jahre vergleicht[72].

Die Beschäftigung mit den Gestalten der Bibel ist für Dix ein Wiederauftauchen von Kindheitserinnerungen. Die Geschichten der Bibel haben einst seine Phantasie stark beschäftigt und befruchtet. Jetzt nimmt er sie wieder auf. Während er sich in seiner Jugend vorzustellen versucht hat, an welchen Orten und Plätzen seiner Heimat diese oder jene Geschichte passiert sei, identifiziert er sich nun mit den Gestalten selber und folgt ihnen auf den Spuren ihrer Erfahrungen[73]. Gefragt, ob er denn so tief im Religiösen verwurzelt sei, antwortete er mit dem für seine Generation wohl typischen Mißverständnis, deren religiöse Verarmung verratend, das Moralische an der Bibel habe ihn nicht interessiert[74].

[68] Löffler, Dix, Tafel 97. Vgl. im Unterschied dazu das „Selbstbildnis als Mars" (1915), Staatl. Kunstsammlungen, Dresden.

[69] „Selbstbildnis als Kriegsgefangener" 1947, Abb. ebd., Tafel 144.

[70] Löffler, Dix, Tafel 145: „Hiob" 1946; Tafel 148: „David spielt vor Saul" I 1946; Tafel 149: „Kreuztragung Christi" 1946; Tafel 151: „Große Kreuzigung" 1948; Tafel 150: „Ecce homo" II 1949; – Florian Karsch, Otto Dix. Das graphische Werk, Hannover 1970, Kat. Nr. 147: „Versuchung" 1948; Nr. 149/150: „Die heilige Veronika" 1948; Nr. 151: „Eli, Eli, lama asabthani?" 1948; Nr. 152: „Schweißtuch" 1948; Nr. 185 a – 186 II b: „Kreuzigung" 1949; Nr. 187: „Ecce homo" 1949; Nr. 188 f: „Schweißtuch" II und III 1950; Nr. 196: „Saul und David" 1951; Nr. 217: „Christuskopf" 1956; Nr. 219 – 220 II: „Christus" 1957; Nr. 225 I und II: „Petrus und der Hahn" 1958; Nr. 228 – 229: „Saul und David" 1958. – Sämtliche bei Karsch wiedergegebenen Blätter sind Lithographien, die bei Löffler abgebildeten Arbeiten sind Ölgemälde.

[71] Karsch, Dix, Kat. Nr. 185 a – 186 II b: „Kreuzigung" 1949.

[72] Diese Selbstidentifikation des Malers mit dem leidenden Christus erkennt auch Otto Conzelmann, Otto Dix, Hannover 1959, S. 55: „Von Gott und Menschen aufgegeben, steht dieser Christus allein mit seinen Ängsten, und nirgends fühlt man so sehr, daß dieser Dix im Grunde immer allein gewesen ist."

[73] Vgl. Karsch, Dix, S. 22 f.

[74] Ebd.

Abb. 57 Otto Dix, Krieg und Frieden, 1959/60. Sitzungssaal des Gemeinderates, Rathaus Singen/Hohentwiel.

Unter den Darstellungen zu biblischen Themen findet sich bei ihm nun auch die Auferstehung Jesu, 1948 als Lithographie[75], 1949 als Ölgemälde[76] geschaffen.

Auferstehung Jesu

Die Komposition ist auf beiden Bildern etwa die gleiche: Jesus wird von zwei Engeln aus dem Grabe emporgetragen. Er hat seine Arme weit ausgestreckt.

Die Engel fassen ihn leicht unter. Auf dem Gemälde ist die Komposition etwas weiter ins Dramatische vorangetrieben als auf der Lithographie. Die Diagonalen sind betont. Das Grab liegt nicht mehr parallel zum unteren Bildrand, sondern deutlich schräg. Jesus hat ein Bein auf den Grabrand aufgesetzt. Seine Arme sind oben angewinkelt. Mit großen Augen blickt er in die Höhe, Hilfe erwartend. Die beiden Engel leisten dabei allerdings wenig. So mächtig ihre Flügel auch die obere Bildhälfte bedecken, so wenig vermag man sich vorzustellen, daß sie den Leib Jesu tragen können oder auch nur wollen. Während der rechte Engel wenigstens so tut, als ob er den linken Arm Jesu hochstemme, weiß man nicht, was der linke Engel eigentlich zu tun hat. Man merkt an solchen Details, wie depressiv versunken der Maler gewesen ist – wie der Jesus, den er da gemalt hat, in seinem Grabe. Seine durchbohrten Hände hält er empor. Wird ihm geholfen werden? Wird er herauskommen? Die Frage ist auf diesem Bilde keineswegs entschieden. Die Verbindung der Himmelswesen, der Welt der Geister mit dem in den Grabestiefen untergegangenen Menschen ist noch nicht wieder vollzogen.

Innere Heilung

1960, auf dem Fresko in Singen, scheint die Depression abgeklungen zu sein. Hier kommt Jesus sehr viel aktiver, ohne sichtbare Hilfe von irgendwelchen Engelwesen aus dem Grabe heraus. Und hier ist kein Zweifel, daß er es schaffen wird.

[75] Ebd., Kat. Nr. 148 I u. II.

[76] Löffler, Dix, Tafel 152.

Unter den Illustrationen zum Matthäusevangelium gibt es eine weitere Auferstehungsszene[77]. Auf der 1960 herausgekommenen Lithographie ist der Auferstehungsvorgang selbst nicht mehr gegeben. Man sieht einen Engel am Grabesrand. Er ist sehr hell. Von ihm geblendet, weichen die Wächter erschrocken zurück. Es ist klar erkennbar, auf welcher Seite der Sieg liegt. Der Heilungsprozeß geht seinem Ende zu. Das Übermaß an Introversion mit deutlich depressivem Aspekt ist im wesentlichen überwunden. Die Portraits von Hegenbarth und C. J. Burckhardt[78] beweisen es trefflich.

Auf dem Fresko von Singen sehen wir Kriegs- und Friedensszenen mit Kreuzigung und Auferstehung Jesu Christi auf einem Bilde vereint. Das erinnert rein äußerlich an den Flügelaltar von Josef Weiß aus dem Jahre 1915 (Abb. 50). Auch bei Josef Weiß wird der Tod Jesu mit Krieg und seine Auferstehung mit Frieden in eins gesehen. Wir haben erkannt, daß auch Weiß bei der Darstellung Christi Vorgänge im Inneren der Seele meint. Aber da ist noch ein großer Unterschied: Weiß stellt das Schicksal Christi in uns dar, Dix sein eigenes als eines Typs der Deutschen nach dem 2. Weltkrieg.

In der Bildmitte hängt Jesus am Kreuz. Der Vergleich mit seinen Darstellungen dieser Szene aus den Jahren 1948[79] und 1949[80] zeitigt die gleichen Ergebnisse wie der vorige Vergleich der Auferstehungsbilder. 1948/49 hängt ein schmerzgepeinigter, bluttriefender, vor sich hin glotzender und zugleich in die Ferne starrender Christus schwer nach vorn an einem besonders im senkrechten Balken unheimlich breiten Kreuz[81].

Auf dem Ölbild von 1948 wirkt sich das Körpergewicht auf die Nagelwunden so aus, daß dort das Blut nur so heraussprudelt. Zwei Engel fangen es beflissen in flachen Schalen auf. Die Engel lassen nicht im entferntesten ahnen, daß es sich dabei um das Sakrament handelt, daß sie selber, in über ein Jahrtausend alter ikonographischer Tradition stehend, am Heil der Menschheit mitwirken.

Bei Dix sind sie mehr Schatten- als Lichtwesen. Vampire scheinen ihnen eher verwandt als Tauben[82]. Unter dem Kreuz stehen zu beiden Seiten Maria und Johannes. Auf dem Gemälde hält Johannes sich die Augen zu. Maria hängen kraftlos die Arme herab. Das Ölbild zeigt im Hintergrund rechts unten ein paar Gesichter, die übereinander nach vorn lugen, und oben eine helle Scheibe, deren Mitte sich in etwa mit dem Schnittpunkt der Kreuzbalken deckt.

Auf dem Fresko in Singen hat sich der Charakter der Kreuzigungsszene völlig verändert. Wie bei der Auferstehung fehlen die Engel, auch Maria und Johannes. Wichtiger ist freilich der Gesichtsausdruck Jesu; er stiert nicht mehr vor sich hin, sondern hängt in sich gekehrt am Kreuz. Er leidet – Blut rinnt ihm auch jetzt aus den Wunden –, aber er trägt auch sein Leid, während er auf den früheren Kreuzigungsbildern von 1948/49 es nicht fassen zu können scheint, daß ausgerechnet ihm das passiert ist. Das Kreuz hat jetzt nicht wie auf allen anderen Kreuzigungsbildern einen waagerechten Querbalken, nein, hier sind zwei Querbalken wie Äste eines Baumes nach oben spitz angewinkelt, und haben an ihren Enden eine leichte Neigung nach unten. Die Annäherung an organische Formen selbst im Kreuz unterstreicht noch einmal den Charakter der Darstellung; sie signalisiert Leben.

Zu den beiden Bildern der Kreuzigung und der Auferstehung werden nun folgende Szenen in Parallele gesetzt: links vorn schlagen ein Gefangener und ein Polizeibeamter einen nackten, an den Händen gefesselten, am Boden angeketteten Mann. Der Häftling benutzt einen Knüppel, der Polizist eine Lederpeitsche. Man sieht auf

[77] Karsch, Dix, Kat. Nr. 226.
[78] Ebd., Kat. Nr. 279-282.
[79] „Große Kreuzigung". Öl auf Leinwand. Abb. bei Löffler, Dix, Tafel 151.
[80] „Kreuzigung" I u. II. Farblithographien. Abb. bei Karsch, Dix, Kat. Nr. 185-186 II b.
[81] Solch eine Breite des Kreuzes findet sich nur auf dem Gemälde.
[82] Diese Engel hat Dix denn auch ein Jahr später auf den Lithographien getilgt.

dem Körper des vornübergebeugten Gepeinigten vom Kopf bis zu den Oberschenkeln Striemen. Ob Dix dergleichen erlebt hat? Löffler weiß zu berichten, daß er tatsächlich im Kriegsgefangenenlager zu Colmar an der Verprügelung eines Kameraden unter Aufsicht eines Wachmannes hat teilnehmen müssen[83].

Rechts daneben sieht man ein Kellergewölbe, in welchem sich Menschen zusammendrängen, ein Bildzitat aus dem Gemälde von 1946: „... und neues Leben blüht aus den Ruinen"[84]. Hier allerdings sind wir noch mitten im Kriege: über die im Keller Eingepferchten hinweg fährt ein Panzer, der aus vier Rohren feuert. Hinter ihm stürzt denn auch gerade ein mehrstöckiges Haus zusammen. Zwischen den Trümmern auf der Erde sieht man Menschen liegen. Aus ihren Leibern, über sie fließt Blut. Von einigen erkennt man nur Körperteile. Einer reckt seinen Arm empor. Gleich wird der Panzer über sie hinwegfahren...

Aber da steht nun das Kreuz, und der Friede beginnt. Auf der rechten Seite stehen gleich zwei Bäume in der Landschaft. An den vorderen angelehnt sitzt eine junge Frau auf einer ausgebreiteten Decke, drei spielende Kinder in ihrer Nähe. Picassos Friedenstaube rauscht durch die Baumkrone nach rechts[85]. Schräg darunter der auferstehende Christus, der segnend seine Linke emporhält. Rechts hinter ihm ist ein Bauarbeiter auf einem Gerüst mit dem Wiederaufbau beschäftigt. Ein Häuserblock ist schon fertig. Hier paßt es her, daß im Hintergrund rechts vom Kreuz die Sonne zu einem neuen Tag aufgeht.

Krieg und Frieden, Kreuzigung und Auferstehung: dieses Fresko ist ein Zustandsbild des Malers Otto Dix um 1959/60. So hat er sich und seine Welt damals gesehen: die Wunden haben zu heilen begonnen.

Jona als archetypisches Motiv

Zu den ältesten mythischen Motiven oder Archetypen gehört J o n a, die Verschlingung und Ausspeiung eines Menschen oder eines Gestirns durch ein Untier. Von der Eiszeit bis in unsere Tage hat es seine Mächtigkeit behauptet[86]. Nach Steffen wird es immer dann aktuell, wenn eine Wiedergeburt, eine Verwandlung durch Tod und Auferstehung ansteht. In der Religionsgeschichte hat es eine ganz besondere Rolle in den Initiationsriten gespielt[87] und die christliche Tauftheologie und -liturgie maßgeblich beeinflußt[88]. Es hat nicht nur in der altchristlichen Kunst als Symbol der Auferstehungshoffnung gedient[89], sondern auch im 20. Jahrhundert *„als Symbol des Menschen, der der Hölle entrann"*[90]. Uwe Steffen zeigt in seinem Abschnitt über das Jona-Motiv im 20. Jahrhundert[91], daß es sich zuerst in seiner ganzen archetypischen Wucht bei James Ensor und Alfred Kubin gemeldet hat. Kubin habe schon von 1904 an die Hölle dargestellt, die mit dem Ausbruch des 1. Weltkrieges dann Wirklichkeit geworden sei. Das sei der Beweis dafür, daß die Hölle im Innern des Menschen zuerst gewesen sei, ehe sie im Krieg äußere Wirklichkeit geworden sei[92].

Steffen zitiert den Tiefenpsychologen Erich Neumann: *„Wenn die Welt der Sicherheit zerfällt, verschlingt den Menschen unweigerlich die nigredo, die Schwärze und das Chaos der prima materia ... Die Hölle ... ist freigeworden und erfüllt wie auf den Bildern Boschs unsere Wirklichkeit"*[93]. Es

[83] Löffler, Dix, S. 105.

[84] Ebd., Tafel 146.

[85] Daß wir auf der Auferstehungsseite mehrere Bildzitate zu sehen bekommen, beweist auch eine Bemerkung von Walter Kempowski über die Briefmarken in der Ostzone nach dem 2. Weltkrieg: „Vorzugsweise pflügende Bauern waren darauf dargestellt und aufgehende Sonnen. Und, obwohl sich nirgends ein Maurer sehen ließ, Neubaugerüste und Richtkronen." Das Bedürfnis nach solchen Darstellungen war anscheinend groß: „Von Mecklenburg-Vorpommern war fast jedes Exemplar eine Abart." Walter Kempowski, Uns geht's ja noch gold. Roman einer Familie, (dtv Bd. 1090), München 1975, S. 191. Dieses Motiv kam auch sonst auf Gemälden und Plakaten häufig vor.

[86] Vgl. Uwe Steffen, Mysterium.

[87] Ebd., S. 44-64.

[88] Ebd., S. 171-238.

[89] Ebd., S. 107-112.

[90] Ebd., S. 136.

[91] Ebd., S. 136-140.

[92] Steffen, Mysterium, S. 136 f.

[93] Zit. nach ebd., S. 137; vgl. ebd., S. 66-87 über den tiefenpsychologischen Aspekt des Jona-Motivs.

bedurfte aber erst des Dritten Reiches, des von ihm entfesselten Ausbruchs des Höllischen und seines Zusammenbruchs, um in Europa des Jona-Motivs in größerer Zahl wieder ansichtig zu werden[94].

Es ist nun aber interessant, daß sich am einzelnen Kunstwerk so gut wie nie beweisen läßt, daß es in irgendeiner Weise mit der Bewältigung der Zeitgeschichte zu tun hat. Es kommt in Kirchen vor: im Glasfenster[95], am Taufbecken als Relief[96], auf dem Taufstein als Schabe- und Ritzzeichnung[97], auf dem Taufsteindeckel als Emaillebild[98] oder als Bronzegriff[99], als Türgriff oder -klopfer am Kirchenportal[100], als Relief am Kirchenportal[101], als Relief auf der Vorderseite des Tabernakels[102], als Relief auf dem Osterleuchter[103], als Stickerei auf der Priesterkasel[104], als Wandfresko[105], als Pfeilerabschluß, Dreiviertelplastik, angelehnt an eine Kirchenwand[106]. Auch als Relief oder Vollplastik eines Grabmals ist es gestaltet worden[107] und in freien Arbeiten ohne besonderen Auftrag, z. B. in Plastiken von Fred Bühler, deren zwei in „Das Münster", 12. Jg. München 1959, S. 266 f. abgebildet sind. Von der einen, 1950 produzierten Plastik Bühlers heißt es in der Bildlegende, der Blick und die Haltung des aus dem Rachen des Fisches hervorkommenden Jona seien typisch für die leidgeprüfte Generation Bühlers, der selber *„Bitterstes"* im Kriege und in der Kriegsgefangenschaft erlebt habe. *„Werke dieser Art sollten als Mahnmale gesammelt und uns sowie späteren Generationen immer wieder vorgestellt werden"*, – aber es ist merkwürdig: der zeitgeschichtliche Hintergrund wird an den Gestaltungen des Jona-Motivs nicht sichtbar. Nur mit Hilfe des Stilvergleichs wird man später ihre Datierung vornehmen können. Ich kann mir das nur mit einer typischen Eigenschaft der Archetypen überhaupt erklären: je reiner und zugleich mächtiger sie hervortreten, desto zeitloser werden sie. Umgekehrt aber: je mehr die Biographie des Künstlers und das Zeitgeschehen sich vordrängen, desto undeutlicher wird der Archetyp bis hin zur Verflüchtigung und Unerkennbarkeit des zugrunde liegenden archetypischen Motivs[108].

Hat man sich erst einmal die hier obwaltende Gesetzmäßigkeit klargemacht, dann wird man das Jona-Motiv allerdings auf Schritt und Tritt dort erwarten dürfen, wo aus den Bildwerken hervorgeht, daß der Künstler die Welt als Hölle erlebt hat. Das Jona-Motiv ist dann zwar nicht als solches sichtbar, aber seine Strukturen: Überwältigung durch ein übermächtiges Ungeheures und das Hervorgehen daraus verraten seine Anwesenheit.

[94] Ebd., S. 137-130.

[95] Z. B. in der Sakristei der Erlöserkirche zu Hagen-Emst ein Glasfenster von Hilde Ferber „Jona im Rachen des Fisches"; in der ev. Matthäuskirche Berlin-Steglitz von Erhardt Klonk, „Jona wird ausgespien"; das gleiche widerfährt ihm in einem Fenster in der Werktagskirche der St. Vinzenz-von-Paul-Kirche zu Klettham b. Erding von Roswitha Hoh 1966; in der Gedächtniskirche zu Friedland sieht man auf einem Glasfenster von Ludwig Baur zwei Hände von oben herab dem aus dem Rachen des Fisches ans Licht Gespienen entgegenkommen; weitere Glasfenster mit dem Jona-Motiv in der Christuskirche von Kressbronn und der Kirche des ev. Henriettenstifts Hannover.

[96] In der St. Cäcilia Pfarrkirche zu Düsseldorf-Benrath von Rudolf Peer eine archaisierende Darstellung der Ausspeiung des Jona mit gefährlicher Annäherung an das Kasperletheater besonders beim Untier; in der ev. Tymmo-Kirche in Lütjensee von Heinrich Hüschen 1961 (Abb. in: Steffen, Mysterium, Tafel X); in der Kreuzkirche von Reutlingen.

[97] In der Christuskirche zu Göttingen.

[98] In der Kirche Maria Königin zu Köln-Marienburg.

[99] In der Kruiskerk zu Amstelveen.

[100] In Köln am Südportal des Doms von Ewald Mataré 1953.

[101] In der Rosenbergkirche zu Stuttgart von Ulrich Henn.

[102] In der kath. Stadtpfarrkirche St. Augustin zu Heilbronn von Jürgen Weber.

[103] In der katholischen Kirche in Borgholzhausen, 1971 geschaffen von Josef Baron.

[104] Auf einer Auferstehungskasel von Grete Badenheuer.

[105] In der Taufkapelle in Pirk bei Weiden von Ruth Kohler 1967.

[106] In der Christuskirche zu Reutlingen von Ulrich Henn; auf ihr kommt Christus stigmatisiert an den Händen aus dem Fischrachen herausgestiegen; er hält die Linke über seinem Kopf in die Höhe, während er mit der Rechten die Gemeinde unter ihm segnet.

[107] Abb. im AFD-Archiv, Kassel.

[108] Natürlich hilft uns auch hier u. U. der Sitz im Leben dabei, das Bildnis zu verstehen und uns klarzumachen, worauf es abhebt. Wenn es am Portal des Kölner Doms erscheint, zumal, wenn man die beiden Südportale betrachtet, zu deren einem es gehört, ist auch ohne weitere Erklärung offenbar, was der Künstler als Hölle erlebt hat und worin sie für ihn besonders schrecklich manifest geworden ist: es ist der 2. Weltkrieg gewesen und in ihm die Bombenkatastrophe von Köln. Genauso eindeutig ist die Situation des Glasfensters in der kath. Gedächtniskirche in Friedland, in welcher der Schrecken der Flucht und Vertreibung, insbesondere aber der Kriegsgefangenschaft und der Heimkehr gedacht wird.

Zweifellos fällt von dieser Überlegung aus noch einmal Licht auf solche Phänomene wie die künstlerische Auseinandersetzung eines Otto Dix mit dem Thema Krieg. Hatte er noch während und nach dem 1. Weltkrieg versucht, die Hölle ins Bild zu bannen, war ihm das offenbar nach dem 2. Weltkrieg so nicht mehr gelungen. In seinem Kampf gegen den Krieg hatte er verloren. Diese enttäuschende Niederlage hatte ihn auf sich selbst geworfen und die Abkehr in die Introversion herbeigeführt. Jetzt begann er, auf Auferstehung zu hoffen, auf die Entstehung einer neuen Welt nach der Vernichtung der alten, auf sein Hervorkommen aus der Hölle, seine Befreiung aus den Fesseln des Ungeheuren, das seinen Einsatz gegen einen neuen Krieg zunichte gemacht hatte.

Auch bei ihm übrigens hatte sich, wie einst bei Kubin, in seinen Bildern die Katastrophe angekündigt. Auf einem 1939 gemalten Bilde „Lot und seine Töchter"[109] hatte er im Hintergrund als brennendes Gomorrha das in Flammen untergehende Dresden sechs Jahre im voraus dargestellt. Seine großartigen Landschaften der dreißiger und der ersten Hälfte der vierziger Jahre lassen oftmals in der Ferne etwas düster Drohendes heraufkommen, das an die Unheilsvisionen alttestamentlicher Propheten und der Apokalyptiker erinnert. Vergleicht man die drei Christophorusbilder des Jahres 1938[110] mit dem Christophorus von 1944[111], so kann man über die unbewußte Hellsichtigkeit, mit welcher Dix die Zunahme des finster auf- und überwogenden Chaos gestaltet hat, erschrecken.

Unter den dreiunddreißig Lithographien, mit welchen er 1960 das Matthäusevangelium illustriert hat[112], befindet sich auch das Zeichen des Jona[113]. Man sieht mächtig wogende Wellen, einen schwarzen Fisch, der seinen Rachen gewaltig aufsperrt, und einen verhältnismäßig kleinen Menschen, der in den Schlund kopfüber hineingespült wird. Aber obwohl alle notwendigen Elemente beisammen sind, hat das Blatt doch längst nicht eine solche Bildmächtigkeit wie die eben erwähnten Schreckensvisionen vor der Katastrophe. Man erkennt den Abstand, welchen Dix inzwischen zu den Ereignissen seiner Heimsuchung gewonnen hat, und es verwundert nicht, daß er auf einem anderen Blatt der Serie Petrus, einen alten Mann, gemütlich einen Stater aus dem Fischmaul ziehen läßt[114].

Nachdem wir uns so weit in die archetypischen Tiefen des Jona-Motivs begeben haben, sei noch einmal ein Blick auf das Wandgemälde von Per Krogh im Raum des Sicherheitsrates der UNO erlaubt (Abb. 52). Diesem Bilde scheint nämlich gar nicht nur das Phönix-Motiv zugrunde zu liegen. Wenn auf ihm die Menschen aus finsterer Grabeswelt ans Licht kommen, dann ist das eher dem Jona-Motiv zuzuordnen. Phönix wiederum steht auf seiner Leiche, nicht etwa, daß er aus seiner Asche emporsteigt. Wir haben es hier mit einer Mischung der Motive zu tun, wobei das eine, dem Künstler nur bewußte, Phönix, gar nicht das eigentlich gestaltende ist. Es ist literarische Zutat, Interpretament, führt auch in etwa auf die richtige Spur, schwächt aber doch durch diese Ungereimtheit die Mächtigkeit des Bildes.

[109] Abb. bei Löffler, Dix, Tafel 130, vgl. S. 95.
[110] Ebd., Tafel 125-127.
[111] Ebd., Tafel 128.
[112] Abb. bei Karsch, Dix, Kat. Nr. 235-267.
[113] Ebd., Kat. Nr. 248.
[114] Ebd., Kat. Nr. 253.

VI. Auferstehung in der Selbstreflexion der sozialistischen Revolution

1. Auferstehung als Tat

Wiedergeburt der Sonne

In der bildenden Kunst der DDR scheint es auf den ersten Blick das Motiv der „Auferstehung aus Ruinen" nicht zu geben. Wir finden es zwar in der angewandten Kunst sogleich nach dem Entstehen der sog. Ostzone auf deren Briefmarken, und zwar dargestellt mit Elementen des Mythos von der Wiedergeburt der Sonne, der, wie Uwe Steffen nachgewiesen hat, u. a. für das Jona-Motiv konstitutiv ist[115]. Die Beispiele hierfür finden sich in jedem Briefmarkenkatalog[116]. Die Jugendorganisation „Freie Deutsche Jugend" (FDJ) hat auf ihrem Emblem das Motiv der aufgehenden Sonne. Aber im eigentlichen Bereich der bildenden Kunst scheint es zu fehlen.

Dennoch ist der Sonnenmythos in einer charakteristischen Form auch hier anwesend und für eine große Anzahl von Arbeiten konstitutiv.

Aktive und passive Auferstehung

Uwe Steffen legt dar[117], daß das Verschlungenwerden der Helden in zwei Varianten vorkommt. Der Held erleidet sie passiv, oder er stürzt sich in den Schlund oder Rachen des Ungeheuers. Entsprechend gibt es auch eine passive und eine aktive Variante der Befreiung aus dem Bauch des Ungeheuers. Entweder speit es ihn aus wie der Fisch den Jona, oder er selbst befreit sich, indem er das ihn gefangen haltende Wesen von innen tötet, das Herz abschneidet oder andere lebenswichtige Organe vernichtet und dann herauskommt.

Im Hoheitsbereich der DDR sind nach 1945 mit Vorliebe Helden dargestellt worden, welche das Volk von faschistischer Herrschaft befreit und es einer neuen Zukunft entgegengeführt haben.

Diese Helden können manchmal ein schwer erträgliches Pathos zur Schau stellen wie z. B. auf dem Denkmal der Roten Armee im Treptower Park in Berlin. Es sind aber auch schlichtere Arbeiten gelungen, die überzeugender sind. Als Beispiel seien die „Trümmerfrau" und der „Aufbauhelfer" von Fritz Cremer genannt, die 1953 geschaffen, dem Ostberliner Rathaus gegenüber aufgestellt worden sind[118].

Den bisher genannten Arbeiten ist gemeinsam, daß ihre Helden einen optimistischen Zug haben. Sie schauen auf- und vorwärts. Sie sind unterwegs in eine helle Zukunft. Diese Pose legt die sozialistische Arbeiterbewegung überhaupt gern an den Tag. Sie ist international.

José Clemente Orozco, Fresko in Hanover N.H.

Einen besonders kämpferischen Ausdruck hat der mexikanische Maler J. C. Orozco einem Fresko gegeben, das er 1930 für die Bibliothek des Dartmouth College, Hanover N. H. gemalt hat (Abb. 58). Vorn im Bilde steht ein Mann, breitbeinig, die Linke geballt, die Rechte hält eine Axt. Mit wildem Blick schaut er den Betrachter an. Er ist stigmatisiert; ist es Christus? Hinter ihm liegt eine zertrümmerte Welt. Man erkennt die umgeschlagene Säule eines Tempels, eine zerschlagene Buddhafigur, einen Torso, auf den Haufen geworfenes Kriegsgerät und zu seinen Füßen, direkt hinter ihm, ein gewaltiges Kreuz, sein Kreuz, wie man den Nagellöchern entnehmen

[115] Steffen, Mysterium, S. 30-65.

[116] Z. B. Deutschland Nettokatalog 1976/77, Hannover 1976, S. 167 f., 173.

[117] Steffen, Mysterium, S. 32 f.

[118] Abb. der „Trümmerfrau" in: Hans Maur, Traditionsstätten der Arbeiterbewegung im Zentrum Berlins, der Hauptstadt der Deutschen Demokratischen Republik, Berlin 1971, S. 5.

Abb. 58 José Clemente Orozco, Christus, 1930. Bibliothek des Dartmouth College, Hanover N. H.

kann. Der Mann ist gewissermaßen bebend vor Wut. Jeder Muskel ist angespannt, so sehr, daß er auf den Fußballen steht. Eugen Rosenstock-Huessy, der dieses Fresko publiziert hat, vergleicht damit einen *„franziskanisch-dominikanischen"* Christus aus dem Dominikanerlegendarium im Keble College, Oxford, der von den Personifikationen der Barmherzigkeit, der Weisheit und der Demut des Herrn an das Kreuz genagelt wird, und stellt fest, daß sich beide Bilder *„buchstäblich"* gegenseitig aufheben[119].

Der Verfasser weiß zu berichten, daß schon 1918/19 ein Gedicht von Alexander Block in Zweimillionenauflage in der Sowjetunion verteilt worden sei, das unter dem Titel „Die Zwölfe" einen Trupp russischer Soldaten (sprich: die Jünger!) siegreich, mit wehender Fahne, *„ohne das Christuskreuz"* durch die von ihnen angezündete Welt ziehen sieht, *„an ihrer Spitze geht Jesus Christus"*[120].

Ein Mensch häutet sich

Ein Einzelzug an dem bedrohlichen „Christus" Orozcos ist besonders interessant: an seinen Oberschenkeln ist die Haut geplatzt, der Mann häutet sich. Ein neuer

[119] Eugen Rosenstock-Huessy, Die europäischen Revolutionen und der Charakter der Nationen, Stuttgart ^{3}1961, Tafel 1 u. 9, Erläuterungen dazu S. 568. – Vgl. eine ähnliche, aber im Ausdruck abgemilderte Behandlung des Motivs durch Orozco aus dem Jahre 1943 im Museo Carillo Gil, Mexico-Stadt; Abb. in: Das Münster (1979), S. 57. „Reißt die Kreuze aus der Erden! Alle sollen Schwerter werden ..." dichtet Georg Herwegh schon 1841. Der Freiheit prophezeit er: „Doch ihr fröhlich Auferstehen kostet eine Höllenfahrt." Herweghs Werke, hg. v. Hermann Tardel, Berlin u. a., o. J., S. 38.

[120] Rosenstock-Huessy, Revolutionen, S. 105.

Mensch ist im Entstehen, der nicht mehr zu leiden bereit ist, sondern das Leid abschaffen wird, indem er sich von den Religionen, die einen Sinn des Leides lehren wie Buddhismus und Christentum, befreit, ihre Institutionen zerschlägt und alle die Mächte, welche, von ihnen profitierend, die Völker unterdrückt haben, vernichtet[121].

Orozcos Fresko kann man sich nicht lange ansehen, weil sein Ausdruck zu entsetzlich ist. Es ist ein eklatanter Verstoß gegen das von G. E. Lessing angesichts der Laokoon-Gruppe erhobene ästhetische Gesetz, wonach der Ausdruck extremer Gefühle nicht gut bildlich dargestellt werden kann, weil seine tatsächliche Kürze in krassem Widerspruch zur Dauer des ihn wiedergebenden Bildes steht[122]. Es zeigt aber klar den Gegensatz zum passiven Typ der Auferstehung und formuliert den Gegensatz zur Religion präzise.

2. Aufgang der Sonne und Wiedergeburt

Während Orozcos Bild Niederschlag noch tobender Kämpfe ist, die übrigens nicht das gewünschte Ziel haben erreichen lassen, stellt die „Trümmerfrau" Fritz Cremers ein späteres Stadium gesellschaftlicher Umwälzungen dar: der neue Mensch hat sich gehäutet; die Revolution ist gelungen. Der Bildhauer kann auf acht Jahre mühseligen und entbehrungs-, aber auch erfolgreichen Wiederaufbaus zurückblicken.

Die Arbeiterbewegung hat seit ihren Anfängen[123] auf Aktivität und Kampf gesetzt. So kann es nicht wundern, wenn auch ihre Bildwerke diesen Geist atmen.

Dies ist allerdings nicht das Privileg des Marxismus-Leninismus allein, auch die sich als revolutionär verstehende nationalsozialistische Bewegung huldigte dem Aktivismus und brachte Bildwerke hervor, welche Ausdruck der Hoffnung auf eine Wiedergeburt mit aktivem Vorzeichen waren. Es sei daran erinnert, daß das von den Nationalsozialisten benutzte Hakenkreuz Symbol der aufgehenden Sonne ist. Dabei dürfte es interessant sein, zu wissen, daß das Hakenkreuz im 20. Jahrhundert *„verschiedentlich zum Symbol von Unabhängigkeitsbewegungen"* geworden ist[124], der Kerenskiregierung z. B. als Emblem auf Banknoten gedient hat, auf lettischen und finnischen Orden erschienen ist und die Flugzeuge dieser beiden Länder als militärisches Hoheitszeichen geschmückt hat.

Hakenkreuz

Auch der auf- und vorwärtsgehende Kämpfer ist uns aus unzähligen Führerbildern des Dritten Reiches geläufig.

In der Betonung der Tat, mit bewußtem Affront gegen die Passivität lehrende Religion, liegt eine situationsbedingte Einseitigkeit: situationsbedingt, weil man gerade einen Umsturz gesellschaftlicher Verhältnisse bewirken will, und einseitig, weil der sich im Jona-Motiv ausdrückende Erfahrungsschatz der Menschheit zeigt, daß es Wiedergeburt in zwei möglichen Formen gibt, in aktiver und auch in passiver Form.

„Auferstehung aus Ruinen" kann in der bildenden Kunst der DDR mitunter in ganz buchstäblichem Sinne zur Wiedergeburt werden. Horst Sakulowski hat in der Dresdener Ausstellung „Der Bauer und seine Befreiung. Kunst vom 15. Jahrhundert bis zur Gegenwart" 1975/76 ein Gemälde mit dem Titel „Deutschland 1525 – Die Auferstehung" (1974) gezeigt. Man sieht im Hintergrund eine kahle und öde Land-

[121] Vgl. Hans Haufe, Funktion und Wandel christlicher Themen in der mexikanischen Malerei des 20. Jahrhunderts, Berlin 1978; ders., Christliche Ikonographie im Dienst der Gesellschaftskritik: Wieland Schmied (Hg.), Zeichen des Glaubens. Geist der Avantgarde. Religiöse Tendenzen in der Kunst des 20. Jahrhunderts, Berlin 1980, S. 83-89.

[122] Gotthold Ephraim Lessing, Laokoon: oder über die Grenzen der Malerey und der Poesie. Erster Teil 1766, (Gotthold Ephraim Lessing's sämmtliche Schriften, hg. v. Karl Lachmann, 6. Bd.), Leipzig 1854, S. 357 f.

[123] Vgl. die „Internationale".

[124] Artikel „Hakenkreuz": Brockhaus Enzyklopädie in zwanzig Bänden, 8. Bd., Wiesbaden [17]1969, S. 63 f.; weitere Literatur siehe dort.

schaft. Auf einem zerbrochenen Karren liegen Lumpen. Vorn aber im Bilde, nach rechts in die lichte Zukunft blickend, steht eine hochschwangere Frau. Öde, verwüstete Landschaft liegen hinter ihr, sind Überbleibsel einer düsteren Vergangenheit. Das Licht aber, dem sie nun entgegengehen wird, entschlossen, mit dem Willen zum Leben für ihr Kind, liegt in der Zukunft. Ulrike Dagen schreibt im Ausstellungskommentar, Sakulowski sei *„ein Gleichnis hohen Verallgemeinerungsgrades"* gelungen. *„Die Frau als Bewahrerin des Lebens wird hier gleichgesetzt mit dem Weiterleben des revolutionären Gedankens, der aber erst in unserer Gesellschaft zur Wirklichkeit werden konnte."*[125] Das Bild entspricht mit seiner inhaltlichen Aussage der Geschichtsdeutung Joh. R. Bechers, der noch vor der Gründung der DDR gehofft hatte, bei der Erneuerung des deutschen Volkes nach dem Zusammenbruch von 1945 werde es gelingen, die nationale und soziale Auferstehung der Bauern von 1525 zu vollenden, die damals, als Reformation, im Religiösen, einem Teilbereich des Lebens, steckengeblieben sei[126].

Da der Sozialismus sich selbst als einen kollektivistischen Gegenpol zum westlichen Individualismus versteht, muß man eigentlich erwarten, daß der Befreier auch in der bildenden Kunst als Kollektiv auftritt. Dies ist auch tatsächlich der Fall. Hier sei auf das sehr häufige Auftreten mehrerer, das ganze Bild in der unteren Breite bedeckender, Waffen und Fahnen schwingender, die Fäuste reckender Klassenkämpfer hingewiesen, wie man sie auf unzählbaren Propagandaschriften finden kann. Manchmal gelingt es dem Werbegraphiker, sie so anzuordnen, daß man von fern den Eindruck einer aufgehenden Sonne hat[127]. Dann bilden die Leiber der Befreier zusammen das Halbrund der aufgehenden Sonne, ihre Arme, Waffen und Fahnen jedoch die Strahlen.

Mag man hier noch lächeln, so wird man eines Besseren belehrt, wenn man demselben Archetypos auf dem Gelände des Konzentrationslagers Buchenwald im Denkmal von Fritz Cremer aus dem Jahre 1958 begegnet (Abb. 75). Dieses Denkmal soll uns später noch besonders beschäftigen[128].

Das Motiv der nach vorn auf den Betrachter zuschreitenden Gruppe findet sich in der Kunst der DDR noch öfter. Eine landwirtschaftliche Variante bietet das Gemälde von Wolfram Schubert aus dem Jahre 1963 mit dem Titel „Feldbaubrigade", auf welchem sich die Fäuste, Waffen und Fahnen in Hacken verwandelt haben[129].

Interessant ist der Vergleich mit Bildern dieses Motivs in der Kunst des Nationalsozialismus. Auch dieser verstand sich als Massenbewegung und stellte siegreich in die Zukunft nach vorn schreitende Gruppen dar. Auf diesen Bildern geht es sehr viel martialischer und gezwungener zu. Sie zeigen beherrschend marschierende Soldaten oder Uniformierte wie SA-Leute oder Arbeitsdienstler[130]. Zudem fällt eine Vorliebe für Typisierungen nach Ständen, wie Soldaten, Arbeiter, Bauern, auf[131].

[125] Abb. und Kommentar: Staatliche Kunstsammlungen Dresden (Hg.), Ausstellungskatalog „Der Bauer und seine Befreiung. Kunst vom 15. Jahrhundert bis zur Gegenwart. Ausstellung aus Anlaß des 450. Jahrestages des deutschen Bauernkrieges und des 30. Jahrestages der Bodenreform", Dresden 1975, S. 269.

[126] Becher, Deutsches Bekenntnis, S. 100 f.

[127] Z. B. auf der Titelseite der FIS INFO, Zeitung der Föderation iranischer Studenten, Nr. 4, 1976.

[128] Vgl. u. S. 191-194.

[129] Abb. in: Staatl. Kunstslgn. Dresden, Der Bauer, S. 231.

[130] Abb. in: Hermann Hinkel, Zur Funktion des Bildes im deutschen Faschismus. Bildbeispiele – Analysen – Didaktische Vorschläge, Steinbach/Gießen/Wißmar 1974, S. 28, 44, 78. – Berthold Hinz, Die Malerei im deutschen Faschismus. Kunst und Konterrevolution, München 1974, S. 242, 245, 270 f., 284.

[131] Abb. in: Hinkel, Funktion, S. 38, 44, 47.

VII. Auferstehung in der Selbstreflexion der griechischen Militärjunta

Phönix auf der Briefmarke

Nach den bisher besprochenen Darstellungen von Auferstehung im kollektiven Sinne nach dem 2. Weltkrieg mag man meinen, die Erfahrungen jenes Krieges seien so bitter gewesen, daß man sich Auferstehung für eine Gruppe, ein Volk oder gar die Menschheit nur noch als Frieden nach dem Krieg, Befreiung von Diktatur, Gerechtigkeit nach der Abschaffung von Privilegien, vor allem aber als Versöhnung nach begangener Schuld vorstellen könne. Doch wie alles auf der Welt hat auch im Leben der Völker diese Erfahrung und Hoffnung nur eine Zeit.

1967 stellte sich der Militärregierung von Griechenland ihr Staatsstreich als das Aufsteigen des Phönix aus der Asche dar. Aus einem Flammennest schwingt dieser sich auf; Griechenland ersteht wieder, das durch die Demokratie zerstörte Staatswesen lebt wieder auf. Und wodurch wird die Auferstehung des Volkes garantiert?: durch die Armee, symbolisiert durch einen Soldaten mit aufgepflanztem Bajonett. *„Hellas"* steht über dem Vogel. So kann man es auf Briefmarken sehen, die 1967 herausgebracht worden sind (Abb. 59). *„21 APRILIOU"* steht auf blauem Felde in weißen Buchstaben unter der schwarzen Silhouette des Soldaten. Das ist der Tag des Staatsstreichs, an welchem das Militärregime unter Papadopoulos die demokratische Verfassung außer Kraft gesetzt und damit begonnen hat, Andersdenkende zu inhaftieren, um ein ständestaatlich orientiertes Gemeinwesen zu errichten. Dieses Motiv hat als Symbol der Junta alle öffentlichen Gebäude geziert[132].

Abb. 59 Phönix, 1967. Sonderbriefmarke anläßlich der Installierung des Militärregimes unter Papadopoulos, Griechenland.

Sehr verwandten Vorstellungen wie denen der griechischen Militärjunta war übrigens Josef Goebbels bei der Bücherverbrennung am 10. Mai 1933 in Berlin verfallen. In seiner Rede vor dem Scheiterhaufen mißliebiger Literatur hatte er erklärt: „... *hier sinkt die geistige Grundlage der Novemberrepublik zu Boden. Aus diesen Trümmern wird sich siegreich erheben der Phönix des neuen Geistes... Das Alte liegt in Flammen. Das Neue wird aus der Flamme unseres eigenen Herzens wieder emporsteigen ... Umleuchtet von diesen Flammen ein Schwur soll sein: Das Reich und die Nation und unser Führer Adolf Hitler Heil! Heil! Heil!"* Darauf intonierte eine Blaskapelle „Volk ans Gewehr!"[133]

[132] Süddeutsche Zeitung, Münchner Neueste Nachrichten aus Politik, Kultur, Wirtschaft, Sport, 30. Jg., München 24. 10. 1974, Nr. 246, S. 2.
[133] Hildegard Brenner, Kunstpolitik, S. 47 f.

G. Auferstehung im KZ-Gedächtnis der bildenden Kunst

I. Einleitung

Auferstehung in der Welt der Konzentrationslager: ehe wir uns einzelnen Arbeiten zuwenden, die dazu entstanden sind, wollen wir uns überlegen, was das überhaupt heißen mag.

Mit dem Begriff des Konzentrationslagers des Dritten Reiches verbinden sich mannigfache Erinnerungen, Vorstellungen, Gefühle. Allen gemeinsam dürfte eine Wertung sein: daß nämlich noch nichts in diesem Jahrhundert so sehr den Charakter des Höllischen gehabt hat wie das KZ. – Selbst die „Hölle von Stalingrad" oder die „Hölle der Bombennächte" sind hier noch einmal übertroffen worden.

Zu dem, was das Höllische ausgemacht hat, gehört die gewaltsame Beeinträchtigung des normalen, bürgerlichen Wohlergehens, das Ausgeliefertsein an übermächtige Peiniger, die Kriminalität der Bewacher, die Intensität und Dauerhaftigkeit der KZ-Welt, die Wehr- und Hilflosigkeit der Häftlinge und ihrer Gesinnungsfreunde außerhalb der Konzentrationslager, das Gefühl der Gottverlassenheit.

Beeinträchtigung

Zur gewaltsamen Beeinträchtigung des normalen, bürgerlichen Wohlergehens darf man die Trennung von der eigenen Welt, die rechtswidrige Beraubung der Freiheit, Hunger, Durst, Prügel, Folter, Krankheit ohne zureichende ärztliche Versorgung, Zwangsarbeit, willkürlich zugefügten Tod zählen.

Ausgeliefertsein

Zum Ausgeliefertsein gehört vor allem die Tatsache, daß eine Gruppe schwer bewaffneter und physisch überlegener Menschen alles mit den ihr Anvertrauten hat tun können, was ihr in den Sinn gekommen ist, – ohne jede Kontrolle durch das Recht.

Rechtlosigkeit

Die Außerkraftsetzung des Rechts hat den Häftlingen um so entsetzlicher erscheinen müssen, als die Bewacher zu jeder denkbaren verbrecherischen Handlung fähig gewesen sind.

Kriminelles System

Wenn man daran denkt, daß hin und wieder erst der Lagerinsasse etwas zu essen bekommen hat, der einen anderen getötet hatte, oder daß man dazu übergegangen ist, die noch brauchbaren Reste massenhaft getöteter menschlicher Körper wirtschaftlich oder kunstgewerblich zu verwerten, war für die Betroffenen, zumal dann, wenn es sich nicht um Einzelerscheinungen handelte, eine kaum mehr vorstellbare Intensität des Leidens erreicht, die um so schrecklicher sein mußte, wenn sich in all den befremdenden und entsetzenden Erscheinungen ein dauerhaftes System, eine unangreifbare Welt abzeichnete.

Hilflosigkeit

Zum Charakter des Höllischen gehört demnach auch die Ohnmacht der Eingelieferten. Selbstverständlich haben sie sich auch in den Konzentrationslagern gegenseitig helfen können. Aber der Spielraum zur Solidarität ist eingeschränkt, ja, von Todesgefahren umlauert gewesen. Hat einer dem anderen sein Leben retten wollen, hat er darum sein eigenes riskieren müssen.
Fluchtversuche sind fast unmöglich gewesen. Gegenseitige Hilfeleistungen hierzu und zu allem anderen nicht Erlaubten haben, sofern sie entdeckt worden sind, maßlose Strafen eingebracht oder gar zum Tode geführt.

Denunziantentum

Ein besonders perfides Mittel der Unterjochung in totalitär beherrschten Staaten ist die Institution des Denunziantentums. Außerdem spielen Diktaturen in Not befindliche Gruppen mit Vorliebe durch ungleiche Behandlung gegeneinander aus. In den Konzentrationslagern ist durch Denunziantentum und ungleiche Behandlung der Häftlinge, durch das dadurch gesäte Mißtrauen, den hierdurch geschürten

Haß und Neid, die dabei entstandene Angst voreinander die Hilf- und Wehrlosigkeit der Gequälten ins Unermeßliche gesteigert worden[1].

Hoffnungslosigkeit

Zum totalitären Staat gehören die gleichgeschalteten Massenkommunikationsmittel, die Propaganda mit ihren ständigen Siegesmeldungen, die Unterdrükkung unerwünschter Nachrichten. Für den Häftling eines solchen Staates bedeutet das eine kaum vorstellbare Beeinträchtigung und Kränkung seiner Hoffnung. Wenn er bei der Einlieferung noch das Bewußtsein hatte, um einer guten und gerechten Sache willen zu leiden, so wird ihm nun täglich eingeträufelt, daß er aufs falsche Pferd gesetzt habe und sein Opfer sinnlos sei; seinem Einsatz werde nicht nur der Erfolg versagt bleiben, der wie auch immer zu verstehende, natürliche oder dialektische oder von der Vorsehung gelenkte Verlauf der Geschichte gebe seinen Peinigern auch noch recht; die von ihnen vertretene Lüge sei, wie man ja allenthalben sehen könne, mit Macht die Wahrheit.

Gottverlassenheit

Damit ist dann aber die religiöse Dimension der Hölle angesprochen. Es ist das Theodizeeproblem, welches sich für den Häftling in der verzweifelten Frage äußert, wo denn nun das Gute, die Gerechtigkeit, die Wahrheit, der Frieden schlechthin bleibe, wenn den Unterdrückern alles gelinge. Ja, noch notvoller und radikaler muß der Schrei des Elenden schließlich an Gott selber gehen, wo er denn sei. Ob er denn wirklich zulassen oder gar bewirken wolle, daß das Opfer sinnlos gewesen sei.

Schwäche und Schuld

Dazu kommen die Versuchungen für den Häftling, sich in irgendeiner Form mit der Lagerleitung und ihren Organen zu arrangieren, um nur durchzukommen, und dabei gegen die Stimme des Gewissens Kompromisse mit dem als böse Erkannten zu schließen. Das hat zum von außen gegebenen Leid noch zum inneren Dauerkonflikt geführt, bei so manch einem zu Verrat und Selbstmord. Wieviel Selbstvorwürfe, Selbstrechtfertigungsversuche, Gottesanklagen mögen auf einem solchen Wege aufgekommen sein! Man kann sich vorstellen, daß sich einer in solch einem Konflikt schon um seiner Selbstbehauptung willen zu der Position verstiegen hat, es gebe keinen Gott. Und wenn doch, dann sei er nicht hier. Hilflos sei man dem Verbrechen, der Unterdrückungsmaschinerie und der eigenen Schwäche ausgeliefert und von Gott verlassen[2]. Theologisch geredet, ist im Phänomen der Konzentrationslager des Dritten Reiches das Übel in seinem Doppelaspekt des Leides und der Sünde für unser Volk besonders kraß, ja, wohl für die ganze Menschheit unübertroffen klar zum Vorschein gekommen. Die Sünde ist nicht nur als moralisch negativ zu bewertende Tat, sondern auch als zerstörende Übermacht erlebt worden.

Übermacht

Diese Arbeit kann nicht zur Aufgabe haben, die unter dem Stalinismus und anderen Diktaturen staatlich sanktionierten Unterdrückungs-und Ausrottungsmaßnahmen stillschweigend zu beschönigen. Aber selbst Bücher wie Alexander Solschenizyns „Der Archipel Gulag"[3] haben nicht einen solchen Schock hervorrufen können wie die nahezu vollständige Ent-und Aufdeckung der KZ-Verbrechen nach dem Ende des 2. Weltkrieges.

Milderndes Kriegsrecht

Warum haben die beiden Weltkriege mit ihren furchtbaren Erscheinungen, selbst wenn einzelne Geschehnisse sich in der Erinnerung der Teilnehmer zur Hölle verdichten, in ihrer Greulichkeit niemals an die Konzentrationslager heranreichen können? Der Grund hierfür liegt in der Tradition des Krieges und den auch im 2. Weltkrieg bis in die Kapitulationsverhandlungen noch in Kraft gebliebenen Ritualen, welche ihm den Charakter des Kräftemessens gegnerischer, prinzipiell gleichwertiger Völker gegeben haben und ihn niemals zu einem totalen Vernichtungskampf haben ausarten lassen. Dem kann auch dadurch nicht widersprochen werden,

[1] Vgl. Reimund Schnabel, Die Frommen in der Hölle. Geistliche in Dachau, Berlin 1965, S. 130-136.

[2] Zum Problem der Gottesferne vgl. Liselotte Richter, Immanenz und Transzendenz im nachreformatorischen Gottesbild, Berlin 1954.

[3] Alexander Solschenizyn, Der Archipel Gulag, 3 Bde., Bern/München 1974 ff.

daß es Partisanenkämpfe und willkürliche Erschießungen von Kriegsgefangenen gegeben hat. Solche Vorkommnisse haben auch heute noch im Bewußtsein der Völker den Charakter der Illegalität, der Kriminalität und der Anormalität.

Auferstehungsglaube im KZ

Fragen wir jetzt noch einmal, was Auferstehung in der Welt der Konzentrationslager dann heißen könne, so kann die Antwort hier nicht anders lauten: Glauben, Glauben an die Auferstehung und den Auferstandenen, Glauben also an Gott[4]. Auch in einer solchen Welt ist „*das Osterereignis ... als historisches Ereignis nur* (als) *Osterglaube*" faßbar[5]. Auferstehung im KZ ist also grundsätzlich nichts anderes als andernorts. Aber in concreto kann man erwarten, daß der Osterglaube im Konzentrationslager, entstanden oder durchgehalten in einer außerordentlichen Anfechtung des Glaubens an Gott überhaupt, eine vielleicht so nicht gekannte Glaubwürdigkeit und Intensität erreicht.

Manifestationen in der bildenden Kunst

Von den im folgenden zu besprechenden Bildern ist nur ein einziges in der Welt der Konzentrationslager selber entstanden. Christliche Kunst hat hier ohnehin nur illegale Entfaltungsmöglichkeiten gehabt. Alle anderen Arbeiten sind mindestens 15 Jahre nach Kriegsende geschaffen worden. Diese sind u. a. Ausdruck einer tiefen Betroffenheit, Zeichen dafür, daß jene höllische Erscheinung noch lange nach ihrer Auflösung in den Seelen dafür empfänglicher Menschen gewirkt hat, in den Bann schlagend, in Anfechtung treibend, nach dem fragen heißend, der verborgen ist und dennoch offenbar.

Günstiger Umstand

Eine begünstigende Voraussetzung der nach den Ereignissen entstandenen Arbeiten ist von der Gesellschaft gegeben: die nahezu einmütige Verurteilung und Verpönung der KZ-Verbrechen.

Das Kriegsgedächtnis ist in seiner Stellung zum aktiv verursachten Kriegstod zwiespältig geblieben. Das mag zu mannigfachen Rücksichtnahmen auf die Gefühle der ehemaligen Kriegsteilnehmer und ihrer Verbände geführt und gezwungen haben. Das Gedächtnis an die Konzentrationslager ist in dieser Hinsicht eindeutig, ohne Rücksicht auf die Urheber jener Leiden. Zwiespältigkeit der Künstler und darum Schwächung ihrer Arbeiten sind insofern nicht zu erwarten.

II. Darstellung während des NS-Regimes

Ritzzeichnungen in der Häftlingszelle des Fort Brendonk

Ein Unbekannter hat in einer Häftlingszelle des Konzentrationslagers Fort Brendonk (Belgien) mit Bleistift schattierte Zeichnungen in der Art von Sgraffitos in die Zellenwand eingeritzt (Abb. 60). Deutlich erkennt man an der Wand, von der schon viel Farbanstrich abgeblättert ist, zwei Köpfe mit Nimbus, mehr links oben einen im Profil, in der Mitte ein hell herausgeschabtes Antlitz, welches den Betrachter anschaut. Beide Gesichter lächeln. Das frontal gegebene ist das Antlitz Christi, durch das Kreuz im Nimbus gekennzeichnet. Jesus hat lange Haare und einen Bart. Außer seinem Kopf ist die rechte Hand zu sehen. Sie ist zum Segen erhoben. Strahlend

[4] „Ganz unzweifelhaft ist ja das Wort ‚Auferstehung der Toten' für ihn (d. h. Paulus – d. Verf.) nichts anderes als eine Umschreibung des Wortes ‚Gott'.": Karl Barth, Die Auferstehung der Toten. Eine akademische Vorlesung über 1. Kor. 15, Zürich [4]1953, S. 115.

[5] Formulierung nach Rudolf Bultmann, Neues Testament und Mythologie. Das Problem der Entmythologisierung der neutestamentlichen Verkündigung: Bartsch (Hg.), Kerygma und Mythos I, (Theologische Forschung. Wissenschaftliche Beiträge zur kirchlich-evangelischen Lehre. Bd. 1), Hamburg-Bergstedt [5]1967, S. 46 f.

Abb. 60 Christus, 1940-45. Häftlingszelle Fort Brendonk.

schaut er einen an, voller Freude, Freude verheißend. Breit lächelt der Mund[6]. Und das in einer Häftlingszelle im KZ! Der Ausdruck dieses Gesichts ist so voller Sieg und Glück, wie man es in dieser Umgebung sich nicht vorzustellen vermag. Hat hier jemand eine Vision gehabt und dann versucht, sie zu zeichnen?

Erscheinung

Was hier dargestellt ist, darf man nicht mit dem Brustbild des Pantokrators verwechseln, auch, wenn auf ihm so manches Mal die All- und Übermacht Christi durch ein kaum merkliches Lächeln gemildert ist. Was wir zu sehen bekommen, ist eine Erscheinung des Auferstandenen.

Ebenfalls ist das dem Betrachter zugewandte Antlitz Christi mit dem gleichen Gestus der Rechten und der hier noch zusätzlich gezeigten erhobenen, stigmatisier-

[6] Das Photo übertreibt diesen Eindruck, weil es Bleistiftschattierungen nicht wiederzugeben vermag.

ten Linken, auf einem Grabstein von A. Feist für die Familie Paul Leistritz als Relief dargestellt[7]. Besonders interessant ist ein Altarfenster der Adventistengemeinde in Kopenhagen/Skodsborg[8]. Hier erscheint Christus. In eine rötliche Umgebung tritt er, von weiß-blauem Licht umstrahlt, herein. Seine Erscheinung hat sich noch nicht vollendet, ist erst anfänglich. Sie hat sich nur in seinem lächelnden Antlitz und den segnend ausgebreiteten Händen so verdichtet, daß man erkennnen kann, wer da hereinkommt.

Friedensgruß

Was der so erscheinende Christus auf allen drei Darstellungen dem Betrachter sagt, lautet: „*Friede sei mit euch!*" Es ist der Friedensgruß, mit dem er sich der Adventistengemeinde in Kopenhagen-Skodsborg, der Familie Leistritz in Nürnberg, den Häftlingen im Konzentrationslager vom Fort Brendonk segnend zuwendet.

Er ist also diesem Kratzbild zufolge im Konzentrationslager anwesend. Sie sind nicht von Gott verlassen, die Gequälten in der Zelle, die Todeskandidaten in einer Welt, die zur Hölle geworden ist. Christus ist auch hier noch da und schenkt einen Frieden, der „*höher ist als alle Vernunft*"[9].

Was aber hat das zweite ebenfalls lächelnde, aber längst nicht so hell herausgeschabte, nur in den Umrissen gezeichnete, zur Seite gewandte Antlitz zu bedeuten? Auch dieses Gesicht ist bärtig und langhaarig.

Was ich zunächst als Frage formuliert habe, vermute ich im Ernst: was wir in dieser Zelle zu sehen bekommen, ist der Niederschlag einer Vision. Christus ist einem Häftling erschienen. Wie, das lassen uns die beiden Bilder ahnen: zuerst frontal zugewandt, licht, strahlend, nicht nur Frieden verheißend, sondern vermittelnd; dann hat er sich wieder abgewandt, lächelnd nach draußen verschwindend, dem Gemarterten und nun Erquickten und von Freude Erfüllten eine Gewißheit hinterlassend, eine Hoffnung, an welche er sich klammern und von der er zehren wird: Christus werde ihn aus dieser Hölle wieder herausführen; diese Wand habe eine Tür für ihn, auch wenn seine Peiniger ihn hier töten werden.

III. Darstellungen im Rückblick

1. Das Problem eines angemessenen Stils

Realismus

Als die Internationale Kunstausstellung in München 1880 u. a. auch die Gemälde „Heilige Nacht", „Bergpredigt" und „Letztes Abendmahl" von Fritz von Uhde zeigte, richtete sich ein Sturm der Entrüstung sowohl auf den Künstler als auch auf die Austellungskommission.

Prof. Dr. Keppler, der Herausgeber und Redakteur des „Archivs für christliche Kunst", empörte sich, der Maler mache „*das Heilige und Heiligste – und zwar mit vollem Bewußtsein, wissentlich und geflissentlich – gemein, wiedrig, ekelhaft, verächtlich, indem er Schufte und Gauner, Landstreicher und Dirnen den heiligen Gestalten des Evangeliums*" unterschiebe[10]. Keppler formuliert das Axiom seiner Generation, wenn er postuliert: „*Die christliche Kunst soll durch das Mittel der Schönheit für den Glauben missionieren,*" und befürchtet, „*hier missioniert die Kunst, wenn man von solcher noch reden kann, durch die Mittel der Häßlichkeit und Abscheulichkeit für den Unglauben*"[11].

[7] Abb. im AFD-Archiv-Kassel.

[8] Abb. im Kunstdienst Radebeul, Diapositiv Nr. FZXN 1.

[9] Phil. 4,7.

[10] Dr. Sägmüller/Prof. Dr. Keppler, Eindrücke von den Münchner Ausstellungen: Archiv für christliche Kunst. Organ des Rottenburger Diözesan-Vereins für christliche Kunst 6 (1888), S. 102-107, hier S. 105.

[11] Ebd.

Die Verblüffung, ja der Schock vor den von Uhdeschen Gemälden ist allgemein gewesen. Keppler freut sich, *„selbst sehr weltliche und leichtfertige Gesichter erröthen und Zeichen der Mißbilligung geben"* gesehen zu haben[12].

Ein etwas milder gesonnener Rezensent namens Albert Fuhrmans ist angesichts dieser Bilder auch entsetzt. Er erkennt zwar den Versuch an, einen *„neuen Weg"* einzuschlagen, sieht aber doch nur *„Extravaganzen"*, die das Publikum zu einer Sackgasse werden lassen werde[13]. Er empfindet: *„Es weht uns ein eisiger Hauch entgegen aus diesen Bildern, wenn nicht eine an den Sozialismus erinnernde Verbissenheit gegen Gott und Menschen aus denselben redet"*[14].

Warum geht es ihm so? Der Grund ist derselbe wie bei Keppler; Fritz von Uhde gehe *„einfach auf die Straße, da sucht er sich Proletarier des XIX. Jahrhunderts, welche die Persönlichkeiten der heil. Geschichte vorstellen sollen"*[15]. So finde man als Maria *„eine solche abgezehrte, mitleiderregende Mutter"*, oder als Zuhörer der Bergpredigt *„treten die unerquicklichen Typen wie roher Arbeiter, pietistischer Grübler u. dgl. ... hervor"*[16].

Auch er findet, daß es einen *„Widerspruch zwischen der idealen Gestalt eines Heiligen und unserer alltäglichen prosaischen Wirklichkeit"* gebe, und postuliert: *„ein Kunstwerk kann und muß einen solchen Widerspruch vermeiden"*[17]. Dem Wiener Maler W. Bernatzik hält er dies wegen seines Gemäldes „Die Vision des hl. Bernhard" vor und schließt: *„Die Szenerie hätte idealisiert werden müssen"*[18].

Er bedauert es, daß der Realismus der Münchner Internationalen Kunstausstellung zufolge *„auf der ganzen Linie ... durchgedrungen"* sei[19]. Einen geradezu *„extremen Realismus"* aber habe eben Fritz von Uhde vertreten[20].

Was so schockiert hat, ist das Eindringen von Realität, und zwar von ungeschminkter sozialer Wirklichkeit in die religiöse Kunst. Dagegen hat man sich mit Abscheu, aber auch mit den zweifelhaften Mitteln der politischen Verdächtigung und Verpönung gewehrt.

Dr. Sägmüller nennt z. B. Fritz von Uhde den *„Maler der Sektierer und Kommunisten"*, der *„den tiefsten Abgrund von Trivialität"* erreicht habe. Er mokiert sich: *„Wird die Sozialdemokratie einmal Lust nach religiösen Bildern verspüren, dann mag Uhde Abnehmer finden"*[21].

Expressionismus

Reaktionen solcher Art muten uns heute peinlich an. Der Einbruch der mitunter auch häßlichen Wirklichkeit in eine vom Zwang zum Schönen, zum Idealisieren beherrschten Kunstszenerie hat sich in Schüben vollzogen. Kaum hatte man sich endlich mit den Arbeiten eines Fritz von Uhde nicht nur abgefunden, sondern sie auch akzeptiert, kam mit dem Expressionismus die nächste Welle über das entsetzte Publikum. Nachdem hier selbst die Schranken der äußeren Realität zerbrochen waren, konnten nun Werke entstehen, die wiederum in Abgründe führten und zum Ausdruck brachten, welche Leiden sich in den Seelen der Künstler auf Grund welcher Erlebnisse auch immer abspielten.

Der Expressionismus hat sich aber auch ganz besondere Verdienste um das Wiedererstehen einer religiösen Kunst im 20. Jahrhundert erworben. Er vermochte glaubhafter als der Realismus eines von Uhde und seiner Nachahmer religiöse Erfahrungen darzustellen.

Allerdings war die Stärke des Expressionismus auch seine Schwäche. Wenn er nämlich z. B. das Elend des Menschen als ein allgemein dem Menschen mögliches zeigte, den Menschen damit in seiner Erlösungsbedürftigkeit zum Bewußtsein brach-

[12] Ebd.

[13] Albert Fuhrmans, Die religiöse Malerei auf der Internationalen Kunstausstellung in München: Zeitschrift für christliche Kunst 1 (1888), Sp. 387-398, hier Sp. 392 f.

[14] Ebd.

[15] Ebd.

[16] Ebd.

[17] Ebd., Sp. 390.

[18] Ebd.

[19] Ebd., Sp. 389.

[20] Ebd., Sp. 391

[21] Sägmüller/Keppler, Eindrücke, S. 104.

te, so verlor sich bei ihm nur allzu leicht die gesellschaftliche Komponente. So ist es nur natürlich, daß sich die Vertreter des Realismus in den Zwanziger Jahren neu formierten und in bewußtem Gegensatz zum Expressionismus teilweise die Kunst zu einer Waffe im Klassenkampf machen wollten.

Beide, Realismus und Expressionismus, haben sich als fruchtbar und langlebiger erwiesen, als ein auf immer Neues bedachter Journalismus es hat wahrhaben wollen. Noch heute sind diese beiden Stilrichtungen aktuell.

Stilmischungen

Selbstverständlich hat es zwischen zwei so gegensätzlich erscheinenden Stilen auch Mischungen gegeben, dies um so leichter, als ja ein gemeinsamer Gegner beider Stile die Idealisierung in der Kunst gewesen ist. Beide haben sie Wahrheit bilden wollen, und nicht das Wahre. Dieses haben sie demontiert oder rechts liegenlassen; dem schönen Schein haben sie abgesagt, um dem näherzukommen, was wirklich ist.

Schon bei Otto Dix kann man feststellen, daß sein Realismus expressive Züge trägt. Wer das für die Periode nach dem 1. Weltkrieg nicht wahrhaben will, muß wenigstens zugeben, daß Dix nach dem 2. Weltkrieg zunächst regelrecht expressionistisch malt und zeichnet. Dennoch wird man ihn, aufs Ganze gesehen, zu den großen Realisten dieses Jahrhunderts zählen können.
Ähnlich scheint es sich bei Alfred Hrdlicka zu verhalten. Auch er ist ein Künstler, der bei aller Expressivität Realist sein will. Umgekehrt geht es Herbert Falken, der Expressionist geblieben ist, auch wenn er sich gesellschaftlichen Nöten zuwendet.

Beide Stilrichtungen eignen sich besonders gut dafür, sich mit der Wirklichkeit der Konzentrationslager auseinanderzusetzen. Nur diese beiden Stile sind schon vom Ansatz her imstande, dem jeweiligen Künstler den Zugang zu jener düsteren Welt zu eröffnen, in der man unten gewesen ist und so gelitten hat, wie sonst nirgends in diesem Jahrhundert mehr.

2. Beispiele:

Alfred Hrdlicka, Plötzenseer Totentanz

Realismus im Gottesdienstraum

Mit dem Auftrag an Alfred Hrdlicka, für das Evangelische Gemeindezentrum Plötzensee einen „Plötzenseer Totentanz" zu schaffen, verband der Gemeindekirchenrat den Wunsch, Wirklichkeit in den gottesdienstlichen Raum hereinzuholen. Dieser Wunsch war nicht etwa im Sinne einer Addition zu verstehen; er war Kondition. Man nahm sich vor, *„die Wirklichkeit, in der die Menschen leben, nicht draußen vor der Tür zu lassen, sondern sie in den gottesdienstlichen Raum einzuholen"*[22]. Die Nähe zur ehemaligen nationalsozialistischen Hinrichtungsstätte sah der Gemeindekirchenrat als Chance und Aufgabe zugleich, dieser Wirklichkeit nahezukommen.

In der Grundsteinlegungsurkunde vom 20. Oktober 1968 für das erst zwei Jahre später fertig gewordene Gebäude heißt es u. a., die Hinrichtungsstätte sei 1933-1945 ein *„Ort gehorsamen Glaubens und geistiger Freiheit"* gewesen, *„obwohl hier mehr als tausend Menschen, Christen und Nichtchristen, unter dem Schein des Rechts durch staatliche Willkür und Tyrannei"* gestorben seien[23]. Der Gemeindekirchenrat sieht in dem hier geschehenen gewaltsamen Tode eine Belastung des Lebens. Dieses aber stehe im *„Lichte des Evangeliums"* und werde dadurch *„Zukunft gewinnen"*, daß das Evangelium *„für alle"* gepredigt werde[24].

[22] Bringfried Naumann, Memento mori – memento vitae. Eine Werkeinführung zum Plötzenseer Totentanz: Peter Bock u. a., Die getretene Liebe – Kreuzweg zur Auferstehung. Passions- und Kreuzwegmeditationen zum Aachener Goldaltar und Plötzenseer Totentanz, München 1975, S. 22-30, hier S. 24.
[23] Ebd., S. 22.
[24] Ebd.

Abb. 61 Alfred Hrdlicka, Plötzenseer Totentanz, Tafeln XIII-XVI: Die Enthauptung Johannes des Täufers – Massenhinrichtung in Plötzensee – Die Guillotine, 1970. Ev. Gemeindezentrum Plötzensee, Berlin-Charlottenburg.

Die Vergangenheit, die mit dem Namen der Hinrichtungsstätte Plötzensee verbunden ist, ermöglicht es der Gemeinde, Wirklichkeit in ihre Kirche hereinzuholen, indem sie sich ihrer Geschichte stellt.

Diese liefert einen wesentlichen Aspekt der Realität des 20. Jahrhunderts: den des gewaltsamen, massenhaften Todes. Insofern sieht der Gemeindekirchenrat eine Parallele zur Situation, in welcher die Totentanzdichtung und die graphischen Darstellungen derselben einst entstanden sind: die Pestepidemien, die seit 1348 über Europa hereingebrochen sind und in den Städten manchmal die Hälfte der Einwohner auf einmal haben sterben lassen[25].

Totentanz der Gewalt

Während der Totentanz in seiner ursprünglichen mittelalterlichen Form offensichtlich macht, wie der Tod sämtliche Stände ausnahmslos in gleicher Weise überrascht, ist der Gemeindekirchenrat der Auffassung gewesen, der Tod im 20. Jahrhundert sei zwar massenhaft und gewaltsam, aber in unterschiedlicher Form aufgetreten. Als man Hrdlicka mit der Darstellung eines „Plötzenseer Totentanzes" beauftragte, war man sich deshalb nach *„langen Gesprächen und heißen Diskussionen"*[26] einig, daß dieser die vom gewaltsamen Tod in seinen unterschiedlichen Formen besonders Betroffenen darstellen müßte.

Hrdlicka zeichnete auf 99 cm x 350 cm großen, grundierten Tischlerplatten mit Graphit, d. h. sehr schwarzem Material, zunächst folgende Szenen aus dem 20. Jahrhundert: „Tod im Boxring", „Tod im Showbusiness", „Tod des Demonstranten" „Tod einer Minderheit", „Massenhinrichtung in Plötzensee" (Abb. 61), „Die Guillotine" (Abb. 61).

[25] Hellmut Rosenfeld, Der mittelalterliche Totentanz. Entstehung – Entwicklung – Bedeutung, (Beihefte zum Archiv für Kulturgeschichte, hg. v. Herbert Grundmann u. Fritz Wagner, Heft 3), Köln/Wien [3]1974, S. 59 – weitere Literatur s. d.

[26] Naumann, Memento mori, S. 24.

Der Künstler hatte sich dem Gemeindekirchenrat durch die *„graphischen Blätter ‚Karfreitag' und ‚Allerneustes Testament' aus dem Zyklus ‚Roll over Mondrian' und seine leidenschaftliche Polemik gegen alle Abstraktion ‚im physischen Jahrhundert' einschließlich eines unverbindlichen Kunstgewerbes im sakralen Raum"* empfohlen[27].

Daß Realismus ein Positionsbegriff ist und ein Programm bedeutet im Kampf gegen die Verdrängung gesellschaftlichen Leides durch den Idealismus im 19. Jahrhundert, haben wir uns an der Reaktion auf Fritz von Uhde 1880 klarmachen können. In der 2. Hälfte des 20. Jahrhunderts, genauer in den sechziger Jahren entsteht das gleiche Programm im Kampf gegen den Ästhetizismus in der modernen Kunst, welchem der Vorwurf gemacht wird, er sei trügerisch, verneble den Sinn für die gesellschaftlichen Verhältnisse, lenke davon ab, was wirklich gespielt werde, und hindere durch Beschönigung ungerechter Strukturen. Die abstrakte Kunst ist hiernach eine Verführerin zur Verflüchtigung ins unverbindlich Schöne oder auch Häßliche, das lediglich Emotionen auslöst, die zwecklos verpuffen müssen. Hrdlicka hat bezeichnender Weise behauptet: *„Erst wenn Kunst brauchbar wird, hat sie einen Sinn."*[28]
Realistischer Kunst wird deshalb auch immer, sofern sie unter diesem Vorwurf antritt, die kritische Frage nach dem Nutzeffekt auf dem Fuße folgen, eine Frage, die am Ende notwendig den Schrei nach der Freiheit der Kunst provozieren muß. Darin liegt ein circulus vitiosus.

Über sämtliche Szenen zieht sich die aus der Hinrichtungsstätte bekannte Eisentraverse mit den Haken, an welchen man die Verurteilten gehenkt hat. Zwei dieser Szenen ziehen sich über je zwei Platten hin. Es ist ein düsterer Totentanz, den man an den Wänden des Gemeindezentrums Plötzensee studieren kann.

Zu ihm gehört wesentlich der Gottesdienst. *„Kunstbeflissene und museale Betrachter verfehlen das Ganze"*, bemerkt Naumann[29]. Der Totentanz sei ausdrücklich in dem gottesdienstlichen Raum des Gemeindezentrums angebracht worden, weil die Gemeinde *„von Gottesdienst zu Gottesdienst den Mut aufbringen möchte, die Wirklichkeit ihrer (Um-)Welt samt dem banalen und phantasielosen Neubaugebiet mit Schlafstadtcharakter, sonntags und werktags miteinzubeziehen in das Angebot des Evangeliums"*[30].

Abendmahlstisch

Bankblöcke umschließen, von Stufe zu Stufe nach außen ansteigend, den Abendmahlstisch in der Mitte des Raumes mit dem Abendmahlsgerät der Bekennenden Kirche in Berlin-Marienfelde darauf. Die Kirche ist also nicht anders „gerichtet" als auf diesen Tisch, um welchen sich die Gemeinde versammelt, rings umschlossen von den Bildern des Totentanzes, den Bildern eines furchtbaren Aspektes der Wirklichkeit des 20. Jahrhunderts, des massenhaften, von Menschen gewaltsam an wehrlosen Mitmenschen verübten Todes.

Die gedankliche Konzeption ist konsequent: die in den gottesdienstlichen Raum hereingeholte Wirklichkeit ist Stimulans der Gemeinde für ihre Versammlung in der Liturgie. Je schrecklicher die in den Bildern bewußt gemachte Wirklichkeit ist, desto mehr wird der Raum um den Abendmahlstisch zum Zelt, unter welches man kriechen möchte – im Vollzug des Gottesdienstes.

Die Rechnung ist übrigens auch aufgegangen; Naumann weiß zu berichten, daß Besuchergruppen sich spontan zu liturgischen Handlungen genötigt fühlen[31].

Kritisch möchte man fragen, warum in einem solchen Totentanz der Krieg mit seinem Massensterben fehlt. Etwa, weil dazu die Eisentraverse nicht passen würde? – Paßt sie aber über den „Tod im Boxring" oder den „Striptease in Soho" (alias „Tod im Showbusiness), den sensationellen, konsumierten Tod? In einem solchen Totentanz hätte man auch z. B. die Kindesmißhandlung mit tödlichem Ausgang aufnehmen können, die höhere Zahlen aufweist als der Tod bei einer Demonstration.

[27] Ebd., S. 23. – Wieland Schmied in der Einleitung zu Alfred Hrdlicka, Wie ein Totentanz, Frankfurt a. M./Berlin/Wien 1975, S. VII: „Die Gewalt ist sein alles beherrschendes Thema, es vermischt sich mit allen anderen, kommt immer wieder dazwischen, mit ihm kommt er nicht zu Rande, wird er nicht fertig."

[28] Naumann, Memento mori, S. 28.

[29] Ebd.,

[30] Ebd.

[31] Ebd., S. 28.

Der Gemeindekirchenrat einigte sich statt dessen mit Hrdlicka darauf, den Totentanz mit biblischen Szenen anzureichern, überflüssigerweise, weil mit einer Ausnahme ohne ersichtliches „pro nobis" und darum eigentlich nur literarisch und verwirrend. Es sind „Die Enthauptung Johannes des Täufers" (Abb. 61), „Emmaus – Abendmahl – Ostern" und, als Ergebnis einer Nachbestellung, „Kain und Abel" und „Golgatha in Plötzensee".

Auch über diese Szenen zieht sich die Eisentraverse mit den Haken hin. Mehr als die Aussage, auch in der Bibel werde schon gewaltsam von Menschen an Menschen verübter Tod, Mord also, berichtet, ergibt aber selbst das Triptychon „Golgatha in Plötzensee" nicht. Oder ist es von Interesse, sich mit dem Künstler vorzustellen, daß man in Plötzensee die Kreuzigung Jesu mit den Schächern so hätte variieren können, daß man sie nicht an ein Kreuz geschlagen, sondern an die Fleischerhaken gehängt hätte? Die Bogerschaukel wäre ein sinnvolleres Motiv gewesen.

Mysterium

Nur die „Emmaus – Abendmahl – Ostern" genannten drei Tafeln sind anders zu beurteilen (Abb. 62). Auf ihnen gelingt es dem Künstler, eine religiöse Aussage zu machen. Während links uniformierte Justizbeamte einen an den Händen gefesselten Häftling abführen, sitzen rechts fünf andere Häftlinge um einen siebten, der mit dem Rücken zur Wand unterhalb und zwischen zwei Fenstern dem Betrachter zugewandt sitzt. Er bricht mit beiden Händen einen Brotlaib. Er ist kahlköpfig wie die anderen Häftlinge. Seine Gestalt ist licht. Durch seine Stellung, seine Lichtheit fällt er auf. Licht liegt auch, wenngleich schwächer, auf den Gestalten, Köpfen der anderen Häftlinge. Die Quelle des Lichts ist nicht ersichtlich. Nur eines ist offenbar, daß es nicht von den Fenstern herkommen kann. Das gibt der Szene etwas Geheimnisvolles und Unwirkliches. Der Justizbeamte hinter dem abzuführenden Gefangenen ist fast völlig schwarz, finster. Dieser Kontrast unterstreicht den Eindruck noch.

Die Szene weckt Assoziationen. Emmaus, das Abendmahl, die Verklärung fallen einem dazu ein. *„Das Licht scheint in der Finsternis."* Selbst in der Hinrichtungsstätte gibt es Gemeinschaft, Geborgenheit um Jesus Christus, macht dieses Bild offensichtlich. Und: er kann auch im Mithäftling, im gleichfalls zum Tode Verurteilten begegnen, durch ihn trösten und erquicken. Auch das gehört zur Realität dieses Jahrhunderts, die Selbstmitteilung Jesu Christi durch das Zeugnis von Menschen, die zu Brüdern geworden sind. Das von ihm ausgehende Licht fällt noch auf den, der nun vielleicht für immer von seinen Leidgenossen fort-und abgeführt wird.[32]

„Wo zwei oder drei versammelt sind in meinem Namen, da bin ich mitten unter ihnen," – diese Verheißung Jesu[33] nimmt, in diesem Totentanz überraschend, Gestalt an. Der Friede, welcher auf diesem Bilde liegt, wirkt entdramatisierend auf die anderen. Eine neue Dimension der Wirklichkeit wird sichtbar. Das Gefühl, das einen vor den übrigen Bildern beschlichen haben mag, wird aufgehoben.

Entdramatisierung

Die Darstellung „Emmaus – Abendmahl – Ostern" fällt auch formal aus dem Rahmen. Während alle anderen Bilder des Plötzenseer Totentanzes ausschließlich mörderische Szenen darstellen, ist auf diesem Bild der grauenhafte Aspekt der Wirklichkeit auf eine von drei Tafeln zusammengedrängt. Hier führt man den einen Häftling ab, während über die beiden anderen Tafeln sich tröstlich das geheiligte Mahl ausbreitet.

Christlicher Realismus

An dem Bild „Emmaus – Abendmahl – Ostern" von Alfred Hrdlicka wird exemplarisch sichtbar, was realistische Kunst, sofern sie sich treu bleibt und sofern sie begnadet wird, in religiöser Hinsicht vermag. Sie muß ihren Ausgang und Ansatz

[32] Jürgen Moltmann veröffentlichte einen Bericht über ein „Abendmahl mit leeren Händen" in einem chilenischen Gefängnis, ohne zur Verfügung stehende Elemente, in einer heimlichen, von den nichtchristlichen Häftlingen geduldeten und geschützten Feier. Jürgen Moltmann, Die einigende Kraft der Armut. Identitätsangst und Gemeinschaft der Christen: Evangelische Kommentare. Monatsschrift zum Zeitgeschehen in Kirche und Gesellschaft, Stuttgart 1975, S. 331-333.

[33] Mt. 18, 20.

Abb. 62 Alfred Hrdlicka, Plötzenseer Totentanz, Tafeln VII-IX: Emmaus – Abendmahl – Ostern, 1972. Ev. Gemeindezentrum Plötzensee, Berlin-Charlottenburg.

beim gesellschaftlichen Elend nehmen. Zu ihrem Programm gehört es nun einmal, Wirklichkeit in das verdrängende, idealisierende Bewußtsein hereinzuholen. Wenn sie nun, durch welche Ursachen auch immer, ins Elend geratene Einzelne, Teile, Gruppen, Schichten, Zellen der Kirche darstellt, kann ihr geschenkt werden, deren „eigentliches Sein", Christus, als den Gegenwärtigen und Lebenden, dem Schauenden erahnbar zu machen.

Selbstverständlich genügt es nicht, um ein gültiges Christusbild zu malen, ihn und seine ihn umgebenden Figuren und Umstände in die Gegenwart zu versetzen. So hat man s. Zt. Fritz von Uhde mißverstanden[34]. Daß dieser seine Bilder aber absolut nicht so gemeint hat, daß sein Ansatz eigentlich umgekehrt gewesen ist, läßt schon die schockierte Polemik gegen ihn vermuten, welche nicht hat wahrhaben wollen, daß unter dem schönen Schein bürgerlich-klerikalen Selbstbewußtseins eine Millionen zählende Gruppe der Kirche proletarisiert, d. h. in gesellschaftliche Not geraten ist[35].

[34] Z. B. sein Kollege Wilhelm Steinhausen. Wilhelm Steinhausen, Christentum, Religion und Kunst. Das Bild Christi in der bildenden Kunst. Zwei Vorträge, gehalten am 16. März 1905 in Aarau und am 10. Juni 1908 in Freudenstadt, Basel 1910, S. 25 u. 27.

[35] Uhde hat seinen kritschen Realismus auf die Dauer nicht durchhalten können und hat ihn ab 1895 zu einem mehr äußerlichen Realismus abgeschwächt. Vgl. Bettina Brand, Fritz von Uhde. Das religiöse Werk zwischen künstlerischer Intuition und Öffentlichkeit, (Hefte des Kunstgeschichtlichen Instituts der Universität Mainz, Nr. 7), Heidelberg 1983.

„Wo zwei oder drei versammelt sind in meinem Namen, da bin ich mitten unter ihnen," selbstverständlich kann man versuchen, das auch idealisierend oder in einer abstrakten Formel darzustellen. So überraschend und zugleich tröstend wie in Emmaus wird aber die Gegenwart Christi wohl nur da erscheinen, wo man unten ist und Leid erträgt.

Das Bild „Emmaus – Abendmahl – Ostern" ist die Ausnahme unter den von mir als überflüssig bezeichneten biblischen Bildern des Plötzenseer Totentanzes, deshalb überflüssig, weil sie den Bildern vom gewaltsamen Tod in unserer Zeit im Zusammenhang mit dem Gottesdienstraum und dem Abendmahlstisch in seiner Mitte nichts mehr hinzufügen können. Nachdem dieses Bild nicht nur einfach gezeichnet, sondern geschehen ist, möchte man es nicht mehr missen, auch innerhalb des Totentanzes nicht, sagt es doch etwas Wesentliches über die Wirklichkeit aus, daß nämlich selbst da, wo sich schauerliche Abgründe auftun und der Mensch dem Menschen die Hölle bereitet, einem Frieden widerfahren kann.

Was dem Gemeindekirchenrat vielleicht sonst zum psychologischen Trick mißraten wäre, die zeitgeschichtlichen Szenen des Plötzenseer Totentanzes als Stimulans zur Abendmahlsfeier um den Tisch, ist durch das Bild „Emmaus – Abendmahl – Ostern" zu einer Einladung geworden. Die Gemeinde darf wissen, daß sie von der Fülle Christi *„Gnade um Gnade"* nehmen darf[36]. Sie geht *„aus Glauben in Glauben"*[37]. Das eine Bild hat die ganze innere Struktur des gottesdienstlichen Raumes im Gemeindezentrum Plötzensee verändert.

Herbert Falken, Scandalum Crucis

Auf einen ganz anderen Aspekt der Wirklichkeit im Konzentrationslager weist der Zyklus „Scandalum Crucis" von Herbert Falken hin. Falken, katholischer Priester, Jahrgang 1932, hat diesen Zyklus von 14 Ölgemälden 1969 gemalt. Alle Bilder sind 130 cm hoch und 90 cm breit, auf Leinen gemalt, die Bilder 3-13 mit Ölfarben, die anderen mit einem Ölfarbe-Sand-Gemisch[38].

Expressionistischer Ansatz

Was Joseph-Emile Muller über die Expressionisten schreibt, trifft auch auf den Maler zu, der diese Bilder geschaffen hat.

Als Expressionisten seien solche Künstler zu bezeichnen, *„die es sich zum Hauptziel gesetzt hatten, durch Verformung der sichtbaren Wirklichkeit ihre Gefühle oder Ideen in drastischer Weise bildlich darzustellen... Sie können rauschhafte Erregungszustände ausdrücken (die in der Regel übersteigert sind), meistens aber bezeugen sie Unzufriedenheit, ein Sehnen, ein tiefes Mißbehagen - Stimmungen, die Unruhe, Angst, Zerrissenheit, Neurosen hervorrufen oder in Aufruhr, Protest und heftige Klagen münden. Daher ist ihre Kunst im allgemeinen düster, nervös, melancholisch, leidenschaftlich-schmerzvoll... Wie Seismographen registrieren sie die Erschütterungen, die dem Menschen in der Gegenwarts-Wirklichkeit widerfahren können, die Unzufriedenheit und die Krisen, die bei ihm dadurch ausgelöst werden"*[39]. Wie es dazu kommt, daß der Expressionismus sich zu einer Hauptrichtung der modernen Kunst entwickelt hat, weiß Muller folgendermaßen zu begründen: *„Wir leben in einer Welt, die uns oft in die Auseinandersetzung mit Situationen zwingt, die erzürnen, erschüttern, niederschmettern oder Empörung herausfordern"*[40].

[36] Joh. 1, 16.
[37] Rm. 1, 17.
[38] Sämtliche Bilder sind farbig publiziert in: Herbert Falken, Scandalum Crucis. Ein unvollendeter Zyklus in 14 Bildern. Mit Beiträgen von Dorothee Sölle, Norbert Schiffers und Ernst Günther Grimme, (Aachener Kunstblätter, hg. v. Peter Ludwig, Beiheft zu Bd. 39), Düsseldorf 1970.
[39] Joseph-Emile Muller, DuMonts kleines Lexikon des Expressionismus, Köln 1974, S. 6 f.
[40] Ebd., S. 6

Herbert Falken erweist sich in seinem unvollendeten Zyklus „Scandalum Crucis" als typischer Vertreter dieser Kunstrichtung. Wer den Umgang mit expressionistischen Bildern nicht gewohnt ist, muß bei dem Anblick seines Zyklus' zunächst entsetzt sein über die expressive Verformung seiner Figuren.

Man sieht aufgerissene, aufgesperrte Münder, der Länge nach durchschnittene Menschen, Gekreuzigte, die sich durch Spiegelung in der Luft schrecklich verdoppeln, Menschen, die wie fahle Pfähle schräg gen Himmel stehen, einen Gekreuzigten ohne Kopf, aus welchem durch den Hals ein Schemen in die Höhe steigt. Eine menschliche Figur in ihrer Schönheit findet man überhaupt nicht, von Bild zu Bild werden die Dargestellten immer häßlicher. Die expressive Wut der Bilder steigt bis zum achten kontinuierlich an. Dann setzt nach einer Pause über zwei Gemälde noch einmal eine große Intensität ein, nun allerdings mit verwandelten Gefühlen.

Es gehe den Expressionisten um drastischen, bildhaften Ausdruck ihrer *„Gefühle oder Ideen"*, schreibt Muller[41]. Für Falken gilt, daß er Gefühle und Ideen zum Ausdruck gebracht hat. Um dem, was ihn gedanklich bewegt hat, nachzukommen, hat er auf mehreren Bildern Worte, Sätze und Satzteile niedergeschrieben, manchmal versteckt, wie nur geritzt und verwischt, manchmal in eine den Figuren beigegebene Sprech- oder Gedankenblase; auf einigen Bildern ist die Schrift und ihre Gestaltung konstitutives Element des Ganzen.

Element aus der Pop-art

Daß wir es mit einer gedankenschweren Kunst zu tun haben, wird auch noch auf andere Weise offenbar: von den 26 Darstellungen menschlicher Figuren zeigen nur 2 Personen ihre Beine und nur 8 ihre Hände. Die meisten der Hände sind schwache Andeutungen, von keiner kann man sich vorstellen, daß sie je zugepackt hätte. Den meisten Figuren sind Hände und Beine vom Bildrand abgeschnitten. So bleiben als Ausdrucksträger für den Kontakt suchenden Betrachter vornehmlich die Gesichter, die Köpfe.

Auf dem ersten Bild mit dem Titel „Gekreuzigter" schon wird die Bedeutung des Kopfes sichtbar. Aus einer roten Masse aus Korpus, Oberarmen, undefinierbarem Hintergrund, welche zu einem guten Drittel den unteren Teil des Bildes füllt und nach oben hin waagerecht abgesetzt ist, ragt einzig der Kopf des Gekreuzigten in den braun-violetten Himmel hinaus. Er sieht eigentlich gar nicht so aus, als wäre er gekreuzigt. Mehr so, als hätte er die Oberarme auf eine stützende Unterlage aufgelegt, hängt er traurigen, etwas müden Blicks unter den Augen des Betrachters.

Melancholische Gedankenschwere liegt in seinem bärtigen Gesicht. Was dieser ausgesetzte, einsame Mann denkt, ist ein Zwiespalt, der offenbar Falken selbst gequält hat: *„Gott ist tot. Es lebe Gott"*. Der zweite Satz ist trauriger Hohn; als Jubelruf scheint er auf diesem Bilde undenkbar. Beide Sätze stehen rechts unten auf dem undefinierbaren Hintergrunde. Vielleicht ist es eine Bretterwand, wie sie auf dem 4. und 7. Bilde wiederkommt. Ein senkrechter Strich rechts und links im Rot läßt so etwas assoziieren. Links ist ein Herz in den Hintergrund eingeritzt. Die Stimmung dessen, der es geritzt hat, ist leichter gewesen als die des Menschen, der rechts darüber herschaut.

Noch eine weitere Beobachtung beweist den expressionistischen Ansatz des Zyklus: erst vom 5. und 6. Bilde an weiß man, welche äußere Wirklichkeit der Anlaß für die bitteren Gedanken und Gefühle gewesen ist, welche sich schon in dem ersten Bilde manifestieren.

Der Zyklus hat das innere Gefüge eines Klagepsalms.

Klagepsalm in Bildern

Nach Westermann hat der Klagepsalm eines Einzelnen eine typische, im konkreten Falle natürlich variable Form: *„Anrede, Klage, Bekenntnis der Zuversicht, Bitte, Lobgelübde"*[42].

[41] Ebd.

[42] Claus Westermann, Gewendete Klage. Eine Auslegung des 22. Psalms, (Biblische Studien, Heft 8), Neukirchen 2 1957, S. 9.

Dieser Aufbau kann in einzelnen Teilen erweitert, verdoppelt und verdreifacht werden, manchmal fehlt auch einer[43], dennoch bleibt das Grundgefüge erkennbar.

In Falkens Zyklus entsprechen Bild 1 - 3 der Anrede, Bild 4 - 10 der Klage, Bild 11 - 13 dem Bekenntnis der Zuversicht, Bild 14 dem Lobgelübde. Die Bitte jedoch, in der Form eines frommen Wunsches, taucht vom ersten bis zum letzten Bilde immer wieder einmal auf: *„Es lebe Gott"*. Wie Westermann seine Auslegung des 22. Psalmes mit „Gewendete Klage" überschreibt, so läßt sich dieser Terminus auch auf den Bilderzyklus Herbert Falkens anwenden.

Schrei

Die Anrede entfaltet sich in Falkens Zyklus eruptiv. Auch in den Klagepsalmen des Einzelnen ist sie niemals frei von Emotionen. Psalm 22 beginnt mit einem Schrei nach dem abwesenden Gott, der ausgerechnet da fehlt, wo er gebraucht wird, in der Not. Den gleichen Tenor haben die Bilder 2 und 3 (Abb. 63). Was in Bild 1 erst knospenhaft angelegt ist, bricht nun aus. Zweimal malt der Künstler ein „Lachendes Doppelkreuz", einmal rot auf rotbraunem Grund, dann fleischfarben auf tief dunkelbraunem Grund. Das zweite Doppelkreuz steigert noch den Ausdruck des ersten. Mit aufgerissenem Munde lacht, schreit da einer hängend – niemand sieht, woran – voll unerträglicher Schmerzen, auf dem zweiten Bild mit aufgeblähtem, hochgezogenem Brustkorb steigert er sich schreiend schräg in die Höhe, rot noch reserviert und voller Hohn, fleischfarben in äußerster Not – und wird gespiegelt, steht über sich noch einmal kopf in der Luft. Da scheint kein Himmel über ihm zu sein, der ihn hören könnte. Der Gekreuzigte schreit, aber seine Hilfe ist ferne. Wie zum Hohn spiegelt die Luft ihn zurück, dabei den sowieso schon Deformierten zur röhrenden Fleischmasse weiter zerstörend, aus deren aufgerissenem Maul Verwesungsgeruch hervorzukommen scheint.

„Die Anrufung ist unmittelbar begleitet vom Hilfeschrei, der meist imperativ steht ... In immer neuen Ansätzen kann die Anrufung wiederholt werden ... Der Anrufung folgt bisweilen eine Selbstdarstellung des angefochtenen Beters. Er bezeichnet sich selbst als ‚elend und arm' und schildert in wenigen Andeutungen seinen gegenwärtigen Zustand. Elemente des Hauptstückes können bereits in der Einführung des Klageliedes anklingen, insbesondere Klage, Bitte und Wunsch ...," schreibt Hans-Joachim Kraus in seiner Einleitung in den Psalmenkommentar[44].

Der Tod Gottes

Der Vergleich mit den Klagepsalmen und ihrem Grundgefüge kann uns verständlich machen, was in dem Zyklus „Scandalum Crucis" eigentlich vorgeht, vor allem, worum es in der Bilderfolge geht: zunächst und vor allem nämlich um Gott. Der „Tod Gottes", seinerzeit Modewort, ist Falken zur Anfechtung geworden. Der unter den Heimkehrern aus dem 2. Weltkrieg sich mit Bitternis ausbreitende Atheismus (stereotype Redewendung: „Wenn Gott soviel Leid und Unrecht in der Welt zuläßt, dann gibt es keinen Gott") hat auch den Künstler erfaßt, ihn nun allerdings nicht zu rücksichtslosem Erwerbsstreben oder zum politisch motivierten Kampf gegen die Kirche bestärkend, sondern ihn zum Schrei nach Gott in allen ihm nur möglichen Modulationen zwingend.

Auf Bild 9 erscheint darum ein „Trommler" und auf Bild 10 ein „Rufer", denen beiden in einer Sprechblase der Satz aus dem Munde quillt: *„Gott ist tot"*. Der Trommler dürfte eine Anspielung auf Friedrich Nietzsches *„tollen Menschen"* sein, weniger wohl auf den *„Blechtrommler"* von Günter Grass[45]. Der Rufer hingegen ist ein frommer Jude, schwarz das Gewand und der etwas flach geratene Hut. Er, der Orthodoxe, Bundestreue, versteht seinen Gott nicht mehr. Er ist verzweifelt. Sein Gesicht,

[43] Ebd.

[44] Hans-Joachim Kraus, Psalmen. 1. Teilband (Biblischer Kommentar. Altes Testament, hg. v. Martin Noth, Bd. XV/1.), Neukirchen ²1961, S. XLV.

[45] Ernst Günther Grimme, Scandalum Crucis. Voraussetzungen – Analogien – Beobachtungen zu einem unvollendeten Zyklus von Herbert Falken: Falken, Scandalum, S. 8, 14.

Abb. 63 Herbert Falken, Scandalum Crucis, Bild 3: Lachendes Doppelkreuz, 1969. Suermondt-Museum, Aachen.

Abb. 64 Herbert Falken, Scandalum Crucis, Bild 5: Lachende Menge, 1969. Suermondt-Museum, Aachen.

sein Mund vor allem sind von den Schmerzens- und Entsetzensschreien gezeichnet. Über dem blutigen Rot des Untergrundes breitet sich tiefes Schwarz über das ganze Bild aus. Die Finsternis des Hintergrundes scheint nach oben hin anzusteigen. Oben aber liegt ein dreiteiliges Lichtband. Darüber unter einem weißen Strich das Tetragramm: die Wendung der Klage deutet sich an, Gott selber.

Grund der Klage: die KZ-Welt

Doch nun zum Grund der Klage, der in den Bildern 4 - 8 entfaltet wird. Der Titel des 6. Bildes läßt hier jeden Zweifel ausschließen. Er lautet „Boger-Schaukel" (Abb. 65). Der Grund der Klage ist die Hölle, welche Menschen ihren Mitmenschen haben bereiten können. An einer unter den Kniekehlen durchgeschobenen Stange hängt der Gequälte, Hände und Füße zusammengebunden, nackt, mit dem Kopf nach unten. Den derart wehrlos Gemachten hat der Erfinder dieser Folter namens Boger dann auf den Kopf, den Rücken, besonders auf die Hoden geschlagen und dazu verhört. Auf dem Bild sieht man nur den an der Stange hängenden Menschen. Er ist mehrfach der Länge nach von etwa senkrechten Strichen durchschnitten. Die beiden Hälften seines aufgerissenen Mundes sind dabei rechts und links durch einen Schnitt so versetzt worden, daß man sich nicht mehr vorstellen kann, wie er je wieder geschlossen werden könnte. Die von Menschen gewollte physische und psychische Vernichtung eines Menschen, das eigentlich Undenkbare, wird anschaulich, zugleich der Schrei des Entsetzens darüber permanent.

Szenen aus dem Konzentrationslager liegen anscheinend auch dem Bild 4 „Kreuzigung" zugrunde. Ein ebenfalls Nackter ist über eine Bretterwand geworfen worden. Mit den Schultern liegt er dort oben auf, während sein Hinterkopf und seine Arme einen glühenden Draht berühren, an den Kontaktstellen fängt es an zu schwelen. Der Körper des dermaßen „Gekreuzigten" verdeckt einen zu schmalen Durchlaß im Zaunverschlag. Sind wir Zeugen eines mißglückten Fluchtversuchs, oder ist das fleischfarbene, von senkrechten Strichen aufgeteilte Gebilde die Mauer eines Verbrennungsofens? Wichtiger als die Beantwortung dieser Fragen ist der Hinweis auf den wiederum breit klaffenden Mund des Leidenden, der nun nicht mehr lacht und auch nicht mehr schreit, sondern stirbt. Aber wie furchtbar, der Mund, der breit aufgezogene Mund des Sterbenden sieht aus, als ob er lache.

Lachende Menge

Eins der hintergründigsten Bilder ist Bild 5 „Lachende Menge" (Abb. 64). Man sieht von unten bis oben die Köpfe, z. T. auch die Oberkörper von insgesamt zehn Menschen. Alle haben sie das Maul aufgesperrt. Brüllen sie, lachen sie? Oben links steht jemand mit geschlossenem Kittel. Er hat sich nach hinten gelehnt. Gleichsam auf Zehenspitzen schreit er – in einer Sprechblase steht es –: *„Gott ist tot"*. Brüllen, lachen sie das alle? Was ist das für eine Menge?

Besonders widerlich amüsiert sich ein Mann vorn in der Mitte. In seinem aufgerissenen Schlund tanzt die Zunge wie eine Schlange. Seine Kleidung fällt auf. Er ist in kostbares Rot gehüllt. Auf seine Brust sind drei Ordensspangen mit je drei daran hängenden Orden geheftet. Er hat Achselklappen mit einem Stern darauf. Über seinem Gelächter ist ihm das dunkle Käppi zur Seite gerutscht. Die hochgezogenen Schultern charakterisieren ihn als eine niedere Kreatur, aber mit Macht ist er versehen, der Uniformierte. Die anderen Leute sind durch ihre Kleidung nicht so deutlich gekennzeichnet. Ist deren Fleischfarbe ein Hinweis? Bei einem allerdings fällt auf, daß er auf seinem Nacken einen Balken trägt und mit der Linken denselben stützt. Es liegt nahe, bei einem Zyklus, in dem mehrmals das Kreuz oder ein Gekreuzigter vorkommt, an einen Kreuzesbalken zu denken. Dann wäre der Mann, der da unter dem Balken servil lacht, ein Häftling. Dann aber wäre der Uniformierte von lauter Häftlingen umgeben, er satt, sie angstvoll lachend, im Hintergrund links oben der Mann mit der Sprechblase vielleicht ein Kapo.

Wie Menschen zur Masse werden, wie sie gleichgeschaltet werden können, wie sie voller Angst verzweifelt in das Lachen der Mächtigen mit einstimmen, wie sie sich anzugleichen versuchen, um nur nicht aufzufallen, obwohl sie damit im Endeffekt ihrer Vernichtung dienen, wie unter den Terrorisierten Hierarchie entsteht, die denjenigen begünstigt, der am lautesten den Unterdrückern zum Munde redet, wie die Angst die Einzelnen um ihre Individualität bringt, dies alles ist auf einem Bilde zu sehen: „Lachende Menge".

Juda verrecke

„Kreuz und Mauer" lautet der Titel von Bild 7. An ein waagerecht schwebendes Brett ist ein Mann geheftet. Linker Ellenbogen und linkes Kinn sind auf eine davor stehende Mauer gelehnt, welche den Körper verdeckt. Auf der Mauer ist in einem rechteckigen Feld der uns nun schon aus dem ersten Bilde bekannte Text *„Gott ist tot. Es lebe Gott"* geschrieben. In ein ovales Feld ist ein Davidstern gezeichnet. Rechts neben dem Stern, gleichfalls im Oval steht *„Deutschland erwache. Juda verrekke"*. Hier, im 7. Bild haben wir nun endlich beides schriftlich beisammen, den Schrei nach Gott und den Grund der Klage.

Auf Bild 8 (Abb. 66) erscheint ein erster deutlicher Hinweis darauf, daß die Klage gewendet werden könnte. Noch einmal hängt da ein Mann mit ausgebreiteten Armen. Wieder hat er den Mund aufgerissen. „Gespaltenes Kreuz" heißt das Bild. Von oben links nach rechts unten ist ein Strich gezogen, der auch längs durch den Gekreuzigten geht, dessen Kopf und Gestalt so häßlich deformierend, daß man spätestens vor diesem Bild an Francis Bacon und dessen Deformationen menschlicher Gesichter denken muß. Eine Nase ist nicht mehr zu sehen. Wo die Augen sind, vermag man nur noch zu ahnen. Drei Oberzähne stehen rechts neben dem Strich, links daneben fehlen sie. Man sieht schreiendes, abgründig häßliches, der Länge nach durchgeschnittenes Fleisch – eines Menschen!

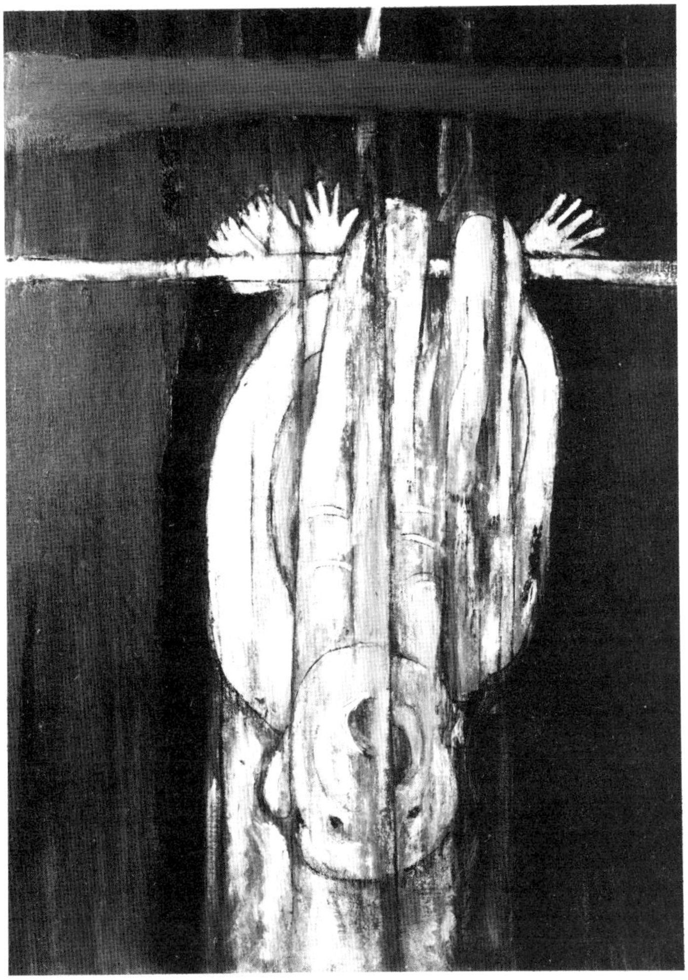

Abb. 65 Herbert Falken, Scandalum Crucis, Bild 6: Boger-Schaukel, 1969. Suermondt-Museum, Aachen.

Abb. 66 Herbert Falken, Scandalum Crucis, Bild 8: Gespaltenes Kreuz, 1969. Suermondt-Museum, Aachen.

Darüber aber steht in großen grünen Buchstaben: *„Nos autem"*. Mit diesen beiden Worten beginnt der Introitus am Fest der Kreuzerhöhung, dem 14. September. Sie sind der Anfang des ersten Satzes, der vollständig so lautet: *„Nos autem gloriari oportet in Cruce Domini nostri Jesu Christi."*[46]

Nos autem

Warum schreibt Falken den Satz nicht aus? Warum hält er schon beim zweiten Wort inne? Man könnte formale Gründe anführen, wonach die Buchstaben der beiden Wörter um so größer, wuchtiger haben ausgeführt werden können. Aber das ist nicht die Wahrheit. Falken hat aus dem gleichen Grunde das 14. Bild und den ganzen Zyklus nicht vollendet, aus dem er auch den Anfangssatz des Introitus nicht hat weiterschreiben können. Das „Gloriari" war noch nicht möglich. Es wäre Hohn gewesen. Der Künstler hat sich mit dem „Nos autem" begnügt, einem grünen „wir aber" der Hoffnung, eines Keims.

Bei der Klage *„kann es sich handeln um Krankheit, Rechtsnot (Anklage), Verfolgung von Feinden, Preisgegebensein an Mächte des Verderbens ..., Gottverlassenheit und Schuld,"* stellt Kraus die Gründe zur Klage in den Klagepsalmen zusammen[47]. Alle diese Gründe finden sich in der Klage Herbert Falkens. Und auch dies: *„Die Klage ist durchwirkt und umgeben von Fragen. ‚Warum?', ‚Wie lange?' so lauten die Anfragen an Jahwe, die bisweilen hart an die Grenze der Anklage stoßen"*[48].

[46] Grimme, Scandalum Crucis, S. 14.

[47] Kraus, Psalmen, S. XLVI.

[48] Ebd.

Abb. 67 Herbert Falken, Scandalum Crucis, Bild 11: Schrifttext und Clown, 1969. Suermondt-Museum, Aachen.

Abb. 68 Herbert Falken, Scandalum Crucis, Bild 12: Emporschauende, 1969. Suermondt-Museum, Aachen.

Der Keim der Hoffnung, sichtbar geworden im „Nos autem" über dem „Gespaltenen Kreuz" und schon einmal, ausgerechnet über der Boger-Schaukel in Gestalt eines grünen Strichs nahe und parallel zum oberen Bildrand erschienen, entfaltet sich vom 11. Bilde (Abb. 67) an, zaghaft zunächst und trotzdem deutlich. Ein Clown blickt, weiß in den dunklen Hintergrund geritzt, aus den unteren zwei Dritteln des Bildes lächelnd heraus. Auch er hat die Arme zum Kreuz ausgebreitet. Über seinem Kopf steigen vor der Zipfelmütze die aus den comic strips bekannten Denkblasen auf.

Bekenntnis der Zuversicht

Er denkt also, der Clown. Seine Gedanken stammen nicht von ihm, sind nicht aus ihm. Es sieht so aus, als ob von oben herab ein Material anderer, besserer Festigkeit und Dichte herabgelassen sei, als es im Clown sich darstellen kann. Dieser ist ja gemäß Rolle nicht er selbst, er ahmt nur nach und spielt eine Identität, welche er nicht hat. Das viel Wirklichere als er steht über ihm geschrieben: *„Ich halte dafür, daß die Leiden dieser Zeit nicht zu vergleichen sind mit der zukünftigen Herrlichkeit, die sich an uns offenbaren wird. (Paulus an die Römer)."*

Der breit lächelnde Mund des Clowns vermag leicht darüber hinwegzutäuschen, daß der Blick des Clowns auch Trauer und Frage ist. Zu den großen Vorzügen Herbert Falkens in diesem Zyklus gehört, daß er ehrlich ist und es sich nicht zu leicht macht. So gelingt ihm mit dem Bild 11 „Schrifttext und Clown" eine Formulierung, die wahrscheinlich auf so manch einen Zweifler in der Kirche zutrifft, der wohl glauben möchte, ja, sogar vor sich selber so tut, als glaube er, aber es doch noch nicht kann. Aber, so fügt Falken hinzu, die Gedanken der Hoffnung sind wahrer, als es der an ihnen zum Clown Gewordene zu glauben wagt. Sie kommen von oben.

Das nun gewonnene Element der dunklen Schrift auf hellem, relativ fest erscheinendem Untergrund wendet er auf den nächsten beiden Bildern an.

In Bild 12 (Abb. 68) macht er drei schräg gegen den von Helligkeiten kaum durchwebten Himmel stehende, schmale und fahle menschliche Figuren zu Schriftträgern. Auf ihnen steht:*„Denn das Törichte, wenn Gott zu eigen, ist klüger als die Menschen, und das Schwache, wenn Gott zu eigen, ist stärker als die Menschen. 1. Korinther"*. Wie sie da mit unförmigem Orantengestus in die Höhe schauen, den Mund und die womöglich leer stehenden Augenhöhlen geöffnet, wirken sie, als wären sie dem Totenreich entronnen. Tote mehr als normale Menschen, und dennoch, den Mund gerundet, als ob sie singen.

Das Bild 12 „Emporschauende" weckt Assoziationen an Ps. 71,20 - 21.23: *„Du lässest mich erfahren viele und große Angst und machst mich wieder lebendig und holst mich wieder heraus aus den Tiefen der Erde. Du machst mich sehr groß und tröstet mich wieder ... Meine Lippen und meine Seele, die du erlöst hast, sind fröhlich und lobsingen dir."* Auf dem Bilde ist es Nacht. Die Helligkeiten im schwärzlichen Hintergrunde lassen an einen Sternenhimmel denken. In dieser wieder hoch und rein gewordenen Welt, wenn es vorerst auch noch Nacht geblieben ist, stehen sie auf aus der Hölle und singen. Unmöglich wäre hier bereits Saitenspiel vorstellbar, wovon ja auch in Ps. 71 die Rede ist. Das geht noch nicht. Falken hält auch hier bewußt inne. Ja, es bleibt überhaupt die Frage, ob seine Figuren schon singen. Hat Lazarus, von seinen Leichentüchern befreit, sogleich mehr herausgekriegt als ein „Ah" oder ein „Oh"? Besonders die rechte Figur hat ihren Mund so weit geöffnet, daß man sich vorstellen kann, hier liege noch ein „Rest" des lachenden, schreienden Aufgesperrtseins vor.

Dennoch vermitteln die drei Figuren mit ihrer Lichtheit, ihrem Heraufgekommensein, ihrer Gestik und dem Schriftwort auf ihren Leibern – einem Schriftwort übrigens, das in seinem Duktus von unten nach oben bis in die Armkugeln, ja, an die Handgelenke geht – den Eindruck der Übereinstimmung mit dem, zu welchem sie emporstehen. Was Falken gemalt hat, ist Auferstehung in kollektivem Sinne. So wie er das gemacht hat, kann man sie zwar sehen, und muß sie doch zugleich ahnen. Seine Figuren sind zu Trägern einer Offenbarung geworden, die menschliche Vorstellungen und Maße sprengt[49].

Auf Bild 13 „Hinrichtungsstätte" setzt der Künstler seine Pauluszitate fort. Auf dem unteren Bilddrittel hat er wiederum auf hellem, fest wirkendem Untergrund schräg von unten links nach oben rechts, etwa in der gleichen Richtung wie auf dem vorigen Bilde, folgendes geschrieben: *„Hat nicht Gott die Weisheit der Welt zur Torheit gemacht? Wir aber predigen Christus, den Gekreuzigten, den Juden ein Ärgernis, den Heiden eine Torheit. Paulus an die Korinther"*.

Von Bild zu Bild ist der Ton der Schriftworte immer gewisser geworden. Diesmal setzt sich der kalkig helle Untergrund und Rahmen der Pauluswörte über dem darüberstehenden Bild der Hinrichtungsstätte Plötzensee am oberen Bildrand fort. Die Hinrichtungsstätte ist oben und unten eingefaßt von Offenbarung. Jene ist kenntlich gemacht durch die Eisentraverse oben mit den Haken, dem Werkzeug des Henkers, und den beiden Rundbogenfenstern, darunter ein paar Kränzen. Rechts auf diesem Bildteil steht ein Datum: 20. 7. 69; es ist an einem Tage gemalt worden, an welchem sich der mißglückte Attentatsversuch auf Hitler gejährt hat. Viele der in der Folge darauf verhafteten Widerstandskämpfer sind dann in Plötzensee hingerichtet worden. Dennoch, obwohl diese Erinnerungen mit dem Bilde gegenwärtig werden, wirkt es wie eine Kirche. Liegt es an den hellen Fenstern und ihrer Form? Liegt es an den Kränzen oder dem Schriftzitat? Letzlich liegt es im nicht erklärbaren Atmosphäri-

[49] 1. Kor. 1,25.

Abb. 69 Herbert Falken, Scandalum Crucis, Bild 14: Unvollendetes Doppelkeuz, 1969. Suermondt-Museum, Aachen.

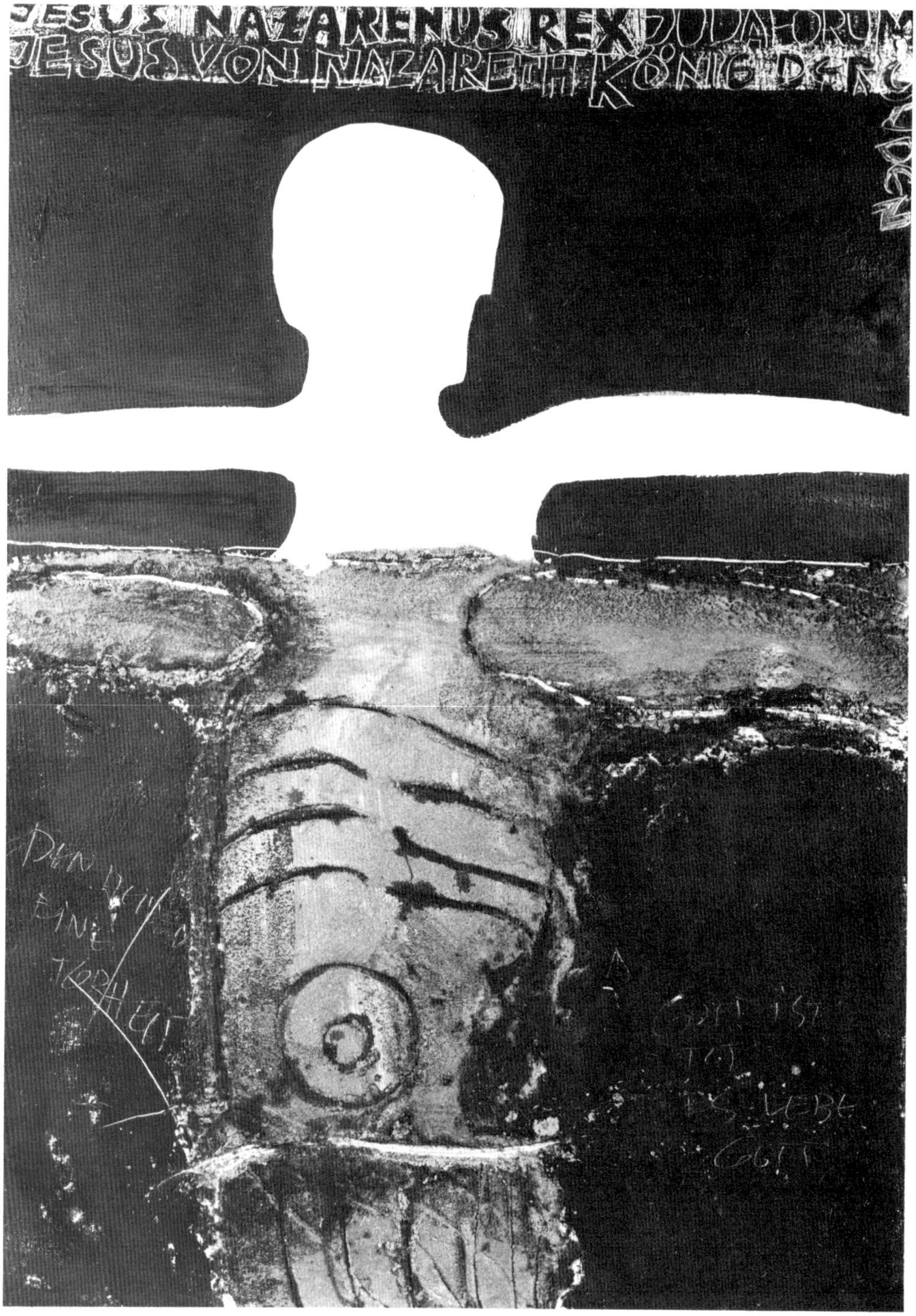

schen: an der so gemalten Hinrichtungsstätte wird Gottesdienst denkbar, weil Gott nicht tot ist, sondern lebt. Das Bekenntnis der Zuversicht kommt zu seinem Ziel.

Lobgelübde

Bild 14 „Unvollendetes Doppelkreuz" (Abb. 69) kehrt zum Anfang zurück. Aber dieses Doppelkreuz ist diesmal nicht durch Spiegelung zustandegekommen. Aus dem roten Körper ist in Halshöhe ein Kopf mit ausgespannten Armen herausgekommen – wie ein Schmetterling aus der Puppe. Dieser zweite Mensch schaut zur Seite, hat nicht den Mund aufgerissen; soviel erkennt man. Er ist nämlich malerisch nicht ausgeführt, auf der grundierten Leinenfläche ausgespart. So ist da nur ein Schatten, eine Spur dessen zu sehen, den wir den Gekreuzigten und Auferstandenen nennen. Sein Name steht auf Deutsch und Latein am oberen Bildrand: *„Jesus von Nazareth, König der Juden"*. Unten links neben dem roten Korpus steht auf dem schwarzbraunen Hintergrund: *„Den Heiden eine Torheit"* und rechts: *„Gott ist tot. Es lebe Gott"*. Beides ist fast kaum zu lesen, nur so geritzt. Andererseits sind die Worte „Jesus" und „Rex" durch die Behandlung des Malgrundes oben stark betont.

Aussparung

Auferstehung durch Aussparung darzustellen, ist ein in der Zeit nach dem 2. Weltkrieg mehrfach angewandtes bildnerisches Mittel.
Beispiele:

1. Auf einem Altarantependium von Gerhard Olbrich 1959 für die Kirche in Obersdorf bei Müncheberg in der Mark steht der Auferstandene weiß gestickt auf weißem Leinen ohne jede gesonderte Behandlung von Details der Figur, der Kleidung oder des Gesichts in einer kastanienblattförmigen roten Mandorla über dem violetten, offenen Grabe[50].
2. Stärker aufgelöst in die Umgebung, aber erkennbar, ist der Auferstehende auf einem Wandteppich von Irene Thonke[51].
3. Noch stärker den Vorgang der Auferstehung betont die Außenseite einer zweiflügeligen Stahltür, eine Eisen-Emaille-Arbeit von Fritz Reuter aus dem Jahre 1963 für die Auferstehungskirche in Bockum-Hövel. Links ist die Höllenfahrt dargestellt; ihr kontrastiert rechts die Auferstehung. Ein Umriß, in welchen man sich zur Not eine menschliche Figur hineindenken könnte, strahlt waagerecht nach rechts und links und senkrecht nach oben und unten, auf verhältnismäßig dunklem Hintergrund. Man hat den Eindruck, daß sie aus unteren Bereichen emporschwebt, sowie umgekehrt links ein Gebilde aus zwei Schlangen in einen Abgrund stürzt[52].
4. Das Kreuz umgibt die Hohlform einer Figur. Das Kreuz selbst besteht aus strahlenförmig von der gedachten Figur ausgehenden Bronzestiften. Es ist an der Wand der Friedhofskapelle in Kierspe/Westf. (170 cm x 120 cm) von Waldemar Wien angebracht worden. Der Titel dieser Arbeit lautet „Auferstehungskreuz". Es sei ihm bei dem Kreuz um die Darstellung der *„Überwindung der Körperlichkeit"* gegangen, hat er in einem privaten Gespräch dazu erläutert.
5. Fest umrissen ist die ausgesparte Figur Christi in einem Hängekreuz aus Bronze für die ev. Kirche in Hameln von Ulrich Conrad[53]. Die Hohlform verjüngt sich stark zu den Extremitäten hin, so daß der Künstler die Hände und Füße bzw. deren Spuren in die Bronze formen kann. Diese Einzelheit verstärkt den Eindruck des Transitorischen beträchtlich. Das Kreuz hängt über einem Altar aus rotem Wesersandstein, der unter der Tischplatte eine Aushöhlung hat und damit das leere Grab andeutet. Der Künstler hat lt. Bildlegende[54] mit der Hohlform zweierlei erreichen wollen:
   a) die Auferstehung Christi anzudeuten,
   b) auf keine Christusvorstellung festzulegen.
   Die zweite Begründung für die Art der Darstellung ist nicht nur negativ zu verstehen, sondern als eine Möglichkeit und ein Anreiz für die Phantasie des Betrachters gedacht.
6. Das Kreuz ist als Hohlform aus einer Grabstele herausgeschnitten. Oben ist die Stele über dem Kreuz nicht etwa wieder geschlossen, sondern offen. Das Kreuz verbreitert sich nach oben etwas, der rechte, schlankere Teil der so geteilten Stele ist höher als der andere. Hier-

50 Abb. im Kunstdienst-Bildarchiv Berlin (Ost), Nr. 8. 59.

51 Abb. im Institut für Kirchenbau und kirchliche Kunst der Gegenwart, Marburg, Diapositiv-Archiv Nr. 2890.

52 Abb. in: Kunst und Kirche (1964), Heft 3, S. 140.

53 Abb. in: Das Münster 28, (1975), S. 53.

54 Ebd.

durch wird der Blick nach oben gelenkt. Das Kreuz kommt unten aus einer rechteckigen Aushöhlung, für Kerzen, ewiges Licht o. dgl. gedacht. So wie es aber gestaltet ist, muß man an das Grab Christi denken, das wie das Kreuz eine Spur des Auferstandenen ist[55].

7. Eine bemerkenswerte Aussparung und Andeutung hat Heinz Hindorf in einem Glasfenster für den Chor der evangelischen Kirche in Alsheim/Rhld. geschaffen. Vor einem Kreuz hängt ein Leinentuch. Es sieht so aus, als habe es Arme, die irgendwie und -wo oben über den Querbalken angeheftet seien. Die „Arme" kommen unter dem Schnittpunkt der Balken zusammen, und nun täuscht das Leinen einen Körper vor, der nach rechts unten um das Kreuz hängt. Bei genauerem Hinsehen entpuppt sich aber der Körper eben als Leinentuch, und dort, wo der Kopf sein müßte, im Schnittpunkt der Balken, ist das Dreieck der Trinität mit dem Auge Gottes in der Mitte. Von der blauen Pupille gehen rote Strahlen aus. Das große, mächtige Kreuz steht unten in einer von vielen dunklen, senkrechten, in der Mitte eng zusammenstehenden Pfählen verstellten, finsteren Zone. Nach oben hin wird es in der Umgebung des Kreuzes mit Maßen immer heller. Das Leinentuch bewirkt mit seiner Erinnerung an menschliche Gestalt einen immer neu entstehenden Überraschungseffekt. Die Auferstehung wird zum Transitus. Christus aber lebt nach dieser Darstellung, gegenwärtig, göttlich, herrschend.

Es ist ein eigentümliches „Lobgelübde", das Herbert Falken mit diesem Bilde anstimmt. Es ist so anfänglich, zögernd und spröde wie das „Nos autem" des 8. Bildes. Wenn man sich vergegenwärtigt, wie er auch sonst den Ausdruck seiner Hoffnung im Ansatz, im Keim hat zunächst einmal verhalten lassen, kann man das Angebot des Künstlers schon aufgreifen, das er mit dem Attribut „unvollendet" für das letzte Bild und den ganzen Zyklus dem Betrachter gemacht hat: die Auferstehung des Fleischgewordenen und Gekreuzigten – und seine Herrschaft.

Die Satzfolge „Gott ist tot. Es lebe Gott" hat im Verlauf des Zyklus einen Bedeutungswandel durchgemacht. Aus bitterem Hohn und schreiender Klage, ja Anklage, bei amüsiertem oder entsetztem Gelächter und allgemeiner, ursprünglich philosophisch begründeter, längst Mode gewordener Überzeugung von der Richtigkeit des ersten Satzes ist immer deutlicher ein Bekenntnis der Zuversicht und ein Sich-Angeloben geworden. Die Anfechtung ist durchlitten und überwunden.

Fragen wir nun, welchen Stellenwert die Auferstehung innerhalb dieses Klagepsalms habe!

Offenbarung

Dabei sei auf folgende Beobachtung hingewiesen, welche wir haben machen können: Anzeichen einer Wende, der grüne Strich über der Bogerschaukel, das grüne „Nos autem", das Tetragramm über dem „Rufer", auch das Schriftwort über dem Clown, erscheinen auf dem oberen Bilddrittel. Dann werden Schriftworte auf den „Emporschauenden" selber lesbar; sie stehen auf dem unteren Bildteil, desgleichen auf dem nächsten Bilde „Hinrichtungsstätte"; Offenbarung, Reflex auf Offenbarung erscheint zunächst ganz oben, fremd, neu, unbegreiflich und unglaublich, und geht dann ein in die tieferen Bereiche, nimmt Fleisch an und Gestalt.

Auferstehung und Herrschaft Christi

Im letzten Bilde wird die menschgewordene Offenbarung beherrschend, erfüllt in Tod und Auferstehung Christi das ganze Bild mit aufsteigender Tendenz. Auferstehung und Herrschaft Christi bedingen einander, sind zwei Aspekte eines Vorgangs, der noch nicht abgeschlossen ist[56].

Auferstehung im kollektiven Sinne (Bild 12) ist im Verhältnis zur Auferstehung Christi nur ein „Vorschein", wie ja auch Ps. 71 und Ez. 37 im Alten Testament stehen.

Was sagt nun Falkens Arbeit als ganze über die Konzentrationslager des Dritten Reiches aus?

Noch 1969 haben sie in einem katholischen Priester die Frage aufkommen lassen, ob Gott tot sei. Das heißt, was in den Konzentrationslagern geschehen ist, hat noch über zwei Jahrzehnte später atheisierende Macht gehabt.

[55] Abb. im AFD-Archiv-Kassel.

[56] 1. Kor. 15, 20-28.

Bischof Dr. Franz Hengsbach hat in seiner Predigt anläßlich der Einweihung der Todesangst-Christi-Kapelle im KZ Dachau am 5. 8. 1960 diagnostiziert, daß hinter den grausigen Erscheinungen der *„Abfall von Gott"* und seinem Sohne gestanden habe. Denn damit sei der *„Abfall von der Wahrheit, von der Freiheit und der Gerechtigkeit, die nur in ihm gewährleistet sind,"* einhergegangen. *„Damit aber war für Dachau verloren jede Dimension der Wirklichkeit überhaupt, in der der Mensch menschlich existieren kann. Der Mensch wurde zum Material, zu einer Sache, aus der man – dämonischer Ausdruck der Seelenlosigkeit – Seife machen konnte"*[57].

Die Hölle in Dachau

Darin sieht auch Sales Hess die historische Bedeutung der Konzentrationslager. Er schreibt in seinem Buch „Dachau, eine Welt ohne Gott": *„Die Konzentrationslager waren eine Welt ohne Gott, mehr noch: eine Welt wider Gott. Jede religiöse Betätigung der Insassen war verboten, verboten jeder religiöse Gegenstand, verboten sogar jedes gemurmelte Gebet ... Nicht einmal der Sterbende durfte mit dem Troste der Sakramente versehen werden. Alles Religiöse wurde verlacht und verspottet. Nur mit Rücksicht auf außenpolitische Faktoren wurde uns Geistlichen eine Ausnahme gewährt. Im Falle eines Sieges wären auch diese Ausnahmen wieder aufgehoben worden. Die SS-Leute hielten sich den Häftlingen gegenüber an kein Gebot Gottes gebunden, nicht einmal an das natürliche Sittengesetz, das Gott in jede Menschenseele, auch in die Seele des Heiden gelegt hat."* Darum habe es dort auch keine Wahrhaftigkeit oder Gerechtigkeit gegeben. Die Häftlinge haben in einer Welt ohne Mitleid und Erbarmen weder ein Recht auf Eigentum, noch auf Freiheit, noch auf Nahrung, Wohnung, Kleidung, Gesundheit, Leben oder gar Freude gehabt. In Dachau sei sichtbar geworden, wohin man komme, wenn man nicht mehr an Gott glaube[58].

Während es nun für manche Häftlinge noch relativ leicht gewesen sein mag, diesen Gedanken zu ertragen, leicht deshalb, weil sie Gottlosigkeit im Personal der SS und ihren Spielregeln außerhalb ihrer selbst erlebt haben, ist 24 Jahre nach Kriegsende Falken so nicht mehr davongekommen. Er hat offenbar ebenfalls an den Konzentrationslagern Gottlosigkeit erlebt, nun aber als Anfechtung, nicht mehr als Bedrohung seiner physischen Existenz, sondern seiner pneumatischen.

Falkens Zyklus ist aber auch Zeugnis einer gegenläufigen Erfahrung, die man ebenfalls schon in den Konzentrationslagern gemacht hat.

Ernst Wilm hat seinen Bericht an die Gemeinde Mennighüffen in zwei Hauptteile gegliedert. Der erste lautet: „Die Hölle in Dachau", der zweite: „Der Himmel in Dachau"[59]. Im zweiten Teil schreibt Wilm, das Grauen seiner Häftlingszeit in Dachau sei ihm nur erträglich gewesen durch die Erfahrung der *„Nähe Gottes"*. Beten zu können, Erhörung zu finden, den Trost des Wortes Gottes und Gemeinschaft darum zu erfahren, Kommunisten, Kriminelle, SS-Leute als Engel Gottes zu erleben, die Fürsorge seiner Gemeindeglieder zu spüren, innerlich auf die Ewigkeit ausgerichtet zu werden, diese Erfahrungen haben sich für ihn zum Himmel in Dachau verdichtet.

Der Himmel in Dachau

Auch Johann Neuhäusler führt einige Zeugnisse für Erfahrungen an, die er unter den Überschriften „Christus im KZ Dachau"[60] und „Licht im Dunkel"[61]zusammengetragen hat.

Schon diese wenigen Zeugnisse aus der Welt des Konzentrationslagers haben eine Gliederung, welche sich in Falkens Zyklus wiederfindet: zuerst die negativen, dann die positiven Erlebnisse. Die negativen Erfahrungen bilden den von außen sichtbar gegebenen Rahmen, der sich in den Reflexen des Entsetzens, Grauens, Schreiens, Anklagens widerspiegeln mag. Dieser wird zuerst wahrgenommen und geschildert.

Die positiven Widerfahrnisse geschehen in dem negativen Rahmen, werden gerade im Bereich des als Hölle Erlebten um so lichter gesehen und können eine Intensität annehmen, die sie mindestens zeitweise die Finsternis überstrahlen läßt[62].

[57] Zitiert nach: Johann Neuhäusler, Wie war das im KZ Dachau? Ein Versuch, der Wahrheit näherzukommen, München [8]1970, S. 77.
[58] Zitiert nach: Neuhäusler, KZ Dachau.
[59] Teilweise abgedruckt in: Evangelische Versöhnungskirche im ehemaligen Konzentrationslager Dachau, München o.J.
[60] Neuhäusler, KZ Dachau, S. 50-55.
[61] Ebd., S. 55-59.
[62] Vgl. auch z. B. Franz Goldschmitt, Zeugen des Abendlandes, Saarlouis 1947.

Otto Herbert Hajek, Der Kreuzweg in Berlin-Charlottenburg

Schon bald nach dem Ende des Dritten Reiches wurde unter Katholiken der Wunsch nach Gedenkstätten für die katholischen Märtyrer aus der gerade vergangenen Zeit geäußert[63]. 1952 rief Bischof Weskamm auf dem 75. Katholikentag in Berlin zum Bau einer Märtyrerkirche auf. 1960 legte Kardinal Döpfner den Grundstein, nachdem sich inzwischen der deutsche Katholizismus insgesamt zu einer solchen Aufgabe in Berlin bekannt hatte. 1963 konnte die Gedenkstätte Maria Regina Martyrum, unweit der Hinrichtungsstätte Plötzensee, eingeweiht werden. Fast zwei Jahrzehnte inneren Weges auf eine solche Stätte zu lassen etwas Ausgereiftes erwarten.

Gleichzeitig mit der Gedenkstätte selber, die aus einem Feierhof, einer Kirche und einer Krypta darunter besteht, wurde ein katholisches Pfarramt mit Gemeindehaus und Kindergarten daneben gebaut. Dieser Teil ist durch eine Mauer von dem anderen getrennt. Dennoch läßt nicht nur der Lageplan die einheitliche Anlage erkennen.

Gedenkstätte und Pfarrei

Die Verbindung der Gedenkstätte mit einer Pfarrei ist in mehrfacher Hinsicht von Vorteil. Täglich wird hier, besonders in der Krypta, die Messe gelesen. Die beiden gottesdienstlichen Räume, die Oberkirche und die Krypta, werden ständig benutzt. Der Besucherstrom wird aufgefangen von einer praktizierenden Gemeinde. Diese kann es sich leisten, die Räume offenzuhalten und Gäste an ihrem Leben partizipieren zu lassen.

Die Todesangst-Christi-Kapelle hingegen, in kürzester Frist auf dem Gelände des Konzentrationslagers Dachau anläßlich des Eucharistischen Kongresses 1960 in München aus dem Boden gestampft, ist eine Kapelle geblieben, zwar den Blicken ins Innere offen, aber doch durch ein Gittertor dem Zugang des Menschen verschlossen. Nur Vögel können hinein und verschmutzen sie.

Daß hierin ein Mangel liegt, hat die Priorin des Karmeliterinnenklosters in Pützchen b. Bonn empfunden und darum auch um die Genehmigung zur Ansiedlung eines Klosters hinter dieser Kapelle gebeten.

In ihrem Brief von Januar 1962 schreibt sie an Kardinal Döpfner zur Begründung ihres Wunsches u. a.: *„Dachau wird in der ganzen Welt als Inbegriff der Konzentrationslager angesehen ... Ein Ort, wo so gefrevelt wurde, wo so viele Menschen Unsagbares gelitten haben, darf nicht zu einer neutralen Gedenkstätte oder gar zu einem Besichtigungsort erniedrigt werden."* Sie schlägt statt dessen vor: *„Es sollte dort stellvertretende Sühne geleistet werden durch das Opfer unseres Herrn Jesus Christus und, verbunden damit, durch die Opfer und Sühne von Menschen, die sich diesem leidenden und sühnenden Herrn in Liebe und Gehorsam anschließen."* Der Karmeliterorden sei zu *„opferndem und sühnendem Gebet"* besonders berufen[64]. Der Bitte der Priorin wurde entsprochen. 1964 konnte das Kloster bezogen werden. Die Klosterkirche betritt man, nachdem man einen Hof durchschritten hat, der seinerseits nur durch einen der Wachttürme des Konzentrationslagers zu erreichen ist.

Man muß sich die röm.-katholische Lehre vom unblutig wiederholbaren Sühneopfer Jesu Christi im Meßopfer vergegenwärtigen, um zu ermessen, was es für das Leben der katholischen Kirche bedeutet, wenn an einem Ort wie Dachau oder Plötzensee nicht nur eine Kapelle errichtet, sondern eine Pfarrei oder ein Kloster angesiedelt wird mit einer dazugehörigen Kirche. *„Alle, die hier gelitten haben, und deren Angehörige sind besonders einbezogen; aber auch diejenigen, die Leid verursachten, sollten mit der Liebe Christi umfangen werden"*[65].

„‚Maria Regina Martyrum' ist Gedenkstätte und Sühnemal in der lebendigen Mitte einer Gemeinde," schreibt Hilde Herrmann[66]. Eine Gedenkstätte dieser Art dürfe auch nicht ein *„Museum"* sein. Sie müsse in das Leben einer Gemeinde integriert werden.

Der Feierhof, von einer innen mit dunklen Waschbetonplatten verkleideten Mauer umgeben, führt abschüssig, gleichmäßig abgestuft, zum Eingang der Kirche.

[63] Maria Regina Martyrum. Berlin-Charlottenburg. Gedächtniskirche der deutschen Katholiken zu Ehren der Blutzeugen für Glaubens- und Gewissensfreiheit in den Jahren 1933-1945, Berlin o. J., 7. Auflage, S. 3.

[64] Joh. Neuhäusler, Karmel Heilig Blut Dachau, München 1965, S. 15.

[65] Neuhäusler, KZ Dachau, S. 81.

[66] Maria Regina Martyrum, Gedächtniskirche, S. 9.

Dem Hofeingang gegenüber steht rechts der Turm, noch an der Straße, an der Mauer links davon zieht sich ein Kreuzweg aus Bronze hin bis zum Freiraum unter der Oberkirche. Dieser Kreuzweg, von Otto Herbert Hajek im Laufe von 2 Jahren geschaffen, soll uns besonders beschäftigen. Denn er bietet einen wichtigen Einblick in die geistigen Zusammenhänge, in denen Auferstehung im Gedächtnis an Geschehnisse unseres Jahrhunderts ihren Ort hat.

Vom Eingang der Kirche kommt man je über eine Treppe in die Krypta oder in die Oberkirche. Diese liegt drei Mauern auf: den zwei des Eingangs und der Außenmauer des Feierhofs, an welcher auch der Kreuzweg sich hinzieht. Der mit weißen Carrarakiesel-Waschbetonplatten bedeckte Baukörper hebt sich von den düsteren Mauern des Feierhofs deutlich ab. Zwischen dem Eingang und der tragenden Hofmauer ist ein nach zwei Seiten offener Raum entstanden, der nach oben von der Oberkirche bedeckt ist. In der Mitte des Freiraums steht ein Altar mit quadratischer Platte, die auf einer ebenfalls von Otto Herbert Hajek geschaffenen stilisierten Dornenkrone aus Bronze liegt. Dieser Freialtar wird zu besonderen Anlässen mit einer größeren Menge von Teilnehmern benutzt, z. B. an Gedenktagen und bei Pontifikalämtern.

Maria, die Königin der Märtyrer, ist von Fritz Koenig als vergoldete Portalplastik über dem Eingang an der fensterlosen weißen Seitenwand der Oberkirche dargestellt worden. Er hat seine Plastik das „Apokalyptische Weib" in Anspielung auf Apk. 12 genannt. Das Innere der Oberkirche wird beherrscht von einem mächtigen Altarwandbild Georg Meistermanns mit einer Darstellung des Jüngsten Tages. In der Krypta hingegen zieht, hinter drei Märtyrergräbern, eine Pietà von Fritz Koenig die Blicke auf sich.

Soviel zur katholischen Gedenkstätte in Berlin-Plötzensee in ihrer Gesamtheit. Sie ist ein komplexes Gebilde mit mehreren Aspekten. Während der Kreuzweg an der Passion Christi und seiner Märtyrer partizipieren läßt, und die Krypta zum Gebet und Sühnopfer für die Umgekommenen und ihre Mörder einlädt, richtet die in mehrerer Hinsicht helle Oberkirche den Blick auf den Sieg des Lammes über die Mächte der Finsternis.

Kreuzwege

Der Kreuzweg ist im 15. Jahrhundert aus dem Bedürfnis der Wallfahrer entstanden, den Höhepunkt ihrer Pilgerschaft auch nach der Heimkehr noch nachzuvollziehen. Sämtliche Stationen hat es zunächst einzeln gegeben[67].

Die Rotunde der Michaelskirche in Fulda z.B. ist eine Nachbildung des Heiligen Grabes von Jerusalem. Sie ist 822 erbaut worden. Bis ins 18. Jahrhundert hinein sind solche Grabeskirchen in Deutschland entstanden. Danach ist das Heilige Grab nur noch letzte der 14 Stationen des Kreuzweges[68].

Das Vesperbild, auch Pietà genannt, kommt noch heute selbständig vor, wie ja eben auch in Berlin-Plötzensee. Es ist dort zweimal vertreten, in der Krypta und als 13. Station des Kreuzweges[69].

Jesus als Kreuzträger, manchmal mit Simon von Kyrene, hin und wieder mit den weinenden Frauen von Jerusalem zusammen, ist uns als vollplastische Figur aus dem 14. und 15. Jahrhundert mehrfach erhalten. In seltenen Fällen hat man ihn schon damals unter seiner Last zusammenbrechend dargestellt. Man findet ihn mit und ohne Assistenzfiguren inner- und außerhalb von Kirchen, auch in Bildstöcken am Wege. Erst im 18. Jahrhundert hat er seine Selbständigkeit verloren[70].

Es hat unterschiedlich viele Stationen auf den Kreuzwegen gegeben. Es gab die sieben „Fälle", an denen man eine Fußfallandacht vollzog. Es gab aber auch über 50

[67] Vgl. zum Folgenden: Kramer, Kreuzweg und Kalvarienberg.
[68] Ebd., S. 10.
[69] Ebd., S. 13.
[70] Ebd., S. 11.

Stationen auf einem Kreuzwege[71]. 1731 hat der Papst die Kreuzwegandacht mit den auch heute geltenden 14 Stationen als kirchliches Gebet bestätigt.

Die mystische Vereinigung mit Christus auf dem Wege des Leidens, die Anregung dazu durch die Versenkung in seine Leiden und sein Sterben, die Liebe zu ihm und das Erfüllt- und Durchdrungensein von seiner in seinen Leiden offenbarten Liebe, der Vorsatz zur Buße und Änderung der Lebensführung sind die wesentlichen Elemente, bilden den geistigen Ort der Kreuzwege[72].

Der Kreuzweg ist sehr beliebt gewesen. Obwohl doch bis 1731 nur Privatandacht, hat er sich mächtig ausgebreitet. Die Anerkennung als kirchliches Gebet mit den damit verbundenen Ablässen hat ihn natürlich weiter gefördert[73].

Das 20. Jahrhundert hat in seinen künstlerischen Darstellungen eine Tendenz zur Vereinfachung gezeitigt. Vielfigurigkeit wurde reduziert. Mehrere Stationen wurden zu verschiedenen großen Gruppen zusammengefaßt, man bemühte sich um Integration in die architektonische Umgebung[74].

Man ging dabei ziemlich weit, verbannte die Kreuzwege aus den Hauptschiffen der Kirche in Seitenkapellen, Seitenschiffe oder in einen Nebenraum unter der Westempore. Während man die Szenen früher oft sehr hoch hängte und große Formate bevorzugte, ging man nun auf Augenhöhe und verkleinerte die Darstellungen im allgemeinen beträchtlich[75].

Vielleicht zeigte sich darin nicht nur ein anderer Geschmack, sondern auch eine veränderte Einstellung zum Kreuzweg und seiner Andacht. Wiesinger meinte jedenfalls 1960 feststellen zu können, der Kreuzweg habe an Popularität verloren. Der Grund, den er angibt, ist interessant genug: dem Kreuzweg fehle eine Station, welche der Auferstehung gewidmet sei[76].

Für Franz Dambeck allerdings ist das sich ihm bietende Bild ambivalent[77]. So beobachtet er, daß den Künstlern weder das Dramatisieren noch das Psychologisieren noch das Portraitieren gelingen wolle, – beim Antlitz Christi zeige sich ein Zug zum Schematisieren, ja zur Schemenhaftigkeit. Andererseits seien manche jüngst entstandenen Kreuzwege von intensiver geistiger und religiöser Atmosphäre erfüllt.

Die Gründe hierfür sieht er in den unermeßlichen Leiden der dreißiger und vierziger Jahre, sowie in einer Erneuerung der Kreuzwegandachten, die zu einer sprachlichen Reinigung von schwülstigen Barockformen und zur Konzentration auf das Wesentliche geführt haben.

Der wortlos stumme Schmerz, die äußerst präzise, aber sparsame Gestik und eine Reduktion auf das Wesentliche seien Charakteristika moderner Kreuzwege. Man werde weder durch Landschaftsdetails noch durch Historienmalerei mit vielen Figuren und Gegenständen abgelenkt. Christus allein mit seinem Martyrium, oder er mit höchstens zwei Figuren, – alles spiele sich zwischen ihnen ab.

Otto Herbert Hajeks Kreuzweg paßt in mehrfacher Hinsicht in seine Zeit. Er bemüht sich um Einbeziehung in die architektonische Gegebenheit. Mächtig zieht sich der Kreuzweg an der dunklen Feierhofmauer hin. Hajek hat mehrere Stationen jeweils zu einer „Gruppe" zusammengefaßt. Seine Figuren haben keine Mimik, ja nicht einmal Mienen oder ausgeführte Sinnesorgane. Um so mehr ist man auf die sparsamen Gesten und Körpergebärden angewiesen. Nur zweimal sind auf den Kreuzwegstationen mehr als zwei Figuren dargestellt: zum einen innerhalb des offiziellen Kreuzwegs, als Jesus die weinenden Frauen von Jerusalem tröstet, zum anderen auf jener nicht kanonischen 15. Station, von der noch die Rede sein soll.

Raumknoten

Die Kreuzwegstationen hat Hajek mehrschichtig angelegt. Dadurch haben sie eine interessante Tiefenwirkung. Sie sind weder Reliefs noch Vollplastiken: Hajek

[71] Ebd., S. 17-20.

[72] Constantin Pohlmann, Art. „Kreuzwegpredigten": Lexikon für Theologie und Kirche, Bd. 6, Freiburg ²1961, Sp. 629 f.

[73] Wilhelm Forster, Art. „Kreuzweg als Andachtsform": Lexikon für Theologie und Kirche, Bd. 6, Freiburg ²1961, Sp. 627.

[74] So hat das schon 1935 Michael Hartig beobachtet: Der Kreuzweg als Kircheneinrichtungsstück einst, jetzt und in Zukunft: DCK 32 (1935/36), S. 161-191.

[75] Franz Dambeck, Neue Kreuzwege seit 1945: Das Münster 7 (1954), S. 96-119.

[76] L. Wiesinger, Art. „Kreuzweg": RGG, 4. Bd., Sp. 53 f.

[77] Dambeck, Kreuzwege.

selbst hat für seine Arbeiten aus jener Zeit den Ausdruck „Raumknoten" – eine Erfindung Paul Klees – aufgegriffen[78]. Die meisten Gruppen haben eine Rückwand, vor der sich, für den Betrachter erst nach genauerem Hinsehen erkennbar, mit ihr durch mitgegossene Pflocks und Verbindungsstücke verbunden, verschieden weit nach vorn stehende oder hängende Teile der Szenerie befinden. Diese werfen dann je nach Abstand Schatten, verdecken Teile oder Figuren halb oder ganz. Je mehr man sich in die Stationen versenkt, desto intensiver beginnt die Tiefendimension zu leben. Dazu kommt die Oberflächenbehandlung. Selten wird die borkige Gußhaut poliert. Es gibt Vertiefungen und Erhöhungen, gereiht, geschichtet, gepunktet, gelocht. Nirgends entsteht der Eindruck von Zufälligkeit. Die Figuren und ihre Attribute, wie Kreuz und Dornenkrone, sind so stark in die Bronzelandschaft einbezogen, daß es den meisten Besuchern anfangs schwer gefallen, ja unmöglich gewesen ist, etwas Gegenständliches zu erkennen.

Die Körpersprache der Figuren ist verblüffend deutlich, was um so überraschender ist, als sämtliche Szenen sehr verhalten dargestellt sind. Die dumpfe Mächtigkeit des seine Hände waschenden Pilatus z. B. ist durch den neben ihm stehenden Jesus unter der Dornenkrone aufgehoben, ausgewogen, ja überboten.

Überhaupt kann man sagen, daß Hajek den Trend zur Gruppierung mehrerer Stationen nicht einfach gedankenlos übernimmt. Bei ihm erhält gerade so das Archaisch-Monumentale sein Gegengewicht. Es wird einbezogen in den Lauf eines Weges. Wir sehen ein Epos und nehmen an seinen Stationen teil, den schrecklichen, den unheimlichen, den rührenden und erschütternden, den erniedrigenden und entwürdigenden und der erhöhenden.

Die Kreuzigung ist zu einer Darstellung der Erhöhung geworden. Leider hat man sich nicht entblödet, das Pflaster darunter zu einem winzigen Hügel anzuheben. Dadurch hat man erreicht, daß allein auf dieser Station ein Wald aus senkrechten Bronzekreuzbalken über den Mauerrand hinwegragt.

Mit der letzten Gruppe, der Pietà und der Darstellung des Leichnams Christi im Grabe, ist man kurz vor dem Baukörper der Oberkirche angelangt.

Inoffizielle 15. Station

Hier beginnt der Freiraum mit dem Freialtar und der inoffiziellen 15. Station, der Auferstehung Christi. Hilde Herrmann erläutert den Zusammenhang folgendermaßen: *„Auch dieser Altar ... ist noch in seinem Sockel vom Geflecht der Dornenkrone umkleidet. Auf der Platte jedoch, die auf der Dornenkrone aufruht, wird Christi erlösendes Opfer gegenwärtig gesetzt werden, durch das alles Leid und jeder Tod in den Ostermorgen münden."* Darum werde auch hinter dem Altar das *„österliche Thema aufgenommen"* und in der 15. Station dargestellt[79].

Hatte Wiesinger noch 1960 bemerkt, der Kreuzweg habe an Popularität verloren und Wilhelm Forster 1961 berichtet, daß neuere theologische „Bestrebungen" nach einer 15., der Auferstehung Christi gewidmeten Station drängten, so hatte man 1963 nun an einer vom gesamten deutschen Katholizismus getragenen Gedenkstätte jene 15. Station errichtet.

Dieses Beispiel ist nicht ohne Nachahmung geblieben. 1964 hat Animata Probst OSF für die Christkönigskirche der Taubstummenanstalt Dillingen a. d. Donau einen Kreuzweg mit 16 Stationen geschaffen. Die 14 eigentlichen Stationen, welche im Vorraum untergebracht sind, werden durch den Einzug in Jerusalem und die Auferstehung eingeleitet und beschlossen. Diese beiden Szenen hängen im Hauptraum der Kirche (sic!)[80].

Die 15. Station mit der Auferstehung Christi hat sich inzwischen so sehr verbreitet, daß schon 1967 ein katholisches Pfarramt meint, Gründe vorbringen zu müssen, warum man sie

[78] Heinz R. Fuchs, Plastik der Gegenwart, (Kunst der Welt. Ihre geschichtlichen, soziologischen und religiösen Grundlagen), Baden-Baden 1970, S. 218.

[79] Maria Regina Martyrum, Gedächtniskirche, S. 9.

[80] Das Münster 19 (1966), S. 379.

anläßlich eines Neubaus nicht auch errichtet hat. So die Kirchengemeinde St. Konrad in Villingen i. Schwarzwald in ihrer Festschrift „sankt konrad villingen" 1967: *„Der Kreuzweg will die Gemeinde umfassen und jedem bewußt machen: Alle haben ihr Kreuz zu tragen. Sein Ausgang und ihr Ziel ist der Altar, an dem das Gedächtnis der Leiden, aber auch der Auferstehung und Himmelfahrt Christi gefeiert wird. Die mancherorts angefügte fünfzehnte Kreuzwegstation mit der Darstellung der Auferstehung ist hier also im Altar, in seiner Bedeutung und Funktion gegeben."*

Daß diese Begründung nicht stichhaltig ist, erweist die Gegenfrage, warum dann noch die 14 Kreuzwegstationen in Form von Glasfenstern in der Kirche eingerichtet worden sind, wenn doch schon das Gedächtnis der Leiden am Altar gefeiert werde.

Weitere Beispiele für die 15. Kreuzwegstation mit der Auferstehung, die sich beliebig vermehren lassen würden, finden sich in der katholischen Kirche in Rothemann, Kr. Fulda, der Salvatorkirche in Witzenhausen, der St. Andreaskirche in Leverkusen-Schlebusch[81] und auf einem Holzschnitt von Siegfried Haas[82].

Mir scheint es nicht zufällig zu sein, daß ein Durchbruch der 15. Kreuzwegstation in Berlin-Charlottenburg erfolgt ist. Hier nämlich war das Leiden und Sterben der katholischen Märtyrer des Dritten Reiches schon durch die Lokalität und die Bestimmung der Stätte gegenwärtig. Dazu kam die Anlage: der düstere, weite, rechteckige Feierhof. *„Rechtwinkligkeit war wichtiger Teil des Mordsystems"*, sagt Helmut Striffler[83]. Dann die Krypta mit den Märtyrergräbern und die lichte Oberkirche mit dem Zeichen und dem Bild des Sieges. Für die Auftraggeber und den Künstler entstand ein Zwang. Gerade weil an dieser Stätte die Identifizierung des Schicksals der gewaltsam umgekommenen Nachfolger Christi mit dem Wege ihres Herrn so leicht und selbstverständlich vor sich ging, weil aber auch, ausgerechnet in Berlin, die Bedrohung des Glaubens durch eine anders denkende totalitäre Macht immer noch Realität war, konnte man bei der Grablegung einfach nicht enden.

Ein Frömmigkeitstyp, der einen Hauptakzent auf die mystische Vereinigung mit Christus und die Nachfolge auf seinem Wege in das Kreuz legt, kann auf die Dauer ohnehin nicht beim Grabe enden. Nur pathetische Sentimentalität kann sich eine Weile darüber hinwegtäuschen. Es bedurfte nur eines solchen Anlasses, wie er in Charlottenburg nach 1945 gegeben war, um das zu ändern.

Die gleiche Problematik zeigt in anderer Form auch die Todesangst-Christi-Kapelle in Dachau. Auf dem Altar steht ein kleines Kreuz, der Kruzifix daran mit dem Ausdruck größter Erbärmlichkeit und Häßlichkeit, eines Toten mehr als eines Lebenden. Darüber hatte man ursprünglich ein großes, gleichschenkliges Kreuz gehängt. Jetzt hängt über dem Altar ein romanisierender Christus, am Kreuz zwar, aber mit gesenkten Armen, auffahrend also, mächtig und groß.

Eine Akzentverschiebung in der Auffassung des Meßopfers, in der römisch-katholischen Frömmigkeit überhaupt, scheint sich anzudeuten. An der Altarwand der Kapelle des Altenheims St. Martin in Bayreuth konnte 1969 Alfred Heller eine Darstellung der Auferstehung Christi als Natursteinmosaik gestalten. Hier sieht man auf dem Altar nur rechts und links die Leuchter. In der Mitte dahinter fährt Christus im Licht auf. Es sieht so aus, als biete der Altar die Ausgangsfläche für die Auffahrt, nicht aber für die Elevation[84].

Das Ziel des Märtyrers

Während einst auf dem Kreuzweg die Vergegenwärtigung der Leiden Christi im Vordergrunde gestanden hatte und damit zusammenhängend die Buße und der Vorsatz zur Vereinigung mit ihm im Gehorsam gegen Gott, ist in Berlin-Charlottenburg das Gefühl der Bedrohung durch Totalitarismus so stark geworden, daß die Vergegenwärtigung der Leiden Christi zum zweiten Schritt wird: der Kreuzweg Christi repräsentiert das Schicksal der katholischen Märtyrer dieses Jahrhunderts. Emotionell im Vordergrund steht i h r Weg, nicht der seine. Damit hat auch eine Frage Bedeutung gewinnen müssen, die vorher auf dem Kreuzweg keine große Rolle gespielt hat:

[81] Abb. in: Das Münster 30 (1977), S. 178.

[82] Institut für Kirchenbau und kirchliche Kunst der Gegenwart, Marburg, Diapositiv-Archiv.

[83] Helmut Striffler, Der Bau: Evangelische Versöhnungskirche im ehemaligen Konzentrationslager Dachau, München o. J., o. S.

[84] Abb. in: Das Münster 28 (1975), S. 157.

Abb. 70 Otto Herbert Hajek, Kreuzweg, 15. Station: Engel und Frauen am Grabe, 1963. Kath. Kirche Maria Regina Martyrum, Berlin-Charlottenburg.

die Frage nach dem Ziel. Diese Frage war ja dadurch beantwortet gewesen, daß die Partizipation am Leiden und Sterben Christi Sühne und damit Annäherung an das Ziel bringe. Jetzt aber scheint sich die Frage nach dem Ziel vom Sühnopfer zu trennen und zu verselbständigen, nicht, weil man nicht mehr an Christus glaubt, sondern weil das Martyrium die Frage unmittelbar so stellen heißt.

Damit hat sich in Berlin-Charlottenburg ein Vorgang wiederholt, den wir schon einmal beobachtet haben. Hundert Jahre zuvor hat sich auf Grabmälern mit der Darstellung des Osterengels das Leid der Hinterbliebenen so in den Vordergrund geschoben, daß die dargestellten biblischen Szenen und Figuren von der ihnen aufgegebenen Trostfunktion aufgesogen worden sind. Auch der Kreuzweg von Otto Herbert Hajek hat in erster Linie zu trösten, allerdings nun nicht vornehmlich Trauernde, sondern Angefochtene.

Betrachten wir nun die 15. Station für sich (Abb. 70), so bestätigt sie die bisher angestellten Überlegungen. Die Station hat nämlich zwei Etagen: unten rechts die drei Frauen, die gekommen sind, den Leichnam zu salben. Schräg über ihnen, also links oben, stehen die beiden Engel. Unter diesen das angedeutete Grab, von dem senkrecht hinauf ein leerer Raum in die Höhe weist. Oder ist er gar nicht leer? Man sucht ihn, den Auferstandenen oder Auferstehenden, Christus: sieht ihn nicht, wird seiner ansichtig, der Anblick verflüchtigt sich wieder, Geheimnis, Fülle in der Leere. *„Er ist nicht hier; er ist auferstanden,"*: diese Sätze gewinnen hier einen neuen Aspekt.

Und so, in dieser leisesten und verstecktesten aller nur möglichen Andeutungen einer Gestalt ist alles offengehalten, offen dafür, etwas zu sehen und nichts zu sehen, offen auch dafür, diejenigen auferstehen, auferstanden zu schauen, um deretwillen man an dieser Stätte so ergriffen ist.

Stil

Der Kreuzweg Hajeks in Berlin-Charlottenburg ist dem Expressionismus zuzuordnen. Während Falken jedoch in seinem Zyklus Elemente der Pop-art verwendet wie z. B. die Schriftblasen, und sich um Deutlichkeit und Ablesbarkeit der ganzen Gestaltung bemüht, ist Hajek mit seinem Kreuzweg für die Mehrzahl derjenigen, welche die Einweihung miterlebt haben, so gut wie völlig unverständlich gewesen.

Das Vexierbildhafte mancher modernen Arbeit, das so weit hat gehen können, daß man schließlich zum Titel „ohne Titel" hat greifen müssen, weil die Bilder nicht mehr vom Publikum ihrem Inhalt nach haben verstanden werden können, feiert auch auf Hajeks Kreuzweg Triumphe.

Wahrscheinlich ist es der Tatsache zu verdanken, daß es sich um einen Auftrag gehandelt hat, daß Hajek sich in Gedanken an die Funktion um Klarheit bemüht hat, wenn auch eben seine Einbindungen in die Bronzelandschaft diese Absicht zum Zuge kommen zu lassen, erschwert haben.

Was wir zu sehen bekommen, ist eine abstrakte Spielart des Expressionismus, welche die Problematisierung des Gegenstandes durch die Kunst des bisher vergangenen 20. Jahrhunderts voraussetzt. Dieser ist ja der Gegenstand und die Figur, ja, überhaupt jede Gestalt, gegen Ende der vierziger Jahre in so manch einem Vertreter der bildenden Kunst bis zur Verflüchtigung in der art informel fraglich geworden.

Für Hajek nun ist neben der inhaltlichen Thematik die dunkle Mauer des Feierhofs, die abwärts unter die Oberkirche führt, eine Aufgabe gewesen, welche er mit den Mitteln der ihm zur Verfügung stehenden Möglichkeiten der Bronzegestaltung hat bewältigen wollen. Sein Kreuzweg ist das Ergebnis eines intensiven Bemühens, Form und Inhalt ästhetisch so auszupendeln, daß dieser in einer bronzenen Bildlandschaft integriert wird.

Fritz Koenig, Kreuz in Dachau

Auch das nun zu besprechende „Kreuz" in der evangelischen Versöhnungskirche auf dem Gelände des ehemaligen Konzentrationslagers Dachau ist dem Bemühen eines Künstlers um die Bewältigung von Formproblemen zu verdanken. Fritz Koenig hat das Werk als einen Bronzekubus gearbeitet, der an der Wand hinter dem Altar im Andachtsraum befestigt ist. Der Würfel ist kreuzweise gespalten. Zwischen den auseinanderklaffenden, durch die Spaltung entstandenen vier Quadern quellen, sprossen organische Formen hervor. (Großes Kreuz VI, Dachauer Fassung, Abb. auf der Vorderseite des Einbandes und Abb. 72).

Kontraste

Diese Arbeit vereinigt Kontraste: Im Vergleich zu den organischen Formen, die winzig wirken, erscheint der aufgespaltene Kubus groß und mächtig, vor allem aber schwer. Die vier Quader könnten eigentlich das Organische zwischen sich erdrücken. Um so erstaunlicher ist der Eindruck, daß umgekehrt der Kubus durch das Lebendige in seiner Mitte gesprengt worden ist.

Ein anderer Gegensatz ist der schon genannte zwischen Organischem und vom Menschen Gemachtem. Dieser Kontrast wird klar und deutlich ausgespielt. Der Bronzewürfel hat harte Ecken und Kanten und glatte Außenflächen. Solche Formen wachsen nicht, sondern werden vom Menschen fabriziert. Das Organische zwischen den Innenkanten hingegen stört das Bild der perfekten Gestalt eines Würfels empfindlich; es ist nicht nur selbst nicht dieser Form unterworfen, sondern hat auch in der Nähe des Schnittpunktes der Spaltungen die Vorderseite des oberen linken und des unteren rechten Quaders deformiert.

Fritz Koenig hat das „Kreuz" für Dachau innerhalb einer Serie von Kreuzen erarbeitet. Ihr wiederum ging eine Serie von Karyatiden voran[85] (Abb. 71).

Abb. 71 Fritz Koenig, Große Säulenkaryatide B, 1967. Braunschweig.

Karyatiden sind in der Antike Frauenfiguren, welche anstelle von Säulen den Architrav auf ihrem Haupte tragen. Koenig hat diese Bezeichnung für eine Reihe von Arbeiten übernommen, die ebenfalls den Eindruck machen, eine Last zu tragen: ein zuunterst anorganisch wirkender Pfeiler geht in organische Formen über, die meist um 45 Grad verdreht sind und einen Architravrest tragen, gleichzeitig aber auch in diesen übergehen. Der Architravrest nähert sich meist in der Form dem Kubus an. Der Querschnitt des Kubus ist gewöhnlich größer als der des Tragepfeilers, geschweige denn der der organischen Formen zwischen Pfeiler und Kubus. Das Organische im Zwischenraum der gemachten Formen ist oft in der Mitte sehr dünn. Dadurch hat man eigentlich immer den Eindruck einer übermächtigen Last, welche kaum zu tragen sei. Da aber andererseits der Davorstehende sieht, daß die Last oben bleibt, wird er dazu herausgefordert, mit seinen Augen an einem ausgesprochen dynamischen Vorgang teilzunehmen, wie nämlich der Tragepfeiler in die organische Form an ihrer dünnsten Stelle seine ganze Tragkraft einströmen läßt und dort konzentriert, um dann, sich wieder ausbreitend, vom Brennpunkt seiner Kräfte aus den Kubus in die Höhe zu halten.

Koenig hat an diese Karyatiden angeknüpft, als er seine Kreuz-Serie begann[86]. Seine ersten Kreuze sind eigentlich nur erweiterte Karyatiden; sie tragen nicht nur eine Last in die Höhe, sondern halten auch zwei Gewichte waagerecht. Erst das sechste Kreuz ist etwas Neues und Anderes, ein aufgespaltener Kubus (Abb. 72); zwischen den vier durch die Spaltung entstandenen Quadern ist Leben.

Rapp meint nun, die Herkunft aus der Karyatide beweise, daß das Thema des Kreuzes für Koenig das Tragen von Last sei. Dabei sei besonders bei der Dachauer Form eine Spannung zu beobachten; es sei nicht entschieden, ob die Last den Organismus zerquetschen oder dieser das Gewicht über ihm sprengen werde. Letzteres erwarte man bei längerem Hinsehen[87].

Betrachtet man das Kreuz von rechts bzw. halblinks, hat man den Eindruck, ein Mensch komme aus dem Spalt hervor. Man identifiziert Kopf, Arme, Beine. So ist das Kreuz bisher publiziert worden[88]. Über dem Kopf gibt es im senkrechten Spalt keine organischen Formen mehr. Das verstärkt noch den Eindruck, es mit einer menschlichen Gestalt zu tun zu haben, welche da eingeklemmt ist. Helmut Striffler denkt dabei an den Gekreuzigten, an Christus also: *„Der Raum in der klaffenden Kreuzform wird erzwungen durch die Körperlichkeit des Gekreuzigten selbst. Die zermalmende Übermacht der Welt und ihre Überwindung im Tode Christi werden hierbei sinnfällig..."*[89].

Verläßt man nun aber den Standort des Photographen und geht weiter nach links, so lösen sich die eben noch eindeutig menschlichen Formen auf. Man erkennt keinen Kopf mehr. Koenig ist es demnach nicht darauf angekommen, einen Menschen darzustellen. Wichtiger muß ihm etwas anderes gewesen sein.

85 Urban Rapp, Das Motiv „Kreuz" bei Fritz Koenig: Das Münster 20 (1967), S. 194-197.
86 Später ist er wieder darauf zurückgekommen. Vgl. Dietrich Clarenbach, Kontinuitäten im Werk von Fritz Koenig: Das Münster 27 (1974), S. 229-242.
87 Rapp, „Kreuz", S. 197.
88 Evangelische Versöhnungskirche, vgl. Anm. 83 in diesem Kapitel. – Kunst und Kirche (1968), S. 62.
89 Evangelische Versöhnungskirche, vgl. Anm. 83 in diesem Kapitel.

Strifflers Formulierung hilft uns dennoch weiter, wenn er von einem durch die Körperlichkeit eines organischen Wesens erzwungenen Raum spricht, der nun in Kreuzform klaffe. Denn was wir in Dachau zu sehen bekommen, ist die Versehrung eines Kubus. Dieser wird durch einen Organismus in seinem Inneren aufgebrochen und in vier Teile geteilt. Auch diese lasten noch, aber ihre Last ist Maß für die Kraft, welche sie hat entstehen lassen und bewegt hat.

Aufsprengung eines Totenreichs

Koenig hat Wert darauf gelegt, diesen Vorgang in seiner ganzen Schwierigkeit darzustellen. Die oberen beiden Quader rollen nicht bzw. noch nicht zu den Seiten hin nach unten ab. Im Gegenteil, sie scheinen vorerst auch noch nach innen zusammenkippen zu können. Dennoch läßt die sichtbare Erscheinung des Dachauer Kreuzes keine andere Deutung zu: der Kubus ist geplatzt; die Figur in seinem Inneren hat ihn durch ihr Dasein und Wachstum gesprengt.

Was hat das Kreuz Koenigs zu sagen? Es soll hier nicht von den eigenen Nöten und Schwierigkeiten des Bildhauers oder gar seiner Erkrankung die Rede sein, worauf Dietrich Clarenbach andeutend hinweist[90].

Für die Dachauer Situation ist das nicht so erheblich wie diese selbst. Daß man sich mit Koenig darauf geeinigt hat, diese Version aus seiner Serie „Kreuz" in die Versöhnungskirche im ehemaligen Konzentrationslager Dachau aufzunehmen, sagt und ist Schlüssel genug.

Dabei ist zunächst die Tatsache der Anbringung in einer Kirche überhaupt interessant. Denn eine durch ein Organisches aufgebrochene feste Form hat in der Kirche eine uralte Tradition, die auf den Ursprung der Kirche zurückgeht: es ist das durch die Auferstehung Jesu Christi gesprengte Grab, ein Felsengrab, welches den getöteten Leichnam des Herrn hat wieder hergeben müssen.

Der Kubus als Symbol

In der Dachauer Versöhnungskirche hängt eine Auferstehungsdarstellung. Während die feste Form sonst gern im Osterei symbolisch dargestellt wird – in Griechenland schlägt man noch heute rot gefärbte Eier gegeneinander und erinnert sich beim Zerspringen der Schalen an die Anastasis –, hat sie sich in Dachau in einen Kubus verwandelt.

Die Würfelform entspricht einer Beobachtung, die jedermann in Dachau machen kann. Helmut Striffler, der Erbauer der Versöhnungskirche, beschreibt sie so: *„Öde und Trostlosigkeit kennzeichnen noch heute das ehemalige Konzentrationslager. Vor diesem Hintergrund empfinden wir besondere Betroffenheit über all das Unmenschliche, das hier einmal Wirklichkeit war. Die Monotonie der rechtwinklig-schematischen Grundfigur des Lagers ist ein eindringliches Symbol dieser tödlichen Zwangsordnung. Denn die Rechtwinkligkeit war wichtiger Teil des Mordsystems."*[91]

Striffler hat darum versucht, fern aller Monumentalität einen Bau zu schaffen, der an organischen Formen orientiert ist. Wenn er schreibt, die Kirche sei als *„eine lebendige Spur in die unbarmherzige Fläche des Lagers eingegraben, ... eine bergende Furche gegen das unmenschliche Ausgesetztsein,"*[92] das man auch noch heute im Lager spüre, dann ist das insofern auch buchstäblich zu nehmen, als Striffler die Form der menschlichen Fußspur tatsächlich im Grundriß con variationi durchgeführt hat.

Im Kubus Koenigs kommt die Zwangswelt rechtwinkliger Formen zu einer Verdichtung. In ihm verdichtet sie sich zum einkerkernd lastenden Grab, zu einer Todeswelt mit „Todesbanden", zu einer Hölle, die gesprengt wird.

Auf diese Darstellung wird man durch zwei Relieftafeln von Hubertus von Pilgrim im Eingangsbereich vorbereitet. Es sind hohe Bänder aus Beton, in denen waagerechte organische Formen, Menschen, liegen, Tote, mehr oder wenig deutlich

[90] Clarenbach, Kontinuitäten, S. 233 und 240.
[91] Evangelische Versöhnungskirche, vgl. Anm. 83 in diesem Kapitel.
[92] Ebd.

Abb. 72 Fritz Koenig, Großes Kreuz VI, 1966/67. Versöhnungskirche, ehem. Konzentrationslager Dachau.

erhalten oder aufgelöst. Im Kern der Anlage, im Andachtsraum, hängt nun der aufgespaltene Kubus, der von einem organischen Wesen gesprengte Würfel. Was verbindet die beiden Darstellungen, die Erinnerung an das Grauen und das Gebilde der Hoffnung?

Es dürfte mit Striffler nicht zu übersehen sein, daß der Würfel kreuzförmig aufgespalten ist, auch dies nicht, daß das Organische im Inneren des Kubus, wenn es schon von rechts her wie ein Mensch aussieht, seine Arme ausgestreckt hat und nach unten mit seinem Korpus hängt bzw. steht. Die Erinnerung also an die Kreuzigung Christi drängt sich, ob vom Künstler gewollt oder ungewollt, auf. Es ist eine erlittene Auferstehung, derer man in der Versöhnungskirche von Dachau ansichtig wird.

All das, was angesichts des Kubus an Sünde, an von Menschen dem Menschen bereiteter Hölle assoziiert werden kann, das liegt auf Christus. Indem er es erlitten hat, hat er es auch gesprengt, wird er es sprengen.

In der Versöhnungskirche von Dachau drängen sich dabei vor allem zwei Erinnerungen auf, zum einem die Befreiung und Rettung der KZ-Häftlinge im April 1945, zum anderen die Auferstehung Christi.

Hoffnung auf Rettung des Menschen

Und eine Hoffnung wird nahegelegt, daß nämlich der Mensch überhaupt gerettet werden könnte. Daß dem Hervorkommen der KZ-Häftlinge aus der Todeswelt der SS ein Vorgang entsprechen könnte, wie er z. B. im Gemälde Per Kroghs im Beratungssaal des UNO-Sicherheitsrates in New York dargestellt ist, ein Vorgang, der Erneuerung der Menschen, der Völker, an ihrer geistigen Substanz bedeuten würde (Abb. 52).

Koenigs Kreuz in der Versöhnungskirche in Dachau läßt den Zusammenhang zwischen der Auferstehung Christi und der Auferstehung des Menschen aus der vom Menschen gemachten Hölle ahnen. Beide Ereignisse werden miteinander verbunden durch das Kreuz Christi. Darum wohl auch der Name der Kirche.

Jetzt endlich können wir auch erheben, warum das Organische zwischen den Quadern einerseits Mensch und andererseits wieder nicht oder noch nicht Mensch ist.

Aber wenn wir „noch nicht" sagen, so haben wir die Interpretation schon gegeben. Koenigs Kreuz ist ein Bild des Mangels und der Hoffnung zugleich. In dem ehemaligen Konzentrationslager wird man ja ständig mit der Frage konfrontiert, wie Menschen solche Verbrechen, von staatlichen Organen organisiert, an Menschen haben verüben können, ein im sog. christlichen Abendland beschämendes Erlebnis. In Dachau wird ein Defizit an Menschlichkeit sichtbar, wie es vorher dem europäischen Selbstbewußtsein fremd gewesen ist.

Ob der Mensch in Christus wieder hervorgehen wird, wieder zu erstehen vermag, bleibt eine Frage. Der Kubus ist versehrt, aber die oberen Quader sind noch nicht abgerollt. Ein Mensch wird sichtbar, aber noch ist er im Entstehen. Seine Konturen können sich noch verflüchtigen.

Hans-Georg Anniès, Die andere Freiheit

Hans-Georg Anniès hat 1970 – 72 unter dem Eindruck der Ermordung Martin Luther Kings eine Serie von Holzschnitten gemacht, die dem Gedächtnis der christlichen Märtyrer des 20. Jahrhunderts gewidmet ist. Die Serie besteht aus 5 Blättern, einem Deckblatt bzw. Widmungsblatt und den Darstellungen von Paul Schneider, Maximilian Kolbe, Dietrich Bonhoeffer und Martin Luther King. Aber bei dem Begriff „Darstellung" stockt schon die Feder.

Man sieht zunächst mehr oder weniger große, dem Rechteck angenäherte, schwarze Felder auf weißem Grunde, die alle senkrecht im Blatt stehen. Diese Felder können die Höhe des ganzen Blattes einnehmen.

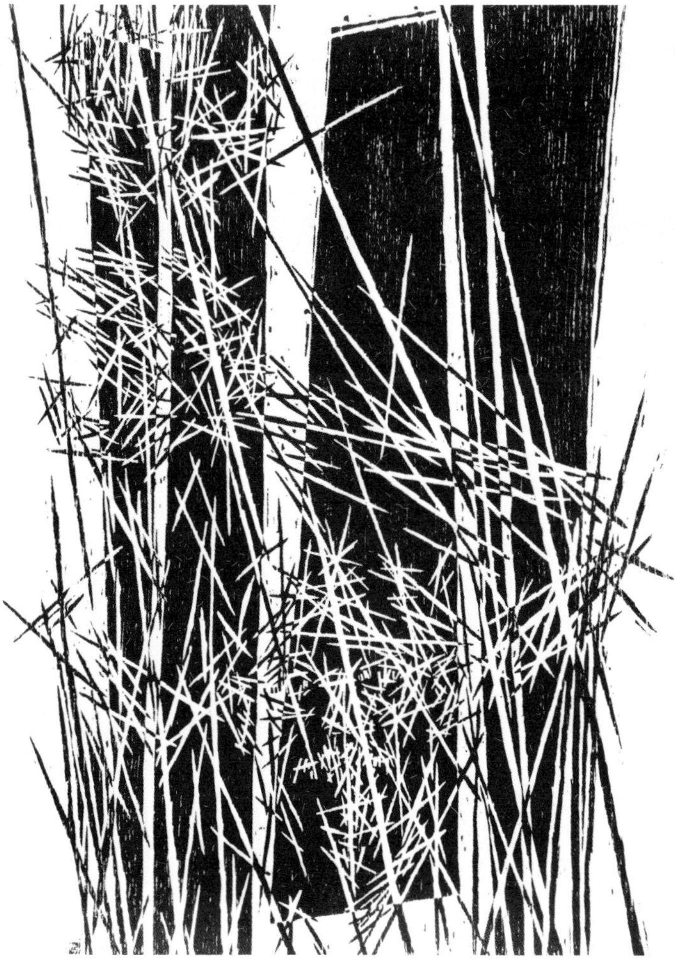

Abb. 73 Hans-Georg Anniès, Die andere Freiheit: Dietrich Bonhoeffer, 1970-72.

Abb. 74 Hans-Georg Anniès, Die andere Freiheit: Martin Luther King, 1970-72.

Es kommen aber auch bis zu vier übereinanderstehende schwarze Felder vor. Dazwischen gibt es weiße Streifen, zwischen 1 und 5 cm breit. Auch die vorhandenen waagerechten Streifen ändern nichts an der Betonung der Senkrechten.

Auf diesen Untergrund kommen nun dünne, spitze Splitter in verschiedener Länge, die auf weißem Grunde schwarz, auf schwarzem Grunde weiß sind. Diese Splitter sind das dynamische Element der Blätter. Sie sind mit wenigen Ausnahmen alle schräg angeordnet. Die größeren unter ihnen betonen eine Diagonale. Je kleiner die Splitter sind, desto gehäufter treten sie auf. Dabei kommt es dann zu ausgesprochenen Verdichtungen. Schaut man länger hin, so erkennt man gerade hier dann Menschliches, ein Antlitz oder Hände. Hat man sich erst einmal so weit eingesehen, wird man die Verbindungen suchen und auch z. B. die Arme oder den Rumpf finden bzw. wenigstens ahnen, wo sie wohl sein werden.

Auf zweien dieser Blätter, welche Bonhoeffer und Schneider gewidmet sind, springt einem plötzlich das Antlitz dicht über dem unteren Bildrand entgegen. Die Arme sind zu einer der oberen Bildecken emporgestreckt, die eine Hand liegt jeweils auf dem Unterarm der anderen. Während bei dem einen diese Geste Schrei und Protest, Verheißung und Segen ausdrückt, erinnert sie bei dem anderen an den berühmten Buchtitel „Widerstand und Ergebung" (Abb. 73).

Auf den anderen beiden Blättern erscheint der Kopf gleich unter dem oberen Bildrand. Die Arme hängen nach unten vorn. Sie sind an der Handwurzel gekreuzt. Martin Luther King hat seine Fäuste geballt. Maximilian Kolbes Hände hängen lang und schmal, als hätten sie keinen Daumen. Kings Gesicht hat negroide Züge (Abb. 74). Kolbes Vollbart ist deutlich zu erkennen.

Splitter Das Erstaunliche daran ist die Tatsache, daß Anniès nichts als Splitter benutzt, um seine Märtyrer darzustellen, ein bildnerisches Mittel, das alles andere als geschmeidig ist und natürlich auch die Erzielung von Ähnlichkeiten außerordentlich erschwert. Nur, wo er Augen oder Zähne andeutet, geht er zuweilen davon ab, die Splitter an beiden Enden in Spitzen auslaufen zu lassen.

Die Splitterform in einem Holzschnitt anzuwenden, mag das Material nahelegen. Da die schwarzen Felder des Hintergrundes ja nicht total schwarz sind, sondern durch die Maserung des Holzes belebt werden, haben sie auf den Blättern sichtbar ihre Motivation.

Zersplitterung Für Anniès hat dieses Mittel aber auch inhaltliche Bedeutung. Zersplitterung bedeutet zuvörderst Vernichtung eines Holzstückes. DerAusdruck wird aber auch auf gesellschaftliche Verhältnisse angewandt, menschliche also. Anniès denkt zunächst an die individuellen; jeweils ein Mensch erscheint auf den Bildern, ein Ermordeter, ein gewaltsam ums Leben gebrachter Zeuge Christi. Mord aber ist immer – das zeigt sich schon auf den ersten Seiten der Bibel und läßt sich bis zu den letzten Blättern verfolgen – Manifestation einer tiefgreifenden Zerstörung dessen, was Friede ist, sofern man darunter nicht nur das Ausbleiben von Kriegshandlungen versteht. Das Auftreten von christlichen Märtyrern im einst christlichen Abendlande dürfte ein besonders sprechendes Zeichen für eine solche Zersplitterung menschlicher Verhältnisse sein.

Botschaft Auf seinen Holzschnitten bringt es Anniès nun aber fertig, die Splitter so zu ordnen, daß sie menschliche Gestalten, die ermordet worden sind, andeuten. Mag man zunächst an ein Vexierspiel des Künstlers gedacht haben, so darf man hierbei ruhig bleiben, wenn man erkennt, daß hier Form und Inhalt sich decken. Das Medium ist in diesem Falle auch die Botschaft.

Die Ermordeten erstehen wieder Diese Holzschnitte sind nicht nur die Mitteilung, daß die vier Märtyrer getötet und ihr Tod zur Manifestation einer Zersplitterung menschlicher Verhältnisse geworden sei. Sie sind auch Bilder der Hoffnung, daß dem visuellen Vorgang ein gesellschaftlicher entsprechen werde. Wie das Auge zunächst nur Splitter erkennt und dann erst allmählich aus den Splittern ihre Gestalt und Gestik sich bildet, so werde auch das wiedererstehen, was sie als Märtyrer ausmacht: durch den Akt der Erkenntnis dessen, was sie bedeuten, durch die Entstehung einer Übereinstimmung mit ihnen, durch die Nachfolge. Treue aber auf ihrem Wege werde nicht noch tiefere Zersplitterung der Gesellschaft, sondern ihre Heilung bringen. Denn nach ihrem Bilde fügt sich Menschliches wieder zusammen. Der Künstler hegt keine kurzatmigen Wünsche, sondern bleibt durchaus realistisch: im Vordergrund spießen große Splitter schräg von oben herab; der Zersplitterungsvorgang ist noch längst nicht zu Ende. Der schwarze Hintergrund jedoch ist durchstoßen und aufgeteilt. Nur einmal fügt er sich zum Sarge, für Maximilian Kolbe, den stellvertretend Gestorbenen. Sonst sind die weißen Schneisen oben breiter als unten.

Die andere Freiheit Anniès hat seine Holzschnittserie „Die andere Freiheit" genannt. Leider muß kritisch angemerkt werden, daß man das Wort „Freiheit" auf dem Titelblatt schwerlich wird finden oder gar entziffern können, wenn man es nicht vorher schon dort weiß. Der Künstler denkt nach eigenem Bekunden dabei daran, daß die Märtyrer erst durch Widerstand, Anfechtung, Mord zu dem geworden sind, was sie sind. Diese Möglichkeiten anzunehmen, sich damit bewußt einem Zerstörungsprozeß anheimzugeben, sei die „andere Freiheit". Sie ermögliche ein Werden, welches nur durch Vergehen entstehen könne. Anniès räsoniert dabei in Analogie zur Entstehung seiner Holzschnitte. Dieser Prozeß ist ja immer noch erkennbar, Fläche auflösend und zerstörend und Figuren sichtbar machend, so daß er gern von einer *„prozeßhaften Struktur"* spricht.

Hans Georg Anniès hat seine Holzschnittserie ohne einen Auftrag einer bestimmten Kirchengemeinde oder kirchlichen Gruppe, sondern spontan geschaffen.

Das schließt nicht aus, daß sie in einem Gemeindehaus oder einer Kirche hängen wird. Es ist kaum denkbar, daß der Künstler sich nicht einen solchen Ort für seine Blätter gewünscht habe.

Selbsterkenntnis

Nehmen wir einmal an, sein Wunsch sei in Erfüllung gegangen, welche Aussagen macht diese Holzschnittfolge dann? Zunächst erinnert sie die Gemeinde an die Tatsache ihrer Angefochtenheit. Es ist eine ekklesia militans et patiens, die ihrer selbst in den Gedenkblättern ansichtig wird.

Und es wird ihr vor Augen geführt, welche Zuspitzungen der Kampf gegen sie annehmen kann: er kann Zersplitterung der Gesellschaft und Liquidierung der Märtyrer bringen.

Ermutigung zum Martyrium

Zum anderen aber geht von diesen Graphiken eine Ermutigung zum Martyrium aus, zum christlichen Leben, zum Zeugnis in aller Entschiedenheit. Denn die ihrer Angefochtenheit innegewordene Gemeinde erlebt vor den Bildern das Abenteuer der Wiedererstehung der Getöteten, zunächst, so will es scheinen, nur auf ästhetisch-visueller Ebene. Aber reicht diese Ebene aus, wenn es um das Leben einer christlichen Gemeinde geht? Den Verheißungen der Bibel zufolge kann, was dem Betrachter in der Konfrontation mit den Arbeiten von Anniès widerfährt, Ausdruck, und nicht nur das, sondern Manifestation des Lebens der Kirche sein und werden, die umgeben ist von einer „*Wolke von Zeugen*"[93].

Der Künstler hat insgesamt drei Fassungen der Holzschnittserie geschaffen, – die erste ist verbrannt. In der dritten Fassung sind die Märtyrer in der gleichen Pose dargestellt und diesmal auch portraitiert worden. Anniès hat nun nicht mit der Splitterform gearbeitet, sondern mit Wellenlinien. Dieses geschmeidige Mittel ermöglichte ihm, dem Publikum, das Ähnlichkeit oder Erkennbarkeit der Dargestellten fordert, entgegenzukommen.

Auf den Blättern geht es wie bei einem Feuersturm zu: aus völlig schwarzem Hintergrund werden die Märtyrer herausgeweht vom Sturm des Geistes. Der Verlag „Wort im Bild" hat diese Serie 1978 unter dem Titel „Mit Leidenschaft leben" in der Bundesrepublik Deutschland als Plakatserie herausgebracht[94].

Fritz Cremer, Buchenwalddenkmal

Fritz Cremer hat sich jahrelang mit der Aufgabe beschäftigt, ein Buchenwalddenkmal zu schaffen. Es wurde 1958 eingeweiht (Abb. 75). Weniger bekannt sind sieben Stelen von ihm, auf denen er in Reliefform die Stationen des Leidensweges der Lagerhäftlinge vom Aufbau des Lagers bis zur Befreiung darstellt[95]. Es sind die Stationen „Aufbau des Lagers", „Ankunft im Lager", „Arbeit im Steinbruch", „Die Ausbeutung", „Solidarität", „Illegale Thälmann-Feier", „Die Befreiung". Diese Arbeiten sind episch angelegt.

Reliefs

Sie erzählen in verschiedenen Szenen das Leben unter den unmenschlichen Bedingungen des Konzentrationslagers. Joh. R. Becher hat zu den einzelnen Stationen Gedichte geschrieben, die jeweils neben der Abbildung abgedruckt sind[96].

Außerdem hat Herbert Sandberg die Stelen beschrieben und erläutert[97]. Sie sind für ihn, einen ehemaligen Häftling des KZ Buchenwald, ein Leitfaden, an dem entlang er das Lagergeschehen ausführlich schildern kann, indem er die Reliefs

[93] Hebr. 12, 1.

[94] „Mit Leidenschaft leben ... allzeit tragen wir das Sterben Jesu an unserem Leibe herum, damit auch das Leben Jesu an unserem Leibe offenbar werde. 2. Kor. 4,10". Märtyrer-Fries von Hans-Georg Anniès, Verlag Wort im Bild, Hammersbach 1978.

[95] Abb. in: Komitee der antifaschistischen Widerstandskämpfer in der Deutschen Demokratischen Republik (Hg.), Buchenwald, Berlin 1960, S. 88-105.

[96] Ebd.

[97] Ebd., S. 13-20.

Abb. 75 Fritz Cremer, Buchenwald-Denkmal, 1958. Ehem. Konzentrationslager Buchenwald.

beschreibt. Daran mag man ersehen, welche Funktion sie für Cremer gehabt haben: Sie boten ihm die Möglichkeit, sich intensiv in das KZ-Geschehen einzuleben. So wurden sie notwendige Vorarbeiten für das eigentliche Denkmal der elf aus der KZ-Hölle in die Freiheit hervorkommenden Häftlinge.

Studien

Eine große Anzahl während der bildhauerischen Arbeiten von Cremer geschaffenen graphischen Studien, von denen 32 Lithographien veröffentlicht worden sind, zeigt die inzwischen erreichte Verdichtung der künstlerischen Aussage[98]. Manche der Studien sind erst nach der Fertigstellung der Denkmalsfiguren entstanden. Es handelt sich also auch nicht eigenlich um „Bildhauerzeichnungen", sondern um selbständige Auseinandersetzungen mit dem Thema durch ein anderes, wenn auch verwandtes Medium[99].

[98] Fritz Cremer, Buchenwald. Studien, Berlin 1959.
[99] Ebd., Einleitung, o. S.

Ausdruck

In seinem Nachwort zu den Studien erklärt Fritz Cremer selbst, worum es ihm bei dem Denkmal gegangen ist, was er eigentlich hat darstellen wollen[100]. Liest man es, so meint man, einen typischen Vertreter des Expressionismus vor sich zu haben, wogegen er sich vorsorglich auch gleich verwahrt[101]. Es sei ihm nämlich darum gegangen, „*einzig und allein das auszudrücken*", was ihn „*bewegte*". Was dann folgt, scheint dem zu widersprechen. Er habe versucht, „*in elf Figuren zusammengedrängt, möglichst die ganze Dramatik menschlicher Empfindung unter unmenschlichen Bedingungen zu gestalten*"[102].

Will man die beiden Sätze zusammenbringen, geht das nur über den Schluß, der Künstler habe sich so intensiv mit der Situation von Buchenwald beschäftigt, daß Innen und Außen für ihn nicht mehr zu unterscheiden gewesen seien. In seinem Innern spielten sich die Ereignisse ab, mit denen er sich auseinanderzusetzen hatte.

Geradeso ist es ja auch dem katholischen Pfarrer Herbert Falken ein Jahrzehnt später ergangen. Und auch er hat dargestellt, was ihn bewegt hat angesichts der entsetzlichen Geschehnisse in den Konzentrationslagern. Seine Arbeiten hatten wir jedoch, der Definition Joseph-Emile Mullers folgend, dem Expressionismus zugeordnet[103], einem Stil, der mit seinem ersten Auftreten im zweiten und dritten Jahrzehnt dieses Jahrhunderts noch lange nicht verbraucht war.

Fritz Cremer, dem sozialistischer Realismus vorgeschrieben ist, lehnt es ab, als Expressionist bezeichnet zu werden, reklamiert jedoch für sich ausdrücklich das „*Expressive, das Ausdrucksstarke, das uns bei der Überwindung des Schweren, an dem wir durch die tragische Geschichte unseres deutschen Volkes immer noch zu tragen haben, helfen kann*"[104], wie es ja auch Herbert Falken geholfen hat bei seiner Auseinandersetzung mit diesem dunklen Kapitel unserer Geschichte.

Basis

„*Von einem gewissen Standpunkt ausgehend, ist es einzig und allein immer der Ausdruck, den zu erreichen ich mich bemüht habe*", schreibt Cremer[105]. Der Unterschied zu Falken liegt vor allem in der Basis des KZ-Gedächtnisses, im „Standpunkt". Bei Falken ist es die Zugehörigkeit zur Kirche, bei Cremer die zur marxistisch-leninistischen Arbeiterbewegung. Ein katholischer Pfarrer hat offensichtlich andere Probleme als ein kommunistischer Funktionär. Er hat andere Ideen und Ziele, für die er sich einsetzt. Seine Lösungen sehen auch anders aus.

Cremer stellt elf KZ-Häftlinge auf den Feierplatz vor dem Glockenturm des Lagers. Die Bronzefiguren dürften bis zu 3,50 m groß sein, ohne den Sockel. Mit diesem zusammen und der Fahne ist das Denkmal auf etwa 6 m Höhe zu schätzen. Die Mächtigkeit des Denkmals wird jedoch durch die des Glockenturms hinter ihm zurückgedrängt.

Augenblick der Befreiung

Der Künstler stellt den Augenblick der Befreiung dar. Die Kommunisten unter den Häftlingen hatten sich nach zweijähriger Vorbereitung bewaffnet und befreiten das Lager am 11. April 1945, noch vor der Ankunft der Alliierten, von seinen Wachmannschaften.

Der Erfolg müßte nun eigentlich fröhliche, siegesbewußte Mienen auf den Gesichtern der sich selbst befreienden Häftlinge hervorrufen. Es spricht jedoch für die künstlerische Potenz und die menschliche Substanz Fritz Cremers, daß er keinen Schnappschuß macht, sondern die ganzen furchtbaren Erfahrungen der zurückliegenden Jahre sich in den Figuren abspielen läßt. Rechts stehen z. B. zwei Figuren etwas abseits, angesprochen von einem lebhaft gestikulierenden „Diskutierenden". Es

[100] Ebd., Nachwort, o. S.
[101] Ebd.
[102] Ebd.
[103] Muller, Expressionismus, S. 6 f.
[104] Cremer, Buchenwald, Nachwort.
[105] Ebd.

sind „der Zweifler" und „der Zyniker". Die Figuren sind zu Typen im politischen Kampf geworden. Hundertfach erlebte Episoden haben sich in ihnen verdichtet. Man sieht „den Kämpfer", „den Fahnenträger", „den Befreiten", „die Gewißheit" und den „Jungen von Buchenwald". Der Junge wurde als dreijähriger von seinem Vater *„in einem Sack ... ins Lager geschmuggelt und von den Häftlingen unter großen Opfern am Leben erhalten"*[106]. Auf dem Denkmal wird er zum Typ des Kindes, das zu früh erwachsen geworden ist, weil es zu Schreckliches hat ansehen müssen, erfüllt von dem Zorn der Großen und doch rührend mit den Resten seiner Kindlichkeit. Im Vordergrund sinkt „der Stürzende" zu Boden. Es ist einer, der gekämpft hat; mit weit ausgestreckten, geballten Fäusten, aber schon geschlossenen Augen fällt er über das rechte Knie zur Seite. Hinter ihm aber reckt der „Befreite" die Rechte zum Schwur in die Höhe.

Was Cremer darstellt, ist zum einen die Befreiung aus dem KZ. Aber es ist zugleich mehr. Es ist nämlich zum anderen ein Denkmal des politischen Kampfes der kommunistischen Bewegung überhaupt geworden, so wie er sich für sie darstellt. Episodisches ist dabei zum Typischen verdichtet. Was daran in jenen Jahren zur Tragödie geworden ist, spiegelt sich in den Mienen und Gebärden wider.

Lessings Rat an die bildenden Künstler, nur ja bei der Wahl des Augenblicks in der Darstellung einer negativen Situation vorsichtig zu sein und nicht etwa den äußersten Gefühlsausdruck zu suchen[107], wird von Cremers Denkmal bestätigt. Es ermöglicht nun sowohl den Blick zurück als auch nach vorn. Denn selbst die Schwierigkeiten und Konflikte des Klassenkampfes beim Aufbau der DDR etwa oder in ganz anderen Ländern lassen sich in diesem Denkmal wiedererkennen.

Anbruch des Reichs der Freiheit

Dabei drückt es nun nicht nur eine Erfahrung aus, die Erfahrung des Sieges nämlich über die Unterdrücker, des gemeinsamen Herauskommens aus der Hölle, sondern auch die Hoffnung, daß dieser Moment typisch sei für den Kampf der kommunistisch geführten Arbeiterklasse überhaupt: der Osten sei rot, der Tag breche an, das Reich der Freiheit werde von ihr heraufgeführt, die Menschheit werde zu sich selber kommen. *„Die Todgeweihten stiegen aus dem Grab. Seht ihre Arme weithin ausgestreckt,"* Joh. R. Becher zur Stele der Befreiung[108]. Fritz Cremer hat in der Gruppenplastik aus diesem Augenblick das Bild der kommunistischen Hoffnung schlechthin werden lassen.

IV. Zusammenfassung

Seltenheit

Während fast in jedem Dorf der Bundesrepublik ein Kriegsgedächtnismal zu finden ist, sind dem KZ-Gedächtnis gewidmete Denkmäler sehr viel seltener. Das wirkt sich natürlich auch auf das Vorkommen von Auferstehungsdarstellungen aus; auf Kriegsgedächtnismälern sind sie zwangsläufig sehr viel häufiger.

Dieser quantitative Unterschied signalisiert eine Differenz in bezug auf die Volkstümlichkeit. Das Gedächtnis der Konzentrationslager und des Martyriums in ihnen ist nicht populär. Wohl sind die darin vorgekommenen Verbrechen verpönt. Aber der Widerstand gegen das „Dritte Reich" ist bis heute umstritten. Zudem sind die bekannt gewordenen höllischen Züge der Konzentrationslager so schaurig, daß niemand ungeschoren davongeht, der sich ihrem Gedächtnis aussetzt.

[106] Komitee, Buchenwald, S. 16.
[107] Lessing, Laokoon, S. 375.
[108] Komitee, Buchenwald, S. 103.

Das mag dazu geführt haben, daß überall dort, wo man sich mit den unter dem Stichwort KZ zu assoziierenden Ereignissen künstlerisch auseinandergesetzt hat, ein besonderes Verantwortungsgefühl am Werke gewesen ist.

Niveau

Sämtliche besprochenen Arbeiten zeugen davon. Sie haben ein hohes künstlerisches Niveau erreicht. Kaum eines der vorgestellten Kriegerdenkmäler kann sich mit ihnen messen. Es gehört zum Wesen künstlerischer Arbeit, daß sie Formbewältigung ist. Darum muß die kunstgeschichtliche Betrachtung die Frage nach der Übereinstimmung von Form und Inhalt stellen. Daß es sich aber überhaupt erst in dem Kapitel über Auferstehung im KZ-Gedächtnis lohnt, dieses Problem aufzuwerfen, wirft ein bezeichnendes Licht auf die Situation.

Offensichtlich haben auch die Kirchen bei der Errichtung von KZ-Gedächtnismälern ein Verantwortungsgefühl walten lassen, was ihnen nur allzu oft bei dem Auftrag zu Kriegsgedenkzeichen oder zur Ausstattung von Gotteshäusern gefehlt hat. Während sie dabei vielfach danach gegangen sind, welcher Künstler es ihnen am billigsten mache, u. U. dann frisch gebackenen Hochschulabsolventen den Zuschlag gebend, welche auch einmal ins Geschäft haben kommen wollen, hat man sich bei dem Auftrag zu einem KZ-Gedächtnismal vom finanziellen Aspekt nicht leiten lassen, sondern seine Kräfte gesammelt, um einen schon anerkannten Künstler beschäftigen zu können.

Expressivität

In all den besprochenen künstlerischen Arbeiten ist das expressive Element stark hervortretend. Das kann auch von Hrdlickas Plötzenseer Totentanz gesagt werden, den wir dem Realismus zugeordnet hatten. Bei den anderen Arbeiten herrscht es vor und ist konstitutiv.

In Falkens Zyklus mischt es sich mit Stilelementen der Pop-Art und führt zu eindeutigen Aussagen mit klarer Ablesbarkeit. Bei Hajek und Anniès hingegen wird das Verständnis zunächst erschwert, weil sie stark abstrahieren und zugleich die dargestellten Figuren und Vorgänge in ihre Umgebung integrieren. Form und Inhalt zur Kongruenz zu bringen, ist in diesem Falle Anniès besser gelungen als Hajek. Fritz Koenig hat ein Kreuz für die Versöhnungskirche in Dachau geschaffen, das hohe Expressivität durch eine Zurückführung auf ganz einfache Formkontraste erreicht.

Das Hervorkommen, ja Überwiegen des expressiven Elements ist nach Tillich[109] eine unabdingbare Voraussetzung für die Entstehung religiöser Kunstwerke. Darum hat er den Expressionismus begrüßt und als ein Zeichen der Hoffnung dafür angesehen, daß nach einer jahrhundertelangen Periode der religiösen Entleerung in der Kunst eine neue Epoche sich anbahne. Die vorgestellten, mit großer Intensität hervorgebrachten Arbeiten dürften diese Erwartung bestärken. Das gilt auch für die Arbeit Fritz Cremers, die zu einer Manifestation utopischer Hoffnung schlechthin geworden ist.

Anbindung an die Basis

Alle christlichen Auferstehungsdarstellungen im KZ-Gedächtnis, auch die ohne Auftrag entstandenen, sind von einer kirchlich-christlichen Bindung geprägt, sind Ausdruck kirchlichen Lebens. Für die Interpretation der besprochenen Kunstwerke war es wesentlich, ihren Sitz im Leben der Kirche zu erkennen und zu verbalisieren. Ihr praktischer Gebrauch hat uns Einsichten in Veränderungen im Leben der Kirche (Kreuzweg) oder grundsätzliche Erkenntnisse zu Stilproblemen (Plötzenseer Totentanz) vermittelt oder überhaupt erst verstehen lassen, was das Kunstwerk zu besagen habe. Letzteres gilt insbesondere für die abstrakten Darstellungen. Diese lassen ja naturgemäß der Interpretation einen sehr weiten Spielraum. Wie fruchtbar in einem solchen Falle die Einbettung einer künstlerischen Arbeit in ihren „Ort" mit dessen „Basis" für das Verständnis ist, dürfte sich besonders an dem Dachauer Kreuz Fritz Koenigs gezeigt haben.

[109] Paul Tillich, Die religiöse Substanz der Kultur. Schriften zur Theologie der Kultur, (Gesammelte Werke, Bd. IX), Stuttgart 1967, S. 350.

Themen Folgende Themen der Auferstehungsdarstellungen im Gedächtnis des Martyriums im Dritten Reichen haben sich ergeben:

1. Die Gegenwart des Auferstandenen in der Häftlingszelle für den einzelnen (Fort Brendonk).
2. Die Gegenwart Christi in der verfolgten und bedrängten Gemeinde bzw. die Erscheinung des Auferstandenen, wo man „mitten unter Verfolgungen" seine Gegenwart gelebt hat (Plötzenseer Totentanz).
3. Die Herrschaft Christi als Antwort auf die Theodizeefrage (Herbert Falken). Hinter dieser Frage steht letztlich und ursprünglich die Frage nach dem Sinn des Leidens und Sterbens der Gerechten und Märtyrer. Die Auferstehung Christi, des „Erstgeborenen unter den Entschlafenen" (1. Kor. 15,20) deutet die Antwort an (Maria Regina Martyrum).
4. Der Sieg über die zerstörerische Macht der Sünde und die Wiedergeburt eines neuen Menschen (Das „Kreuz" in der Dachauer Versöhnungskirche).
5. Die ideologische Zersplitterung der Gesellschaft und die Hoffnung auf deren Überwindung bei kontinuierlichem Stehen der Christen zu ihrer Idendität, wozu wesentlich ihr christliches Zeugnis gehören würde (Hans-Georg Anniès).
6. Die Hoffnung auf das „Reich der Freiheit" (Buchenwald-Denkmal).

Antworten Alle diese Arbeiten sind nicht nur allgemeine Aussagen, sondern sind Antworten auf brennende, umtreibende, quälende Fragen. Letztere werden entweder explizit entfaltet, besonders kraß in Falkens Zyklus, oder sind durch die Umgebung der Bildnisse erkennbar, wie z. B. in Fort Brendonk.

Vor keiner von ihnen kommt einem darum auch der Gedanke an l'art pour l'art. Allesamt sind sie engagierte Kunst in einem klar erkennbaren „Ort" auf einer ebenso deutlich sichtbaren „Basis".

Eine letzte Überlegung sei der Frage gewidmet, woher die christlichen Auferstehungsdarstellungen im KZ-Gedächtnis eigentlich stammen. Klarheit darüber würde uns helfen, sie ihrem Wesen nach zu verstehen.

Keine Totengedächtnismäler Die vorgestellten Arbeiten lassen schwerlich die Annahme zu, sie seien Totengedächtnismäler oder hätten ihren Weg über das Grabmal genommen. Das ist immerhin merkwürdig, weil sich zum Begriff des Konzentrationslagers und des christlichen Martyriums im 20. Jahrhundert Assoziationen wie Verbrennung und Vergasung von Menschen, Einsperrung und Erschießung und Massengräber augenblicklich einstellen. Auch über das Kriegerdenkmal können die besprochenen christlichen Arbeiten nicht tradiert worden sein.

Verwurzelung in der Liturgie Gehen wir die christlichen Arbeiten einzeln durch, so finden wir in Fort Brendonk das private Andachtsbild. Im Plötzenseer Totentanz erblicken wir einen Traditionsstrom, der sich schon in den ravennatischen Wandmosaiken gezeigt hat. Auf der Wallfahrtsstätte Maria Regina Martyrum begegnen wir einer neuen, fünfzehnten Kreuzwegstation, in Dachau einem Werk, welches plastisches Altarbildnis und Altarkreuz in sich vereinigt.

Diese Werke fügen sich in die Liturgie der Kirche ein und dienen ihr zu privater Meditation oder zu gemeinsamem Gottesdienst der Gläubigen. Ihre primäre Funktion ist es deshalb auch nicht, trauernde Hinterbliebene zu trösten; sie dienen direkt oder indirekt der Vergegenwärtigung der Heilstatsachen.

Etwas schwieriger zu beurteilen sind die Zyklen von Falken und Anniès. Sie sind insofern eine typische Erscheinung der Neuzeit, als sie ohne Auftrag entstanden sind. Dies ist nicht ein Sonderschicksal vieler christlicher Kunstwerke, sondern liegt als Chance und Last zugleich auf der europäischen Kunstszene seit etwa 1800[110].

[110] Anton Henze, Das christliche Thema in der modernen Malerei, Heidelberg 1965, S. 7 f.; Jens Christian Jensen, Caspar David Friedrich. Leben und Werk, (dumont kunsttaschenbücher Nr. 14), Köln 1974, S. 207-215.

An dem berühmten Altarwerk Emil Noldes, das bis heute keine es aufnehmende Kirche gefunden hat, kann man exemplarisch sehen, welch ein Risiko der einzelne Künstler damit zu tragen hat. Andererseits ist an diesem Beispiel deutlich zu erkennen, daß der Künstler seiner Arbeit eigentlich eine Funktion in der Liturgie der Kirche zugedacht hat, auch wenn sie im zum Museum umfunktionierten Privathaus des Künstlers verblieben ist.

Falkens Zyklus ist von einem Museum erworben worden[111]. Nehmen wir aber einmal an, er würde einer Kirche leihweise überlassen und dort ausgestellt. Welche Funktion könnte er dann haben? Als Altarwand wäre er ungeeignet. Aber an einer der Seitenwände einer Kirche folgerichtig aufgehängt, könnte er durchaus, ähnlich einem Kreuzweg oder einem sich von hinten nach vorn hinziehenden Wandbild in Fresko- oder Mosaiktechnik, zur Anbetung, zum Lobpreis, zur Eucharistie am Altare hinführen. Allerdings wird es eine Gemeinde kaum aushalten, über längere Zeit der Expressivität dieses Zyklus ausgesetzt zu sein.

Mit Anniès Holzschnitten verhält es sich insofern anders, als die vier vom Titelblatt eröffneten Bilder eigentlich keine Folge bilden. Es sind Variationen ein und desselben Themas. Und was hat er dabei geschaffen? Es ist keine Buchillustration, obwohl die Technik daran denken läßt. Es ist kein zu illustrierendes Buch als Vorlage vorhanden. Außerdem widerspricht das Format (63,5 x 42 cm) einer solchen Zuordnung. Da sich aus dem Abschreiten der Bilder kein Weg ergibt, sind sie für die Seitenwand einer Kirche ungeeignet. Wo könnten sie in ihr hängen? Ich meine, an der Stirnwand. Was Anniès geschaffen hat, ist seinem Wesen nach eine Serie von Heiligenbildern. So etwas hat in der protestantischen Kirche jahrhundertelang keinen Platz gehabt. So kann man sich kaum vorstellen, daß diese Holzschnitte in einer evangelischen Kirche zur Bitte um die Fürbitte der Märtyrer anregen könnten. Aber sie können zu deren Verehrung beitragen und dem sie Meditierenden Bilder der Hoffnung werden.

So ergibt sich aus all den christlichen Auferstehungsdarstellungen, die sich mit dem Martyrium im Dritten Reich auseinandersetzen, eine tiefe Verwurzelung im liturgischen Leben der Kirche, viel tiefer als es bei Kriegerdenkmälern hat sein können, die Totengedächtnismäler sind und ihren Weg teilweise sogar über das christliche Grabmal genommen haben. Der Ort des christlichen KZ-Gedächtnisses, die gemeinsame oder private Liturgie der Gemeindeglieder, ist fester mit der Basis verbunden, als die Kriegerdenkmäler es sein können.

Das bewirkt zusammen mit dem Anlaß ihrer Entstehung, daß zentrale christliche Glaubens- und Hoffnungsäußerungen sich in ihnen mit kaum überbietbarer Brisanz, Konsequenz und Glaubwürdigkeit zugleich manifestieren.

Daraus ergibt sich, daß das christliche KZ-Gedächtnis kein dem Kriegsgedächtnis vergleichbarer Ort oder Sitz im Leben geworden ist.

Ausdruck der Betroffenheit von der Unmenschlichkeit

Wie wir haben sehen können, hat das folgenden Grund: Nicht so sehr die Trauer über den Tod der millionenfachen KZ-Opfer, als vielmehr die Betroffenheit von der an ihnen verübten Unmenschlichkeit hat das christliche KZ-Gedächtnis geprägt. Darum konnten die Kirchen hier nicht nur auf Formen des Totengedächtnisses zurückgreifen[112], sondern sahen sich herausgefordert, Formen ihres liturgischen Lebens fruchtbar zu machen, in denen sie dem Schrecken über die kalte Bestialität des SS-Staats angemessener begegnen konnten als im Totengedächtnis.

[111] Suermondt-Museum, Aachen.

[112] Wie z. B. auf dem Friedhof für die Toten des Konzentrationslagers Dachau mit dem Hochkreuz als Gräberfeldmal.

H. Formgeschichte zum Kirche-Kunst-Gespräch

I. Einleitung

Wie aus den Darlegungen zur Methode schon ersichtlich geworden ist[1], geht es in dieser Abhandlung nicht primär um die Vermittlung von Kirche und moderner oder aktueller Kunst, sondern um die Öffnung der Kunstwissenschaft für zeitgenössische kirchliche Kunst. Das Anliegen dieser Arbeit ist es, ein Arbeitsfeld der Kunstwissenschaft bewußt zu machen und eine Methode vorzuführen, wie es beackert werden könnte. Sie hat kein Interesse daran, eine neue Theorie zur theologischen Ästhetik zu bieten.

Insofern nimmt sie nicht direkt am Kirche-Kunst-Gespräch teil, das von französischen Dominikanern in der Redaktion der Zeitschrift L'Art sacré eröffnet worden ist.

II. Das Kirche-Kunst-Gespräch

1. P. Pie Régamey

Die bekanntesten Namen unter jenen französischen Dominikanern sind M. A. Couturier und P. Pie Régamey. Couturier hat mit verschiedenen französischen Künstlern der künstlerischen Avantgarde Freundschaft geschlossen und sie, obwohl einige unter ihnen nicht der römisch-katholischen Konfession angehört haben, für sakrale Kunst im Raum der katholischen Kirche engagieren können. Régamey hat mit seinem Buch „Kirche und Kunst im XX. Jahrhundert" die theoretische Grundlegung dazu erarbeitet.

Das Buch ist ein einziges Postulat, die Forderung nach lebendiger Kunst in der Kirche. Régamey stellt fest, daß die Kirche sich von der lebendigen Kunstentwicklung getrennt und bewährte Stile der Vergangenheit für sakrosankt erklärt habe[2]. Die kirchliche Kunst sei in den letzten beiden Jahrhunderten zunehmend reaktionär geworden.

Reaktionäre kirchliche Kunstpolitik

Er sieht darin eine Kompensation, die in Auflehnung gegen den Verlust einer ehemals innegehabten Stellung noch *„übersteigert"* werde[3]. Er räumt ein, daß eine schmerzliche Erkenntnis und die Konsequenzen aus ihr anständen: die Stellung der Kirche in der Gesellschaft habe sich gewandelt. Er fragt: *„Sollen die Kirchen den überragenden Rang bezeichnen, den Christus in der Stadt einnehmen sollte oder aber die gedemütigte Rolle, die ihm die moderne Gottlosigkeit zugewiesen hat?"*[4]

Früher waren eben Sakralbauten in überragender, die Stadt beherrschender Gestalt gut möglich, weil die Gesellschaft sie nicht nur trug oder ertrug, nicht nur sie wünschte oder forderte, sondern ihrer inneren Verfassung nach auch ihnen entsprach[5]. Was nun die Kirche in reaktionärer Haltung, in dem Bestreben, die veränderte Lage nicht wahrnehmen zu wollen, hervorbringe, sei kein echter, wahrhaft überzeugender Kirchbau, sondern *„marktschreierische Schaustellung"*[6].

Als besonders eindrückliches Negativbeispiel nennt er die St. Adrian Kirche in der Brüsseler Vorstadt Boendael, die 1945 innerhalb eines halben Jahres gebaut worden ist. Sie gebe sich den *„Anschein einer Kathedrale"*[7]. Es sei eine riesige *„Theaterdekoration"* entstanden:

[1] S. o. S. 27.
[2] Pie Régamey, Kirche und Kunst im XX. Jahrhundert, Graz u. a. 1954, S. 92.
[3] Ebd., S. 21.
[4] Ebd., S. 20.
[5] Ebd.
[6] Ebd., S. 23.
[7] Ebd., S. 18 f.

„dünne Ziegelwände halten sich mit Hilfe eines Betongerippes und von Eisentraversen aufrecht, deren Klammern überall aus den Außen- und Innenwänden herausragen und sie dadurch sozusagen punktieren. Unechte Massen! Alles verbindet sich zu einem Eindruck der Künstlichkeit, – Künstlichkeit, um Eindruck zu schinden. Zu unserer eigenen Schmach scheint eine solche Architektursprache uns zuzurufen: ‚Die Kirche gibt vor, in der modernen Stadt einen Platz einzunehmen, der ihren wahren Möglichkeiten nicht mehr entspricht!'"[8]. Régamey empfiehlt, beim Kirchbau endlich davon abzugehen, die gesellschaftliche Position markieren zu wollen, sondern sich auf die liturgische Funktion einer Kirche zu konzentrieren[9]. Und dies mit dem *„Luxus voll Demut"* zu tun, ohne falschen Prunk. Die schreiende Not und Armut unserer Tage lasse eigentlich ohnehin nichts anderes zu[10].

Stile sind sterblich

Régamey sieht die Lösung des Problems auf ästhetischer Ebene in einer Aktualisierung thomistischer Positionen. Hierzu gehört die Feststellung, daß Formen ihre Zeit haben: *„Es gibt ein Leben der Formen. Wenn sie ihre Entwicklungskurve durchlaufen haben, haben sie alles hergegeben, was sie können, und man tut dann nichts Gutes mehr, indem man sie verewigt."*[11] Um so entsetzter muß er beobachten, daß *„seit mehr als einem Jahrhundert"* sich *„religiöse Künstler"* an längst gestorbenen Stilformen orientiert haben: *„So dachten die neugotischen Maler und Architekten; so die Beuroner Mönche die – mit größerer Strenge als diese, aber mit welch kargen künstlerischen Voraussetzungen – auf die ägyptischen Canones zurückgriffen; so bei uns gewisse Neu-Primitive, die den Byzantinern nachgeahmte Verfahren empfehlen oder einzelne Theoretiker, die hofften, durch Weglassen der Linien aus romanischen Kunstwerken einen Ewigkeitswert zu erzielen. Sie alle lehnen das, was seit dem Ende des Mittelalters geschaffen wurde, als traditionswidrig ab."*[12]

Bitter bemerkt er die Vergeblichkeit der Bemühungen, verbrauchte Stile wieder tragfähig zu machen und konstatiert, *„daß alles, was bei ihren Vorbildern lebendig und gefühlsbetont ist, bei ihnen schematisch und trocken erscheint"*[13].

Zwang zur Gegenwärtigkeit

Régamey sieht beide, die Kirche und die Kunst, zur Gegenwärtigkeit gezwungen. Für Traditionalismus, welcher Form auch immer, erkennt er keine Chance. In seiner Sicht hat sich hier ein Konflikt zwischen Tod und Leben entsponnen, für deren Manifestationen er Mittelmaß und Qualität hält. Die Kirche habe die Wahl, sich für das Leben und damit für künstlerische Qualität oder den Tod, und das sei künstlerisches Mittelmaß, zu entscheiden[14].

[8] Ebd., S. 19.

[9] Ebd., S. 26.

[10] Ebd., S. 29. Die Forderung nach künstlerischer Qualität ist im kirchlichen Bereich schon seit Mitte des 19. Jahrhunderts nachzuweisen. 1862 druckt das Christliche Kunstblatt für Kirche, Schule und Haus einen Synodalvortrag von Heinrich Merz, „Der evangelische Kirchhof und sein Schmuck" ab: CKb (1862), S. 81-90, in dem Merz die Verwahrlosung der Friedhöfe und der Grabmalskunst beklagt. Besonders einzelne Landschreiner haben seine Sinne schockiert: „Für ein gebildetes Auge ist es schaudererregend, was für Ungeheuerlichkeiten diese Künstler als „Denkmäler der Liebe und Verehrung" auf die Gräber zu liefern pflegen. Was die wildeste Phantasie in den Götzentempeln Hindostans nicht vermochte, das hat die verworrene Einbildung der guten Leute in den wunderlichsten Gedenktafeln und Kreuzen geleistet... So eine Mißgeburt aus Holz, Farbe, Blech und Glas läßt sich gar nicht beschreiben.... Ganze Friedhöfe starren von solchen, von Verfertigern und Bestellern als Wunderdinge angestaunten Ungethümen" (S. 83 f.).
Merz kritisiert auch heidnische, dem christlichen Glauben widersprechende Inschriften und Sinnbilder (S. 84 f.), macht Vorschläge zu Anlage, Bepflanzung von Friedhöfen und Gräbern (S. 86 f.) und zeigt Muster für Grabkreuze (S. 87), die den Landschreinern als Vorlage dienen sollen (S. 88). Bei der Wahl der Embleme und Inschriften solle man sich an den altchristlichen Gräbern orientieren (S. 88-90). – Auf derselben Linie liegt das Preisausschreiben der Zeitschrift „Die Christliche Kunst" zur Erlangung erschwinglicher, aber künstlerisch wertvoller Grabsteine mit christlichem Gehalt schon im ersten Jahr ihres Erscheinens 1904. Oder die Konkurrenz zur Gewinnung von Kriegsgedenkzeichen mit denselben Eigenschaften schon gleich nach Ausbruch des 1. Weltkrieges (s. o. S. 30 f.). – Die Angst vor dem Mittelmaß hat auch den Arbeitsausschuß des Ev. Kirchenbautages bewegt, als er die Denkschrift „Zur Errichtung von Denkmalen für die Toten des letzten Weltkrieges", 1957, verfaßt hat (s. o. S. 37). Auch die Klagen über den Gegensatz von Kunst und Kirche sind alt. Auf dem 2. Kongreß für protestantischen Kirchbau 1906 beklagte ein Prof. Dr. Clemen, die „archaistische" Kunst habe die Kunstentwicklung aufgehalten; als Kunst zweiter Hand sei sie auch eine Kunst zweiten Ranges, und trat für Freiheit der Kunst auch auf dem Gebiet der Kirche ein: DCK 3 (1906-07), Beilage Heft 3, S. IV). Scharf wandte sich Clemen gegen die Installierung von Industrieerzeugnissen bei der Ausstattung der Kirchen (ebd.). Es ist bemerkenswert, daß eine katholische Zeitschrift schon damals eine solche, im protestantischen Bereich gemachte Äußerung berichtet, die Régameys Diagnose ein halbes Jahrhundert vorwegnimmt.

[11] Régamey, Kirche und Kunst, S. 178.

[12] Ebd., S. 117.

[13] Ebd., S. 118.

[14] Ebd., S. 178.

Régamey läßt dagegen nicht das pastorale Motiv gelten, die Kirche sei der breiten Masse zu erhalten, moderne Formen werden sie womöglich abschrecken. Resignation angesichts der Gebildeten muß ihm als Verrat an der eigentlichen Sache vorkommen. Die Identifikation von Kirche und Tradition lehnt er ab. Und das Sicherheitsbedürfnis, das danach verlangt, um den Preis der Mittelmäßigkeit die Masse der Kirche erhalten zu wollen, läßt ihn kalt[15].

Er verlangt eine entschlossene Kehrtwendung aus traditionalistischer Verirrung in die Gegenwart. Die Förderung unechter kirchlicher Kunst durch die kirchliche Obrigkeit und das Kirchenvolk bezeichnet er als Symptom einer Geschmacksverirrung, ja einer tiefen, seelischen Verderbnis, die das Antlitz der Kirche entstellt habe[16].

Zu den zu aktualisierenden Positionen des Aquinaten gehört nach Régamey nun auch die Annahme der relativen Unversehrtheit der menschlichen Vernunft und ihrer Fähigkeit, am Schöpfungswerk Gottes teilzunehmen. Des weiteren der Glaube an die Möglichkeit der menschlichen Natur, die Welt so zu formen, daß sie offen bleibt für die göttliche, alles vollendende Gnade.

Die von Thomas behauptete Kooperationsfähigkeit des menschlichen Geistes mit Gott, ganz gleich, ob er an ihn glaubt oder etwas von ihm weiß[17], ist es, die Régamey für seinen Erneuerungsversuch in Anspruch nimmt: Die künstlerische Avantgarde, ohne Ansehen der religiösen, konfessionellen oder politischen Herkunft, sei dazu berufen, das Antlitz der Kirche *„erkennbar zu machen und neu zu bilden, sei es gemäß den Inspirationen, welche die Menschen durch Christus beseelen, sei es einfach gemäß solchen Inspirationen, die Christus billigen kann und die sich in ihm vollenden."*[18]

Verbiegung

Seinem katholischen Milieu wirft er vor, gegen eine der wichtigsten Erkenntnisse thomistischer Ästhetik zu verstoßen. Bahr formuliert sie so: *„Darin besteht die Wahrheit der geschöpflichen Dinge, daß sie den Wesensbildern (praeconceptiones) im Geist Gottes voll entsprechen. Ganz analog gilt auch das Artefakt des menschlichen Künstlers als wahr, sofern es seiner Form im Intellekt des Künstlers entspricht."*[19] Entscheidend ist also, *„daß das Werk dem intendierten Zweck am Ende voll entspricht. Das secundum rationem esse ist oberste Richtschnur"*[20]. Régamey meint nun, daß seine Kirche in ihrer reaktionären Einstellung zu den gesellschaftlichen Veränderungen und der gewandelten Rolle der christlichen Gemeinde in der Welt von heute, in ihrem krampfhaften Festhalten an den Formen der Vergangenheit die von ihr beeinflußten Künstler daran behindere, Kunstwerke zu schaffen, die ihrer Form im Intellekt entsprächen. Die Verbiegung gerade der katholischen Künstler sei so stark, daß sie den Kampf um die in ihnen verborgene und ins Werk hinein zu entdeckende Wahrheit überhaupt nicht aufnähmen, sondern faul und mittelmäßig das ausführen, was ihnen die kirchlichen Behörden von außen vorschreiben.

Die „Meister"

Dieser schonungslosen Analyse seines Milieus hält er ein begeistertes Bild zeitgenössischer Künstler entgegen, die keinem anderen Ziel verschworen sind als dem, die Formen zu

15 „Ihr (der Kirche) Fundament bilden in der Lehre die heiligen Bücher, in der Kunst jene Altertümer, in denen der christliche Gedanke Gestalt angenommen hat. Ein Gotteshaus in einer zügellos individuellen Manier erbaut, entzieht der Kirche mehr von ihrem Boden als Häckels Welträtsel. Denn letztere wenden sich an die Gebildeten, die ohnehin nicht zu den Stützen der Tradition, d. h. der Kirche gehören, sondern nach neuen Wegen suchen. Eine Kirche ist für die breite Masse jener bestimmt, welche die Bibel nie im Geiste Nietzsches lesen werden, für die vielmehr das Althergebrachte der feste Boden ist, in dem sie wurzeln und an den sie sich klammern, um in die Illusion des Guten, Gerechten und Ewigen, über den Alltag Hinausgehenden versetzt zu werden. Im Sinne der orthodoxen Kirche sollte also ohne Bedenken am Alten festgehalten werden. Der Künstler muß, tritt er in ihren Dienst, sich auch ihren Forderungen fügen." Aus: J. Strygowski, Die bildende Kunst der Gegenwart, 1907, S. 23, zitiert nach Georg Human, Neuzeitliche Kunstbestrebungen, Sp. 55. Oder Georg Human: „Den in ihrem Gotteshause andächtig Versammelten kann es ganz gleichgültig sein, ob an irgend einem anderen Orte eine ähnliche Kirche wie die ihre besteht! Wenn sie nur ein schönes, zur Andacht stimmendes Gotteshaus besitzen! Das ist doch wahrlich die Hauptsache!" (ebd., Sp. 93) „Im Gegensatz zur profanen Kunst hat die kirchliche Kunst, insbesondere die Baukunst, gar keinen zwingenden Grund, sich nach neuen Formen umzusehen, da erstens ... die Anforderungen an ein Gotteshaus im wesentlichen dieselben sind wie früher, und zweitens das Neue, was ihr geboten wird, keineswegs besser ist als das Alte. Den großen Domen der Vergangenheit vermag die moderne Kunst nichts gleichwertiges entgegen zu setzen" (ebd., Sp. 53). Human und Strygowski dürften der von ihnen vertretenen „Masse" aufs Beste entsprechen. In ihrem Sinne ist denn auch noch lange gerade im Kirchbau und in der kirchlichen Kunst geschaffen worden. Das von Kindheit an gewohnte und liebgewordene Bild des Gotteshauses forderte seinen Tribut und wehrte sich gegen den Einzug moderner, weithin noch gar nicht akzeptierter Formen in ihrem Bereich. Régamey hat ihrem Milieu und der in ihm gedeihenden Kunst ein eindrückliches Denkmal gesetzt (z. B. Régamey, Kirche und Kunst, S. 33-406).

16 Régamey, Kirche und Kunst, S. 41 f.

17 Bahr, Poiesis, S. 88-107.

18 Régamey, Kirche und Kunst, S. 26.

19 Bahr, Poiesis, S. 72.

20 Ebd.

Atheisten sollen sakrale Kunst schaffen

bilden, die sich in ihnen zur Gestaltung melden[21]. Régamey fordert seine Kirche auf, diese Künstler, die echten *„Meister"* also, bei kirchlichen Aufträgen zu bevorzugen.

Die Überwindung der Spaltung ist aber gerade deshalb so schwierig geworden, weil die Avantgarde der bildenden Kunst sich gar nicht mehr der Kirche zugehörig fühlt.

Darum entfällt die früher normale Voraussetzung für kirchliche Kunst, daß gläubige Künstler kirchliche Kunst als Ausdruck ihres Glaubens hervorbringen können.

Régamey setzt in dieser heiklen Situation auf die schöpferische Rezeptivität der Künstler, die, sofern sie von der Kirche beauftragt werden, sich auch ihrer Liturgie und ihrer Tradition öffnen werden. Er vertraut auf die Ehrlichkeit der Künstler gegen sich selber, daß sie sich nur so einsetzen werden, wie es ihr Gewissen erlaube. Wichtig sei aber, daß es bei einem Kunstwerk allein auf die Form ankomme, nicht auf den Glauben dessen, der sie hervorbringe.

Um nun in einer so allgemein von Kitsch und verlogener Kunst verdorbenen kirchlichen Welt zu einem Neuanfang zu kommen, sieht er eine Chance nur dann, wenn man ausgesprochene Genies um ihr Engagement bäte. Denn sie allein können der kirchlichen Kunstwelt die Maßstäbe setzen, die sie brauche[22].

Nur von ihnen sei etwas Echtes zu erwarten. Sicher seien solche Künstler sehr viel unbequemere Partner der Kirche als die mittelmäßigen, deren Charakter gebrochen sei und einen Kompromiß nach dem anderen zulasse[23]. Da sie aber, wie überall, nur das zu schaffen vermögen, was ihr Inneres ihnen zulasse, sei gerade von unkirchlichen Künstlern zu erwarten, daß sie sich den Ansprüchen der Kirche gegenüber demütig zurückhalten und ihr zu echten Entsprechungen ihrer heute möglichen Rolle in der Gesellschaft verhelfen können[24].

Eine Hoffnung sieht er darin, daß es einigen Geistlichen in Frankreich gelungen sei, Freundschaften mit solchen Genies zu schließen und sie für die Erschaffung sakraler Werke zu gewinnen. Andererseits habe er mit einer tiefen Niedergeschlagenheit zu kämpfen, wenn er an die Aussichten denke, das Antlitz der Kirche ihrem Wesen gemäß zu gestalten. Die Widerstände sowohl vom Kirchenvolk als auch von seinen Oberen müssen ihm vorkommen wie die Windmühlenflügel, an denen Don Quichotte gescheitert sei[25].

Resonanz

Régamey hat mit seinem Buch zumindest im deutschsprachigen Raum ein unerwartet starkes Echo gefunden. Hier hatte Otto Bartning mit seinen Kirchbauten schon längst Neuland betreten und Schule gemacht. Architekten wie Rudolf Schwarz und Emil Steffann hatten im katholischen Bereich ihre Wirkungsmöglichkeiten gefunden. Als 1964 in Steinbach bei Wien ein Karmeliterinnenkloster gebaut werden sollte, verfuhr man nach Régameys Rezept und ging auf den nicht zur römisch-katholischen Konfession gehörenden Bildhauer Fritz Wotruba zu und bat ihn darum, mit der Begründung: *„Sie sind ein begnadeter Künstler"*[26].

Rückblickend hat sich Werner Hofmann kritisch zu der von Régamey und Couturier eingeleiteten Entwicklung geäußert: *„... für die ‚Moderne Kunst im sakralen Raum' wurde geworben ... Etwas wie Kreuzzugs- und Missionsstimmung wollte aufkommen, das Vokabular gab sich hochgemut, verbarg aber doch nur Verlegenheit. Es schien, als genügten offener Sinn, guter Wille und vage definierte Gläubigkeit, um ein für alle Male den großen Brückenschlag einzuläuten, die Künstler heimzuholen und die Kirche mutig auf die Kunst unserer Zeit zu verpflichten – also zwei Entfremdete wieder zur Partnerschaft zu bringen."* Was dabei herauskam, *„überstieg nur in wenigen Fällen das Niveau geschickter oder gut gemeinter Anpassung, welche das Merkmal von Gebrauchskunst ist."*[27] Hofmann behauptet: *„Sakrale Architektur hat immer dann den fatalen Beigesschmack des Angepaßten, wenn ihr anzumerken ist, daß die künstlerischen Entscheidungen nicht bis zur äußersten Grenze getrieben worden sind."*[28] Dies aber verlangt nicht nur den vollen Einsatz des Künstlers, sondern auch der Kirche, die ihn beauftragt hat. Indem das große Kunstwerk auf seine Weise der Kirche neue Dimensionen erschließt, geht es an die Grenzen ihrer Integrationsfähigkeit. Denn es verändert sie.

[21] Régamey, Kirche und Kunst, S. 184-329.

[22] Ebd., S. 303-329.

[23] Ebd., S. 325-327.

[24] Ebd., S. 238 -256. Régamey bemerkt z. B. zum Wandteppich von Jean Lurçat in der Kirche von Assy, er versetze „den Besucher in eine sonderbar ernste Stimmung" und gebe „ein dunkles Vorgefühl des Kampfes, dessen Einsatz die Seele ist." „Freilich würde man für das Heiligtum eine beherrschende Darstellung des Pantokrators oder eine Panagia vorziehen." Statt dessen hatte Lurçat das apokalyptische Weib und den Drachen über die ganze Rückwand des Chorraumes ausgebreitet. „Aber wer könnte heutzutage solche Themen anders behandeln denn als auswendig gelernte Lektion?" Ebd., S. 313.

[25] Ebd., S. 333-406.

[26] Margarethe Ottillinger, Eine Kirche entsteht: Fritz Wotruba. Kirche zur Heiligsten Dreifaltigkeit. St. Georgenberg Wien-Mauer, St. Gallen 1976, S. 8-25, hier S. 8.

[27] Werner Hofmann, Dem Andenken von Otto Mauer: Fritz Wotruba. Kirche zur Heiligsten Dreifaltigkeit. St. Georgenberg Wien-Mauer, St. Gallen 1976, S. 49-59, hier S. 50.

[28] Ebd.

2. Hans-Eckehard Bahr

In den sechziger Jahren hat es gleich mehrere protestantische Versuche gegeben, das Problem der Spaltung von Kunst und Kirche zu überwinden und dafür die theologischen Grundlagen zu bieten. Teilweise sind es expressiv verbis Auseinandersetzungen mit der neuthomistischen Position der französischen Dominikaner[29]. Die dabei von ihnen hervorgehobenen Aspekte lassen bewußt werden, wie komplex das Problem ist.

Schon Régamey hatte darauf hingewiesen, wie wichtig der menschliche Aspekt ist, speziell die Beziehung der Geistlichen zu den Künstlern. Régamey sieht diesen Aspekt pragmatisch: es komme darauf an, daß Geistliche befreundete Genies zu sakraler Kunst anregen.

Künstlerseelsorge

Hans-Eckehard Bahr hingegen legt in seinem Buch „Poiesis" den Akzent auf die Seelsorge. Ihm geht es um die Existenz des Künstlers und darum um die Überwindung der *„jahrhundertelangen Kluft zwischen der Kirche und den Künstlern"*[30].

Bahr sieht den Künstler der Moderne in einer so noch nicht dagewesenen Freiheit, autonom zu schaffen, aber auch in außerordentlicher Gefährdung[31].

Die Vorzüge moderner Kunst erscheinen ihm in schrankenloser Offenheit und Solidarität mit den Menschen, wie sie wirklich sind, den „Sündern und Zöllnern" von heute, und in einer ebenso unerbittlichen Wahrhaftigkeit und Ehrlichkeit des Künstlers gegen sich selbst beim Aushalten der Nöte und Verzweiflungen seiner Zeitgenossen ohne jede Beschönigung oder Verniedlichung.

Versuchung zur Hoffart

Bei den inneren Kämpfen der Künstler gehe es um eine immer größere Vollkommenheit der beseelten Form, und dieses Streben wiederum falle, durch die Predigt als superbia (Hoffart) aufgedeckt, auf den Künstler zurück[32].

Auch Künstler sind Menschen

Für die protestantische Theologie in ihrer Einstellung zur Kunst sei am folgenschwersten der Einfluß Kierkegaards geworden, der mit sich um dieses Problems willen regelrecht zerfallen gewesen sei und zu einer Verteufelung der Kunst im Raum der Kirche beigetragen habe. Dem Künstler aber gelte das Gesetz und das Evangelium so wie allen anderen Menschen. Die Kirche könne und solle dem Künstler die tägliche Reue und Buße nicht ersparen[33] – je besser sie seine Problematik kenne, desto hilfreicher könne sie ihm beistehen –, aber die Kirche habe ihm auch die Vergebung im Namen Jesu Christi zuzusprechen und die Sendung in sein Arbeitsfeld, die Kunst[34].

Die Arbeit Bahrs liest sich gegen Ende als Beschreibung der Künstlerexistenz unter dem Gerichts- und Gnadenwort der Kirche, sei es unter der Kanzel, sei es in der Beichte. Von diesem Ende her aber fällt dann Licht auf das Ganze des Buches. Schwerpunkte sind die Darlegung der Situation des Künstlers, wie sie Bahr Ende der fünfziger Jahre unseres Jahrhunderts wahrnimmt, und die Herausarbeitung der superbia in der theologischen und philosophischen Ästhetik.

Verführung durch Theologie und Philosophie

Sowohl die Ästhetik des Aquinaten als auch die neuthomistische Ästhetik verleite wegen ihrer Ernennung des Künstlers zum Mitschöpfer Gottes zu einem geradezu ungeheuerlichen Ausmaß der superbia speziell der Künstler[35]; desgleichen haben sich der deutsche Idealismus mit seinem Geniekult[36] und der Kulturprotestantismus durch seine Nivellierung des Unterschieds von Kunst und Glauben[37] nach Bahr zu einer einzigen Verführung zur superbia vereint. Selbst Karl Barth sei von diesem Vorwurf nicht auszunehmen[38].
So kann es denn auch nicht wundernehmen, daß Bahr einer Beschreibung des besonderen künstlerischen Lebens und Tuns, unter den Stichworten Spiel und Eigenständigkeit[39], die Per-

[29] Bahr, Poiesis, S. 68-107; Kurt Lüthi, Moderne Malerei, S. 172-180.
[30] Bahr, Poiesis, S. 9.
[31] Ebd., S. 15-16.
[32] Ebd. S. 142-154, 216-230, 288-290, 292 f.
[33] Ebd., S. 288.
[34] Ebd., S. 286-295.
[35] Ebd., S. 68-107.
[36] Ebd., S. 165-193.
[37] Ebd., S. 37-40.
[38] Ebd., S. 54-59.
[39] Ebd., S. 112-154.

vertierung, unter dem Stichwort Selbstherrlichkeit, an tragischen Einzelbeispielen bekannter Künstler entgegenhält[40].

Aufgabenfeld der Kirche

Bahr möchte der Kirche mit seinem Buch dazu verhelfen, den Künstlern das ihr aufgetragene *„begründende und begrenzende Heilswort"*[41] auszurichten. Er unternimmt das mit großem Ernst und tiefer Demut vor den Künstlern, bei denen er mitunter einen ethischen Heroismus findet, den er im kirchlichen Alltag unter den Christen sonst oft vermißt, und der ihn beschämt[42].

Bahrs Arbeit ist so wichtig, daß man sich nur ungern dazu kritisch äußern mag; besteht doch der Mangel des Buches in seiner Stärke: der Einseitigkeit dieser theologischen Ästhetik. So sehr sie nämlich den Künstler in das Zentrum des Interesses rückt, so wenig spielt das Kunstwerk in ihr eine Rolle. Was Bahr am Ende dann noch darüber zu sagen weiß, hat mehr den Charakter des Beiläufigen und sollte uns nicht weiter interessieren.
Bahrs Arbeit ist sicher ein wichtiger Beitrag für die Seelsorge an den Künstlern; für den Umgang mit ihren Werken ist der Ertrag jedoch gering.

3. Kurt Lüthi

Während Régamey und Bahr das Problem des Verhältnisses von Kunst und Kirche in einem Mangel an Akzeptanz des Künstlers durch die Kirche erkennen und jeder auf seine Art die theologische Grundlage für eine Änderung des kirchlichen Umgangs mit den Künstlern gibt, sieht Kurt Lüthi bei der Kirche ein Defizit an Dialogbereitschaft mit dem modernen Kunstwerk.

Moderne Kunst ringt um einen neuen Humanismus, ...

Er versucht nachzuweisen, daß die moderne Kunst um einen neuen Humanismus ringe. Sie sei nämlich strukturell auf Dialog angelegt. In einer ausführlichen und liebevoll zusammengetragenen Dokumentation von Äußerungen moderner Künstler und ihrer Kritiker legt er dar, daß die Malerei seit Cézanne nichts anderes sei, als eine einzige Einladung zum Gespräch mit ihr und der von ihr neu entdeckten Welt, zu einem schwierigen, aber bereichernden Dialog, durch den u. a. die Kirche nur gewinnen könne. Die Kunst habe sich nämlich der Welt in ihrer Profanität und Mündigkeit, in ihrer unverstellten Wirklichkeit so ausgesetzt, wie das die Kirche erst noch von ihr lernen müsse. Daß die moderne Malerei um einen neuen Humanismus ringe, sei daran zu erkennen, daß sich in ihr all die im 20. Jahrhundert aufgeworfenen Probleme z. B. der Psychologie, Psychotherapie, der Parapsychologie, des Sozialen und Globalen, des Planetarischen, der Religion und des Glaubens manifestieren[43].

desgleichen die protestantische Theologie.

Die protestantische Theologie des 20. Jahrhunderts könne dem Glauben helfen, auf den Dialog mit der Malerei einzugehen; denn auch sie ringe um einen neuen Humanismus. Besonders die theologischen Überlegungen von Kurt Marti, Karl Barth und Dietrich Bonhoeffer seien hier zu nennen.

Mit Kurt Marti stellt Lüthi fest, die Kunst sei durch Christus von der Sakralität zur Profanität befreit worden. Der Mensch sei Herr der Kunst geworden[44]. Wie die Kunst im Tempel Raum für Gott geschaffen habe, so habe sie nach Christus dem Menschen seinen Raum herzustellen. Ort und Mitte der Kunst sei der Mensch[45]. Das sei letztlich der Sinn des Bilderverbotes.

Dem Bilderverbot gehe es darum, die *„humane und soziale Funktion"* der Kunst sicherzustellen, nicht aber ihre Eliminierung[46]. Das Bild habe dem Menschen zu dienen, nicht aber der Mensch dem (Götter)bilde.

Wie es einst verboten gewesen sei, sich von Gott Bilder zu machen, so gelte das übrigens auch vom Menschen; denn das widerspreche der Lebendigkeit beider. Lüthi erläutert mit Max Frisch, sich ein abschließendes Bild von jemandem zu machen, sei lieblos[47].

[40] Ebd., S. 194-205.
[41] Ebd., S. 10.
[42] Ebd., S. 206-242.
[43] Lüthi, Moderne Malerei, S. 221; vgl. zum folgenden auch Kurt Lüthi, Theologie als Dialog mit der Welt von heute, (Quaestiones disputatae, Bd. 53), Freiburg u. a. 1971, S. 126-173.
[44] Lüthi, Moderne Malerei, S. 181-183, 262 f.
[45] Ebd., S. 182 f.
[46] Ebd., S. 257.
[47] Ebd., S. 257 f.

Humanitätskriterien, ...

Karl Barth habe, beeinflußt von der Ich-Du-Philosophie Martin Bubers, vier Kriterien eines wahren Humanismus erarbeitet. Sie lauten:
1. Der Mensch ist Mensch durch seine Offenheit zum anderen hin.
2. Humanität führt zum Gespräch.
3. Humanität läßt sich vom anderen zur Tat bewegen, zum Handeln für ihn.
4. Sie steht dabei unter den Zeichen von Freiheit und Freude[48].

Dietrich Bonhoeffer habe mit seiner Forderung nach einer Theologie, welche die mündig, profan und diesseitig gewordene Welt ernstnehme und ihre Dignität erkannt habe, einen weiteren für das Gespräch mit der Kunst wesentlichen Impuls gegeben[49].

Für Lüthi ergibt sich aus der Martischen These vom Auftrag zur Profanität, daß der Mensch zum Ort der Kunst geworden sei. Und er stellt fest, daß dies nicht nur Postulat sei, sondern gerade auch zur Tatsache geworden sei: sie habe sich von der Natur als ihrem Bezugspunkt dem Menschen zugewandt. Er sei ihre neue Mitte[50].

... angewandt auf die Kunst

Aus den Humanitätskriterien Barths ergibt sich nach Lüthi für die Kunst:
1. Das Bild muß etwas für uns Wesentliches sagen,
2. zum Gespräch anregen,
3. zur menschlichen Tat freimachen und
4. zur Freude befreien.

Lüthi erbringt den Nachweis, daß die Kunst diese Forderungen erfülle. Die moderne Malerei trete dem Betrachter so neuartig und fremd als ein anderes gegenüber, daß es ihn anleite, von dem Bild, welches er sich gemacht habe, abzusehen, sie löse und erlöse vom Narzismus in jeder Form.

Nach Lüthi sind moderne Bilder erst bereit, sich zu erschließen, wenn der Betrachter sich ihnen öffnet. Sie verlangen Konzentration, Meditation. Wer sich darauf einläßt, zu dem sprechen sie und bereichern ihn. – Die Bilder der Moderne fordern auf zur Gemeinsamkeit des Weges aller um einen neuen Humanismus ringenden Kräfte der Gesellschaft, weil sie selber die Probleme unserer Zeit aufnehmen und interpretieren.

Die spielerische Freiheit, die experimentelle Freude der modernen Kunst zeige noch einmal das humane Gesicht der Malerei[51].

Er fügt hinzu, daß der Betrachter sich nach den Kriterien Barths aber auch in Frage stellen lassen müsse: Wie brisant die Probleme hier seien, zeige die Reaktion des erstarrten Bürgertums im Verein mit den Ablehnungen und Forderungen des NS-Regimes und des Bolschewismus[52].

Entsprechend verfährt Lüthi bei der Anwendung der Bonhoefferschen Grundbegriffe. Mit Bonhoeffer fordert er von der Kunst, daß sie mündig sei, und stellt fest, daß sie mit dem Kubismus den Durchbruch dazu geschafft habe.

Kunst solle profan sein, bereit, die Paradoxie auszuhalten, daß die Abwesenheit Gottes in der Welt eine Konsequenz des christlichen Glaubens sei. Er findet die Bereitschaft dazu bei van Gogh, Picasso und vielen anderen.

Er verlangt ideenmäßig unverstelltes Annehmen der Wirklichkeit und findet auch das in der Kunst bei unzähligen Malern[53]. Umgekehrt fordert er wiederum vom Glauben, daß er sich von der Kunst kritisch nach der Mündigkeit, Profanität und Diesseitigkeit seiner Existenz fragen lasse. Das Verlangen nach idealisierender, romantischer Kunst könne ein Symptom tiefgehender Erkrankung des Betrachters sein[54].

Diese kurze Skizze der grundlegenden Arbeit Lüthis zum Dialog mit der Malerei muß in diesem Zusammenhang genügen, um festzustellen, daß es sich um ein das Gespräch mit der Malerei begünstigendes Werk handelt. Es macht Mut, in den Dialog einzutreten und dann in Partnerschaft mit der Kunst *„enge Räume zu verlassen und sich in die weiten Räume hineinsenden zu lassen."*[55]. Lüthis Arbeit hat die gesellschaftliche Relevanz der modernen Kunst überzeugend dargetan. Kritisch möchte ich zu bedenken geben, daß Lüthi allzu auffällige und damit verdächtige Entsprechungen der modernen Kunst zu den Postulaten der Theologie herausarbeitet. Die moderne Malerei wird dadurch zu einer regelrecht idealen Kunst. Das aber soll sie doch gerade nicht sein.

[48] Ebd., S. 283-285.
[49] Ebd., S. 286-289
[50] Ebd., S. 238.
[51] Ebd., S. 285 f., 299-310.
[52] Ebd., S. 312 f.
[53] Ebd., S. 313-320.
[54] Ebd., S. 321.
[55] Ebd., S. 322.

Beispiel: die Sperrigkeit mancher Bilder, ihre Tiefendimension, ihre Abstraktion im Gegensatz zur abbildhaften Kunst früherer Zeiten erfordere das Gespräch mit ihnen. Mit dem darin enthaltenen negativen Urteil über die „gegenständliche" Malerei trifft Lüthi sicher nicht die große Kunst früherer Epochen[56].

Ähnlich glaubt er aus der Struktur hebräischen Denkens, das mehr vom Hören und Sprechen als vom Sehen bestimmt sei, was zwar in die von der reformatorischen Tradition geprägten Kirchen paßt, aber ja vielleicht doch auch nur dem Volkscharakter entspricht, auf ein Postulat der Exegese schließen zu können, das er in der Zurückdrängung der Kontur in der modernen Malerei, dazu den mannigfachen Verformungen und Verfremdungen erfüllt sieht[57].

Schließlich erhebt sich die Frage, ob der Nachweis Lüthis, daß die moderne Malerei den Barthschen Humanitätskriterien entspreche, überhaupt theologisch vertretbar ist. Hat Barth nicht seine Kriterien von der Offenbarung Gottes in Jesus Christus her gewonnen?

Er ist das Urbild wahrer Menschlichkeit. Sind nicht darum die Humanitätskriterien zunächst einmal im Sinne des usus secundus legis zu interpretieren? Kann, soll die Theologie der Kunst um des Dialogs willen die *„tägliche Reue und Buße"* ersparen[58]? Lüthi erhebt auch kritische Fragen an die Kunst, und zwar eben von Barths Kriterien und Bonhoeffers Grundworten her, aber so wie die Fragen gestellt sind, fallen die negativen Urteile am Ende nur über solche künstlerischen Arbeiten, die ihm nicht modern genug erscheinen[59]. Bei einem solchen Verfahren müßte z. B. Joh. Seb. Bachs Werk theologisch verurteilt werden.

4. Rainer Volp

Schillernder Begriff

Dem von Lüthi geforderten Mut, in das Gespräch mit der modernen Kunst einzutreten, steht in der evangelischen Theologie ein schillernder Begriff entgegen, welcher sie hindert, dem Kunstwerk mit Nüchternheit gegenüberzutreten, sondern es insgeheim vergöttlichen oder dämonisieren läßt. Das ist der Begriff des Symbols. Rainer Volp versucht den Symbolbegriff zu klären und mit seiner Hilfe das Kunstwerk zu verstehen und theologischer Würdigung zuzuführen. Dabei wendet er sich gegen einen Symbolbegriff, der annimmt, es handele sich um etwas Diaphanes, durch welches das Göttliche hindurchscheine, er setzt sich auch von Thesen ab, die auf einen Symbolkanon abzielen, oder von der Behauptung, das Wort Gottes sei eingeschränkt auf das Verbale, ja, Begriffliche und kenne nur eine Ausnahme, die Sakramente. Sein Vorschlag, das Symbol zu verstehen, lautet: das Symbol spricht, Symbol ist Sprache.

Das Symbol spricht

Das Kunstwerk biete einen *„in sich evidenten Spielraum"* und sei *„auf kommunikative Verbindung angelegt."*[60] Symbole seien darum notwendig, weil *„sich menschliche Erlebnisweisen nicht immer sachgerecht in kategoriale Gesetze aufgliedern lasssen"*, sondern *„die dem analytischen Denken konträre Sicht der Weltbetrachtung"* erforderlich machen[61].

Das Kunstwerk sei Symbol, sofern es spreche. Kitsch sei, weil er keine Sprache habe, auch kein Symbol[62], darum eigentlich kein ästhetisches, sondern ein ethisches Problem[63]. Volp zeigt sodann, daß die Kunst in ständig neuen Abwandlungen über Jahrtausende hinweg dieselben Sprachelemente verarbeitet – er nennt sie Motive –, wie z. B. die Farben, geometrische, pflanzliche und tierische Formen[64]. Je nach ihrer Zeit werden die Motive verschieden gewertet und verwandt, z. B. sei das Gelb von Innocenz III. für die Kirche verboten worden,

[56] Vgl. Paul Tillichs Begegnung mit einem Madonnenbild von Botticelli: Ders., Die religiöse Substanz der Kultur, (Ges. Werke IX), Stuttgart 1967, S. 345.

[57] Lüthi, Moderne Malerei, S. 269 u. 309 f.

[58] Vgl. Bahr, Poiesis, S. 288.

[59] Lüthi, Moderne Malerei, S. 310-313, 320 f.

[60] Volp, Symbol, S. 80, 205.

[61] Ebd., S. 202.

[62] Ebd., S. 81, 205.

[63] Ebd., S. 205.

[64] Ebd., S. 93-201.

während es sich seit dem 19. Jahrhundert einer hohen Wertschätzung erfreue[65]. Volps Anliegen ist es, die Unsicherheit gegenüber dem Symbolbegriff zu überwinden, wie er sie im modernen Protestantismus zu finden glaubt[66], die sich sowohl in überspannter Erwartung als auch in ängstlichem Mißtrauen ausdrücke[67]. Indem er das Symbol als synthetische Sprache bezeichnet, gewisse Strukturelemente nachweist und unter Berücksichtigung der Bezugsebenen[68] das Kunstwerk auch verbal und analytisch zum Reden bringt, führt er das Symbol theologischer Bewußtheit und Kontrolle zu. So kann es dann auch nicht weiter verwundern, daß er die künstlerische Sprache nicht der Predigt untergeordnet wissen will, sondern beiden den gleichen Rang einräumt[69]. Für Volp kann es sich da nur um verschiedene Sprachebenen handeln, die beide der theologischen Reflexion bedürfen[70].

Synthetische Sprache

5. Horst Schwebel

Ein völlig neues Feld der Kunstgeschichte ist erst durch die moderne Kunst angelegt worden, die abstrakte Kunst.

Abstrakte Kunst...

Horst Schwebel hat sich in seiner Arbeit „Autonome Kunst im Raum der Kirche"[71] die Frage gestellt, welchen Platz sie eigentlich in der Kirche zu beanspruchen habe. Gegenstandslose Kunst erfordere ein neues Sehen[72]. Da es auf dem abstrakten Bild grundsätzlich nichts Gegenständliches gebe, sei die einzig adäquate Begegnung mit ihm, *„daß man die im Bild angelegten Wohlklänge, Rhythmen und Dissonanzen nachvollzieht."*[73] Man muß also nicht irgend etwas auf dem Bilde identifizieren, sondern das Bild erleben und sich der Mächtigkeit der Formen und Farben, ihren Spannungen und Harmonien aussetzen. Schwebel nennt den Zustand, in welchen man dabei geraten könne, *„visuelle Gestimmtheit"*[74]. Dieser Zustand könne sich steigern und zu *„visueller Ekstasis"*[75], zu *„optischer Glossolalie"*[76], zu *„visueller Mystik"*[77] führen. Beim Erleben abstrakter Malerei könne man rauschhaft[78] *„Augenblicke des Glücks und paradiesischer Seligkeit"*[79] haben. Diese seien eine Vorwegnahme des Eschaton. *„In visueller Gestimmtheit soll die Zeit gleichsam ‚stillstehen' und der Mensch aufgehen im Schauen. Solches Erleben schickt sich an, ein Stück Ewigkeit in der Zeit zu erfahren. Erlösung wird vorverlegt in gegenwärtige Unmittelbarkeit."*[80]

... erfordert ein neues Sehen...

... in visueller Ekstase.

Schwebel lehnt zwar die Erlebnisästhetik Wilhelm Diltheys ab, wonach es darauf ankomme, kongenial mit dem Künstler zu empfinden[81]. Er hält Arnold Gehlens Forderung für absurd, der Künstler solle dem Betrachter mittels eines Kommentars das Bild entschlüsseln, um ihm das kongeniale Nacherlebnis des Schaffensprozesses zu vermitteln[82], kommt aber selber auch nur zu einer eigenen Variante der Erlebnisästhetik, der es letzten Endes eben auf das Erlebnis des Bildes ankommt und nicht auf das Bild selber. Zu diesem weiß er denn auch nur wenig zu sagen, nicht mehr, als daß es vier Idealtypen abstrakter Kunst gebe, den konstruktivistischen, den organisch-phantastischen, den expressiven und den lyrischen Bildtyp[83]. Aber was sagt schon diese Feststellung?

An Lüthis Behauptung über die moderne Kunst, sie ringe um einen neuen Humanismus, weil sie dialogisch sei, kritisiert Schwebel, diese These treffe auf die abstrakte Kunst nicht zu; denn sie sei nicht auf *„Worthaftigkeit"* zu fixieren[84]. *„Der Betrachter verläßt das Geschrei der Wirklichkeit, um sich hier in einer frei erfundenen Welt voll Schweigen wiederzufinden."*[85].

Gegen Bahr, für den das großartige, aber auch erschütternde Thema der modernen Kunst die menschliche Existenz und die Geschichte und gerade darum die Desillusionierung

[65] Ebd., S. 94–102.
[66] Ebd., S. 33-37.
[67] Ebd., S. 78.
[68] Ebd., S. 81-83.
[69] Ebd., S. 208, 212.
[70] Ebd., S. 206-217.
[71] Schwebel, Autonome Kunst.
[72] Ebd., S. 11-17.
[73] Ebd., S. 44.
[74] Ebd.
[75] Ebd., S. 78 ff.
[76] Ebd., S. 52 ff.
[77] Ebd., S. 52.
[78] Ebd., S. 70, 85.
[79] Ebd., S. 52.
[80] Ebd., S. 72.
[81] Ebd., S. 18-22.
[82] Ebd., S. 22 f.
[83] Ebd., S. 25-36.
[84] Ebd., S. 41
[85] Ebd., S. 46.

der Wirklichkeit ist, hält Schwebel an der idealistischen Position fest, wonach in der Kunst auch das *„Aufleuchten einer heilen Schöpfung"* in der unheilvollen Gegenwart und *„Vorwegnahme zukünftiger Eschatologie"*[86] geschehen könne. Kunst sei nicht nur im Sinne Tillichs protestantischen Prinzips der *„radikalen Verkündigung der menschlichen Grenzsituation"*[87] zu verstehen, sondern auch als *„unterwegs zum Neuen Sein"*[88] zu begreifen.

Abstrakte Kunst verweigere sich jeder Ideologie. Sie propagiere keinen Inhalt und könne weder zu kirchlichen oder weltanschaulich-politischen Zwecken benutzt werden. Wer ihr Geheimnis in visueller Gestimmtheit entdeckt habe, könne über kirchliche Vermittlungsversuche durch irgendwelche Eisegesen nur lachen[89].

„Soteriologische Funktion"

Abstrakte Kunst habe aber eine *„soteriologische Funktion"*[90], sie habe *„soteriologische Mächtigkeit"*[91], so daß Schwebel feststellen kann: *„Der eine Erlösungsweg geschieht durch visuelle Mystik, der andere durch Hören des Evangeliums."*[92]

Die Provokation löst sich für ihn so, daß er im christlichen Glauben strukturelle Entsprechungen zur abstrakten Kunst entdeckt haben will. *„Alle Zukunftsbilder oder Baupläne des eschatologischen Futurums sind Ausdruck einer zutiefst wahren Intention präsentischen Glaubens."*[93]*„Der Rechtfertigungsglaube läßt die Gegenwart als die Zeit des Neuen Seins erfahrbar werden. Seine Antwort ist Freude, Dankbarkeit, Lobgesang, resultierend auf der erfahrbaren res. Nun aber möchte der Glaube schauen"*[94]. *„Der erfüllte Augenblick schafft das eschaotologische Symbol des Neuen Seins, als dessen Partikel er sich schließlich selbst versteht"*[95] und schließlich: *„In visueller Ekstasis jenseits der Zeit stehen ist – wenn auch noch so gebrochen – eschatologische Vorwegnahme."*[96]

Übereinstimmung mit dem Glauben

Schwebel stellt eine tiefe *„Übereinstimmung"*[97] des christlichen Glaubens mit der abstrakten Kunst fest: *„An einem Ort, wo er es nie vermutet, trifft der Glaube sein Eigenstes."*[98] *„Glaube und visuelle Entzeitlichung treffen sich in der gleichen Zeitstruktur."*[99]*„Beide entsprechen einander, weil sie um gegenwärtig antizipierte Erfüllung wissen."*[100]

Sicher habe auch fernerhin die Bibelillustration ihren Platz in der Kirche, aber die durch die abstrakte Glasmalerei in den Gotteshäusern entstandenen *„Farbräume ... von bezwingender Schönheit, die den Menschen aus der Wirklichkeit entheben"*[101], könnten besonders dem Protestantismus dazu verhelfen, seine enthusiastische Hoffnung wieder zu entdecken; denn *„der am Worte klebende Gottesdienst"* wird dem Überschuß der Rechtfertigungserfahrung nicht gerecht, ist letztlich trotz seiner Treue und intellektuellen Redlichkeit eine große Verarmung[102].

Dies zugegeben, sind dennoch Fragen angebracht.

Der Begriff der Ekstase bei Paul Tillich...

1. Schwebel benutzt den Begriff der Ekstase, den Paul Tillich erst kurz zuvor in seiner Offenbarungslehre[103] eingeführt hat. Indem er ihn verändert, setzt er sich einem kritischen Vergleich aus.

   Tillich ist sich bewußt, daß er mit der Aufnahme dieses Begriffs in diesem Zusammenhang ein *„Wagnis"* auf sich nimmt[104] und erklärt, es handele sich um einen „Bewußtseinszustand", in dem die Vernunft jenseits ihrer selbst ist, d. h. jenseits *„ihrer Subjekt-Objekt-Struktur"*[105].

   „‚Ekstatische Vernunft' bleibt Vernunft; sie empfängt nichts Irrationales oder Antirationales – was nicht ohne Selbstzerstörung möglich wäre – aber sie transzendiert die Grundbedingung der endlichen Realität, die Subjekt-Objekt-Struktur."[106]

   Die Mystiker bereiten sich durch Askese und Meditation darauf vor, können sie aber nicht erzeugen. *„Ekstase ereignet sich nur dann, wenn der Geist vom Geheimnis, nämlich vom Grunde des Seins und Sinns, ergriffen ist"*[107]. Andererseits sei umgekehrt festzuhalten: *„es gibt keine Offenbarung ohne Ekstase"*[108]. Ekstase werde leicht mit Enthusiasmus verwechselt oder von sog. ekstatischen Bewegungen usurpiert; aber es handele sich weder um bloße Begeisterung noch um *„religiöse Überreizung"*[109]. Denn solche Bewußtseinszustände seien psychologisch ableitbar.

[86] Ebd., S. 58.
[87] Ebd., S. 66.
[88] Ebd., S. 68 ff.
[89] Ebd., S. 50 ff. – (Eisegese = Hineindeutung).
[90] Ebd., S. 57 – (Soteriologie = Erlösungslehre).
[91] Ebd., S. 61.
[92] Ebd.
[93] Ebd., S. 78.
[94] Ebd., S. 79.
[95] Ebd.
[96] Ebd., S. 80.
[97] Ebd.
[98] Ebd.
[99] Ebd.
[100] Ebd.
[101] Ebd., S. 81.
[102] Ebd., S. 86.
[103] Paul Tillich, Systematische Theologie I, Stuttgart 1955, S. 135-139.
[104] Ebd., S. 135.
[105] Ebd.
[106] Ebd., S. 136.
[107] Ebd.
[108] Ebd.
[109] Ebd., S. 137.

Tillich hebt die *„göttliche Ekstase"*[110] von der *„dämonischen Besessenheit"*[111] ab und legt größten Wert darauf, daß durch die Ekstase nicht die *„rationale Gestalt des Geistes"*[112] zerstört werde.

... und Horst Schwebel

Vergleicht man hiermit Schwebels Gebrauch des Begriffs der visuellen Ekstasis, eines rauschhaften Erlebnisses, das anscheinend jedermann bei einiger Muße vor einem abstrakten Bild erzielen kann, ist der Niedergang eklatant. Ja, gerade im Lichte der Tillichschen Begrifflichkeit rückt er in die Nähe eines Bewußtseinzustandes, in dem der Geist *„der Macht von Elementen seines Selbst unterworfen"* wird, *„die der ganze Geist zu sein beanspruchen"* und seine Rationalität zu zerstören drohen[113], d. h. dämonischer Besessenheit. Während Tillich deutlich macht, daß ekstatische Erfahrung Gottesbegegnung ist, macht Schwebel daraus das einsame Glück des von Schönheit Berauschten. Er scheut sich nicht, den Begriff der Mystik hier zu verwenden. Ist aber Rausch ein angemessener Begriff für Mystik[114]? Es dürfte auch interessant sein, Schwebels eschatologische Vorwegnahme im Status der visuellen Ekstasis, eines psychedelischen Erlebnisses also, mit Paul Tillichs Vorwegnahme der Essentifikation (Verwesentlichung)[115], zu vergleichen, die er künstlerisch in der Portraitmalerei, noch deutlicher in der Ikonenmalerei, vollzogen sieht. Es kann bei einem solchen Vergleich nicht darum gehen, nun doch etwa gegenständliche Kunst von der abstrakten abzuheben, sondern darauf hinzuweisen, daß das unkontrollierbare, irrationale Erlebnis eines Bildes allen objektiven Kriterien gegenüber unterlegen sein muß. Die Frage ist zu stellen, ob Schwebels psychedelische Kategorien eigentlich angemessen sind, sowohl dem Problem der abstrakten Kunst als auch dem Glauben gegenüber. Diese Frage stellen heißt sie auch verneinen.

Objektive Kriterien?

2. Schwebel hebt ständig auf das Erlebnis des Betrachters ab. Das Bild selbst scheint ihn überhaupt nicht zu interessieren, wenn es ihm nur den *„optischen Rausch"* vermittelt. So vermag er über die abstrakten Bilder nicht mehr zu sagen, als daß sie in vier Idealtypen eingeteilt werden könnten. Wenn es ihm um die Bilder selber ginge, müßten für ihn ganz andere Begriffe wichtig sein, die aber nicht thematisiert werden, obwohl sie vorkommen, z. B. der Begriff der Vollkommenheit oder der Schönheit. Wäre ein abstraktes Bild vollkommen oder schön, könnte man sagen, daß es Zeuge einer Vollkommenheit wäre oder einer Schönheit, die in der Welt der Erscheinungen nicht anzutreffen wäre, was aber noch zu beweisen sein würde. Sicher würde man bei solch einer Argumentation in die Nähe idealistischer Positionen geraten, mit welchen Schwebel ja auch sympathisiert[116].

   Zu fragen wäre dann aber wiederum, welche Maßstäbe gelten sollen, um bestimmen zu können, daß es sich um ein vollkommenes oder schönes Bild handelt. Der Hinweis auf das Gefühlserlebnis, das man nicht herbeizitieren kann, wäre als Ausweichmanöver zu betrachten und hätte keinen wissenschaftlichen Wert.

   So bleibt das Feld der abstrakten Kunst selbst bei Schwebel völlig unbearbeitet, wenn man vom *„optischen Rausch"*[117] einmal absieht.

Erlösungsweg?

3. Wenn dieser aber schließlich zu einem selbständigen Erlösungsweg hochstilisiert wird[118], bleibt der Theologie eigentlich nur mit Paulus zu warnen: *„Bleibt nüchtern und wachet!"* (1. Petr. 5,8). Der psychedelischen Hochstimmung der sechziger Jahre, in der Schwebels Arbeit erschienen ist, ist ja denn auch in dem nachfolgenden Jahrzehnt die Ernüchterung gefolgt.

Régameys Überlegungen

4. Wenn wir das Phänomen der abstrakten Kunst verstehen wollen, müssen wir uns von der Erlebnisästhetik Schwebels lösen und zum Bild selber kommen. Régameys Überlegungen scheinen mir weitaus hilfreicher zu sein als Schwebels These[119]. Für Régamey handelt es sich bei der nichtfiguralen Kunst um ein *„Extrem der heutigen Befreiung des Ausdrucks"*[120]. Abstrakte Kunst gehört demnach in das sich seit Anfang dieses Jahrhunderts im Abendland neu etablierende Reich des Expressiven. Seit 100 Jahren etwa sei eine zielstrebige von innerer Notwendigkeit diktierte Entwicklung auf das gegenstandslose Bild hin zu beobachten. Dem Künstler sei immer mehr die Macht bewußt geworden, *„die Innenwelt unmittelbar aus-*

[110] Ebd., S. 138.
[111] Ebd.
[112] Ebd.
[113] Ebd.
[114] Vgl. Schwebel, Autonome Kunst, S. 52 mit Tillich, Theologie I, S. 136.
[115] Paul Tillich, Systematische Theologie III, Stuttgart 1966, S. 466 f.
[116] Schwebel, Autonome Kunst, S. 58 f.
[117] Ebd., S. 85.
[118] Ebd., S. 61.
[119] Régamey, Kirche und Kunst, S. 257-281.
[120] Ebd., S. 274.

zudrücken"[121], ohne die Welt der Erscheinungen dazu zu brauchen. Die Beziehung zum Gegenstand habe sich geändert. Die Kunst habe sich aufgemacht, „*die Empfindungs- und Geistesqualität, die einem Gegenstand entspricht*", auszudrücken. Im Bereich der bildenden Kunst gestatte dies die „*suggestive Kraft der Rhythmen, Linien, Farben, Werte und Massen*"[122]. Régamey hat aber beobachtet, daß ein Künstler ohne Kontakt zur Außenwelt leicht verarmt. Der Mensch könne eben seiner leiblichen „*Bedingtheit nicht entgehen*"[123]. Er sei auf das Naturstudium angewiesen. Denn ein abstraktes Bild sei immer nur Transponierung des Wahrnehmbaren, Umsetzung und Verdichtung zugleich: „*Sogar, wo die Werke Harmonien eines vollkommenen Nichtfiguralen festlegen, sind es immer Harmonien dieser wahrnehmbaren Welt, welche transponiert werden.*"[124] „*Die ,reine Form' kann nur ein Endergebnis sein, auf das man am Anfang keinen Anspruch erheben sollte*"[125]. Auch die gegenstandslose Kunst ist von

Warnung

dieser Welt. Régamey warnt vor Spiritualismus und „*ungeordnetem Mystizismus*"[126], eine Warnung, die Schwebels 14 Jahre später veröffentlichte Arbeit noch besser verstehen läßt als vorher.

Haftmanns These

Wenn aber nun abstrakte Kunst einerseits ein Extrem an Befreiung zum Ausdruck, andererseits aber doch auch wieder der Welt des Gegenständlichen verhaftet und verpflichtet ist, fragt man sich, wie der Widerspruch sich löse. Die Antwort gibt Werner Haftmann: in der modernen Kunst leuchte „*die glückliche Möglichkeit einer tieferen Identität*" von dem „*Ich des Menschen*" und dem „*Du des Dinges*" auf. Die moderne Kunst habe auf die mannigfachste Weise darüber hinaus die „*ahnungsvolle Frage nach dem beiden unterliegenden Wirklichkeitsgrund*" aufgeworfen[127].

III. Das formgeschichtliche Anliegen

1. Einleitung

In Auseinandersetzung mit den soeben skizzierten Entwürfen und Vorschlägen zum Verständnis und zur Integration von moderner Kunst im Leben der Kirche von heute sei nun das formgeschichtliche Anliegen dargestellt. Es kann sich dabei nicht darum handeln, die von den genannten Theologen angestellten Überlegungen zu widerlegen oder zu ersetzen. Auch verfolgt Formgeschichte nicht die Intention des Brückenschlages zwischen Kunst und Kirche oder der Öffnung der Kirche für die Kunst.

Aber es gibt doch Berührungspunkte, welche die formgeschichtliche Intention verdeutlichen können.

2. Kitsch, Mittelmaß und künstlerische Qualität

Régameys Buch über das Verhältnis von Kirche und Kunst im 20. Jahrhundert zueinander läßt sich, ohne daß man ihm Unrecht täte, als ein einziges Postulat verstehen. Es bietet keine Theorie zur Aufarbeitung der Kunstgeschichte; da der Verfasser fordert, richtet er sich nach Idealen aus, die noch nicht oder nur ansatzweise verwirklicht worden sind. Er verurteilt sein Milieu. Er möchte es verbessern. Natürlich hat er dabei Maßstäbe. Aber das sind mehr moralisch-religiöse als ästhetische, wie z. B. Wahrheit, Ehrlichkeit, Schlichtheit, vornehme Armut, Liebe, Sakralität. Es sind Kategorien, die sich nur schwerlich zur Erforschung vorhandener Arbeiten eignen, weil sie gefühlsmäßig, intuitiv erfaßt werden und sich dem diskursiven Denken entziehen.

121 Ebd., S. 275.
122 Ebd., S. 276.
123 Ebd., S. 277.
124 Ebd.
125 Ebd., S. 267.
126 Ebd., S. 280.
127 Haftmann, Malerei, S. 10.

Aber Régameys Anliegen ist ja nicht die Theorie, sondern eine neue Praxis. Es kommt jeweils dann zu seinem Ziel, wenn die Kirche einen genialen Künstler mit einem Auftrag betraut.

Dabei wehrt er sich gegen das naheliegende Mißverständnis, daß es ihm um moderne Kunst im Gegensatz zum Historismus gehe. Nein, ihm ist es um die Wiedergewinnung der Kreativität schlechthin in der kirchlichen Kunst zu tun, nicht um modische Formen, um lebendige Kunst, nicht um ihre Karikatur durch ihre Epigonen[128].

Purismus

Régamey tritt als ausgesprochen humorloser Purist auf, ähnlich wie etwa gleichzeitig in Deutschland die Kommission vorgegangen ist, welche das Evangelische Kirchengesangbuch herausgebracht hat, voller Aversion gegen Sentimentalität und Kitsch, voller Verachtung für die Gefühle großer Teile des Kirchenvolkes, ja seiner überwiegenden Mehrheit[129]. Er nimmt eine typisch aristokratische Haltung ein, ohne auf die soziale Wirklichkeit der christlichen Bevölkerung zu achten. So kann er, unbeschwert von soziologischen Erwägungen, den ästhetischen, sprich „sakralen" Aspekt der kirchlichen Kunst traktieren. Régamey bekämpft den Kitsch mit Leidenschaft. Kitsch sei Ausdruck der Sentimentalität, *„ein Ausweichkomplex, ein eitles Gefallenfinden an unwirklichen Gefühlen (in einer eigentlich getarnten Sinnlichkeit) und ein Nachlassen aller zwischen den antinomischen Wirklichkeiten des Lebens stehenden Spannungen"*[130]. Kitsch habe die Atmosphäre der Kirche verdorben; *„wenn man die Werke betrachtet, an denen sich die Frömmigkeit gefällt, müßte man in mehr als einer Hinsicht um diese besorgt werden."*[131] Zu den Zeichen der Verderbnis des kulturellen Lebens zählt er das Verschwinden der Volkskunst rings um den ganzen Erdball[132].

Aristokratische Haltung

Verurteilung des Kitsches

Kitsch sei *„Befriedungskunst"* im Gegensatz zur großen schöpferischen Kunst, die einzig um die Form ringe und nicht gefällig sein wolle[133]. Gegen den Kitsch gebe es nur ein Heilmittel, die Erziehung zum Ekel vor ihm[134]. Zwiespältigkeit überkomme ihn an solchen Orten wie Lourdes und Lisieux[135], wenn er die tiefe Frömmigkeit der Gläubigen erlebe, die von lauter Kitsch umstellt sei, und feststellen müsse, dem Reinen sei alles rein, auch der Kitsch. Auch Bahr verurteilt den Kitsch. Dieser blähe ein Moment der Wirklichkeit maßlos auf. In ihm enthülle sich ein fataler *„Mangel an Ursprünglichkeit, Echtheit und ästhetischer Wahrhaftigkeit"*[136]. Statt dessen sei Kitsch von *„Sentimentalität und unmäßigem Pathos"* getragen[137]. *„Da im Werk ja jeweils vernehmendes Ich und begegnende Welt in ihrem Miteinander zum Vorschein kommen, kann es beim Kitsch sich auch nur um eine Grundstörung dieses dialogischen Verhältnisses handeln."*[138] Er diene den Konsumenten als *„Ersatzbefriedigung"* und sei eine *„Folgeerscheinung der Entchristianisierung"*[139]. Kitsch in der Kirche stelle eine *„Verhöhnung der Wahrheit Gottes, die versuchte Entmachtung Christi"*, *„eine Brechung der evangelischen Wahrheit"* dar[140].

Volp fügt hinzu, Kitsch sei ein *„Symptom der Sprachlosigkeit"*, es bleibe *„in seinem tiefsten Wesen stumm"*[141]. Kitsch sei eigentlich für Kunst und Theologie gleich irrelevant, in Wahrheit ein *„ethisches Problem"*[142].

Ideologische Voreingenommenheit

An diesen Urteilen fällt die starke Emotionalität der Äußerungen auf. Wo kommt sie her? Welchen wissenschaftlichen Wert müssen wir dem Verdikt des Kitsches zumessen?

[128] Régamey, Kirche und Kunst, S. 178-181, 282-302.
[129] Ebd., S. 41
[130] Ebd., S. 44.
[131] Ebd., S. 45.
[132] Ebd., S. 165.
[133] Ebd., S. 339 ff.
[134] Ebd., S. 402.
[135] Ebd., S. 367.
[136] Bahr, Poiesis, S. 342 f.
[137] Ebd.
[138] Ebd.
[139] Ebd. S. 147.
[140] Ebd.
[141] Volp, Symbol, S. 81.
[142] Ebd., S. 205.

Im Katalog zur Documenta 5, Kassel 1972 schreibt Eberhard Roters dazu: *„Der Vorgartenzwerg ist nachgerade zu einem topologischen Synonym für ‚Kitsch' geworden. Das Wort Kitsch sei hier nur gebraucht, um es fortan nicht zu wiederholen, denn es bezeichnet einen Begriff zur Geschmacksbestimmung, der deshalb diffus und unkonturiert ist, da er – in abwertender Bedeutung – vorwiegend durch Gefühls-, Empfindungs- und Anmutungserlebnisse beeinflußt ist und daher eine sachliche Interpretation bildnerischer Kreationen – damit sind auch die gemeint, welche nicht in engerer Qualifikation zur ‚Kunst' gerechnet werden – eher verhindert als erleichtert"*[143]. Er bezieht sich auf Elke Schwedt und schreibt: *„Nun weist Elke Schwedt in ihrer Publikation ‚Volkskunst und Kunstgewerbe' darauf hin, daß die Begriffe ‚Volkskultur' und ‚Volkskunst' erst in der zweiten Hälfte des 19. Jahrhunderts geprägt wurden, und zwar im Zuge einer ‚Aufwertung bäuerlicher Kunstgegenstände der Vergangenheit' angesichts einer allenthalben rapid anwachsenden Kunstindustrie. ‚In retrospektiver Verklärung erscheinen die Zeugnisse bäuerlicher Kunst als ‚Reliquien' einer vergangenen und noch heilen Welt', und: ‚Eine spezielle Wertungsgeschichte bildete sich in der Konfrontation mit der industriellen Produktion des 19. Jahrhunderts. Ihr Ergebnis waren Komplementärwertungen, und diese prägten die wissenschaftliche Beschäftigung mit der Volkskunst in entscheidender Weise.' Die Verfasserin verweist in diesem Zusammenhang auf John Ruskins Ablehnung des ‚Fabrikornament' und auf seine Ablehnung der maschinellen Produktion überhaupt, sowie auf die von William Morris ins Leben gerufene ‚Arts and Crafts'-Bewegung, die in Reaktion auf die Kunstindustrie den Anfang aller jener künstlerischen Reformbewegungen bildete, welche unter Berufung auf die Volkskunst der mechanisch hergestellten Form die ‚ursprüngliche' und ‚echte' entgegensetzen wollten – ein Rettungsversuch, der bis heute unsere Geschmackskonventionen geprägt hat"*[144].

Vorschläge zu sachlichem Umgang

Um endlich zu einem unbefangenen Umgang mit dem Phänomen zu gelangen, schlägt Elke Schwedt vor, von einer ideologischen Voreingenommenheit abzugehen und sich um den soziologischen Aspekt zu bemühen. Als Erstes schlägt sie die Einführung des Begriffs der Populärkultur im Gegensatz zur hohen Kunst der Eliten vor. Die Kommunikationsforschung solle klären, wie Populärkultur populär werde[145]. Sie weist darauf hin, daß Geschmacksbildung und Geschmacksnormen nicht so leicht manipulierbar sind, wie es die Literatur gerne annimmt[146].

Zum anderen versucht sie das Problem durch Differenzierung des Begriffs der Kreativität zu klären. Sie unterscheidet zwischen

- präformierter Kreativität
  (Fließbandarbeit, Basteleien mit vorfabrizierten Einzelteilen und nach Bastelanleitungen), hier ist alles vorgeformt und vorgeschrieben,
- konditionierter Kreativität
  (Abhängigkeit von tradierten und allgemein gültigen Mustern), hier hat die Phantasie schon größeren Spielraum (vgl. die Bauernmalerei),
- innovativer Kreativität
  (z. B. Gartenbasteleien, aber natürlich auch die Kunst), hier ist der Spielraum für die Kreativität extrem weit.

Elke Schwedt macht auf einen interessanten Zusammenhang von Kreativität und sozio-kulturellem System aufmerksam: je weniger Spielraum benötigt oder beansprucht werde, desto größer sei die Geborgenheit. Innovative Kreativität hinge-

[143] Eberhard Roters, Nofretete und die Zwerge. Trivialrealismus & Trivialemblematik: Katalog documenta 5, Kassel 1972, S. 3 / 1-16, hier S. 3/4.

[144] Roters, Nofretete, S. 3/4 f.

[145] Elke Schwedt, Volkskunst und Kunstgewerbe. Überlegungen zu einer Neuorientierung der Volkskunstforschung, (Untersuchungen des Ludwig-Uhland-Institutes der Universität Tübingen, i. A. der Tübinger Vereinigung für Volkskunde, hg. v. Hermann Bausinger u. a., 28. Bd.), Tübingen 1970, S. 116-127.

[146] Ebd., S. 127-133.

gen bringe zwar mitunter hohes Prestige, aber leicht auch eine Außenseiterexistenz ein[147].

Roters gebraucht statt des emotional geladenen Ausdrucks Kitsch die Begriffe *„Trivialrealismus" und „Trivialemblematik"*.

Was ist - Was sein sollte

Die formgeschichtliche Erforschung dessen, was tatsächlich gegeben ist, sollte sich vor Negativ-Klassifizierungen hüten. Die Formgeschichte erhebt nicht hochfahrende Forderungen, sondern reflektiert Vorhandenes, das Gegebene.

Régamey verurteilt das Mittelmaß und möchte es aus der Kirche verbannen. Die formgeschichtliche Methode hilft, unter die Leute zu gehen, wie sie wirklich sind, zur Gemeinde, wie sie sich nun einmal manifestiert hat, zu den Armen, zum 'am ha'arez, zum einfachen und oft genug verachteten Volk, und zu seinen Bildern, in denen es seine Hoffnung, seinen Glauben und vor allem seine Liebe darstellen läßt. Wenn Régamey das Mittelmaß aus der Kirche verbannen möchte und das nicht nur auf die kirchliche Kunst bezieht, – wievielen Christen muß er dann die Türe weisen! Wieviele Geistliche werden ihnen dann vorangehen müssen!

Schoeps' These

Ich postuliere nicht, ich forsche und schließe niemanden aus. Den wissenschaftlichen Wert einer solchen Einstellung, deutet Hans-Joachim Schoeps an: *„Gerade die höchsten Schöpfungen des menschlichen Geistes wie die großen Kunstwerke oder die philosophischen Systeme kommen für das Anliegen der Geistesgeschichte nicht in erster, sondern in letzter Linie in Frage"*[148].

Die Frömmigkeitsgeschichte muß sich demnach zuerst einmal an die von Régamey verdammten Arbeiten halten. Kirchengeschichte ist anders schwer denkbar. Zu den wichtigsten Quellen der frühen Kirchengeschichte gehört die Katakombenkunst. Was von dem, was man da unter den Städten Italiens findet, verdient den Namen großer Kunst?

Indem die Formgeschichte sich einerseits an einen bestimmten Sitz im Leben und andererseits an ein ikonographisches Thema hält, macht sie auf die Häufigkeit oder Seltenheit großer Kunstwerke aufmerksam und läßt für ihr Auftreten dankbar werden. – Gerade die Plumpheit und Unbeholfenheit, aber auch Direktheit der Äußerungen von Bildwerken minderer Qualität lassen oftmals das geheimnisvolle, in sich ruhende große Kunstwerk aus den oben angegebenen Zusammenhängen heraus leichter verstehen, als wenn man es für sich betrachten müßte.

3. Form oder Spiel. Zur Phänomenologie der bildenden Kunst

Spiel

In seinem phänomenologischen Teil hat Bahr versucht, das Wesen des künstlerischen Tuns zu erfassen. Wo setzt er ein? Was ist die fundamentale Tatsache? Für Bahr ist es das Spiel, in dem der Mensch sein eigentliches Menschsein erfahre; mitten im Arbeits- und Lebenskampf eröffne sich ihm dieser Raum, ein festlicher, zu selbstvergessenem, scheinbar zeitlosem Spiel. Heiterkeit und Ernst durchdringen einander; zwecklos, überflüssig aber sinnvoll löse es aus dem Alltag heraus, es schwebe zwischen Ordnung (Regeln) und Freiheit. Spiel sei ein Abenteuer im langweiligen Einerlei des Alltags. Spielerisch gestalte der Mensch Einheiten, forme Masse. Gelinge ihm das, entstehe Kultur. Der Kampf um die Form bleibe, Kultur sei darum unabgeschlossen. Voraussetzung dazu sei Gelöstheit, Heiterkeit, Erlöstheit. Aus der spezifischen Gestimmtheit zum Spiel heraus könne Liturgie entstehen und gelingen[149]. Ein anderer Aspekt der Kunst sei das bildhafte Darstellen im Gegensatz zum begrifflichen Denken. Das Kunstwerk sei in sich notwendige Gestalt, es beruhe

[147] Ebd., S. 136-138.
[148] Schoeps, Geistesgeschichte, S. 59; Schoeps fügt hinzu, dies müsse die Diltheyschule erst noch lernen, ebd.
[149] Bahr, Poiesis, S. 11-137.

auf der ästhetischen Redlichkeit und Wahrhaftigkeit des hervorbringenden Künstlers; darum sei Kitsch wesentlich unkünstlerisch. Das Kunstwerk wiederhole nicht den Gegenstand, die Wirklichkeit, sondern transfiguriere sie; es lasse das Wesen Gestalt werden[150] und mache darum betroffen. Bahr lehnt das Begriffsschema von Form und Inhalt als inadäquat ab. Das Kunstwerk sei ein unauflösbares Ganzes, *„einzig der betroffene Nachvollzug"* sei die angemessene Begegnung[151]; er setzt sich mit der idealistischen Ästhetik, dem von ihr ins Leben gerufenen Geniekult und seinen verheerenden Folgen im Ethos der Künstler auseinander[152], aber auch den ethischen Gegenkräften, die sich im Raum der Kunst durchgesetzt haben[153].

Schon der Ansatz Bahrs beim Spiel bringt es mit sich, daß er sogleich bei der hohen Kunst ist, daß er Kitsch ablehnt[154] und damit beim künstlerischen Ethos ist.

Wahrnehmung

Anders, sehr viel elementarer und auch praktischer geht Gerlinde Wiederanders bei ihrem Versuch vor, den Ort bildender Kunst in der Kirche zu bestimmen. Sie setzt nicht beim Spiel und bei der Darstellung ein, sondern schon bei der Rezeption, bei der Wahrnehmung. *„Der Mensch lebt vom visuellen Eindruck. Die Umwelt teilt sich dem Menschen durch Bilder mit. Jede tiefe Erfahrung wird durch einprägsame Bilder bewirkt"*[155]. Die Autorin legt Wert darauf, daß es sich um eine *„ganz allgemeine Feststellung"* handelt, *„die sich auf alle Wahrnehmungsformen des täglichen Lebens"* beziehe[156].

Dieser Ausgangspunkt ist nicht so unerheblich, wie es auf den ersten Blick scheinen mag. Betty Edwards hat zur theoretischen Begründung ihres Zeichenkurses dargelegt, daß das beim Zeichnen und Formen sich einstellende Erlebnis der Zeitlosigkeit und Selbstvergessenheit ein Indiz dafür sei, daß die rechte Gehirnhälfte die Dominanz übernommen habe, die rechte Gehirnhälfte, die für das Formen *„zuständig"* sei und kein Zeitgefühl habe[157]. Es ist demnach anthropologisch falsch, beim Spiel einzusetzen, wenn man bildende Kunst verstehen will, abgesehen davon, daß es soziologisch bedenklich ist, wie weiter unten noch dargestellt werden soll. Gerlinde Wiederanders fährt fort: *„Die Kunst vermittelt Bilder unserer Welt und Umwelt ..."*[158]. Es handele sich aber nicht einfach um Abbilder, sondern um *„eine Produktion der Wirklichkeit, die Zusammenhänge hinter der vorderen Oberfläche sichtbar"* mache. In der technisierten Welt, die ständig nur die Ratio fordere, wende sich die Kunst an *„Gefühle, Phantasie und Willen"* und trage so zur Formung der Persönlichkeit bei, zumal sie *„Ausdruck letzter Betroffenheit"* sein könne[159]. Als *„elementare Lebensäußerung"* könne sie nicht in der *„Verkündungspraxis der Kirche negiert werden"*[160]. Sie diene als kirchliche Kunst dem Verständnis der Verkündigung des Wortes Gottes und gebe in ihren Denkmälern Zeugnis vom Glauben früherer Zeiten[161].

Bei der Gestaltung des gottesdienstlichen Raumes habe sie entscheidenden Einfluß auf das Gottesdiensterlebnis[162]. Sie diene der Bildmeditation als *„Mittel zum Zweck ..., die Verkündigung besser zu verstehen"*[163]. Man könne Bildmeditation in der

[150] Ebd., S. 138-154.
[151] Ebd., S. 155-164.
[152] Ebd., S. 165-205.
[153] Ebd., S. 206-242.
[154] Ebd., S. 145-149.
[155] Gerlinde Wiederanders, Die bildende Kunst in der Kirche: Theologische Versuche XI, Berlin 1980, S. 177-186, hier S. 177.
[156] Ebd.
[157] Betty Edwards, Garantiert zeichnen lernen, Reinbek 1982, S. 40-49.
[158] Wiederanders, Kunst in der Kirche, S. 177.
[159] Ebd.
[160] Ebd.
[161] Ebd., S. 177 f.
[162] Ebd., S. 180 ff.
[163] Ebd., S. 183.

Gruppe, im Gottesdienst, bei der Predigt und im Unterricht durchführen[164]. Auf den Friedhöfen sollte durch die christliche Kunst *„zum Ausdruck kommen, daß die Gemeinde ihren Herrn als den Auferstandenen bekennt"*[165].

Frau Wiederanders beklagt die ungünstigen Bedingungen für die Entstehung neuzeitlicher Symbole, die sie in einem Überwuchertwerden der Erlebnisunmittelbarkeit durch die Reflexion erkennt. Das Gewollte, Literarische in der Kunst werde dadurch begünstigt, was zur Folge habe, daß man sich bei Kunstwerken aus früheren Zeiten immer noch wohler fühle als bei den neuen. Da wir uns in einer Übergangszeit befänden, seien gültige Lösungen ohnehin kaum zu erwarten[166].

„Symbole und ihre Gestaltung sind nicht Sache eines einzelnen, des Pfarrers, des Künstlers, sondern müssen von einer Gemeinschaft getragen werden. Hinter ihnen muß eine bestimmte Frömmigkeitsform stehen"[167].

Gemeindeleben

Diese eher nüchterne und praktische Darstellung scheint mir deshalb so wichtig, weil sie den kirchlichen Alltag mit all seinen Bedürfnissen, zumal in einer Kirche des Ostblocks, zu Worte kommen läßt und nicht gleich beim kulturellen Anspruch und Hochglanz westlicher Theologie einsetzt, der einen fast vergessen machen kann, wie eigentlich das Leben in den Gemeinden der Städte und Dörfer wirklich aussieht.

Bei Gerlinde Wiederanders sucht man z. B. vergeblich nach den in westlichen theologischen Ästhetiken schon stereotypen Bekenntnissen zur Konfessionslosigkeit, zum Atheismus, ja zur Kirchenfeindschaft der Künstler, die natürlich und bevorzugt, wenn nur talentiert genug, das Antlitz der Kirche gestalten sollen. Warum kann man ein solches Bekenntnis aus ihrem Munde nicht hören? Weil sie von Begegnungen mit Künstlern beeindruckt ist, die im Konflikt zwischen den Forderungen und Förderungen des Staates einerseits und ihrem Glauben und den nicht vorhandenen Mitteln der Kirche, ihr Talent zu bilden, andererseits täglich neuen inneren Kämpfen mit ihrem Gewissen ausgesetzt sind und sich oft genug genötigt fühlen, auf staatliche Aufträge zu verzichten, um nicht ihre Seele und damit auch ihre Kunst zu verkaufen. Die höchste Moral des Künstlers kann sich nicht, wie Régamey es gut thomistisch will, im Ringen um die Form erschöpfen. Im Kampf gegen heteronome Bestrebungen in seiner eigenen Kirche hat eine solche Position ihren Sinn; begegnet aber die Kirche einer übermächtigen Heteronomie, die sie von außen her überwältigen will, müssen sich die Akzente verschieben.

Kunst und Geld

Die formgeschichtliche Methode, die des soziologischen Aspekts der Kunst innewerden läßt, muß auf solche Zusammenhänge aufmerksam machen, so schmerzlich sie auch für unser Bewußtsein werden mögen. Kunst hat es auch mit Geld zu tun.

In welch erbärmlichen Verhältnissen die Kirche ihr Leben vielerorts fristen muß, zeigt ein sogenannter „Fragekasten" in der Zeitschrift „Religiöse Kunst" von 1913[168]. Die Frage lautet: *„Wie erlange ich bei geringen Mitteln ein Altarbild für einen Betsaal in der Diaspora?"* Die Antwort besteht aus folgenden Tips:

1. In der Agentur des Rauhen Hauses in Hamburg befinden sich noch drei Blätter von Carl Andreae, Weihnachten, Karfreitag, Ostern. Die Blätter sind vor ca. 30 Jahren hergestellt worden. Ein ramponiertes Blatt ist schon für 1,– Mark zu haben; gefirnißt ohne Glas wirken sie wie alte Kartons.
2. Hinweise auf Lithographien von Steinhausen für 6 bis 10 Mark und einen Druck nach einem Ölbild von Steinhausen für 40 Mark.
3. Kopien von Originalen in der Nationalgalerie oder im Kaiser-Friedrich-Museum seien *„nicht unerschwinglich"*.
4. Am wichtigsten aber ist, was schweigend übergangen wird: an die Beauftragung eines Künstlers kann überhaupt nicht gedacht werden.

[164] Ebd., S. 183 f.
[165] Ebd., S. 185.
[166] Ebd.
[167] Ebd.
[168] RK (1913), S. 79.

Die kunstgeschichtlich-kirchengeschichtliche Forschung muß die Frage stellen, welchen Tatsachen wir es zu verdanken haben, daß es in den westdeutschen Kirchen z. B. so nicht aussieht, momentan. Liegt es an der noch nie dagewesenen Fülle an Energie und der durch sie bedingten Liquidität in einer ganz bestimmten Wirtschaftsform? Was bedeutet das aber für unsere theologische Ästhetik, wenn wir die Frage wenigstens teilweise bejahen müssen? Sind wir dann nicht gezwungen, niedriger einzusetzen als Hans-Eckehard Bahr, etwa so bescheiden wie Gerlinde Wiederanders?

4. Der Ort der Kunst

Martis These

Kurt Marti hat 1958 in seinem Aufsatz „Christus, die Befreiung der bildenden Künste zur Profanität"[169] eine These zur Frage nach dem Ort der Kunst vertreten, die später von Kurt Lüthi mehrmals aufgenommen und vertreten worden ist[170].

Nach Martis These hat Gott im Neuen Bund den Tempel als seine Residenz aufgegeben. Statt dessen ist es zu seiner personalen Residenz in Jesus Christus und der versammelten Gemeinde gekommen. Die Kunst vor Jesus habe ihren Ort im Tempel gehabt, sie sei sakral gewesen. Nun aber habe sie diesen Ort verlassen, sie sei nicht nur in die Welt entlassen, sondern auch zur Profanität befreit worden. Der Mensch sei Herr der Kunst geworden[171].

Wie die Kunst im Tempel Raum für Gott geschaffen habe, so habe sie jetzt dem Menschen seinen Raum herzustellen. Ort und Mitte der Kunst sei der Mensch.

Selbstreflektion

Kurth Lüthi versucht nun diese These Martis durch eine Musterung der modernen Kunst zu stützen und kommt zu dem Schluß: *„Zeitgenössische Malerei sucht, nach ihrer Abwendung vom Bezugssystem Natur, eine neue Mitte; wir vertreten die Auffassung, die neue Mitte sei der Mensch."*[172] In seinem Aufsatz „Erotische Kunst und die Probleme eines offenen christlichen Humanismus" legt er dar, daß es sowohl in der Kunst als auch in der Theologie um das *„Existenzverständnis"* gehe[173] oder daß der *„Ort einer erotischen Kultur ... die theologische Anthropologie"* sei[174], mit anderen Worten, Ort der Kunst ist für ihn die wie auch immer gefärbte Selbstreflexion des Menschen geworden.

Wenn Lüthi unter Berufung auf Martis These erklärt, daß der Mensch zum Ausgangs- und Bezugspunkt der Kunst geworden sei, dann ist jedoch zu fragen, ob es sich um eine neue Wahrheit oder eine neue Erkenntnis handelt. Ich möchte meinen, es handele sich um eine neue Erkenntnis, nicht aber um eine neue Wahrheit. Marti selbst bietet in seiner Beweisführung einen Hinweis darauf, indem er von der Zeit des alten Bundes zugibt, daß *„auch damals Kunst und Kunsthandwerk nicht auf kultische Aufgaben beschränkt"* gewesen seien[175]. Natürlich nicht.

Die Freiheit von jeder Art von Heteronomie wird immer Aufgabe des Menschen sein, ist es seit eh und je gewesen und bleibt es auch in der Gegenwart wie in der Zukunft. Daß diese Freiheit gefährdet ist, zeigt uns auch heute ein Blick in die Welt, wie sie ist.

Der Mensch bietet in den verschiedenen Zugehörigkeiten, in denen er sich versammelt, Basen, und diese wiederum seit eh und je sehr verschiedene „Sitze im

[169] Kurt Marti, Christus, die Befreiung der bildenden Künste zur Profanität: Evangelische Theologie (1958), Nr. 8, S. 371 ff.

[170] Lüthi, Moderne Malerei, S. 183, Anm. 59; Ders., Erotische Kunst und die Probleme eines offenen, christlichen Humanismus: Anton Grabner-Haider/Kurt Lüthi (Hgg.), Der befreite Eros, Mainz 1972, S. 109-125; Ders., Theologie, S. 142 f.

[171] Lüthi, Moderne Malerei, S. 181-183.

[172] Ebd., S. 238.

[173] Lüthi, Erotische Kunst, S. 109.

[174] Ebd., S. 188.

[175] Marti, Christus, S. 371.

Leben". Damit sind wir bei der Formgeschichte. Zu den verschiedenen „Sitzen im Leben" gehört auch der Kult, der wie alles andere den Bedrohungen durch heteronimistische Bemächtigungen ausgesetzt ist und darum unter dem Gebot der Freiheit steht – wie die bildende Kunst.

Kult

Anderenfalls müßten wir die gesamte Kirchengeschichte außer der reformierten Tradition als einen einzigen Abfall von der Befreiung zur Profanität verstehen.

Die von Marti und Lüthi indirekt erhobene Behauptung, daß in kultischen Zusammenhängen anzutreffende christliche Kunst ein Widerspruch in sich sei, geht auf das gebrochene Verhältnis der reformierten Tradition zum Problem des Kultes zurück, der nach Volp ebenso zum Menschen gehört wie die Predigt[176] und ja auch, wenngleich rudimentär und stark gebeutelt, in den reformierten Kirchen anzutreffen ist.

Zu den Bedürfnissen des Kultes gehören auch der Kirchenbau und der in den Kirchen sich sammelnde Schatz an Kunstwerken – wie im alttestamentlichen Tempel.

Wenn wir nicht anerkennen würden, daß der Mensch Orte für die Kunst schafft, zunächst Basen in Form von Gemeinschaften, und dann verschiedene Sitze im Leben, könnten wir überhaupt nicht erklären, warum die Künstler objektiv Gültiges, und nicht nur rein subjektive Werke schaffen. Wir könnten nicht einmal zu definieren versuchen, in welcher Hinsicht es sich um objektive Werke bei ihren Arbeiten handelt.

Tatsächlich zeigt sich diese Schwäche des Lüthischen Ansatzes prompt. In seinem Aufsatz über „Erotische Kunst und die Probleme eines offenen, christlichen Humanismus" kommt er zu einer Wertung erotischer Kunst als Humanisierung innerseelischer Vorgänge durch Gestaltung, die im Laufe der Zeit sich auch als Manifestation der Reifung der Künstlerpersönlichkeit ansehen läßt[177].

Psychoanalyse

Auf diesen Aspekt der bildenden Kunst hat uns die Psychoanalyse aufmerksam gemacht. Wir sollten ihn wahrnehmen. In der Situation der Psychotherapie ist er der einzig sinnvolle. Sicher könnte er sich auch für eine Kulturgeschichte eignen. Unmöglich aber kann dieser Aspekt der einzig übrige kunstgeschichtlicher Reflexion bleiben. Er ist einseitig und macht blind für die unabsehbare Fülle bildnerischer Gestaltung und ihren objektiven Wert.

Seit 1967 ist es üblich geworden, die rein ästhetische Bewältigung der künstlerischen Probleme zu bekämpfen. Abstrakte Kunst wird als Ästhetizismus verpönt, gesellschaftliche politische Relevanz wird gefordert. Man verlangt nach einem neuen Realismus unter gesellschaftskritischem Vorzeichen[178].

„Bildwelten"

Zu den Bemühungen um den soziologischen Aspekt der Kunst hat auch die documenta 5 in Kassel 1972 gehört. Diese Ausstellung stand unter dem Motto „Befragung der Realität – Bildwelten heute". Bei den Bildwelten handelte es sich der Sache nach um den „Sitz im Leben". Leider war die Ausstellung mit ihrem Doppelanliegen überfrachtet, wirkte mehr verwirrend als klärend und konnte so einen Durchbruch nicht erzielen.

Die Ausstellung war nach folgenden Bildwelten geordnet: Bildnerei der Geisteskranken / Bilderwelt und Frömmigkeit / Individuelle Mythologien / Trivialrealismus & Trivialemblematik / Realismus / Museen von Künstlern / Utopie / Science Fiction / Spiel & Wirklichkeit / Gesellschaftliche Ikonographie / Politische Propaganda / Werbung / Prozesse / Idee / Information / Selbstdarstellung a) Performance b) Film / Idee / Licht.

[176] Volp, Symbol, S. 224 f.
[177] Lüthi, Erotische Kunst, S. 109 f., 119-123.
[178] S. o. S. 163.

Ich halte das im Bereich der Theologie erarbeitete Instrumentarium der formgeschichtlichen Methode für geeigneter als den wenig reflektierten Begriff der „Bildwelten", der noch recht verschwommen wirkt.

Wo hat die bildende Kunst ihren Sitz im Leben?

Wo hat die bildende Kunst ihren Sitz im Leben? Ich möchte ein paar solcher Orte nennen (Vollzähligkeit kann nicht beansprucht werden. Dies müßte eben erforscht werden.):

Der Kult, das Wohnen, das Erinnern (das Gedächtnis an die Lieben, die Toten, den Krieg, die Reise, das außerordentliche Ereignis), die Lehre, Psychotherapie, das Buch, das Fahren, die Repräsentation (an öffentlichen Plätzen und Gebäuden), die Tröstung (was hängt man ins Krankenhaus?).

Um hier zur Vollständigkeit zu gelangen, müßte man Querschnitte machen und für bestimmte Epochen erforschen, was alles zum Träger z. B. christlicher Bilder werden kann.

Ergebnisse formgeschichtlicher Forschung im Bereich der Kunstgeschichte lassen sich nicht vorwegnehmen. Auf einen wichtigen Aspekt aber sei schon jetzt hingewiesen. Wir haben im analytischen Teil immer wieder gesehen, daß ein bestimmtes ikonographisches Element von einem anderen Sitz im Leben her in das Kriegsgedächtnis gewandert ist und dort bestimmte Funktionen übernommen hat, was wiederum seine Form und seine inhaltliche Aussage beeinflußt hat. Entdeckungen dieser Art dürften Rückwirkungen auf die Exegese haben, als sie noch mehr den Sinn für die formende Kraft des Sitzes im Leben auch in der Bibel schärfen werden; denn Inhalt und Form einer Aussage werden vom Sitz im Leben mitbestimmt.

Schließlich sei auf eine Konvergenz zu neueren Tendenzen in der Welt der Kunst hingewiesen. Lüthi legt schon 1963 dar, daß die Kunst in so noch nie dagewesener Form den neu- und mitschaffenden Betrachter erfordere. Diese Tendenz hat sich inzwischen verstärkt. Die Künstler der concept art z. B. verzichten auf die Ausführung des Werkes zugunsten des Betrachters. Auch die Formgeschichte setzt den Dialogcharakter der bildenden Kunst voraus und muß darum die Bezogenheit auf den Betrachter ins Spiel bringen. Im analytischen Teil hat sie sich als hermeneutischer Schlüssel erwiesen. Wer aber ist im Raum der Kirche der Betrachter?: die Gemeinde. Dies hatten wir schon eingangs[179] festgestellt. Die Formgeschichte kann uns darüber hinaus die ungeheure Vielfalt der Aspekte einer Gemeinde vor Augen führen.

5. Funktion und Sprache

Rainer Volp hilft den formgeschichtlichen Ansatz insofern zu begründen, als er das Symbol als Sprache bezeichnet. Weil das Kunstwerk spricht, hat es einen Sitz im Leben, hat es eine Funktion und richtet seinen Dienst aus. Das haben wir durchweg an allen vorgestellten Arbeiten sehen können.

Existentialstrukturen

Andererseits kann die formgeschichtliche Methode den Begriff der „symbolischen Bezugsebenen" Volps durch den soziologischen Aspekt erweitern. Für Volp handelt es sich dabei um das Selbstverständnis einer Epoche, um „Existentialstrukturen" also, die sich in den ihnen gemäßen Stilen manifestieren. *„So war die mittelalterliche Kunst von einem ideellen Bereich absoluter Wahrheiten bestimmt, während sich die Malerei nach der Renaissance davon befreite und unabhängig von institutioneller Bevormundung ihr Bezugssystem in der Natur fand"*[180]. In der Moderne vereinen sich *„innerweltlicher und außerweltlicher Kosmos in der ‚reflektierten Subjektivität'"*[181].

[179] S. o. S. 22 f.
[180] Volp, Symbol, S. 82.
[181] Ebd.

Die Existenzphilosophie Martin Heideggers hat also auch in diesen Bereich der Theologie ihr Schlaglicht werfen können[182].

Ich habe im methodischen Teil schon darauf hingewiesen, daß es der großen zeitlichen Nähe wegen schwer fallen muß, oft sogar unmöglich sein wird, künstlerische Arbeiten der Gegenwart nach diesem Prinzip zu interpretieren. Ich möchte nur daran erinnern, wie sich Pablo Picasso für das öffentliche Bewußtsein mehr und mehr aus einem Revolutionär in einen Klassiker, aus einem Umstürzler in einen Erneuerer der bilden Kunst verwandelt hat.

Gemeinter Lebenskreis

Volp stellt zwar fest, daß *„die konkrete Erscheinung in dem gemeinten Lebenskreis oft keinen Kommentars"* bedürfe[183], und führt als Beispiel dafür die Katakombenkunst *„oder die bei einer politischen Kundgebung geballte Faust"* an: sie *„sprechen in der gemeinten Situation für sich selbst"*[184]. Um des existentialen Aspekts der Kunst willen geht er dann dieser Erkenntnis nicht weiter nach. Gerade sie ist jedoch die Grundlage der formgeschichtlichen Methode. Sie vermag zuversichtlicher als alle anderen Methoden der Kunstgeschichte bei der Erörterung jeweiliger Gegenwartskunst auf die Dauer haltbare Ergebisse zu erzielen. Denn nur allzu leicht ist der Zeitgenosse bereit, sein eigenes Selbstverständnis oder gar Wunschdenken auf die um ihn entstehenden Kunstwerke zu projizieren. Fast jeder kirchliche Mäzen kann, wenn er ehrlich ist, ein Lied davon singen, wie oft er bei der Interpretation stark abstrakter Kunst bedenklichen Irrtümern aufgesessen ist[185].

Ergänzung

Die Einführung der formgeschichtlichen Methode in die Kunstgeschichte mag ein vergleichsweise nüchternes Geschäft sein. Sie wird aber am ehesten nachprüfbare und erhärtbare Erkenntnisse zeitigen können.

Es wäre ein Mißverständnis, wenn jetzt der Anschein aufkäme, die Formgeschichte sollte alle anderen Methoden verdrängen. Das Gegenteil ist der Fall: weil mit Volps Worten *„die konkrete Erscheinung in dem gemeinten Lebenskreis keinen Kommentars"* bedarf[186], weil sie also gerade hier ihre Sprache entfaltet, sollte man es sich künftig gründlich überlegen, ehe man den Sitz im Leben übergeht. Seine Beachtung könnte vor groben Irrtümern bewahren, wenn man darüber hinaus all die anderen Methoden der Kunstgeschichte anwendet. Mit Volps Folgerung, daß die Kunst als Sprache mit der Predigtsprache gleichen Rang hat, bin ich einverstanden. Aber die Formgeschichte zeigt, daß damit noch nicht alles gesagt ist: der Sitz im Leben weist beiden eine unterschiedliche Rolle zu und sicher doch wohl auch, wenigstens in der protestantischen Tradition, eine unterschiedliche Bedeutung.

6. Große Kunst im Sinne des Sitzes im Leben

In diesem letzten Abschnitt soll überlegt werden, ob und inwiefern es Qualität im Sinne des Sitzes im Leben gibt. In der vorliegenden Arbeit habe ich Wert darauf gelegt, vorurteilsfrei und unbelastet von ästhetischen Maßstäben oder gar meinem Geschmack, die nun einmal vorhandenen Bildwerke zum Thema Auferstehung unter formgeschichtlichem Aspekt erörtern zu können. Dennoch sei nun erwogen, ob der Sitz im Leben selber Postulate erhebt. Das von mir vorgelegte Material erzwingt eine Beschränkung auf das Kriegs- und KZ-Gedächtnis. Es ist jedoch anzunehmen, daß die Sachlage, sicher anders nuanciert und akzentuiert, bei anderen Sitzen im Leben im wesentlichen die gleiche ist.

[182] Ebd., S. 204-206.
[183] Volp, Symbol, S. 82.
[184] Ebd.
[185] Schwebel, Autonome Kunst, S. 9.
[186] Volp, Symbol, S. 82.

Ich nehme noch einmal Horst Schwebels von mir zurückgewiesenen Vorschlag zur theologischen Integration abstrakter Kunst auf. Schwebel gibt einen Hinweis auf einen entscheidenden Aspekt der Kunst überhaupt. Kunst hat es mit dem Erlebnis zu tun. Das Kunstwerk ist Ausdruck eines Erlebnisses, und das Erlebnis wird verstehend nachvollzogen. Wilhelm Dilthey, der im Erlebnis die kleinste geistige Einheit sieht, hat in seiner Einleitung zu seinem Buch „Das Erlebnis und die Dichtung" als tragenden Grund für die Poesie zunächst *„den Gemeingeist kleinerer politisch-militärischer Gemeinschaften"* gesehen. Lyrik und Epos haben *„den Geist dieser Gesellschaft"* ausgedrückt. *„Die Phantasie war gebunden durch eine seelische Gemeinsamkeit, aus der heraus der einzelne sprach, dachte, handelte und dichtete"*. Als die Kultur ganze Erdteile zusammenzufassen begann, kam ein gemeinsames Lebensgefühl auf und bildete einen gemeinsamen Stil, der sich entsprechend dem sich wandelnden Selbstverständnis der Epochen veränderte und neue literarische Formen hervorrief oder die alten variierte[187].

Dilthey

Einzelne geniale Persönlichkeiten haben sich mit dem jeweiligen Stil ihrer Zeit auseinandergesetzt, ihn neu geformt oder auch verändert, um den adäquaten Ausdruck ihrer Erlebnisse bewirken zu können.

Darum ist Dilthey gern bei den faszinierenden Ereignissen der Geistesgeschichte, bei Höhepunkten, Umbrüchen und Erneuerungen.

Die Formgeschichte macht nun darauf aufmerksam, daß es als Sitz im Leben für Kunst auch heute noch den „Gemeingeist kleinerer ... Gemeinschaften", ich möchte lieber sagen „Gemeinsamkeiten" gibt. Es gibt Zugehörigkeiten, die zu einem Aspekt einer Kommune oder auch überregionalen Vereinigung von Menschen werden können. Das sind die von mir so genannten Basen.

Betroffenheit und Ergriffensein

Das Kriegsgedächtnis oder auch KZ-Gedächtnis und die von ihr getragene bildende Kunst macht deutlich, daß das sich manifestierende Erlebnis zwei Komponenten hat: die B e t r o f f e n h e i t durch das außerordentliche Ereignis und das E r g r i f f e n s e i n von dem, was Glaubens- und Hoffnungsgrund der weltanschaulichen Gemeinschaft ist. Wir haben sehen können, daß niemals nur die eine Komponente des Erlebnisses das Gedächtnismal beherrscht hat. Immer haben wir beobachten können, daß Betroffenheit und Ergriffensein in den Kriegerdenkmälern und KZ-Gedächtnismälern zum Ausdruck gekommen sind. Und nur dieses Beides in einem Kunstwerk vorfindend, haben wir es zur Sprache bringen können.

Große Kunst im Sinne des Sitzes im Leben ist nun da zu entdecken, wo die Betroffenheit und das Ergriffensein, beide, zur gestaltenden Kraft werden. Es ist ja möglich, daß nur eine der beiden Komponenten das Kunstwerk allein bildet, und daß nur der Ort, an dem es sich befindet, oder die Stimmung oder weltanschauliche Zugehörigkeit des Betrachters die andere im Kunstwerk fehlende Komponente hinzufügt. In einem solchen Fall müssen wir befürchten, daß es auf die Dauer keinen Bestand haben wird.

Wie das gemeint ist, sei an dem Beispiel des Güstrower Ehrenmals und seinen Derivaten erörtert[188].

Barlachs Güstrower Engel

Barlachs Engel ist beides zugleich, Ausdruck der Betroffenheit und Ausdruck des Ergriffenseins, und das so, daß man das eine nicht vom anderen zu trennen oder herauszulösen vermag. Eines hat sich so intensiv mit dem anderen vereint, daß das eine im anderen zur Sprache kommt, der *„Ausdruck nie versiegenden Grams"* in der *„Erinnerung schlechthin"*[189] und die *„Kristallisierung der Vorstellung von ewiger Dauer"* im *„Rückblick auf erschütternde Begebenheiten"*[190]. Barlachs Engel ist *„aus einer höheren*

[187] Wilhelm Dilthey, Das Erlebnis und die Dichtung. Lessing. Goethe. Novalis. Hölderlin, Göttingen [14]1965, S. 7.
[188] S. o. S. 70-76.
[189] Barlach, Briefe II, S. 150.
[190] Ebd.

Welt beschworene Gestalt ... über tausendfachem Opfer" in einem[191]. Er ist Symbol *„der Tragik des Seins überhaupt"*[192] und Ausdruck der *„Ehrfurcht des Künstlers vor dem unfaßbar Dunkeln im übermächtigen Geschehen"*[193]. Die totale Vermählung beider Komponenten hat sich im Güstrower Engel ereignet, und gerade darum hat er auch seine Vernichtung überlebt[194]. Bei Hermann Pohls und Josef Henselmanns fliegenden Engeln liegt der Akzent eindeutig auf dem überlieferten Glaubens- und Hoffnungsgrund. Die Betroffenheit durch das Erlebnis der Weltkriege wird zurückgehalten, gebremst, schlägt nicht durch, darf nicht zur gestaltenden Kraft werden. Hier muß die Umgebung, eine Gedächtniskapelle oder ein Kriegerdenkmal, die Betroffenheit des Künstlers ersetzen. Die Engel jedoch für sich genommen könnten auch woanders schweben. Entschuldigend möchte man erklären, daß dies ja gerade zu den unbewußten Grausamkeiten der dialektischen Theologie gehört hat, ohne jeden „Anknüpfungspunkt" die christliche Botschaft „rein" zu verkündigen, so daß eben in ihrer Atmosphäre entstandene Kunstwerke im Grunde überall angebracht werden können, wo man sie nur ansehen mag. Aber zu welch einer Verarmung muß das führen! Welch einen Verlust an Lebendigkeit und Ernsthaftigkeit muß eine solche Einstellung hervorbringen! Die Unbedingtheit, die damit gemeint ist, der Kraftzuwachs, der wohl erhofft wird, kann nur blutleer, zeitlich befristet und substanzverzehrend sein. Es ist aber dann auch zu fragen, ob nicht die Glaubenaussage ihre Kraft und ihren Sinn verliert, wenn sie nicht mehr Antwort auf einen Notschrei sein darf und sich dem Verbot fügt. Diltheys Entdeckung, daß das Kunstwerk Ausdruck eines Erlebnisses sei, macht darauf aufmerksam, daß der Sitz im Leben Postulate an den Künstler und auch an seine Auftraggeber erhebt und nach Beidem fragen läßt, nach ihrer Betroffenheit durch das zu erinnernde Ereignis und ihrem Ergriffensein vom tragenden Glaubens- und Hoffnungsgrund. Natürlich läßt sich auch vorstellen, daß der Akzent einer Arbeit auf der Betroffenheit liegt, und das so einseitig, daß der andere vom Sitz im Leben geforderte Aspekt nicht mehr Gestalt annehmen kann. Die Klage darüber ist besonders in der expressionistischen Phase laut geworden und hat aus den dargelegten Gründen auch ihr Recht gehabt. In der hier vorgelegten Arbeit haben solche Werke keine Möglichkeit gehabt, im einzelnen erörtert zu werden. Das hat an der ikonographischen Auswahl gelegen. Bei dem hier vorgelegten Material hat die erste Möglichkeit zur Vereinseitigung des Erlebnisses sehr viel eher statthaben können.

Die Derivate

Achten wir nun jedoch auf den Betrachter! Er ist schon, ehe er vor das Kunstwerk tritt, in seinem Erlebnis. Denken wir z. B. an den Angehörigen eines Kriegstoten. Ehe er schon auf den Soldatenfriedhof tritt, lange vorher, genau genommen, spätestens seit der Nachricht vom Tode des Gefallenen, ist er betroffen. Natürlich erwartet er im Kriegerdenkmal den Ausdruck seiner Betroffenheit, seines Schmerzes, seiner Trauer und Verzweiflung. Aber darüber hinaus hofft er auch auf einen Halt, einen Trost, auf eine Tür in die Zukunft, in der er weiterleben kann, auf einen Lichtblick.

Die Rolle des Betrachters

Es ist zu erwarten, daß er, je näher er innerlich dem katastrophalen Ereignis ist, desto eher den Mangel an sich manifestierender Betroffenheit des Künstlers in seiner Seele selber ausgleicht. Wir haben aber auch beobachten können, welches Gewicht für die Aussage eines Kunstwerkes eine Umgebung haben kann. Wie stark durch die Umgebung das Gebilde zur Sprache kommt, ja erst überhaupt im Verein mit ihr die ganz bestimmte Aussage möglich wird, zeigt Wilhelm Schillers Christusfigur und seine Anbringung an der Kirchenwand in Bertholdsdorf/Mfr.[195]. Nun ist die Integra-

Das Ambiente

[191] Ebd.
[192] Barlach, Wider den Ungeist, S. 403.
[193] Ebd., S. 404.
[194] Der Engel ist nach dem 2. Weltkrieg nach dem erhalten gebliebenen Modell zweimal nachgegossen worden und hängt in der Antoniterkirche zu Köln und im Güstrower Dom.
[195] S. o. S. 90-92.

tion eines Kunstwerkes in eine ihm zugedachte räumliche Umgebung nicht etwa immer nur erst nachträglich zu denken. Gewöhnlich dürfte der Künstler dies von vornherein bedenken, wenn es auch oft genug vorgekommen ist, daß künstlerische Arbeiten im Laufe von Jahrhunderten, vielleicht sogar mehrmals, ihren Ort und auch ihren Sitz im Leben gewechselt haben. Pohls Engel in Sinn/Dillkreis dürfte ebenfalls von vornherein als Teil eines ganzen Ambiente gedacht gewesen sein. Es läßt sich aber auch denken, daß gerade an den Verwandlungen des Ambiente sich die Kreativität des Betrachters äußern und seine Annahme oder Ablehnung des Kunstwerkes sich ablesen lassen wird. Ist doch damit zu rechnen, daß sich durch die Veränderung der Umgebung auch die Aussage des Kriegerdenkmals ändern kann, besonders leicht eben dann, wenn eine Komponente des Erlebnisses im Kunstwerk selbst fehlt. Ernst Barlach hat großen Wert auf eine angemessene Umgebung seiner Ehrenmäler gelegt und auch die Umgebung mitunter verändert, im Güstrower Dom wurde der Engel über ein Füntengitter gehängt, das Taufbecken durch eine Steintafel ersetzt und die Erneuerung der Glasfenster für die Seitenkapelle angeregt. Aber niemals sollte die Umgebung Fehlendes ersetzen.

All die zuletzt angestellten Überlegungen und Beobachtungen führen nicht an der Tatsache vorbei, sondern bestätigen nur, daß das große Kunstwerk im Sinne des Sitzes im Leben, namens Kriegs- oder KZ-Gedächtnis, beide Elemente des Erlebnisses in sich vereinigt: die Betroffenheit durch das schreckliche Ereignis und das Ergriffensein von dem, was der Glaubens- und Hoffnungsgrund der Gemeinschaft ist.

Innere Notwendigkeit

Damit sind wir aber jetzt auf den vielleicht wichtigsten Aspekt formgeschichtlicher Forschung im Bereich der Kunstgeschichte gestoßen: das gravierendste Postulat des Sitzes im Leben heißt innere Notwendigkeit. Diese aber läßt sich nicht trennen von der äußeren. Der Hinweis auf den Sitz im Leben macht deutlicher als wahrscheinlich jeder andere, daß es für eine Gemeinschaft lebensnotwendig ist, ihrem Erlebnis Ausdruck zu verleihen und sich darin zu verstehen und zu erneuern.

Zur historischen Entwicklung des Gedenkens an die Kriegstoten

Hans-Kurt Boehlke

„PRO PATRIA" – „MAHNUNG ZUM FRIEDEN"
Vortrag, gehalten auf dem 24. Internationalen Seminar des Volksbunds Deutsche Kriegsgräberfürsorge e. V. am 17. November 1984 in Hilden.

Der athenische Staatsmann und bedeutende Geschichtsschreiber des Altertums *Thukydides* beschreibt den peleponnesischen Krieg mit der Absicht, einen „Besitz für alle Zeit" zu schaffen; er setzt ihm ein literarisches Denkmal. Als früher kritischer Historiker versucht er, die Ereignisse aufgrund sorgfältiger Ermittlungen unparteiisch darzustellen.
So beschreibt er auch den Verlauf des öffentlichen Staatsaktes aus Anlaß der Bestattung der ersten im Winter des Jahres 431 in diesem Krieg gefallenen Athener:

Die Bestattung der Kriegstoten im Athen der Klassik

„Zunächst werden die Gebeine der Toten drei Tage lang in einem hierfür errichteten Zelte aufgebahrt. Hier bringt jeder seinem toten Angehörigen nach Belieben eine Ehrengabe dar. Wenn sich der Trauerzug in Bewegung setzt, werden Särge aus Zypressenholz, einer für jeden Gau, hinausgefahren. Darin liegen die Gebeine aller gefallenen Gaugenossen. Für die Vermißten, die nicht geborgen werden konnten, wird eine leere Bahre, die mit einem Teppich bedeckt ist, mitgetragen. An dem Zug kann jeder, der will, teilnehmen, einerlei, ob er Bürger oder Fremder ist. Auch die mit den Toten verwandten Frauen finden sich ein, um die Totenklage anzustimmen. Die Gefallenen werden in der schönsten Vorstadt von Athen in der Staatsgruft beigesetzt, in der die Athener ihre Gefallenen stets bestatten mit Ausnahme der Marathonhelden, denen sie zur besonderen Ehrung ihrer unvergleichlichen Tapferkeit die Grabstätte auf dem Schlachtfelde selbst hergerichtet hatten. – Nachdem die Gebeine der Erde übergeben sind, hält ein von der Regierung bestimmter Mann, der wegen seiner Einsicht, seiner menschlichen Bedeutung und seines besonderen Ansehens hervorragt, eine die Taten der Gefallenen würdigende Gedenkrede.

So verläuft die feierliche Beisetzung, und so oft eine stattfand, hielt man sich an den Brauch. Bei der Bestattung dieser ersten Gefallenen fiel nun die Wahl zum Redner auf Perikles, des Xanthippos Sohn. Als der Augenblick gekommen war, trat er vom Grab hinweg auf eine zu diesem Zweck errichtete Rednerbühne, um von den Versammelten möglichst weithin verstanden zu werden."[1]

Das literarische Denkmal des Perikles für die Toten des peleponnesischen Kriegs - zugleich ein Politikum

Die dann folgende, von Thukydides wiedergegebene Gedenkrede des Perikles ist ein berühmtes literarisches Denkmal geworden. Sie ist jedoch keine authentische Wiedergabe, sondern sicher eine Nachschöpfung des Geschichtsschreibers und erst sehr viel später, nämlich nach dem Zusammenbruch des athenischen Staates, niedergeschrieben worden. In dieser Wiedergabe der Rede wird deutlich, daß sie auch nicht lediglich dem Gedenken der Kriegstoten gewidmet und Lobpreisung der Tapferkeit der Gefallenen ist, sondern zugleich einen Überblick über die athenische Staatsverfassung und Staatsverwaltung und die unter ihr vertretene Auffassung eines Lebens in persönlicher Freiheit gibt, wie es – im Gegensatz zu Sparta – in einer Demokratie möglich sei. Diese Freiheit gelte es zu verteidigen, ggf. mit dem Opfer des Lebens. *„Haltet die Freiheit für die Quelle des wahren Glücks und den frohen Mut für den Ursprung*

[1] Thukydides, Gedenkrede des Perikles auf die Gefallenen, übertragen und eingeleitet von Ferdinand Willenbücher, Leipzig 1943, S. 13-15.

der Freiheit" heißt es in dieser Gedenkrede. Sie ist also eine über den unmittelbaren Anlaß weit hinausreichende eminent politische Darlegung.

Politische Zielsetzungen sind eigentlich seitdem stets mit der Ehrung der Kriegstoten verbunden gewesen, auch wenn es nicht vordergründig herausgestellt wurde. Aber der Kriegstod mußte auch gerechtfertigt werden. Das war stets leichter, wenn ein Krieg gewonnen wurde und immer schwieriger nach verlorenem Krieg; vielfach wurde dann die Möglichkeit prospektiven Gewinns beschworen.

Identität der Kriegsopfer und Überlebenden

Diese Anliegen der Überlebenden, die Opfer der Kriege in bestimmter Weise zu identifizieren, aber sich selber auch unter ein Identitätsangebot zu stellen, soll der Titel dieser Betrachtung der historischen Entwicklung des Gedenkens an die Kriegstoten andeuten: „PRO PATRIA" – eine Sinngebung, wie sie seit der Rede des Perikles auf die Gefallenen bis heute fortgesetzt wurde – und „Mahnung zum Frieden" – wie sie als Denkmal-Forderung aufgrund des Erlebnisses der beiden letzten Weltkriege und des Wissens um die technischen Vernichtungsmöglichkeiten vor allem von der jüngeren Generation heute allein noch akzeptiert wird und vielleicht auch nur noch akzeptiert werden kann. Das umreißt zugleich die Spannweite der Entwicklungsgeschichte der Kriege und der in sie eingebundenen Identität der Kriegstoten.

Totengedächtnismale am Beginn der Entwicklung des Denkmals

Anthropologisch gesehen beginnt nach heutigem kulturhistorischem Verständnis das Menschsein mit dem Umgang mit den Toten. Nicht nur Werkzeug, sondern Bild und Grab und Grabmal machen den Menschen aus. Verständigungsmöglichkeiten – Sprache – und in mancher Beziehung auch Werkzeuge, selbst soziologische Staatenbildungen sind bei vielen Tierarten festzustellen. Die Kulturgeschichte der Menschheit wird daher wesentlich mitdokumentiert durch die Totengedächtnismale.

Sepulkrale Gedächtnismale stehen am Beginn der Entwicklung des Denkmals. Mit der allmählichen Lösung von der Bindung an das Grab verselbständigen sich weitere Denkmalkategorien.

Die ursprüngliche Bindung an das Totengedächtnis haben die Denkmale für die Kriegstoten, aus denen nicht nur das Schicksal einzelner, sondern die Schicksalsjahre der Nationen abzulesen sind.

Die Entwicklung der Kategorie der Kriegstoten-Male des abendländischen Kulturkreises – dem ja trotz anderen Kontinents von den kulturprägenden Einwanderungsgruppen her die nordamerikanischen Staaten hinzuzurechnen sind – ist eingebunden in die Kulturgeschichte der europäischen Nationen, das heißt, deren Sozial-, Geistes- und Kunstgeschichte.

Der Kriegstod ist zwar eine Todesart unter anderen und die Bestattung der Gefallenen daher im allgemeinen dem jeweiligen Brauchtum des Totenkults angepaßt, doch handelt es sich hier nicht um einen „natürlichen" Tod nach vollendetem Leben oder bedingt durch Krankheit, sondern um ein gewaltsames, jähes, meist zu frühes Ende.

Das ist zu allen Zeiten für die Menschen ein aufwühlendes Erlebnis gewesen, dem sie in ohnmächtiger Furcht vor dämonischer Gewalt, in naiver Angst oder gläubigem Vertrauen auf ein durch den Tod für die Gemeinschaft erworbenes, gegebenenfalls sogar bevorzugtes Fortleben – etwa im Walhall der Germanen, im Siebten Himmel der Moslems oder (wie zum Beispiel für die Märtyrer der thebanischen Legion) im christlichen Reiche Gottes – gegenüberstanden.

Dieses im besonderen Maße Schicksalhafte hat dann auch Inhalt und Form der von den jeweils Überlebenden den Kriegstoten gestifteten Gedächtnismale bestimmt. Bis heute werden sie ausschließlich den Gefallenen aus den eigenen Reihen gestiftet. In niederen Kulturen wurden die Gefallenen des Feindes sogar geschmäht und geschändet.

Beginn der Entwicklungsgeschichte des Gedenkens an Kriegstote

Die für uns überschaubare Entwicklungsgeschichte des Gedenkens an die Kriegstoten beginnt etwa mit dem zitierten Staatsakt in Athen und der Gedenkrede des Perikles 431 v. Chr., wobei wir uns als den Ort dieses Staatsaktes den Kerameikos im Nordwesten des antiken Athens vorstellen müssen. Auf ihm war neben dem allgemeinen Friedhof auch der Staatsfriedhof für die für das Vaterland, das heißt ihren Stadtstaat, Gefallenen angelegt. Noch heute können wir dort wie im Athener Nationalmuseum Grabstelen sehen, die sich eindeutig als für gefallene Krieger gesetzt ausweisen, wie etwa das um 394 v. Chr., also 10 Jahre nach Ende des Peloponnesischen Krieges, dem Dexileos auf dem Kerameikos errichtete attische Grabmal.

Für die Gefallenen, deren Leichen nicht aufgefunden wurden, schuf man Kenotaphien, Leergräber, in der Hoffnung, daß die Toten ohne Hilfe der Lebenden ein solches Grab finden und zur Ruhe kommen würden.

Auch Massengräber für zahlreiche Tote einer großen Schlacht kennt die Antike. 1880 gruben Archäologen unweit der böotischen Stadt Chäronea ein Denkmal in Form eines Löwen (des Sinnbildes der Kraft und des Mutes) aus, das über dem Massengrab der gefallenen Thebaner und der ihnen verbündeten Athener errichtet worden war, die hier 338 v. Chr. Philipp von Mazedonien besiegt hatte.

Die Fürsorge der Römer für die Kriegstoten

Vielleicht von den Griechen übernommen, kannten auch die Römer die Fürsorge für die Kriegstoten. Die überkommenen Artefakte und die Berichte antiker Schriftsteller, so des Caesar und des Tacitus, geben uns Kenntnis davon[2]. Waren römische Legionäre gezwungen, ein Schlachtfeld zu räumen, ehe sie ihre Toten bestattet hatten, konnten aber zurückkehren, dann begruben sie nachträglich die Gefallenen, Freund und Feind. Fand solche Beisetzung bei den Griechen einst unter Gesängen statt, so bei den Römern unter dem Schall der Trompeten.

Die Fürsorge im römischen Heer war jedoch nicht unbedingt Staatsverpflichtung wie die Ehrung des Feldherrn. Üblich war es, daß jeder Legionär einen Teil seines Solds in eine Sterbekasse einzahlte, aus der nach seinem Tod der Grabstein finanziert wurde[3]. Diese Grabsteine sind eine reiche Geschichtsquelle, da sie zumeist nicht nur Auskunft geben über Name, Alter, Herkunft, Dienstrang und Dienstjahre des Soldaten, sondern häufig auch Darstellungen zeigen über das Brauchtum im Totenkult.

Grabbeigaben für Krieger bei Römern, Germanen und Kelten

Zu diesem Brauchtum gehörte es zu jener Zeit bei den Römern, bei den Germanen und Kelten in den europäischen Kulturkreisen, daß man den Kriegern ihre Waffen mit ins Grab gab. Der Berittene bedarf selbstverständlich auch im Totenreich seines Pferdes. Und so wissen wir aus den Gräbern herausgehobener Krieger bzw. von Heerführern sowohl bei den romanischen, germanischen, keltischen und slawischen Völkern Europas, daß ein Schlachtroß mit begraben wurde. – Im frühmittelalterlichen Italien wurden dann nur noch sinnbildhaft Ton- oder Metallfiguren eines Pferdes mit ins Grab gegeben[4] (jüngste Funde in China beweisen solches Brauchtum auch in anderen Kulturen), bis schließlich nur noch das Leibroß bei der Leichenparade mitgeführt wird – wie selbst noch bei der Beisetzung des amerikanischen Präsidenten Kennedy, der als Reserveoffizier der Marine auf dem Nationalfriedhof in Arlington beigesetzt wurde.

Wandlung im Bestattungsbrauchtum durch Christianisierung

Die Christianisierung Europas führte zum grundsätzlichen Wandel im Brauchtum auch der Bestattung der Kriegstoten. Die Vorstellung von einem leiblichen Fortleben nach dem Tod wurde abgelöst durch die in das Christentum über-

[2] Hans Soltau, Volksbund Deutsche Kriegsgräberfürsorge. Sein Werden und Wirken, hg. v. Volksbund Deutsche Kriegsgräberfürsorge, Kassel [4]o. J. (1984), S. 9f.

[3] Fritz Debus, Vom attischen Grabmale zum Soldatenfriedhof des 2. Weltkriegs. Begleittext für eine Lichtbilderreihe des Volksbundes Deutsche Kriegsgräberfürsorge, Kassel 1953, S. 2 (zu Bild 3).

[4] Ebd.

nommene platonische Vorstellung von der Trennung der Seele vom irdischen, dem Verfall preisgegebenen Leib. Dieser, dem Protestantismus dann fremde Dualismus von Leib und Seele (der Protestantismus lehrt die Auferstehung eines pneumatischen Leibes, der Neuschöpfung am Jüngsten Tage ist), beherrschte das gesamte Mittelalter. Die Kirche, damals in unserem Kulturbereich ausschließlich die römisch-katholische, bestimmte die Sepulkralkultur im Hinblick auf das Brauchtum, insbesondere die geistliche Hilfe beim Sterben, aber auch beim Handeln des Begrabens und beim Gestalten von Grab und Friedhof. Die Preisgabe des Leibes an den Verfall zu Staub und Erde und die alleinige Bedeutung des Seelenheils für ein Fortleben der Gerechten im Reiche Gottes bestimmen auch den Umgang mit den Kriegstoten, wobei die soziale Hierarchie für uns heute noch im besonderen Maße ablesbar ist, denn längst war an die Stelle des bewußten Staatsbürgers des Altertums und der Freien in den germanischen, keltischen oder slawischen Kulturräumen, die ihre „Heer-Zöge" wählten, gerade bei den Kriegern die Klassifizierung in „ritterlichen" Adel und Untertanen, das „Fußvolk", erfolgt. Der einfache Krieger gehörte dem untersten Stand an. – Aus dem Mittelalter kennen wir folglich nur Epitaphien Gefallener von Geblüt.

Für das Seelenheil des verstorbenen Christen ist von besonderer Bedeutung die Beisetzung des Leichnams in der geweihten Erde des Kirchhofs. Das war für die in den mittelalterlichen Feldzügen, so etwa auch auf den Kreuzzügen, Gefallenen und Verstorbenen sicher nur selten möglich und dann nur für Kriegstote von hohem Rang, aber auch dem waren durch Entfernungen Grenzen gesetzt. Das Anbringen von Epitaphien, also von Erinnerungsmalen, in der heimatlichen Kirche mit der abgebildeten Gestalt des Ritters darf in vielen Fällen als sinnbildliche Heimholung eines Kriegstoten durch seine Familie angesehen werden.

Für einzelne Gefallene wurde wohl auch ein „Sühnekreuz" am Wegesrand errichtet. Nur in seltenen Fällen ließ es wohl ein Feldzug zu, daß für die Gefallenen eines Kampfes ein eigener Kirchhof für die Bestattung in geweihter Erde angelegt werden konnte, wie das im Jahre 1400 der Abt von Malmedy tat, als er nach seiner Niederlage im Kampf gegen den Burggrafen von Schönforst eine Sühne-Kapelle in Konzen in der Eifel errichten ließ. Die damals im Kampf Gefallenen wurden sowohl innerhalb der Kapelle als auch auf dem sie umgebenden Kirchhof beigesetzt. Die in der Kapelle gelesenen Messen und Fürbitten sollten ihrem Seelenheil dienen.

Der Dreißigjährige Krieg, der von 1618 – 1648 fast ganz Europa verwüstete und zu fast zwei Dritteln entvölkerte, hat uns trotz der großen Zahl der militärischen und zivilen Kriegstoten keine Kriegsgräberstätten hinterlassen. Bei den Landsknechtsheeren war es üblich, die Gefallenen ihrer wenigen Habseligkeiten zur Aufbesserung des geringen, oft ausbleibenden Solds der Überlebenden zu berauben. Die so entblößten Leichen ließ man auf der Walstatt zum Fraß für Tiere und Vögel liegen, die zumeist dem Verwesungsprozeß zuvorkamen. Wurde – ohne Zeremoniell und Kennzeichnung des Grabes – bestattet, dann geschah das aus Angst vor Seuchen.

v. Flemings Verhaltensregeln für den Umgang mit Kriegstoten, 1726

Erst der sächsische Obristleutnant Hanns Friedrich Freiherr von Fleming gab in seinem 1726 vorgelegten Handbuch „Der vollkommene teutsche Soldat" in dessen 32. Kapitel Verhaltensregeln auch für den Umgang mit den Kriegstoten und hier für den gemeinen Mann:

„Der General muß – bei Leib- und Lebensstrafe – verbieten, daß die Toten geplündert werden, denn es kommt dabei vor, daß blessierte Offiziere um der Beute willen vollends zu Tode gebracht werden....

Dann muß der Feind unterrichtet werden, daß die Toten begraben werden sollen, damit er Personen von Condition, die er vermißt, abholen lassen kann. Die Toten werden dann eingegraben, wobei ein Sermon auf dem Camp de Bataille abzuhalten ist... Es erlanget auch ein General, der vor dergleichen mitbesorget ist, bei seiner Armee, bei deren Feinden – ja auch bei der ganzen ehrbaren Welt – Ehre und Reputation."[5]

Hier wird also erstmals gefordert, „*daß jeder Gefallene sein Grab verdiene*" und „*kein Grund und Boden schicke sich besser dazu, als die Walstatt selbst.*"

Für diese Art der Bestattung spricht auch der Umstand, daß sich die Kirchen und Räte der Städte gegen Beerdigungen gefallener Soldaten auf ihren Friedhöfen wehren. Doch in einem ausschließlich eigenen Grab sollen auch nach von Fleming noch nur die vornehmsten Offiziere oder solche, die sich „*durch ihre Tapferkeit distinguiret*", beerdigt werden. Nach dem Offiziersrang sind auch noch die militärischen Ehren beim Begräbnis abgestuft. Und nur Generäle und Marschälle sollen ein Epitaph in einer Kirche erhalten[6].

Den Weisungen von Flemings waren erläuternde Illustrationen, zum Beispiel für Trauerzug mit Ehrenformation etc., beigegeben. Es hat den Anschein, als hätte der sächsische Obristleutnant das Brauchtum der Antike aufmerksam studiert – wir stehen am Beginn der Aufklärung und der Antikenrezeption des 18. Jahrhunderts.

Findet in von Flemings Anweisung nunmehr auch der Leichnam des einfachen Soldaten im Söldnerheer Beachtung und Recht auf würdevolle Bestattung, so dauert es doch fast ein Jahrhundert, bis diese Totenfürsorge Allgemeingut wird. In den Kriegen des 18. und 19. Jahrhunderts werden die einfachen Soldaten nach wie vor in Massengräbern beigesetzt, hier und dort auch mit Kalk überstreut oder zwischen großen Holzscheiten verbrannt. Offiziere von Adel und mit Generalsrang werden dagegen nach der ersten gekennzeichneten Beisetzung auf dem Schlachtfeld exhumiert, in die Heimat überführt und dort in den Familiengruften beigesetzt. Eine Bestattung auf Friedhöfen fanden selbst noch in den Befreiungskriegen 1813 – 1815 lediglich die in Lazaretten ihren Wunden Erlegenen.

Das „Hessen-Denkmal" als erstes Gemeinschaftsmal für Kriegstote. Der Soldat jeden Rangs wird denkmalwürdig

Doch wird in dieser Zeit der Soldat jeden Rangs denkmalwürdig. 1793 stiftete der König von Preußen das sogenannte „Hessen-Denkmal" (Abb. 76) für die beim Sturm auf die von den Franzosen besetzte Freie Reichsstadt Frankfurt am Main gefallenen hessischen Soldaten. Das Denkmal im Formengut der zeitüblichen Antikenrezeption steht heute inmitten der Wirtschaftsmetropole. Als nach den Befreiungskriegen unter dem Einfluß der romantischen Geistesströmungen sich erstmals ein „einig Band" um alle Schichten der Deutschen legte, wurden auf Befehl des preußischen Königs und einiger anderer deutscher Souveräne in den Kirchen einzelner deutscher Länder hölzerne Tafeln – in der Nachfolge einst ritterlicher Totenschilde – zum Gedächtnis an die im Kampf gegen Napoleon und seine Europa überflutenden Armeen Gefallenen angebracht.

Die vaterländische Idee - ethische Motivierung des Soldatentods

Mit der französischen Revolution, die ja ganz Europa erschütterte, lösten Volksheere die Söldner-Armeen ab. Nun wurde nicht mehr für Sold, sondern für eine Idee oder das Vaterland, natürlich auch noch für „König und Vaterland" – aber eben vor allem für das letztere – gestorben. Diese ethische Motivierung des Soldatentods verwischte naturgemäß – und dazu trug die Französische Revolution ohnehin auch politisch bei – die Standesunterschiede. Da zudem sozialgeschichtlich zugleich vor dem Hintergrund von Aufklärung und Säkularisation das Bildungsbürgertum den bisher tonangebenden Adel ablöste und die Macht der Kirchen durch bürgerliche Liberalität und Freidenkertum nicht unangefochten blieb, entwickelte sich von nun an in der Flut bürgerlicher Denkmale, die zu einer künstlerischen Hauptaufgabe des 19. Jahrhunderts wurden – nicht zuletzt ausgelöst durch den vom Geburtsrang unabhängigen Geniekult – die Kategorie des Kriegerdenkmals, für das ein sich immer stärker entwickelndes nationales Pathos ein günstiger Nährboden war.

[5] Hanns Friedrich Freiherr von Fleming, Der vollkommene teutsche Soldat, Leipzig 1726, zitiert nach: Soltau, Volksbund, S. 10.

[6] von Fleming, Soldat, zitiert nach: Adolf Rieth, Denkmal ohne Pathos, Tübingen 1967, S. 11.

Abb. 76 Heinrich Christoph Jussow/ Joh. Christian Ruhl, Hessen-Denkmal, 1793. Frankfurt a. M.

Abb. 77 Karl Friedrich Schinkel, Kreuzberg-Denkmal, Berlin, 1818-21. Gedenkmedaille zur Grundsteinlegung am 19. September 1818. Rückseite. AFD-Sammlungen.

Das zunächst noch auf Weisungen und Erlasse der Monarchen zurückgehende Gedächtnis an die Kriegstoten diente selbstverständlich in der Zeit politischer Erschütterungen auch promonarchischer Propaganda[7], doch tritt zur Funktionalisierung auch die Demokratisierung. Sie erfaßte ungeachtet unterschiedlicher Verfassungen alle Staaten der abendländischen Kultur- und Traditionsgemeinschaft[8].

Naturgemäß hat die allgemeine Wehrpflicht die Denkmalwürdigkeit aller Gefallenen ohne Unterschied der Herkunft und des Rangs gefördert, eine zwingende Voraussetzung ist sie nicht, wie zahlreiche „Heldendenkmäler" in Großbritannien, einem Lande ohne Wehrpflicht, beweisen, die für die Kriege in Übersee und in den Kolonien, besonders aber für die Gefallenen des Burenkrieges, errichtet wurden.

„Selbstverständlich hat jeder im Krieg oder Bürgerkrieg von Menschenhand herbeigeführte Tod von jeher eine politische Funktion gehabt. Aber im Horizont der christlichen Zweiweltenlehre blieb dem Tod seine innerweltliche Endlichkeit genommen. Erst als die jenseitige Sinnleistung des Todes entschwand, konnte die politische Funktionsbestimmung einen Monopolanspruch gewinnen. Die Kriegerdenkmäler verweisen auf eine zeitliche Fluchtlinie in die Zukunft, in der die Identität derjenigen Handlungsgemeinschaft gesichert werden sollte, in deren Macht es stand, den Tod monumental zu erinnern."[9]

[7] Meinhold Lurz, Kriegerdenkmale in Deutschland. Künstlerische Formen zwischen Totenkult und prospektivem Anspruch: Freiburger Universitätsblätter, Heft 68, Freiburg 1980, S. 28.

[8] Reinhart Koselleck, Kriegerdenkmale als Identitätsstiftungen der Überlebenden: Odo Marquardt/ Karlheinz Stierle (Hg.), Identität, Poetik und Hermeneutik, Bd. VIII, München 1979, S. 255-276, hier: S. 259.

[9] Ebd., S. 261.

Die nun folgenden kriegsbezogenen Nationaldenkmäler des 19. und 20. Jahrhunderts fanden eine eindeutige polit-theoretische Begründung 1808 durch William Wood, der eine Pyramide bei London zu erbauen vorschlug, *„um den Heldenmut der merkantilen Engländer zu stimulieren"*[10]. Wood forderte die Riesenpyramide, da es zur Motivierung der Bevölkerung darauf ankomme, die Toten des Krieges in eine irdische Unsterblichkeit zu überführen. Die Unkosten seien gemessen am zu erwartenden Gewinn gering. Nur drei Tage Kriegsausgaben seien erforderlich, um durch das Denkmal eine dauerhafte Motivation für den Heldentod zu sichern[11].

Die Nationaldenkmäler des 19. und 20. Jh. und ihre polit-theoretische Begründung

Woods Intention vergleichbar ist der von August Böckh für Friedrich Wilhelm III. von Preußen geprägte Sinnspruch, der erstmals auf Schinkels Kreuzberg-Denkmal in Berlin (Abb. 77) erscheint: *„Den Gefallenen zum Gedächtnis, den Lebenden zur Anerkennung, den künftigen Geschlechtern zur Nacheiferung"*[12].

Erinnerung und prospektive Verpflichtung durch Kriegerdenkmäler

Diese prospektive Erweiterung rückwärtsgewandter Erinnerung an die Kriegstoten bestimmt in abgewandelter Form künftig weithin die Denkmale dieser Kategorie, wobei die prospektive Sinnerweiterung auf die zur „Nacheiferung" empfohlene kriegerische Einsatzbereitschaft künftiger Geschlechter heute vielfach durch die Mahnung zum Frieden abgelöst ist.

Mit der sozialpolitischen Wandlung sollte nicht nur die Erinnerung an die Kriegstoten, sondern auch die aus ihrem Opfer prospektiv weiterzuführende ethische Verpflichtung für die Überlebenden und Nachgeborenen nach gleichwertiger Verhaltensweise in der Verteidigung der postulierten, bis zum Einsatz des Lebens würdigen Werte auch über das Grab hinaus und von solch verorteter Erinnerung gelöst in Permanenz wachgehalten werden. Doch es entstanden nicht nur von den Orten der kriegerischen Ereignisse und der Begräbnisse gelöste Denkmale. Nach dem Vorgang Sachsen-Altenburgs 1814 bestimmte 1816 König Friedrich Wilhelm III. von Preußen, einen Sonntag im Jahr dem Gedenken der Gefallenen der Befreiungskriege zu widmen. Andere deutsche Länder folgten. Dieser Gedenktag wurde zur jährlich wiederkehrenden Einrichtung erhoben. Die kirchliche Stiftung des evangelischen Totensonntags hängt damit zusammen; beide Gedenktage wurden schließlich identisch. Die erste deutsche Republik empfahl durch den Reichsminister des Innern die Feiern des nach dem 1. Weltkrieg gegründeten Volksbunds Deutsche Kriegsgräberfürsorge in den Ländern einheitlich am Sonntag Invokavit und ab 1926 am Sonntag Reminiszere abzuhalten[13]. Vom Kirchenjahr getrennt wurde dann der „Heldengedenktag" des 3. Reichs, der jeweils am 16. März bzw. dem vorausgehenden Sonntag und ab 1939 zugleich als „Tag der Wehrfreiheit" begangen wurde. In der Bundesrepublik ist der „Volkstrauertag" wieder in die kirchlichen Totengedenktage im November eines jeden Jahres eingebunden, mit zentraler Feier am Ort der politischen Macht und staatlichen Repräsentanz, im Bonner Bundeshaus.

Die Verordnung von Gedenktagen für die Kriegstoten

Die Denkwürdigkeit aller Kriegstoten führt zwar zu Denkmälern mit rück- und vorwärtsgerichtetem Singehalt und einem in Europa bei Siegern und Besiegten oft vergleichbaren Formen- und Dekorationsgut, so daß die Inschriften erst den endgültigen Sinngehalt festlegen müssen, mit den Kriegstoten selbst ging man aber weiterhin nicht übermäßig pietätvoll um. Als der Schweizer Henri Dunant im Juni 1859 auf dem Schlachtfeld von Solferino Zeuge schlimmer Exzesse wurde, war er so betroffen, daß er den Versuch unternahm, die Kriege – wenn schon unvermeidbar – zu humanisieren. Seine Sorge galt vor allem den Verwundeten. Aus seinem Bemühen entstanden das Rote Kreuz und das in der Haager Landkriegsordnung und dann in den Genfer Konventionen sich niederschlagende humanitäre Völkerrecht.

Der Umgang mit den Gefallenen - Entstehung des Soldatengrabs und von Soldatenfriedhöfen

[10] Ebd.
[11] Ebd.
[12] Ebd., S. 262, Anm. 13.
[13] Soltau, Volksbund, S. 18.

In den dänischen Kriegen 1848 und 1864 und der preußisch-österreichischen Auseinandersetzung 1866 wurden die Kriegstoten zumeist begraben, häufig in Gemeinschaftsgräbern – auch für Freund und Feind –, die auch gekennzeichnet wurden, oft mit einem gußeisernen Kreuz; das Material war durch das Kreuzberg-Nationaldenkmal von Schinkel nobilitiert worden.

Fraglos hat die Französische Revolution den Boden für eine denkwürdige Behandlung des Soldatengrabes bereitet. Auf der Place de la Bastille in Paris waren 1798 die Barrikadenkämpfer der Juli-Revolution in einem gemeinsamen Grab beigesetzt worden. Über ihrem Grab wurde eine Bronze-Säule – wie die Trajans-Säule Erinnerungs- und Siegeszeichen – errichtet und in ihr die Namen der Toten „für ewige Zeiten festgehalten"[14].

In der neuen Welt, in den Vereinigten Staaten, mit ihrer, gemessen an den europäischen Staaten, freiheitlichen Verfassung, in die manches Gedankengut der französischen Revolution eingeflossen war, brach 1861 der Sezessionskrieg zwischen den Nord-und Südstaaten aus. Er endete 1865 mit dem Sieg der Nordstaaten. Die gewaltsame Einigung der „Vereinigten Staaten" hatte für damalige Verhältnisse ungeheure Opfer an Menschenleben gekostet. Als Zeichen der Versöhnung wurden die Kriegstoten später vielfach auf gemeinsamen Friedhöfen beigesetzt. Die in der amerikanischen Verfassung verankerte Freiheit des Individuums brachte es mit sich, daß jeder Tote sein eigenes Grab bekam, im Gegensatz zu den in Europa noch üblichen Gemeinschaftsgräbern. Ohne Rücksicht auf Rang, Herkunft und Glaubensunterschiede wurden die Gräber mit einheitlichen Grabzeichen versehen. So entstanden die ersten amerikanischen Nationalfriedhöfe, von denen der in aller Welt bekannteste der in Arlington bei Washington ist; auf ihm wird heute noch zugebettet. Solches Handeln blieb nicht ohne Rückwirkung auf Europa.

Im deutsch-französischen Krieg 1870/71, in dem das 1863 gegründete „Rote Kreuz" sich bewährte, wurden vielfach deutsche und französische Gefallene auf gemeinsamen Gräberfeldern, häufig sogar in gemeinsamen Gräbern beigesetzt. Die Namen der Gefallenen wurden, soweit feststellbar, verzeichnet. Zur Anlage selbständiger Soldatenfriedhöfe ist es dagegen in diesem Krieg nur vereinzelt gekommen. Wenn irgend möglich wurden die Gefallenen auf Zivilfriedhöfen beerdigt, dort allerdings zumeist in geschlossenen Quartieren. Für die Beisetzung der in den Lazaretten in der Heimat Verstorbenen ergaben sich zwar kaum noch soziale Gegensätze, aber dafür konfessionelle Schwierigkeiten. Für die erhebliche Zahl der Toten bei größeren Schlachten und Gefechten wurden jedoch nach wie vor aus Furcht vor möglichen Seuchen Massengräber an Ort und Stelle angelegt oder auch Leichenverbrennungen vorgenommen.

Im Friedensvertrag 1871 verpflichteten sich die ehemaligen Gegner, die auf ihrem Hoheitsgebiet vorhandenen Gräber der Gefallenen und die zu ihrem Gedächtnis errichteten Denkmäler zu erhalten (Abb. 78)[15].

Gedächtnismale zugleich für Gefallene und Überlebende

Die in den Heimatgemeinden errichteten, mit dem preußischen Adler gekrönten Obelisken und Säulen oder die Postamente mit den unter wehenden Fahnen vorwärtsstürmenden Kriegern waren nicht nur Totengedächtnismale für die in den Gemeinden zumeist noch geringe Zahl zu erinnernder Gefallener, sondern zugleich Siegeszeichen, auf denen auch die überlebenden Feldzugsteilnehmer verewigt wurden.

Das Form- und Motivgut der französischen Denkmale ist vergleichbar. Die abendländische Tradition hat bei allen europäischen Staaten ein ähnliches Repertoire der Sinnbilder und -zeichen entstehen lassen.

[14] Debus, Vom attischen Grabmale, S. 8 (zu Bild 19).
[15] Ebd., S. 9 (zu Bild 22).

Abb. 78 Postkarte mit Ansichten der „Denkmäler der Schlachtfelder von Woerth a. S.", 1906.

Die von allen europäischen Staaten im 19. Jahrhundert hoch angesetzte Idee der Nationalstaatlichkeit brachte vergleichbare Sinnstiftungen, Stil- und Formelemente und, da die abendländische Sepulkralkultur insgesamt christlich geprägt war, auch allenthalben die Verbindung nationaler und christlicher Embleme und Allegorien, wobei jede Nation mehr oder weniger für sich in Anspruch nahm: „Gott mit uns" – im 18. Jahrhundert war er in realistischer Sicht noch stets bei den stärkeren Bataillonen.

Völkische Nationaldenkmale

Mit der wachsenden Bedeutung der Idee und des Begriffs der Nation und damit nationalen Bewußtseins wuchsen auch die Dimensionen der Nationaldenkmale, die, wie im Völkerschlachtdenkmal bei Leipzig (Abb. 79), mehr einen Sieg, der das nationale Bewußtwerden der Deutschen förderte, erinnern, als die Erinnerung an die in der Schlacht Gefallenen wachhalten. Das „Hermanns-Denkmal" bei Detmold wurde zwar an vermeintlicher Kampfstätte errichtet, doch die Gefallenen der Schlacht im Teutoburger Wald sind aus der Erinnerung ausgeklammert, der Sieg über die römischen Legionen des Varus im Jahre 9 n. Chr. wird nunmehr auf das noch vorhandene landsmannschaftliche Zusammengehörigkeitsgefühl bezogen und für die prospektive Losung des 2. Kaiserreiches genutzt, daß Einigkeit das nunmehr deutsche Vaterland stark mache.

Abb. 79 Bruno Schmitz/Franz Metzner, Völkerschlachtdenkmal bei Leipzig, 1898-1913. Federzeichnung von Max Naumann.

Solche Aussage ist jedoch nicht ausschließliches Anliegen der deutschen Nationaldenkmale. Seine gigantischste Form hat das Nationaldenkmal des 19. Jahrhunderts wohl im 1885 begonnenen und erst 1908 vollendeten Denkmal für Vittorio Emanuele II. in Rom erreicht, das die Römer selbst „Il monumentissimo" nennen, aber auch als „Schreibmaschine" oder „Riesentintenfaß" bezeichnen. Auch hier tritt die „Heldenverehrung" zurück zugunsten einer nationalen Gigantomanie, die den imperialen Faschismus vorbereitete[16].

Das in solchen Denkmalen angekündigte nationale Großmachtstreben, das die Erinnerung an die Opfer für die nationale Einigung zurücktreten ließ gegenüber ihrer ihnen von den Denkmalerbauern auferlegten Zeugenschaft für stete Opferbereitschaft für die jeweilige nationale Größe, hat eher erneute Kriegsbereitschaft gefördert als vor kriegerischer Auseinandersetzung gewarnt. – Und so erlebt das Jahr 1914 echtes Pathos im Hurra-Patriotismus beim Auszug der Soldaten. Angesichts der Millionen Kriegstoten der Materialschlachten des 1. Weltkriegs mußte dieser Hurra-Pa-

[16] Heinz Voss, Neunzehntes Jahrhundert, (Epochen der Architektur, hg. v. Harald Busch), Frankfurt a. M. o. J., S. 111.

triotismus ersterben, obwohl vaterländisches Pflichtgefühl auf beiden Seiten der „HKL" (Hauptkampflinie) bis zum bitteren Ende das Kriegsgeschehen bestimmte. Aber selbst nach dem Ende beklagte noch gläubiger Patriotismus das Opfer, hielt es aber für unausweichlich und gerechtfertigt.

Völkische Kriegsgräberfürsorge mit völkerrechtlichem Status seit dem 1. Weltkrieg

Trotz der durch Propaganda auf beiden Seiten geschürten Ressentiments versagte man im Versailler Friedensvertrag von 1919 den Gefallenen nicht den Respekt. Der Artikel 225, der die gegenseitige Erhaltung der Kriegsgräber regelt, ist in diesem eindeutigen Friedens-„Diktat" vielleicht der einzige Passus, der eine Bereitschaft zur Versöhnung wenigstens gegenüber den Toten des Gegners bekundet. Die Kriegsgräber erhalten damit völkerrechtlichen Status.

In der Praxis konnten jedoch zunächst nur die Siegermächte durch ihre Gräberdienste unverzüglich ihre Toten bergen, in dafür angelegte Soldatenfriedhöfe betten und die Gräber herrichten. Für die besiegten Mittelmächte war die Situation schwieriger. Eine staatliche Gräberfürsorge schien angesichts der politischen Situation und der einstweiligen Unerreichbarkeit der Gräber unmöglich.

Unter diesem Eindruck entstanden in der ersten deutschen Republik durch Bürgerinitiativen Vereinigungen, die stellvertretend für die Hinterbliebenen die Sorge für die Kriegsgräber übernehmen wollten. 1919 schlossen sie sich zum „Volksbund Deutsche Kriegsgräberfürsorge" zusammen, der seitdem mit staatlicher Unterstützung – ähnlich wie das „Schwarze Kreuz" in Österreich – seinem Namen entsprechend die Fürsorge für die Kriegsgräber übernommen hat[17].

Noch während des Kriegs, 1915, wurde von der französischen Regierung ein Gesetz verabschiedet, das den Kriegstoten „fortwährendes Ruherecht" gewährt. Dieses Gesetz galt anfangs nur für die französischen und alliierten Gräber auf Frankreichs Boden, wurde aber 1920 auch auf die deutschen Kriegstoten ausgedehnt.

Ein gestalterischer Rahmenplan sah für die französischen Kriegsgräber eine Einzelgrab-Kennzeichnung durch ein christliches Betonkreuz vor, mit einem Schild im Mittelpunkt mit dem jeweils persönlich zuerkannten Attribut „mort pour la France". Unter den Klängen der clairons wird täglich auf diesen französischen Nationalfriedhöfen, auf denen die blutgetränkte Erde des Vaterlandes unbepflanzt sichtbar bleiben soll, die Trikolore vorgeheißt.

Gleichfalls noch während des Kriegs wurde in England 1917 die „Imperial War Graves Commission" gestiftet mit dem Auftrag, in aller Welt die Kriegsgräber des Vereinigten Königreichs und der Commonwealth-Staaten zu betreuen. 1918 wurde ein „Generalschema" für alle britischen Soldatenfriedhöfe festgelegt, das für jedes in den englischen Rasen eingebettete Grab auf dem Friedhof eine helle Sandstein-Stele vorschreibt und einen altarähnlichen Stein der Erinnerung mit der Aufschrift „Their name liveth for ever more", die auch den unbekannten Toten irdische Unsterblichkeit verheißt. Auf jedem dieser Friedhöfe ist das schottische Hochkreuz mit dem aufgelegten Bronzeschwert errichtet.

Diese im 1. Weltkrieg entwickelten „Generalschemata" für die französischen und britischen Kriegsgräberstätten gelten auch noch heute. Vergleichbar haben die Vereinigten Staaten von Amerika für ihre Kriegstoten gleichfalls eine Einzelgrabbezeichnung entwickelt: Kreuze aus einem wolkenlosen, weißen Marmor oder Stelen, die im Davidsstern enden für die Gefallenen jüdischen Glaubens.

Auf deutscher Seite wurden 1917 im Einvernehmen mit der Heeresverwaltung Vorschläge für die Gestaltung der „Kriegergräber im Felde und daheim"[18] vorgelegt, die auf Entwürfen basierten, die vom Deutschen Bund Heimatschutz, dem Deutschen Werkbund und dem Freien Bund zur Einbürgerung der bildenden Kunst

[17] Soltau, Volksbund, S. 13ff.
[18] Kriegergräber im Felde und daheim, hg. im Einvernehmen mit der Heeresverwaltung, (Jahrbuch des Deutschen Werkbundes 1916/17), München 1917.

(Städtische Kunsthalle in Mannheim) vorgelegt worden waren. Diese Entwürfe vermieden ein Generalschema, sie versuchten vielmehr landschaftliche Eigenarten zu nutzen.

Diesen Weg beschritt dann auch der Volksbund Deutsche Kriegsgräberfürsorge weiter, da es nach dem Krieg in Deutschland keine staatliche Kriegsgräberfürsorge gab, die eine einheitliche Prägung der Kriegsgräber hätte festlegen können. Die vom Volksbund angelegten Kriegsgräberstätten versuchten sich in das Charakteristikum der jeweiligen Landschaften und ihrer Bautraditionen einzubinden. Der Gemeinschaftsgedanke, der eine Verbundenheit dokumentieren sollte, fand vor allem in den „Kameradengräbern" der nicht identifizierten Toten seinen Ausdruck.

Nationale Gedenkstätten für „die unbekannten Soldaten"

Diese Vorstellung war dort schon ohnehin grausame Realität geworden, wo die Materialschlacht mit den technischen Massenvernichtungsmitteln Gruppen von Soldaten bis zur Unkenntlichkeit vernichtet oder verschüttet und somit ihr Auffinden und damit ihre vom Gesetz vorgeschriebene Beisetzung unmöglich gemacht hatte, wie etwa im „Bajonettgraben" von Verdun, der damit und durch nachträgliche Vermauerung Massengrab und Erinnerungsstätte zugleich wurde. Die zentralen nationalen Gedenkstätten nach dem 1. Weltkrieg wurden daher auch dem „unbekannten Soldaten" gewidmet.

Die Denkmale für die Gefallenen des 1. Weltkriegs

Wie nach dem Krieg 1870/71 entstanden allenthalben – in Deutschland und Österreich, wie in Frankreich, Luxemburg, Belgien, den Niederlanden, Italien und in anderen, am Krieg beteiligten Ländern – in den Gemeinden Denkmale, die an die nicht zurückgekehrten Gefallenen und Vermißten erinnern sollten. Einer Millionenzahl Gefallener mußte nun gedacht werden. Der Sinngehalt des Denkmals war ein anderer geworden. Die Siegeszeichen und Nationaldenkmale des vergangenen Jahrhunderts konnten nicht mehr das geeignete Vorbild sein. Dennoch orientierte man sich vielfach aus Hilflosigkeit an ihnen. Das Pathos, das beim Auszug der Soldaten 1914 noch echt war, es aber nach 1918 nicht mehr sein konnte, klang fast in allen Malen an (Abb. 48 u. 49). Dennoch entstanden – verständlicherweise bei den Besiegten – Denkmale, die über die Sinnstiftung des Attributs für die Gefallenen „Im Felde unbesiegt" und damit eine künftige Änderung des Kriegsergebnisses fordernd, hinweggingen und nur unsägliche Trauer dokumentierten und damit unausgesprochen zugleich den Krieg als Fortsetzung der „Politik mit anderen Mitteln" ablehnten. Erinnert sei an Ernst Barlachs Gefallenenmale in Güstrow (Abb. 18 u. 19), Kiel und Magdeburg in Verbindung mit der jeweiligen Sakralarchitektur oder Käthe Kollwitz' „Trauerndes Elternpaar" (Abb. 80), ursprünglich auf dem Soldatenfriedhof Roggevelle, heute in Vlaadslo-Praetbosch, das aus der persönlichen Betroffenheit und Trauer um den bei Langemark gefallenen Sohn entstand. Das waren erstmals Denkmale ohne Heroisierung und Idealisierung des kriegerischen Geschehens.

Der 2. Weltkrieg - seine Kriegsgräberstätten und Kriegsopfermale

Dann kam der 2. Weltkrieg, der noch weit mehr Schrecknisse, dieses Mal vor allem auch für Frauen, Kinder, Greise brachte. Nicht nur die Soldaten der Armeen, See- und Luftflotten kämpften gegeneinander, die „Heimatfront" wurde zu einem neuen Begriff, mit Opfern, die in den Bombennächten verbrannten, erstickten, durch Sprengwirkung bis zur Unkenntlichkeit zerstört wurden und infolge ihrer totalen Vernichtung häufig nicht mehr beigesetzt werden konnten. Für sie sind Kirchenruinen und Trümmerstätten heute noch die treffendsten Denkmale neben den Bombenopferfeldern auf den Gemeindefriedhöfen. Auch die bei Flucht und Vertreibung Umgekommenen der am Krieg beteiligten Völker fanden oft kein Grab.

Wurden während des Kampfgeschehens auch im 2. Weltkrieg häufig Freund und Feind auf gemeinsamem Areal beigesetzt, da der tote Gegner nach überkommenem Ethos zumeist als „ritterlich" qualifiziert wurde, so trennte man nach dem Krieg fein säuberlich. Die Amerikaner zum Beispiel holten ihre Gefallenen alle aus den Gräbern in deutscher Erde, um sie in alliierten Boden zu betten. Die Sowjets ließen in

Abb. 80 Käthe Kollwitz, Trauerndes Elternpaar, 1924-30. Kriegsgräberstätte Vlaadslo-Praetbosch.

Abb. 81 Gerhard Marcks, Die Trauernde, 1949. Kriegsopfermal bei St. Maria im Kapitol, Köln.

den besetzten deutschen Gebieten Friedhöfe für die Gefallenen der deutlich so apostrophierten „Befreier" anlegen mit der Sinngebung, daß die Deutschen für alle Zukunft dem Opfer der Befreier durch Dankbarkeit verpflichtet und damit an deren Weltanschauung gebunden seien. Die deutschen Kriegsgräber in diesem Bereich wurden der Nichtbeachtung preisgegeben.

Im eigenen Land, das millionenfaches Opfer bringen mußte, legten die Sowjets Friedhöfe allein für die eigenen Toten und auch hier nur an exponierten Stellen – wie in Moskau, Leningrad und Stalingrad, heute Wolgograd – an. Die überwältigende Mehrheit ihrer eigenen Toten fand keine würdige Ruhestätte. Um so pathetischer war der Pomp an den exponierten Gedenkstätten. Mit dem heroisierenden Nationalpathos des 19. Jahrhunderts wurde in gigantischen Denkmalen, die auch im Stil noch den Nationaldenkmalen des vorigen Jahrhunderts entsprachen, begleitet von Reliefs in naiver Bilderbuchmanier der „vaterländische Krieg" verherrlicht.

Von ähnlicher Mentalität zeugen die kartographischen Darstellungen des Kampfgeschehens und Siegeszuges in den „Weihehallen" im Eingangsbereich amerikanischer Soldatenfriedhöfe des 2. Weltkriegs, die sakralen Anspruch geltend machen, während die Franzosen und Engländer ihr Generalschema ohne Zusatz beibehielten.

Der Deutschen Kriegsgräberfürsorge waren zunächst die Hände noch gebunden, bis Mitte der fünfziger Jahre die ersten Kriegsgräberabkommen mit ehemaligen westlichen Feindstaaten die Anlage von deutschen Soldatenfriedhöfen auch im Ausland erlaubten.

Totenburg und Heldenhain

Während des 2. Weltkriegs hatte die deutsche Wehrmacht selbst die Gräberfürsorge übernommen, der Volksbund unterstellte sich daher ihrem Oberkommando. Hitler ernannte den Architekten Wilhelm Kreis, Jahrgang 1873, zum „Generalbaurat für die Gestaltung der deutschen Kriegerfriedhöfe". Daß er 1897 mit dem 1. Preis im Wettbewerb für das Völkerschlachtdenkmal in Leipzig ausgezeichnet worden war, ließen seine ein halbes Jahrhundert später unter ja wohl entscheidend veränderten Gegebenheiten entworfenen Totenburgen für die deutschen Kriegstoten noch erkennen.

Neben dem Haincharakter spielte der Burg-Gedanke in den vom Volksbund Deutsche Kriegsgräberfürsorge gestalteten Kriegsgräberstätten auch in den fünfziger und sechziger Jahren noch eine Rolle, so zum Beispiel bei der Anlage der Ossarien in Tobruk und El Alamein in Nordafrika, die deutlich die Anlehnung an Vorbilder der Stauferzeit erkennen lassen.

Bei diesen ersten Kriegsgräberstätten des Volksbundes nach dem 2. Weltkrieg war noch deutlich die Handschrift des Landschaftsarchitekten Robert Tischler spürbar und in der handwerklichen Durchgestaltung die Akkuratesse und hohe handwerkliche Kunst der nach dem Bauhüttenprinzip arbeitenden Bauabteilung des Volksbundes. Die Anlagen selbst sind fraglos – gleichgültig, wie man sie stilistisch beurteilt – baukünstlerische Ensembles, die selbst denkmalschutzwürdig sind.

Nach dem Tod von Robert Tischler wurden vielfach auch freie Architekten für die Gestaltung der deutschen Kriegsgräberstätten Mitte der sechziger Jahre herangezogen. Danach wurden später dann die noch in der Ära von Robert Tischler angelegten Kriegsgräberstätten des 2. Weltkriegs, bei denen das monumentale Kameradengrab der unbekannten Toten betont herausgehoben worden war, während die Gräberfelder mit Kreuzgruppen überstellt wurden, bei Festhalten der einzelnen Namen und Daten auf kleinen liegenden Steinen, im Sinne der Einzelgrabkennzeichnung umgeändert.

Kriegsgräber als Mahnung

Man wollte damit auch im Sinne der Mahnung, durch die Vielzahl der Kreuze die Masse der Toten dokumentierend, wirken. Meines Erachtens wurde durch diese Abänderung in die einstmals geschlossene gestalterische Konzeption, die bewußt ein Generalschema vermieden hatte, eingegriffen. Dadurch, daß die Einzelkreuze, in einer weniger charaktervollen Bearbeitung als die vorausgegangenen Gruppenkreuze, zumeist jeweils vier Namen aufnahmen, wird die Darstellung der Masse schließlich doch „verniedlicht", da im Gegensatz zu den vorausgegangenen Kreuzgruppen nunmehr der Eindruck der Einzelkennzeichnung der Gräber hervorgerufen wird, ohne daß er tatsächlich die reale Vielzahl ausweist.

Aber selbst bei der Gestaltung dieser Kriegsgräberstätten ist zu spüren, daß neben das ehrende Gedenken an die Opfer durch die Dokumentation ihrer Gräber die Mahnung zum Frieden ausgesprochen werden soll.

Der Wandel vom Kriegerdenkmal zum Kriegsopfermal

Das gilt im ganzen gesehen auch für die Erinnerungsmale an die Kriegstoten in den Gemeinden. Das ausschließliche „Kriegerdenkmal" und die „Heldenhaine" paßten nicht mehr in die zerbombte, von Granaten zerfetzte deutsche Landschaft nach 1945, in der Hungernde und Frierende, Trauernde, Wartende und Verstümmelte hausten. Für Zeichen der Erinnerung an die Opfer des Krieges waren zunächst weder Sinn, noch Zeit, noch Geld da und zudem stand ein Verbot der Sieger ihrem Setzen entgegen. Aber nachdem man den gröbsten Trümmerschutt beiseite geräumt hatte, begann man die ersten Denkmäler zur Erinnerung an die Kriegstoten zu errichten (Abb. 81). Die für sie benutzte Bezeichnung deutet den Sinnwandel an. Zunächst ersetzte man den Begriff des „Kriegerdenkmals" durch den des „Ehrenmals", spürte jedoch bald, daß die Bezeichnung „Mahnmal" besser den Sinngehalt umschreiben würde. Bezeichnung und Inhalt der Denkmale stimmten aber bei weitem nicht immer überein.

Zwei grauenhafte Weltkriege, die jegliche Ehrfurcht vor dem Leben an den Rand der Vergessenheit gebracht hatten, haben das äußere und innere Weltbild verändert. Selten hat wohl eine Generation den Zeitwandel stärker empfinden müssen als die des 2. Weltkriegs. In ihm nahm schon die Kriegsführung selbst eine bisher nicht dagewesene – eine „totale" – Form an. In den Opferkreis der militärischen und

Abb. 82 Hans-Kurt Boehlke / Heinz Nickel, Kriegsopfermal, 1959. Beverungen.

zivilen Kriegstoten mußten auch die Geschundenen und Gequälten totalitärer Willkür und die Kriegsgefangenen einbezogen werden. Damit vollzog sich der Sinnwandel des überkommenen „Krieger-Ehrenmals" zum „Mahn-Mal" an alle Opfer des totalen Kriegs (Abb. 82). Dem Wandel des inneren Gehalts der Denkmalaufgabe mußte auch der Wandel der äußeren Gestalt folgen. Waren die Denkmale nach dem 1. Weltkrieg oft an sichtbarer Stelle, etwa an einer Straßengabelung, aufgestellt, so wurden nun aus der Scheu, Krieg und Kriegsgeschehen öffentlich zu behandeln, und aus der Trauer noch unmittelbarer Betroffenheit die ersten Denkmale zumeist in der Stille der Friedhöfe errichtet. Doch bald trat man aus der gerade errungenen besinnlichen Stille wieder hervor, wobei die Frage, ob in den Denkmalen das ehrende Gedenken an die Kriegstoten oder die Mahnung zu überwiegen habe, bis in den Parteienstreit hineinging. In der in jenen Jahren gerade bei dieser Denkmalaufgabe beratenden Arbeitsgemeinschaft Friedhof und Denkmal wurde die Meinung vertreten, daß beide Anliegen zum Wesenhaften eines solchen Denkmals gehören, und man versuchte, die jeweils einseitige Belastung durch den neuen Begriff des „Kriegsopfermals" zu ersetzen, da in ihm sowohl das Gedenken an die Kriegsopfer als auch durch die klare Deklarierung der Kriegstoten als Opfer die Mahnung zum Ausdruck gebracht werden sollte[19].

Das Kriegsopfermal als Versammlungs- und Sammlungsort für Gedenken und Mahnung zum Frieden

Das war ein schweres Unterfangen, da die Bevölkerung Gewohntes erwartete, andererseits progressive Gestalter Denkmale grundsätzlich als Anachronismus ablehnten, obwohl beeindruckende Mahnzeichen entstanden, wie etwa Zadkins Denkmal für die zerstörte Stadt Rotterdam (Abb. 83), Epsteins Schmerzensmann in Coventry (Abb. 84) oder das Bombenopfermal von Gerhard Marcks in Hamburg (Abb. 85). In den beiden ersten Nachkriegsjahrzehnten, in denen die Mehrzahl der Kriegsopfermale errichtet wurde, hatten diese eine weitere Aufgabe zu erfüllen: Sie sollten nicht nur Sammelpunkt sein für gemeinsame Gedenkfeiern der Überleben-

[19] Hans-Kurt Boehlke, Das Kriegsopfermal nach dem zweiten Weltkrieg – Eine neue Gestaltungsaufgabe: 25 Jahre Arbeitsgemeinschaft Friedhof und Denkmal e. V. 1951 – 1976. Erreichtes und Erstrebtes, Kassel 1977, S. 105 – 115.

Abb. 83 Ossip Zadkine, Die zerstörte Stadt, 1953. Mahnmal, Rotterdam.

Abb. 84 Jacob Epstein, Schmerzensmann, vor 1959. Mahnmal, alte Kathedrale, Coventry.

den – so am Volkstrauertag –, sondern sie waren zugleich stellvertretendes Grabmal für die noch lebenden Angehörigen der Kriegsopfer, die an persönlichen Gedenktagen – etwa dem Geburtstag des gefallenen Sohnes oder dem Todestag des umgekommenen Mannes und Vaters – an deren Grab in den Weiten Rußlands, im Sand Nordafrikas, in den Tiefen der Meere nicht herantreten konnten. Das galt insbesondere auch für die Opfer totalitärer Willkür, die im Wortsinne „beseitigt" worden waren (Abb. 75 u. 86).

40 Jahre danach, eine andere Aufgabenstellung

Dieser neuen Dimension gestalterischen Ausdruck zu verleihen war schwer, und es fehlte an Vorbildern. Man erkannte zwar bald, daß es mit der pathetischen Verklärung des Todes, auch dem für das Vaterland, nicht getan sei, da die Opfer vielschichtiger waren, denn die aus Glaubensgründen, rassischen Gründen oder aus weltanschaulichen Gründen von einem diktatorischen Regime Getöteten waren den gefallenen Soldaten und Kriegstoten gleichzustellen. Die nachgeborene Generation, ohne eigene Erinnerung an jene infernalische Zeit, setzt heute dagegen Wertungen, nach denen die politischen Opfer und die gefallenen Kriegsgegner Deutschlands in der ethischen Wertskala einen höheren Rang einnehmen – eine ideologische Wertung von fatalem Ausschließlichkeitsanspruch, die neuen Unfrieden zu stiften vermag.

Schon in jenen Nachkriegsjahren wurden in Deutschland die Kriegstoten nicht mehr als Helden verehrt – nicht nur, weil selbst Kinder unter ihnen waren – ihr Tod trug keine nationalen Früchte; er war aber nicht sinnlos und vergebens in der Meinung der Überlebenden der Kriegsgeneration, wenn er die eine Frucht ausreifen ließe: Den Willen zum Frieden.

Der Streit um eine Mahn- und Gedenkstätte in der Bundeshauptstadt Bonn

Im Vorfeld der vierzigjährigen Wiederkehr des Kriegsendes entbrannte in Deutschland eine ideologische Auseinandersetzung um die Manifestation des Gedenkens an die Kriegstoten und die aus ihrem Opfer resultierende Mahnung zum Frieden – zumindest in intellektuellen Zirkeln. Angelpunkt der noch anhaltenden Auseinandersetzung sind Überlegungen für eine zentrale Mahn-und Gedenkstätte an die Opfer der Kriege und der Gewalt in der Bundeshauptstadt Bonn. Diese ideologische Auseinandersetzung zeigt, daß die Zeit weitergeht und der mit dem Generationswechsel sich vollziehende Sinnwandel in die Überlegungen einbezogen werden muß. Der Verfasser hat in einem Diskussionsforum im Oktober 1984 in

Abb. 85 Gerhard Marcks, Das Totenschiff (Charons Totenfähre), 1948. Bombenopfermal, Hauptfriedhof Ohlsdorf, Hamburg.

Abb. 86 Françoise Salmon, Der unbekannte Häftling, 1965. Gedächtnismal, ehem. Konzentrationslager Neuengamme.

Bonn zum Ausdruck gebracht, daß es bei einem solchen Vorhaben nicht um das „Ob" sondern um das „Wie" geht, daß von einer solchen Gedenk- und Mahnstätte ein Denkanstoß ausgehen muß, durch den aus Trauer gewonnene Besinnung in prospektive Mahnung einmündet, Mahnung gegen jede Form des Absolutismus, das heißt auch gegen jeden ausschließlichen, ideologischen Machtanspruch. Der Gewaltanwendung abschwören, heißt aber auch, das Gedenken an heutige Opfer jeglichen Terrors in der ganzen Welt einzubeziehen. Eine solche Gedenkstätte wäre eine die ganze Nation umfassende Friedensdemonstration[20].

Solche Auseinandersetzungen sind nicht auf Deutschland beschränkt, obwohl die Vergangenheitsbewältigung in unserem Volk ein besonders geschichtsbelastetes Problem ist.

Identifikationsschwierigkeiten in den USA nach dem Vietnam-Krieg

Andere Nationen führten aber Kriege auch noch nach 1945, die wiederum zu nationalen Identifikationsschwierigkeiten und Auseinandersetzungen darum führen. Wir können sie in Israel verfolgen, in besonderer Weise konnten wir das im Zusammenhang mit dem Vietnam-Krieg in den USA. Dort ist das offizielle Gedenken an die Toten der Kriege nach wie vor in traditionelle Formen eingebunden, doch gibt es öffentliche Manifestationen, die auch hier Tradition in Frage stellen, wenn man im Tradieren nur das Weiterreichen von Asche sieht, nicht aber ein Weiterentwickeln aus der historischen Erfahrung. Der international bekannte amerikanische Künstler Kienholz hat während des Vietnam-Kriegs ein Anti-Denkmal geschaffen, eine Parodie der offiziellen Gedenkstätte auf dem Nationalfriedhof Arlington, der seit den Sezessionskriegen von den Amerikanern wie eine heilige Stätte gesehen und bis zum heutigen Tage für Beisetzungen von Kriegstoten genutzt wird. Kienholz baute eine Alltagsszenerie auf, in die er ein tragbares Kriegerdenkmal hineinsetzte. Daneben stellte er eine Tafel, auf der bei jedem neuen Kriegsbeginn *„die Toten mit Kreide nachgetragen werden sollen, mit Kreide, um die Vergessenheit des Todes nicht dem Denkmal anzulasten, sondern den Menschen, die sich seiner Erinnerung entziehen. So hat sich in der westlichen Welt, wenn auch nicht überall und durchgängig eine Tendenz verstärkt, den Tod in Krieg oder Bürgerkrieg nur noch als Frage, nicht mehr als Antwort, nur noch als sinnfordernd,*

[20] Hans-Kurt Boehlke, Zeichen sind notwendig: Der Architekt (1984), Heft 12, S. 558 – 561, (Veröffentlichung des unter dem Titel „Gedanken zur Errichtung einer nationalen Mahn- und Gedenkstätte" am 18. 10. 1984 vor dem Forum des BDA und des Deutschen Kulturrates in Bonn gehaltenen Vortrags).

nicht als sinnstiftend darzustellen. Es bleibt die Identität der Toten mit sich selbst, deren Denkmalsfähigkeit sich der Formensprache einer politischen Sinnlichkeit entzieht."[21]

Kienholz bediente sich der zur Zeit des Vietnam-Krieges aktuellen künstlerischen Mittel des Environments mit äußerst realistischer Darstellung. Er lehnte also ein Tendieren ins Zeitlose ab.

Im November 1984 las man in der Tagespresse folgende Nachricht: *„Begeistert begrüßten Vietnam-Veteranen in Washington ein neues Kriegerdenkmal, das am Sonntag anläßlich des ersten großen Treffens ehemaliger Kriegsteilnehmer enthüllt wurde. Rund 100 000 Veteranen aus allen Teilen der USA hatten sich in der Regierungshauptstadt eingefunden, um ihre ‚Rehabilitierung zu feiern'."*[22]

Das Bedürfnis nach nachträglicher Identifikation über ein Denkmal mit dem Geschehen besteht demnach heute noch bei den Überlebenden eines Krieges wie zuvor.

Das 1982 unter 1420 Entwürfen ausgewählte Projekt der damals 20jährigen Architektin Maya Lin sah zwei 80 m lange schwarze Wände aus Granit vor, die wie zwei Flügel in spitzem Winkel miteinander verbunden einen sanften Hügel gleichsam umarmen, ehe sie sich mit ihren Enden in ihm verlieren. Auf den Granitwänden sind weder Sinnspruch noch Widmung eingraviert, nur die Namen der über 57 000 Männer, die in Vietnam gefallen oder vermißt sind. Die Vietnam-Veteranen fanden dieses Monument „defaitistisch", sie setzten eine Ergänzung mit einer Figurengruppe durch, die stark an jenes Denkmal nach dem 2. Weltkrieg erinnert, in dem eine zu Erz erstarrte Gruppe von Infanteristen das Sternenbanner auf Iwo Jima hißt[23]. Die Ergänzung des Denkmals, die wohl allein nach der oben zitierten Zeitungsmeldung „begeistert begrüßt" wurde, scheint mir in ihrer Gestalt den Forderungen unserer Zeit weniger gemäß zu sein. Sie gleicht in der realistischen Figurengruppe den von den Amerikanern und Sowjets gleichermaßen unmittelbar nach dem 2. Weltkrieg errichteten Kriegerdenkmalen.

Anstelle der Sinnstiftung „pro patria": Mahnung zum Frieden

Die Schwierigkeit, mit heutigen gestalterischen Ausdrucksmitteln Kriegstoten-Gedächtnismale zu errichten, ist allenthalben und bei allen Nationen spürbar. Nachdem das Menschenbild in den Kriegen unseres Jahrhunderts und im besonderen Maße seit dem Abwurf einer Atombombe bis zur Unkenntlichkeit zerstört wurde, mußte es für die Bildhauer schwer sein, im idealisierten Menschenbild das Erinnern wachzuhalten. So ist es sicher symptomatisch, daß gerade in Deutschland nach dem 2. Weltkrieg mehr landschaftsarchitektonische und architektonische Lösungen als figurale Denkmale anzutreffen sind. Wo letztere vorkommen, trat anstelle der früher häufigen Darstellung eines Soldaten nunmehr die figürliche Darstellung der das Leid des Krieges tragenden Mutter. Das heißt, auch hier tritt an die Stelle des „pro patria" die Mahnung, es nicht wieder zu solchem Leid kommen zu lassen, also die Mahnung zum Frieden.

Ebenso symptomatisch dürfte es sein, daß bei uns nationale Embleme nicht mehr wie auf den Denkmälern der Sieger des 2. Weltkriegs anzutreffen sind, dafür um so mehr christliche Symbole – oft mißverstanden und umgedeutet. Das darf sicher nicht nur als Flucht in das vermeintlich Unverfängliche der abendländischen Kulturtradition angesehen werden, sondern ist auch im Sinnwandel begründet, in der Erkenntnis, daß die Sinnstiftung einstiger Nationaldenkmale, daß es süß und ehrenvoll sei, für das Vaterland zu sterben, fragwürdig wurde angesichts heutiger Kriegsziele und dem Wissen darum, daß jeder moderne Krieg mit seinen technischen Möglichkeiten das Ende der gesamten Menschheit bedeuten kann. Mit der christli-

[21] Koselleck, Kriegerdenkmale, S. 274.
[22] Hessische/Niedersächsische Allgemeine, Ausgabe 10. 11. 1984.
[23] Sabina Lietzmann, Ein Symbol für den Krieg. Der Plan für ein Vietnam-Denkmal reißt in Amerika alte Wunden auf, Frankfurter Allgemeine Zeitung, 20. 10. 82, S. 25.

chen Symbolik versuchte man, über solche Endlichkeit hinauszuweisen. Damit erteilt man sich aber vielleicht unbewußt auch Entlastung, indem man letztlich wieder der göttlichen Allmacht die Schicksalsfrage über Krieg und Frieden überläßt. Die Bitte „Herr, schenke uns den Frieden" – auch wenn sie umfassender gemeint und nicht nur auf das Ruhen von Waffengewalt bezogen ist – entlastet jedoch nicht von der eigenen Verantwortung, besonders nicht die Mächtigen, die im besonderen Maße Verantwortung tragen.

Die Ablösung der Sinnstiftung „pro patria" im Gedenken an die Kriegstoten unter nationalen Aspekten durch die eindringliche Mahnung zum Frieden ist heute wohl Ausdruck aller Kulturnationen.

Abkürzungsverzeichnis

CKb	Christliches Kunstblatt für Kirche, Schule und Haus, Stuttgart 1858-1927.
DCK	Die Christliche Kunst. Monatsschrift für alle Gebiete der christlichen Kunst und der Kunstwissenschaft sowie für das gesamte Kunstleben, München 1904-1937.
KK	Kunst und Kirche, Berlin/Darmstadt/Linz 1924-1943, 1957 ff.
RK	Religiöse Kunst. Mitteilungen des Vereins für religiöse Kunst in der evangelischen Kirche, Berlin.
RGG	Die Religion in Geschichte und Gegenwart, hg. v. Kurt Galling, Tübingen ^{3}1957 ff.
ThWNT	Theologisches Wörterbuch zum Neuen Testament, hg. v. Gerhard Kittel u. a., Stuttgart 1933 ff.

Abbildungsnachweis

AFD-Archiv: 2, 13, 14, 20, 34, 48, 49, 56, 77-86; Ernst Barlach-Nachlaßverwaltung: 18, 19; Ev. Kirchengemeinde Berlin-Charlottenburg-Nord: 61, 62; epd-Bild: 27; E. Haase: 37; R. Häusser: 72; O. H. Hajek: 70; Foto-Holder: 3, 6, 10, 21, 39, 42, 53; K. Hornung: 41; S. Jäger: 76; B. Kirtz: 7, 11; R. Klos: 16; F. Koenig: Einband Vorderseite, 71; Kunstdienst d. Ev. Kirche, Berlin (DDR): 44; G. Nonnenmacher: 40; Foto A. Münchow: 63-69; Ev. Kirche der Pfalz: 54; H. Pohl: 15; A. Seegis: 35; Stadt Singen: 57; VDK-Archiv: 17, 36, 47; W. Wetzler: 55, Einband Rückseite; alle übrigen vom Autor.

Literaturverzeichnis

Fritz Abshoff, Deutschlands Ruhm und Stolz. Unsere hervorragendsten vaterländischen Denkmäler in Wort und Bild, Berlin 1901.

Josef Abt/Wolfgang Vomm, Der Kölner Friedhof Melaten, Köln 1980.

Keith Andrews, Die Nazarener, München 1974.

Hans-Georg Anniès, Die andere Freiheit, Moritzburg o. J.

Ders., „Mit Leidenschaft leben ... allezeit tragen wir das Sterben Jesu an unserem Leibe herum, damit auch das Leben Jesu an unserem Leibe offenbar werde. 2. Kor. 4,10". Märtyrer-Fries. Hammersbach 1978.

Arbeitsgemeinschaft Friedhof und Denkmal (Hg.), Gräber und Zeichen, München 1958.

Karl Arndt, Denkmal und Grabmal. Notizen zur Entwicklung seit dem Klassizismus: Hans-Kurt Boehlke (Hg.), Wie die Alten den Tod gebildet. Wandlungen der Sepulkralkultur 1750 - 1850, (Kasseler Studien zur Sepulkralkultur, Bd. 1), Mainz 1979, S. 17 - 26.

Hans Aurenhammer, Lexikon der christlichen Ikonographie, Bd. 1, Wien 1959 - 1967.

Martin Bach, Studien zur Geschichte des deutschen Kriegerdenkmals in Westfalen und Lippe, (Europäische Hochschulschriften XXVIII, 43), Frankfurt u. a. 1985.

Hans-Eckehard Bahr, Poiesis. Theologische Untersuchung der Kunst, Stuttgart 1961.

Ernst Barlach, Ein selbsterzähltes Leben. Erweiterte Neuausgabe, München 1948.

Ders., In eigener Sache, (Vierte Jahresgabe der Ernst Barlach Gesellschaft, 24. Oktober 1949), Hamburg 1949.

Ders., Das dichterische Werk in drei Bänden, Bd. 3: Die Prosa II, hg. v. Walter Muschg/Friedrich Droß, München 1959.

Ders., Werkverzeichnis, hg. v. Friedrich Schult,
Bd. 1: Das plastische Werk, Hamburg 1960,
Bd. 2: Das graphische Werk, Hamburg 1958,
Bd. 3: Werkkatalog der Zeichnungen, Hamburg 1971.

Ders., Die Briefe 1888 - 1938 in zwei Bänden, hg. v. Friedrich Droß, Bd. II, München 1969.

Walter Bartel u. a. (Hgg. im Auftrage der Fédération Internationale des Résistents u. a.), Buchenwald. Mahnung und Verpflichtung, Berlin 1960.

Christoph Barth, Die Errettung vom Tode in den individuellen Klage- und Dankliedern des Alten Testamentes, Zollikon 1947.

Karl Barth, Die Auferstehung der Toten. Eine akademische Vorlesung über 1. Kor. 15, Zürich ^{4}1953.

R. Bauerreiß, Arbor vitae, (Abhandlungen der Bayerischen Benediktinerakademie III), München 1938.

Bayerischer Kunstgewerbe-Verein München (Hg.), Soldaten-Gräber. Krieger-Denkmäler. Erinnerungszeichen. Entwürfe und Vorschläge, München 1916.

Johannes R. Becher, Deutsches Bekenntnis. Sieben Reden zu Deutschlands Erneuerung, Berlin ^{4}1947.

Ders., Die deutsche Verantwortung für den Frieden. Rede, gehalten auf dem Ersten Kongreß der deutschen Kämpfer für den Frieden, am 4. November 1950 in der Staatsoper Berlin, o. O., o. J.

Heinz Beckmann, Religion in Ernst Barlachs Werk, (18. Mitgliedergabe der Ernst Barlach Gesellschaft), Bremen 1956.

Berathungen des Barmer Kirchentages über christliche Kunst: CKb (1861), S. 33 - 45.

Berathungen über christliche Kunst auf dem Hamburger Kirchentage: CKb (1859), S. 1 - 6.

Berliner Bildhauer-Vereinigung (Hg.), Kriegs-Gedenktafeln. Entwürfe Deutscher Bildhauer, Berlin o. J. (1916?)

Hans Bietenhard, Art. Onoma, onomazein ktl.: ThWNT, Bd. V (1954), S. 242-283.

Ulrich Bischoff, Denkmäler der Befreiungskriege in Deutschland 1813 - 1815, Diss. Berlin 1977.

Albert Boeckler, Formgeschichtliche Studien zur Adagruppe, (Bayerische Akademie der Wissenschaften, Phil.-Historische Klasse, Abhandlungen NF, Heft 42), München 1956.

Hans-Kurt Boehlke, Gedenkstätten für die Opfer des Krieges – Kriegsopfermale müssen Mahnmale sein: Steinmetz und Bildhauer 77 (1961), S. 264 - 277.

Ders., Kriegsopfermale: Friedhof und Denkmal 6 (1961), Heft 9/10, S. 1 - 20.

Ders., Das Kriegsopfermal nach dem zweiten Weltkrieg – Eine neue Gestaltungsaufgabe: 25 Jahre Arbeitsgemeinschaft Friedhof und Denkmal e. V. 1951 - 1976. Erreichtes und Erstrebtes, Kassel 1977, S. 105 - 115.

Ders., Zeichen sind notwendig: Der Architekt (1984), Heft 12, S. 558 - 561, (Veröffentlichung des unter dem Titel „Gedanken zur Errichtung einer nationalen Mahn- und Gedenkstätte" am 18. 10. 1984 vor dem Forum des BDA und des Deutschen Kulturrates in Bonn gehaltenen Vortrags).

Ernst Borgwardt, Die Typen des mittelalterlichen Grabmals in Deutschland, Diss. Freiburg, Schramberg 1939.

Bettina Brand, Fritz von Uhde. Das religiöse Werk zwischen künstlerischer Intuition und Öffentlichkeit, (Hefte des Kunstgeschichtlichen Instituts der Universität Mainz, Nr. 7), Heidelberg 1983.

Sup. Brathe, Bilder als Kriegerdenkmäler: RK (1916), S. 137 f.

Ders., Einzelehrungen für gefallene Krieger!: RK (1917), S. 57 - 60.

Ders., Einzelehrungen für gefallene Krieger!: CKb (1917), S. 77 - 79.

Wolfgang Braunfels, Die Auferstehung, (Lukas-Bücherei zur christlichen Ikonographie, Bd. III), Düsseldorf 1951.

Beat Brenk, Art. „Auferstehung der Toten": Lexikon der christlichen Ikonographie, hg. v. E. Kirschbaum, Bd. 1, Rom u. a. 1968, Sp. 219 - 222.

Hildegard Brenner, Die Kunstpolitik des Nationalsozialismus, (rowohlts deutsche enzyklopädie, Sachgebiet Zeitgeschichte), Reinbek 1963.

Otto Buchner, Die mittelalterliche Grabplastik in Nord-Thüringen. Mit besonderer Berücksichtigung der Erfurter Denkmäler, (Studien zur deutschen Kunstgeschichte, 37. Heft), Straßburg 1902.

Rudolf Bultmann, Die Geschichte der synoptischen Tradition, Göttingen ^{3}1958.

Ders., Neues Testament und Mythologie. Das Problem der Entmythologisierung der neutestamentlichen Verkündigung: H.-W. Bartsch (Hg.) Kerygma und Mythos I, (Theologische Forschung. Wissenschaftliche Beiträge zur kirchlich-evangelischen Lehre, Bd. 1), Hamburg-Bergstedt ^{5}1967, S. 15-48.

Bund Deutscher Gelehrter und Künstler/Deutscher Bund Heimatschutz (Hgg.), „Krieger-Ehrungen", Berlin 1917 - 1919.

Heribert Jacob Calleen, Friedhof – Stätte des Friedens: Das Münster 15 (1962), S. 342 - 350.

Dietrich Clarenbach, Kontinuitäten im Werk von Fritz Koenig: Das Münster 27 (1974), S. 229 - 242.

Otto Conzelmann, Otto Dix, Hannover 1959.

Fritz Cremer, Buchenwald. Studien, Berlin 1959.

L. Cuno, Kirchliche Kriegerehrungen: CKb (1919), S. 212 f.

Franz Dambek, Neue Kreuzwege seit 1945: Das Münster 7 (1954), S. 96 - 119.

Denkschrift, siehe unter „Zur Errichtung ..."

Fritz Debus, Vom attischen Grabmale zum Soldatenfriedhof des 2. Weltkriegs. Begleittext für eine Lichtbilderreihe des Volksbundes Deutsche Kriegsgräberfürsorge, Kassel 1953.

Heinrich Detzel, Christliche Ikonographie. Ein Handbuch zum Verständnis der christlichen Kunst, 2 Bde., Freiburg 1894 u. 1896.

Deutschland Netto-Katalog 1976/77, Hannover 1976.

Franz Dibelius, Heldenehrung: CKb (1915), S. 29 - 35.

Martin Dibelius, Die Formgeschichte des Evangeliums, mit einem Nachtrag von Gerhard Iber, hg. v. Günter Bornkamm, Tübingen ^{5}1966.

Die Konferenz über christliche Kunst auf dem Kirchentage zu Brandenburg, 25. September 1862: CKb (1863), S. 10 - 14.

K. Dienst, Art. „Seelenmessen": RGG V, Sp. 1636 - 1637.

Wilhelm Dilthey, Das Erlebnis und die Dichtung. Lessing. Goethe. Novalis. Hölderlin, Göttingen ^{14}1965.

Erich Dinkler/Erika Dinkler-von Schubert, Art. „Kreuz": Lexikon der christlichen Ikonographie, hg. v. E. Kirschbaum, Bd. 2, Rom u. a. 1970, Sp. 562 - 590.

Oskar Doering, Der Wettbewerb für Kriegserinnerungen: DCK 11 (1914/15), S. 193-207.

Ders., Glasmalereien als Kriegserinnerungszeichen: DCK 12 (1915/16), Blg. S. 47.

Ders., Die Kriegsgedächtniskirche zu Nürnberg: DCK 13 (1916/17), S. 310 f.

Ders., Glasmalereien als Kriegserinnerungszeichen: DCK 13 (1916/17), Blg. S. 24.

Ders., Ein Kriegerdenkmal in St. Emmeran zu Regensburg: DCK 15 (1918/19), Blg. S. 34 f.

Ders., Ergebnis des Wettbewerbes für ein bayerisches Armeedenkmal: DCK 17 (1920/21), Blg. S. 33.

Ders., Wettbewerb für ein Kriegerdenkmal in Mittenwald: DCK 19 (1922/23), Blg. S. 10-12.

Ders., Wettbewerb für ein Kriegerdenkmal in Ottobeuren: DCK 19 (1922/23), Blg. S. 68 f.

P. Doerffler, Der Kriegergedächtnisaltar in München-Neuhausen: DCK 17 (1920/21), Blg. S. 29.

Betty Edwards, Garantiert zeichnen lernen, Reinbek 1982.

Ehrung der gefallenen Krieger. Abdruck der Rundverfügung des Evangelischen Oberkirchenrates in Berlin an die Konsistorien vom 11. 3. 1915: RK (1915), S. 65f.

Eine Ehrung für gefallene Krieger in kleinen Orten und Landgemeinden: RK (1919), S. 113 - 115.

Ehrung gefallener Krieger: RK (1920), S. 22.

Martin Elsäßer, Kriegerehrenzeichen: CKb (1919), S. 129 - 138.

Evangelische Versöhnungskirche im ehemaligen Konzentrationslager Dachau, München o. J.

Herbert Falken, Scandalum Crucis. Ein unvollendeter Zyklus in 14 Bildern. Mit Beiträgen von Dorothee Sölle, Norbert Schiffers und Ernst Günther Grimme, (Aachener Kunstblätter, hg. v. Peter Ludwig, Beiheft zu Bd. 39), Düsseldorf 1970.

Fritz Fichtner, Friedhofskultur, eine Erziehungsfrage, Erlangen/Nürnberg 1956.

Hannss Friedrich Freiherr von Fleming, Der vollkommene teutsche Soldat, Leipzig 1726.

Theodor Fontane, Der deutsche Krieg von 1866, Bd. II, Anhang: Die Denkmäler, Berlin [2]1871.

Wilhelm Forster, Art. „Kreuzweg als Andachtsform": Lexikon für Theologie und Kirche, Bd. 6, Freiburg [2]1961, Sp. 627.

Fortsetzung der Debatte im Sicherheitsrat: Neue Zürcher Zeitung 10. 9. 1968.

Heinz R. Fuchs, Plastik der Gegenwart, (Kunst der Welt. Ihre geschichtlichen, soziologischen und religiösen Grundlagen), Baden-Baden 1970.

Ludwig F. Fuchs, Ehrenmale. Kriegergrabsteine und Denkmäler nach Künstler-Entwürfen zusammengestellt, München 1916.

Franz Fühmann, Ernst Barlach. Das schlimme Jahr. Grafik. Zeichnungen. Plastik. Dokumente, Rostock 1964.

Max Fürst, Edward von Steinle: DCK 6 (1909/10), S. 293 - 312.

Albert Fuhrmans, Die religiöse Malerei auf der internationalen Kunstausstellung in München: Zeitschrift für christliche Kunst 1 (1888), Sp. 387 - 398.

Peter Ganzert, Evangelische Auferstehungskirche Pfronten. Ein Gang durch die neue Kirche, hg. v. Ev.-luth. Pfarramt Pfronten, Pfronten 1969.

Josef Garber, Das Bezirkskriegerdenkmal in Lienz: DCK 23 (1926/27), S. 61 f.

Adriaan Geense, Auferstehung und Offenbarung. Über den Ort nach der Frage der Auferstehung Jesu Christi in der heutigen deutschen Theologie, (Forschungen zur systematischen und ökumenischen Theologie, hg. v. Edmund Schlink, Bd. 27), Göttingen 1971.

Oscar Gehrig, Ernst Barlachs Gefallenendenkmal im Dom zu Güstrow: Kunst und Künstler (1927), S. 347 f.

X. Gehrig, Ein Kriegerdenkmal in Berlin-Wilmersdorf: DCK 18 (1921/22), Blg. S. 70.

Paul Girkon, Expressionismus, „neue Sachlichkeit" und religiöse Kirchenkunst: KK (1925/26), S. 81 - 88.

Karl Gissinger, Totenschilde zur Ehrung gefallener Krieger: DCK 15 (1918/19), S. 198 - 209.

Glasgemälde für die evangelische Kirche in Rüsselsheim: RK (1918), S. 117 f.

Günter Gloede, Gestalt und Gleichnis bei Ernst Barlach, Berlin [2]1967.

Aloys Goergen, Zur Theologie des neuen Kirchenbaus: Das Münster 17 (1964), S. 370 - 377.

Vincent van Gogh, Briefe, Berlin o. J. (2. Aufl.).

Franz Goldschmitt, Zeugen des Abendlandes, Saarlouis 1947.

Hans Graß, Ostergeschehen und Osterberichte, Berlin [2]1964.

Ernst Günther Grimme, Scandalum Crucis. Voraussetzungen – Analogien – Beobachtungen zu einem unvollendeten Zyklus von Herbert Falken: Herbert Falken, Scandalum Crucis. Ein unvollendeter Zyklus in 14 Bildern, (Aachener Kunstblätter, hg. v. Peter Ludwig, Beiheft zu Bd. 39), Düsseldorf 1970, S. 8 ff.

C. Grüneisen, Der Auferstehungsengel von Afinger: CKb (1859), S. 6 - 8.

Ders., Donndorf's Auferstehungsengel auf Rheineck: CKb (1877), S. 1 - 2.

Hans Gstettner, Deutsche Soldatenmale. Zum Werk des Volksbundes Deutsche Kriegsgräberfürsorge e. V. Berlin: Deutsche Soldatenmale. Erbaut vom Volksbund Deutsche Kriegsgräberfürsorge e. V., Berlin o. J., S. 3 - 32.

Ernst Günther, Gebhard Utingers Gefallenenehrung der evangelischen Kirchengemeinde in Brieg: KK 3 (1926/27), S. 40 - 42 u. 58 - 59.

Hermann Gunkel, Einleitung in die Psalmen. Die Gattungen der religiösen Lyrik Israels, zu Ende geführt von Joachim Begrich, (Göttinger Handkommentar zum Alten Testament. Ergänzungsband zur II. Abteilung), Göttingen 1933.

Friedrich Haack, Neue Werke von Max Heilmaier: Kunst und Handwerk 70 (1920), S. 92.

Werner Haftmann, Malerei im 20. Jahrhundert, München ^{6}1979.

Art. „Hakenkreuz": Brockhaus Enzyklopädie in zwanzig Bänden, 8. Bd., Wiesbaden ^{17}1969, S. 63 f.

Philipp M. Halm, Die Kreuzwegstationen zu Bamberg von Adam Krafft: Zeitschrift für bildende Kunst (1898/99), S. 57 - 65.

Karl Hammer, Deutsche Kriegstheologie (1870 - 1918), München 1971.

Josef Harter, Christliche Volkskunst: Christliche Kunstblätter (1913), S. 4 - 9, 15 - 19, 27 - 37.

Michael Hartig, Der Kreuzweg als Kircheneinrichtungsstück einst, jetzt und in Zukunft: DCK 32 (1935/36), S. 161 - 191.

Hans Haufe, Christliche Ikonographie im Dienst der Gesellschaftskritik: Wieland Schmied (Hg.) Zeichen des Glaubens. Geist der Avantgarde. Religiöse Tendenzen in der Kunst des 20. Jahrhunderts, Berlin 1980, S. 83 - 89.

Ders., Funktion und Wandel christlicher Themen in der mexikanischen Malerei des 20. Jahrhunderts, Studien zur Ikonographie der Kunst der Revolution, (Bibliotheca Ibero-Americana, Bd. 25, hg. v. Ibero-Amerikanischen Institut Berlin), Berlin 1978.

Silke Hausser, Denkmäler für Gefallene des II. Weltkriegs. Tradition und Aktualität, Wiss. Hausarbeit (Typoskript), 1983. (AFD-Archiv, Kassel).

Alexander Heilmeyer, Die Plastik des 19. Jahrhunderts in München, (Kultur und Geschichte. Freie Schriftenfolge des Stadtarchivs München, hg. von Pius Dirr), München 1931.

Anton Henze, Das christliche Thema in der modernen Malerei, Heidelberg 1965.

Hilde Herrmann, Idee und Gestaltung: Maria Regina Martyrum. Berlin-Charlottenburg. Gedächtniskirche der deutschen Katholiken zu Ehren der Blutzeugen für Glaubens- und Gewissensfreiheit in den Jahren 1933 - 1945, Berlin ^{7}1965, S. 9 - 29.

Georg Herwegh, Herweghs Werke, hg. v. Hermann Tardel, (Goldene Klassiker-Bibliothek, Hempels Klassiker-Ausgaben in neuer Bearbeitung), Berlin u. a., o. J.

Hermann Hinkel, Zur Funktion des Bildes im deutschen Faschismus. Bildbeispiele – Analysen – Didaktische Vorschläge, Steinbach/Gießen/Wißmar 1974.

Berthold Hinz, Die Malerei im deutschen Faschismus. Kunst und Konterrevolution, München 1974.

Richard Hoffmann, Neue Kriegerdenkmäler: DCK 21 (1924/25), S. 101 - 104.

Ders., Die Kriegergedächtniskapelle in Ruhpolding: DCK 21 (1924/25), S. 253 - 259.

Ders., Neuzeitliche Friedhofskunst: DCK 25 (1928/29), S. 65 - 84.

Ders., Hermann Wandinger, ein oberbayerischer Bildhauer: DCK 29 (1932/33), S. 253 - 254.

Werner Hofmann, Dem Andenken von Otto Mauer: Fritz Wotruba. Kirche zur Heiligsten Dreifaltigkeit. St. Georgenberg Wien-Mauer, St. Gallen 1976, S. 49 - 59.

Siegmar Holsten, Allegorische Darstellungen des Krieges. 1870 - 1918. Ikonologische und ideologiekritische Studien, (Studien zur Kunst des neunzehnten Jahrhunderts, Bd. 27), München 1976.

Adolf Hueppi, Kunst und Kult der Grabstätten, Olten/Freiburg i. Br. 1968.

Georg Human, Neuzeitliche Kunstbestrebungen: Zeitschrift für christliche Kunst 24 (1911), Sp. 21 - 28, 53 - 63, 89 - 94.

Friedrich H. Ilgen, Deutscher Ehrenhain für die Helden 1914/18, Leipzig 1931.

Jens Christian Jensen, Caspar David Friedrich. Leben und Werk, (dumont kunsttaschenbücher Nr. 14), Köln 1974.

Florian Karsch, Otto Dix. Das graphische Werk, Hannover 1970.

Walter Kempowski, Uns geht's ja noch gold. Roman einer Familie, (dtv Bd. 1090), München 1975.

David Koch, Christus der Herr gestorben und auferstanden: CKb (1905), S. 95 - 102.

Ders., Die moderne Grabmalsplastik in München: CKb (1905), S. 103 - 109.

Ders., Der Expressionismus auf der Kunstausstellung 1914: CKb (1914), S. 273 - 275.

Ders., Totenmale für gefallene Krieger: CKb (1915), S. 258 - 267.

J. Koenig, Expressionismus und neue Sachlichkeit als Kirchenkunst. Eine Prognose und eine Diagnose: KK (1928/29), S. 152 - 154.

Johannes Kollwitz, Das Bild von Christus dem König in Kunst und Liturgie der christlichen Frühzeit: Theologie und Glaube (1947/48), S. 95 - 117.

Komitee der antifaschistischen Widerstandskämpfer in der Deutschen Demokratischen Republik (Hg.), Buchenwald, Berlin 1960.

Reinhart Koselleck, Kriegerdenkmale als Identitätsstiftungen der Überlebenden: Odo Marquardt/Karlheinz Stierle (Hg.), Identität, Poetik und Hermeneutik, Bd. VIII, München 1979, S. 255 - 276.

Ernst Kramer, Kreuzweg und Kalvarienberg, (Studien zur deutschen Kunstgeschichte, Bd. 313), Kehl/Straßburg 1957.

Hans-Joachim Kraus, Psalmen. 1. Teilband, (Biblischer Kommentar. Altes Testament, hg. v. Martin Noth, Bd. XV/1.), Neukirchen ^{2}1961.

Wilhelm Kreis, Soldatengräber und Gedenkstätten, (Bauwerk und Landschaft 5, hg. vom Arbeitskreis Baugestaltung in der Fachgruppe Bauwesen des NSBDT in Verbindung mit dem Hauptkulturamt der Reichspropagandaleitung der NSDAP), München/Brünn/Wien 1944.

Ders., Heldengedenkstätten der Heimat, Berlin o. J.

Hans Kressel, Wilhelm Löhe als Liturg und Liturgiker, Berlin 1951.

J. Krieg, Art. „Oratorien im Kirchenrecht": Lexikon für Theologie und Kirche, Bd. 7, Freiburg 1935, Sp. 746 f.

Kriegergedächtnis Bertholdsdorf/Mfr.: Kirche und Kunst (1950), S. 7.

Kriegergräber im Felde und daheim, hg. im Einvernehmen mit der Heeresverwaltung, (Jahrbuch des Deutschen Werkbundes 1916/17), München 1917.

Kriegsgräber. Beiträge zu der Frage: Wie sollen wir unsere Kriegsgräber würdig erhalten, hg. auf Veranlassung der Heeresleitung o. O., o. J.

Kriegsgräber in der Heimat. Vorschläge bearbeitet von der staatlichen Beratungsstelle für Kriegerehrungen in Berlin, Berlin o. J.

Karl Kühner, Kunstanalytische Betrachtungen der bildenden Kunst des neuzeitlichen Expressionismus: KK 3 (1925/26), S. 9 - 10, 17 - 23.

Ders., Die Gesangbuch-Reform in den Deutschen Landeskirchen und das neue Württembergische Gesangbuch: KK 3 (1926/27), S. 74 - 77.

Gotthold Ephraim Lessing, Laokoon: oder über die Grenzen der Malerey und der Poesie. Erster Teil 1766, (Gotthold Ephraim Lessing's sämmtliche Schriften, hg. v. Karl Lachmann, 6. Bd.), Leipzig 1854.

Sabina Lietzmann, Ein Symbol für den Krieg. Der Plan für ein Vietnam-Denkmal reißt in Amerika alte Wunden auf, Frankfurter Allgemeine Zeitung, 20. 10. 1982, S. 25.

Georg Lill, Max Heilmaier. Ein deutscher Bildhauer, (Moderne Meister christlicher Kunst. Plastiker, Bd. II), München 1922.

Otto Linde, Der Badische Wettbewerb für Kriegergrabmäler: Badische Zeitschrift für Volkskunst, ländliche Wohlfahrtspflege, Heimat- und Denkmalschutz (1915), Heft 2.

Werner Lindner/Fritz Hille, Mahnmale, (Friedhof und Denkmal, Heft 5), Kassel/Basel 1956.

Fritz Löffler, Otto Dix. Leben und Werk, Dresden 1960.

Kurt Lüthi, Moderne Malerei: Kurt Marti/Kurt Lüthi/Kurt von Fischer. Moderne Literatur, Malerei und Musik. Drei Entwürfe zu einer Begegnung zwischen Glaube und Kunst, Zürich/Stuttgart 1963, S. 167 - 328.

Ders., Theologie als Dialog mit der Welt von heute, (Quaestiones disputatae, Bd. 53), Freiburg u. a. 1971, S. 126 - 173.

Ders., Erotische Kunst und die Probleme eines offenen, christlichen Humanismus: Anton Grabner-Haider/Kurt Lüthi (Hgg.), Der befreite Eros, Mainz 1972, S. 109 - 125.

Niklas Luhmann, Gesellschaft. Sinn. Religion – auf der Basis von Selbstreferenz, nicht authorisierte Übersetzung aus dem Englischen von Wilhelm A. Müller, Typoskript Hofgeismar 1984.

Meinhold Lurz, Kriegerdenkmäler in Deutschland. Künstlerische Formen zwischen Totenkult und prospektivem Anspruch: Freiburger Universitätsblätter, Heft 68, Freiburg 1980, S. 27 - 47.

Ders., Denkmäler der Befreiungskriege: Hans-Kurt Boehlke (Hg.), Wie die Alten den Tod gebildet. Wandlungen der Sepulkralkultur 1750 - 1850, (Kasseler Studien zur Sepulkralkultur, Bd. 1), Mainz 1979, S. 125 - 134.

Ders., Kriegerdenkmäler in Deutschland, Bd. 1 - 3, Heidelberg 1985.

M., Familiendokumente von Steinhäuser: CKb (1861), S. 25 - 28.

Maria Regina Martyrum. Berlin-Charlottenburg. Gedächtniskirche der deutschen Katholiken zu Ehren der Blutzeugen für Glaubens-und Gewissensfreiheit in den Jahren 1933 - 1945, Berlin o. J., 7. Auflage.

Kurt Marti, Christus, die Befreiung der bildenden Künste zur Profanität: Evangelische Theologie (1958), Nr. 8, S. 371 ff.

Hans Maur, Traditionsstätten der Arbeiterbewegung im Zentrum Berlins, der Hauptstadt der Deutschen Demokratischen Republik, Berlin 1971.

Heinrich Merz, Der evangelische Kirchhof und sein Schmuck. Ein Synodalvortrag: CKb (1862), S. 81 - 90.

Heinrich Missalla, „Gott mit uns". Die deutsche katholische Kriegspredigt 1914 - 1918, München 1968.

Jürgen Moltmann, Theologie der Hoffnung. Untersuchungen zur Begründung und zu den Konsequenzen einer christlichen Eschatologie, (Beiträge zur evangelischen Theologie. Theologische Abhandlungen. Hg. v. E. Wolf, Bd. 38), München 1965.

Ders., Auferstehung als Hoffnung. Pastoraltheologie: Wissenschaft und Praxis 58 (1969), Heft 1, S. 3 - 17.

Ders., Die einigende Kraft der Armut. Identitätsangst und Gemeinschaft der Christen: Evangelische Kommentare (1975), S. 331 - 333.

Monuments allemands des champs de bataille de 1870 autour de Metz, I. Rive droite de la Moselle Nr. 22, (Handschriftlich geführtes Verzeichnis der deutschen Kriegerdenkmäler auf den Schlachtfeldern bei Metz von 1870), (Archiv des Volksbundes Deutsche Kriegsgräberfürsorge, Kassel).

George L. Mosse, Die Nationalisierung der Massen. Politische Symbolik und Massenbewegungen in Deutschland von den Napoleonischen Kriegen bis zum Dritten Reich, Frankfurt/M./Berlin 1976.

Hubert Muck, Bilder für den Gottesdienst: Das Münster 21 (1968), S. 336 - 342.

Joseph-Emile Muller, DuMonts kleines Lexikon des Expressionismus, Köln 1974.

Hermann Muthesius, Kommende Kriegsdenkmäler: CKb (1917), S. 183 - 186.

Bringfried Naumann, Memento mori-memento vitae. Eine Werkeinführung zum Plötzenseer Totentanz: Peter Bock u. a., Die getretene Liebe – Kreuzweg zur Auferstehung. Passions- und Kreuzwegmeditationen zum Aachener Goldaltar und Plötzenseer Totentanz, München 1975, S. 22 - 30.

Johannes Neuhäusler, Karmel Heilig Blut Dachau, München 1965.

Ders., Wie war das im KZ Dachau? Ein Versuch, der Wahrheit näherzukommen, München [8]1970.

Helmut Odenhausen, Grabkreuze aus Eisen und Stahl, Tübingen 1962.

Erwin Orth, Kriegerdenkmäler der beiden Weltkriege und ihr ideologischer Hintergrund – Absicht und Wirkung, Wissenschaftliche Hausarbeit (Typoskript) 1976, (AFD-Archiv, Kassel).

Margarethe Ottillinger, Eine Kirche entsteht: Fritz Wotruba. Kirche zur Heiligsten Dreifaltigkeit. St. Georgenberg Wien-Mauer, St. Gallen 1976, S. 8 - 25.

Erwin Panofsky, Tomb Sculpture. Four Lectures on its changing aspects from Ancient Egypt to Bernini, New York 1964.

Der Papst über neue religiöse Kunst. Ansprache anläßlich der Einweihung der neuen vatikanischen Pinakothek am 27. 10. 1932, Auszug: DCK 28 (1932/33), S. 53 f.

L. Pfaffendorf, Südbelgische Kriegerfriedhöfe. Eingeleitet von Paul Clemen, Berlin 1927.

Anton Pfeffer, Vom Heldentum der Künstlernot als positiver Kraft: DCK 28 (1931/32), S. 148 f.

Rudolf Pfister, Die Friedhof-Fibel, München 1952.

Anton Pichlmair, Zur Friedhofskunst: DCK 6 (1909/10), S. 58 - 60.

Hermann Pohl, Grabmalsgespräch: Die Auslese (1973), IV/E, S. 1 - 6.

Constantin Pohlmann, Art. „Kreuzwegpredigten": Lexikon für Theologie und Kirche, Bd. 6, Freiburg [2]1961, Sp. 629-630.

Peter Poscharsky, Der evangelische Kirchenbau heute: Das Münster 21 (1968), S. 81 - 100.

Press Service Office of Public Information, United Nations New York, Note No. 3078 vom 4. 3. 1965.

Wilhelm Pressel, Die Kriegspredigt 1914 - 1918 in der evangelischen Kirche Deutschlands, (Arbeiten zur Pastoraltheologie, hg. v. Martin Fischer/Robert Frick, Bd. 5), Göttingen 1967.

Horst Dietrich Preuß, Auferstehung in Texten alttestamentlicher Apokalyptik (Jes. 26,7 - 19; Dan. 12, 1 - 4): U. Gerber/E. Güttgemanns (Hg.), „Linguistische Theologie". Biblische Texte, christliche Verkündigung und theologische Sprachtheorie, (Forum Theologiae Linguisticae, hg. v. E. Güttgemanns, Bd. 3), Bonn 1972, S. 101 - 133.

Provinzialberatungsstelle für Kriegerehrungen in Ostpreußen (Hg.), Kriegsgrabmale und Heldenhaine, München o. J.

Urban Rapp, Das Motiv „Kreuz" bei Fritz Koenig: Das Münster 20 (1967), S. 194 - 197.

Paul Ortwin Rave, Berlin. Bauten für die Kunst, Kirchen, Denkmalspflege, (Karl Friedrich Schinkel, hg. v. d. Akademie des Bauwesens, 1. Teil), Berlin 1941.

Edwin Redslob, Die fränkischen Epitaphien im vierzehnten Jahrhundert, (Mitteilungen aus dem Germanischen Nationalmuseum), Nürnberg 1907.

Pie Régamey, Kirche und Kunst im XX. Jahrhundert, Graz u. a. 1954.

Walter Rehm, Experimentum medietatis. Studien zur Geistes- und Literaturgeschichte des 19. Jahrhunderts, München 1947.

Reichsinnungsverband des Bildhauer- und Steinmetzhandwerks (Hg.), Handwerkliche Grabmale, Berlin o. J.

Religiöse Kunst. Kalender, Heidelberg 1962.

Liselotte Richter, Immanenz und Transzendenz im nachreformatorischen Gottesbild, Berlin 1954.

Richtlinien für die Erstellung von Kriegs-Erinnerungszeichen (Abdruck der vom Württembergischen Landesausschuß für Natur-und Heimatschutz herausgegebenen Richtlinien): CKb (1917), S. 14 - 20 und 56 - 61.

Adolf Rieth, Denkmal ohne Pathos. Totenmale des zweiten Weltkrieges in Südwürttemberg-Hohenzollern. Mit einer geschichtlichen Einleitung, Tübingen 1967.

Ders., Den Opfern der Gewalt. KZ-Opfermale der europäischen Völker, Tübingen 1968.

Christian Rietschel, Gedenkmale für die Opfer des Krieges: KK (1957), S. 125 - 127.

Ders., Sinnzeichen des Glaubens, Kassel, 1965.

Heinrich Roediger, Neue religiöse Kunst im Osten des Reiches: DCK 30 (1933/34), S. 257-267.

Karl Röhrig, Welche Kunstwerke wollen wir in dieser Zeit in unseren Häusern sehen?: RK (1914), S. 133 - 142.

Ders., Ein Heldendenkmal an der ostpreußisch-russischen Grenze: RK (1915), S. 173.

Ders., Kriegergräber: RK (1915), S. 21 - 23.

Ders., Kriegerdenkmäler: RK (1915), S. 97 - 101.

Ders., Heldenhaine für unsere Gefallenen: RK (1915), S. 23 - 26.

Ders., Zwei Werke über Kriegergrabmäler: RK (1916), S. 61 - 63.

Ders. (?), Erich Erler: RK (1916), S. 94.

Ders., Zur Ehrung unserer gefallenen Krieger: RK (1916), S. 165 f.

Ders., Schinkels Kriegerdenkmäler: RK (1917) S. 18 - 24.

Alfons Rosenberg, Die Kreuzmeditation: Wilhelm Bitter (Hg.), Meditation in Religion und Psychotherapie, Stuttgart 1958, S. 35 - 50.

Hellmut Rosenfeld, Der mittelalterliche Totentanz. Entstehung – Entwicklung – Bedeutung, (Beihefte zum Archiv für Kulturgeschichte, hg. v. Herbert Grundmann und Fritz Wagener, Heft 3), Köln/Wien ³1974.

Eugen Rosenstock-Huessy, Die europäischen Revolutionen und der Charakter der Nationen, Stuttgart ³1961.

Eberhard Roters, Nofretete und die Zwerge. Trivialrealismus & Trivialemblematik: Katalog documenta 5, Kassel 1972, S. 3/1 - 16.

Ders., IMAGO – Das künstlerische Credo: KK (1983), S. 130 - 132.

Helmut Ruppel/Ingrid Schmidt, Von Angesicht zu Angesicht. Aufmerksamkeit für Ernst Barlachs Bilder vom Menschen, (Wege des Lernens, hg. v. Ingo Baldermann u. a., Bd. 2), Neukirchen - Vluyn 1984.

Dr. Sägmüller/Prof. Dr. Keppler, Eindrücke von den Münchner Ausstellungen: Archiv für christliche Kunst. Organ des Rottenburger Diözesanvereins für christliche Kunst 6 (1888), S. 102 - 107.

St. Antonius, Lohne, hg. v. d. Katholischen Kirchengemeinde Lohne b. Lingen, Lohne 1972.

sankt konrad villingen, Villingen 1967.

C. Sattler, Kriegerdenkmal und Monumentmalerei: RK (1917), S. 5 - 7.

Gertrud Schiller, Die Auferstehung und Erhöhung Christi, (Ikonographie der christlichen Kunst, Bd. 3), Gütersloh 1971.

Hans Schmidkunz, XXIII. Ausstellung der Berliner Secession. Zeichnende Künste: DCK 8 (1911/12), Blg. S. 41.

Ders., Urne und Kriegerdenkmal: DCK 18 (1921/22), Blg. S. 10.

Karl Ludwig Schmidt, Art. „Formgeschichte": RGG II, Tübingen ^{2}1928, Sp. 638 ff.

Wieland Schmied, Einleitung zu: Alfred Hrdlicka, Wie ein Totentanz, Frankfurt/M./Berlin/Wien 1975.

Schmitz, Die bayerische Landes-Kriegsgedächtniskirche: DCK 15 (1918/19), S. 41 - 50.

Reimund Schnabel, Die Frommen in der Hölle. Geistliche in Dachau, Berlin 1965.

Joseph Schneider, Friedhof und Grabmal: Zeitschrift für christliche Kunst (1912), S. 386 - 395.

Paul Schoenen, Art. „Epitaph": Reallexikon zur Deutschen Kunstgeschichte, Bd. 5, Stuttgart 1967, Sp. 872 - 921.

Hans-Joachim Schoeps, Was ist und will die Geistesgeschichte. Über Theorie und Praxis der Zeitgeistforschung, Göttingen/Berlin/Frankfurt/M. 1959.

Hubert Schrade, Die Auferstehung Christi, (Ikonographie der christlichen Kunst. Die Sinngehalte und Gestaltungsformen, Bd. I), Berlin/Leipzig 1932.

Ders., Das Deutsche Nationaldenkmal. Idee/Geschichte/Aufgabe, München 1934.

Percy Ernst Schramm, Sphaira. Globus. Reichsapfel. Wanderung und Wandlung eines Herrschaftszeichens von Caesar bis zu Elisabeth II. Ein Beitrag zum „Nachleben" der Antike, Stuttgart 1958.

Paul Schütz, Parusia. Hoffnung und Prophetie, Heidelberg 1960.

Friedrich Schult, Barlach im Gespräch, Leipzig 1948.

Julius Schulte-Frohlinde, Das schlichte deutsche Grabmal, Nürnberg o. J. (1953?).

Paul Schurek, Begegnungen mit Ernst Barlach, Hamburg 1946.

Horst Schwebel, Autonome Kunst im Raum der Kirche, Hamburg 1968.

Elke Schwedt, Volkskunst und Kunstgewerbe. Überlegungen zu einer Neuorientierung der Volkskunstforschung, (Untersuchungen des Ludwig-Uhland-Institutes der Universität Tübingen, i. A. der Tübinger Vereinigung für Volkskunde hg. v. Hermann Bausinger u. a., 28. Bd.), Tübingen 1970.

Karl von Seeger, Das Denkmal des Weltkrieges, Stuttgart 1930.

Siegfried Seeger, Wandlungen in der Einstellung zum Krieg, dargestellt an den westfälischen Ehrenmalen für die Kriegstoten, (Manuskript) 1962. (Archiv des Volksbundes Deutsche Kriegsgräberfürsorge, Kassel).

John Sherrill, Sie sprechen in anderen Zungen, Schorndorf ^{3}1972.

Adolf Smitmans, Die christliche Malerei im Ausgang des 19. Jahrhunderts – Theorie und Kritik. Eine Untersuchung der deutschsprachigen Periodica für christliche Kunst 1870 - 1914, (Kölner Forschungen zu Kunst und Altertum, Abt. B: Kunstgeschichte, hg. v. G. Binding u. a., Bd. 2), St. Augustin 1980.

Oskar Söhngen, Josef Hegenbarth: KK (1972), S. 144.

Alexander Solschenizyn, Der Archipel Gulag, 3 Bde., Bern/München 1974 ff.

Hans Soltau, Volksbund Deutsche Kriegsgräberfürsorge. Sein Werden und Wirken, hg. v. Volksbund Deutsche Kriegsgräberfürsorge e. V., Kassel ^{4}o. J. (1984).

Staatliche Kunstsammlungen Dresden (Hg.), Ausstellungskatalog „Der Bauer und seine Befreiung. Kunst vom 15. Jahrhundert bis zur Gegenwart. Ausstellung aus Anlaß des 450. Jahrestages des deutschen Bauernkrieges und des 30. Jahrestages der Bodenreform", Dresden 1975.

Sebastian Staudhamer, Zum Geleite: DCK 1 (1904/05), S. 1 - 7.

Ders., Zweck des Wettbewerbes für Kriegserinnerungen: DCK 11 (1914/15), S. 208 - 224.

Ders., Dank den Kriegern!: DCK 11 (1914/15), S. 285 - 288.

Ders., Religiöse Denkmale für Krieger: DCK 12 (1915/16), Blg. S. 87 - 88.

Ders., Friedhöfe und Kriegsgedenkzeichen. Ein Vorschlag: DCK 12 (1915/16), S. 88 - 91.

Ders., Wiederum Kriegsgedenkzeichen: DCK 12 (1915/16), S. 170 - 172.

Ders., Leitsätze für Wettbewerbe: DCK 12 (1915/16), S. 91-95.

Ders., Vortrag über religiöse Kriegsgedenkzeichen: DCK 13 (1916/17), Blg. S. 7 f.

Ders., Kriegerehrungen: DCK 17 (1920/21), S. 26 - 28.

Ders., Religiöse Kriegsgedenkzeichen: DCK 17 (1920/21), S. 105 - 128 u. 137 - 144.

Ders., Bisher veröffentlichte Kriegsgedenkzeichen: DCK 17 (1920/21), S. 130 - 131.

Ders., Religiöse Kriegsgedenkzeichen: DCK 18 (1921/22), S. 93 - 95.

Ders., Religiöse Kriegsgedenkzeichen: DCK 19 (1922/23), S. 133 f.

Hugo Steffen, Zur Errichtung einfacher, künstlerisch ausgestalteter Grabdenkmäler: DCK 4 (1907/08), S. 13 f.

Uwe Steffen, Das Mysterium von Tod und Auferstehung. Formen und Wandlungen des Jona-Motivs, Göttingen 1963.

Wilhelm Steinhausen, Christentum, Religion und Kunst. Das Bild Christi in der bildenden Kunst. Zwei Vorträge, gehalten am 16. März 1905 in Aarau und am 10. Juni 1908 in Freudenstadt, Basel 1910.

Gebhard Streicher, Deutsche Gesellschaft für Christliche Kunst – seit wann, wieso, wozu, heute? Prolegomena zur Bestimmung ihres spezifischen Gewichts: Das Münster 31 (1978), S. 265 - 268.

Streit in Flensburg. Dokumentensammlung der AFD, 1967. (AFD-Archiv, Kassel).

Helmut Striffler, Der Bau: Evangelische Versöhnungskirche im ehemaligen Konzentrationslager Dachau, München o. J., o. S.

J. Strygowski, Die bildende Kunst der Gegenwart, o. O. 1907.

Peter Stuhlmacher, Schriftauslegung auf dem Wege zur biblischen Theologie, Göttingen 1975.

Paul Styger, Das altchristliche Grab als Vorbild für die moderne Friedhofskunst: Christliche Kunstblätter 53 (1912), S. 22 - 25, 31 - 36, 43 - 48, 55 - 57, 67 - 70.

Paul Tillich, Recht und Bedeutung religiöser Symbole, (Werke V), Stuttgart 1964, S, 237 - 244.

Ders., Die religiöse Substanz der Kultur, Schriften zur Theologie der Kultur, (Gesammelte Werke, Bd. IX), Stuttgart 1967.

Ders., Systematische Theologie I, Stuttgart 1955.

Ders., Systematische Theologie III, Stuttgart 1966.

Trauer um die Toten. Gedanken und Vorschläge zum Volkstrauertag, (Sonderdruck aus „Botschaft und Dienst", Oktober-Ausgabe), 1963.

Thukydides, Gedenkrede des Perikles auf die Gefallenen, übertragen und eingeleitet von Ferdinand Willenbücher, Leipzig 1943.

Unsere Liebe findet euch. Zum Gedenken an die Opfer der Belegschaft im zweiten Weltkriege. Gladbacher Wollindustrie A. G., vormals L. Josten, Mönchengladbach o. J. (1953).

H. Urner, Art. „Fürbitte": RGG II, Sp. 1170 - 1172.

Vereinigung Bund für Heimatschutz in Württemberg und Hohenzollern u. a. (Hgg.), Kriegergrabzeichen und Gedenktafeln, Stuttgart 1975.

Stephen Verney, Fire in Coventry, London u. a. 1964.

Ernst Voelter, Die Ikonographie der Auferstehung Christi bis zum 13. Jahrhundert, Diss. Freiburg 1925.

Volksbund Deutsche Kriegsgräberfürsorge e. V. (Hg.), 40 Jahre Volksbund Deutsche Kriegsgräberfürsorge, Kassel 1959.

Rainer Volp, Das Kunstwerk als Symbol. Ein theologischer Beitrag zur Interpretation der bildenden Kunst, Gütersloh 1966.

Heinrich Voss, Neunzehntes Jahrhundert, (Epochen der Architektur, hg. v. Harald Busch), Frankfurt/M. o. J.

W. W. W., Moderne Grabdenkmäler: DCK 1 (1904/05), S. 256 - 261.

Wilhelm Weber, Zum Wiederaufbau der Karlskirche in Zweibrücken: Der Turmhahn (1971), Heft 1/2, S. 3 - 12.

Alfred Weckwerth, Der Ursprung des Bildepitaphs, Diss. Göttingen 1952.

Claus Westermann, Gewendete Klage. Eine Auslegung des 22. Psalms, (Biblische Studien, Heft 8), Neukirchen [2]1957.

Wettbewerb. (Ausschreibungstext zur Erlangung von Entwürfen für religiöse Kriegsgedenkzeichen, datiert 18. 12. 1914, d. Vf.): DCK 11 (1914/15), S. 124 - 125.

Gerlinde Wiederanders, Die bildende Kunst in der Kirche: Theologische Versuche XI, Berlin 1980, S. 177 - 186.

L. Wiesinger, Art. „Kreuzweg": RGG IV, Sp. 53 f.

Ulrich Wilckens, Auferstehung. Das biblische Auferstehungszeugnis historisch untersucht und erklärt, (Themen der Theologie, hg. v. H. J. Schultz, Bd. 4), Berlin/Stuttgart 1970.

Pia Wilhelm, Art. „Auferstehung Christi": Lexikon der christlichen Ikonographie, hg. v. E. Kirschbaum, Bd. 1, Rom u. a. 1968, Sp. 201 - 218.

Ernst Wilm, „Die Hölle in Dachau" und „Der Himmel in Dachau": Evangelische Versöhnungskirche im ehemaligen Konzentrationslager Dachau, o. O., o. J., o. S.

Ludwig A. Winterswyl, Kreuz und Auferstehung als österliche Einheit: Die neue Saat. Eine Monatsschrift für Kunst und Kultur 2 (1939), S. 100 - 104.

Corbinian Wirz, Ewald Vetters Altar vom theologischen und kanonisch-rechtlichen Standpunkte: Zeitschrift für christliche Kunst (1921), S. 41.

Fritz Witte, Die Stellung der Kirche zur Modernen: Zeitschrift für christliche Kunst (1912), S. 3 - 11.

Ders., Neue Zeichen und Ziele: Zeitschrift für christliche Kunst (1919), S. 1 - 15.

Ders., Nochmals die Stellung zur Modernen: Zeitschrift für christliche Kunst (1919), S. 83 f.

Ders., Ceterum censeo ...: Zeitschrift für christliche Kunst (1919), S. 163 - 175.

Martin Wittenberg, Das Kreuz im Gotteshause: KK (1958), S. 51 - 57.

Gustav Woytt, Gottes Sache und des deutschen Volkes Sache: RK (1914), S. 169 f.

H. Wunderer, Gefallenendenkmal Kirchrimbach: Kirche und Kunst (1956), S. 33.

Hasko Zimmer, Religion und Patriotismus in der Lyrik der Befreiungskriege und des Deutsch-Französischen Krieges 1870/71, Diss. Hamburg 1971.

Zur Errichtung von Denkmalen für die Toten des letzten Weltkrieges. Eine Denkschrift, erarbeitet vom Arbeitsausschuß des evangelischen Kirchbautages auf Grund einer Vorlage seines Mitgliedes Pfarrer Christian Rietschel, Radebeul: KK (1957), S. 130 - 132.

Namensregister

Ortsregister

Raiffeisenbank
Witzenhausen
Kto Nr. 12904

35,- DM

KASSELER STUDIEN ZUR SEPULKRALKULTUR

Band 1: „Wie die Alten den Tod gebildet"
Wandlungen der Sepulkralkultur 1750–1850
Mainz 1979

Band 2: Vom Kirchhof zum Friedhof
Wandlungsprozesse zwischen 1750 und 1850
Kassel 1984

Band 3: Umgang mit historischen Friedhöfen
Kassel 1984

Band 4: Wolfgang Krüger, Auferstehung aus Krieg und KZ
in der bildenden Kunst der Gegenwart.
Mit einem Beitrag von H.-K. Boehlke über die historische
Entwicklung des Gedenkens an die Kriegstoten
Kassel 1986

Zeitschrift FRIEDHOF UNF DENKMAL
erscheint im 31. Jahrgang

ARBEITSGEMEINSCHAFT FRIEDHOF UND DENKMAL e. V.
– Stiftung Zentralinstitut und Museum für Sepulkralkultur –
Ständeplatz 13, 3500 Kassel

Forschung – Beratung – Öffentlichkeitsarbeit